TEOLOGIA MORAL E FORMAÇÃO DA CONSCIÊNCIA

MÁRIO MARCELO COELHO
ALEXANDRE ANDRADE MARTINS
ANDRÉ LUIZ BOCCATO DE ALMEIDA
LÚCIA ELIZA FERREIRA ALBUQUERQUE
(Organizadores)

TEOLOGIA MORAL E FORMAÇÃO DA CONSCIÊNCIA

Por um pensamento crítico e pela reconstrução da utopia

SBTM | Sociedade Brasileira de Teologia Moral

EDITORA SANTUÁRIO

Coordenação editorial: Ana Lúcia de Castro Leite
Copidesque e Revisão: Tatianne Francisqueti
Diagramação e Capa: Maicon Santos

Dados Internacionais de Catalogação na Publicação (CIP) de acordo com ISBD

T314 Teologia moral e formação da consciência: por um pensamento crítico e pela reconstrução da utopia / Mário Marcelo Coelho...[et al.]. - Aparecida : Editora Santuário, 2025.
448 p. ; 14cm x 21cm.

ISBN 978-65-5527-469-1

1. Religião. 2. Cristianismo. 3. Teologia moral . 4. Pensamento crítico. 5. Ética. I. Coelho, Mário Marcelo. II. Martins, Alexandre Andrade. III. Almeida, André Luiz Boccato de. IV. Albuquerque, Lúcia Eliza Ferreira. I. Título.

2024-4184 CDD 240
CDU 24

Elaborado por Odilio Hilario Moreira Junior - CRB-8/9949

Índice para catálogo sistemático:
1. Religião : Cristianismo 240
2. Religião : Cristianismo 24

1ª impressão

Rua Pe. Claro Monteiro, 342 – 12570-045 – Aparecida-SP
Tel.: 12 3104-2000 – Televendas: 0800 0 16 00 04
www.editorasantuario.com.br
vendas@editorasantuario.com.br

SUMÁRIO

Apresentação

Uma Sociedade de Teologia Moral que assume o compromisso de produzir um livro a partir de seus congressos é aquela que pretende oferecer a todas as pessoas um conhecimento já compartilhado. Assim se dá com a SBTM desde seu início como tal. Em 2024, aconteceu, em São Paulo, o 47º Congresso de Teologia Moral, com o tema: *Teologia moral e formação da consciência: por um pensamento crítico e pela reconstrução da utopia*. A reflexão e a discussão produzidas a partir desse tema foram muito ricas e mostraram-se extremamente necessárias em um tempo de pensamento apequenado e pobre de utopias.

Trabalhar pela formação e educação de consciências críticas é difícil e precisa de um empenho corajoso. Significa, sobretudo, acreditar nos valores cristãos da liberdade responsável e da criatividade fiel a um projeto de vida e de bem comum.

Em tempos sombrios, quando a pretensão é transformar um povo em massa, colocar a consciência crítica como um dos eixos do saber e do agir é tentar vencer a escuridão que nos rodeia. Escuridão esta que gera simplismos, fundamentalismos, violência, exclusões, normalizações anormais do existir. Nesses tempos difíceis, de crise do humano, que coincidem com a digitalização da vida e a aquisição de novas tecnologias, surgem muitas tentativas de caminhos possíveis. Entre eles, nos deparamos com realidades inovadoras, como a chamada "inteligência artificial", que surge de tecnologias sofisticadas que interferem no modo de ser e de agir e que tanto podem melhorar a vida das pessoas quanto podem comprometê-las. Como acolhê-las, como lidar com elas, como aplicá-las? Esse é um dos grandes desafios ao qual somos chamados a responder e que, no momento atual, nos surpreende e provoca.

O 47º Congresso da SBTM trouxe temas e subtemas interessantes que foram apresentados e refletidos em conferências e mesas-redondas. Vou aqui elencá-los: "Inteligência artificial e novos colonialismos: desafios éticos e educativos"; "Inteligência artificial e exclusão: desafios éticos"; "Educação, decolonialidade e interseccionalidade"; "Ética teológica e novas epistemologias"; "Ética teológica: entre a formação da consciência e a justiça racial e epistemológica"; "Educação como prática para a formação da consciência"; "Pensamento crítico e a reconstrução da utopia".

Este livro pretende, pois, apresentar alguns artigos que alicerçaram as discussões realizadas e que agora aprofundam as temáticas propostas. Autores importantes e sérios, pesquisadores na área da ética teológica e afins, participam deste projeto e contribuem de modo efetivo e despojado para a difusão do conhecimento em um momento emblemático da presença inquestionável da cultura digital e quando os flashes rápidos sobre algum tema já são considerados suficientes para muitos.

O livro é importante porque acreditamos que a reflexão séria e aprofundada ainda se faz necessária e, ao ser apropriada por alguns, pode ajudar a dissipar mentalidades que dispensam o diálogo construtivo, o conhecimento do outro e a racionalidade cognitiva. Acreditamos na ciência feita com cuidado e sabedoria. Acreditamos nas pessoas que desejam ser mais e melhores, buscando ampliar suas consciências críticas e discernentes para também auxiliarem na reabilitação de uma humanidade eticamente responsável. Educar para a liberdade, para o cuidado com todo o outro, para a integração de todos(as), sem exclusões, sejam estas em razão das diferenças sociais, religiosas, étnicas ou de gênero, é um trabalho necessário e que pode apontar para utopias esquecidas. Por isso, acreditamos na educação como caminho libertador. Acreditamos na justiça social, ecológica, epistemológica, racial e de gênero. Acreditamos na ética como ciência dos valores que propicia caminhos para a reconstrução de um tempo novo, de esperança e de paz.

Que este livro possa auxiliar-nos a compreender muitas questões que precisam ser enfrentadas com resistência, resiliência, seriedade e responsabilidade, para que a vida da terra e de todas as pessoas possa ser contemplada e experienciada na esperança de uma harmonia alentadora, fruto da participação de muitas vozes que desejam e lutam por um mundo de justiça e de paz.

Maria Inês de Castro Millen
Presidente da SBTM de 2017 a 2021

1

EDUCAÇÃO COMO PRÁTICA PARA A FORMAÇÃO DA CONSCIÊNCIA: Uma reflexão teológico-moral sobre o pacto educativo global em diálogo de Paulo Freire e Edgar Morin

André Luiz Boccato de Almeida[1]

Introdução

O presente capítulo pretende refletir sobre o Pacto Educativo Global proposto pelo Papa Francisco a partir da propositiva e crítica perspectiva do pedagogo brasileiro Paulo Freire e do filósofo francês Edgar Morin. Neles, encontra-se uma rica interlocução entre a fé, o fenômeno religioso, a educação, a formação da consciência e o pensar crítico, a partir do pensamento desses dois grandes intelectuais conhecidos internacionalmente. A teologia moral pode ser muito enriquecida no diálogo com esses interlocutores!

Sabe-se que o atual contexto sociopolítico brasileiro está marcado por um horizonte dominado por um modelo de tecnologia centrado na autossuficiência do sujeito ensimesma-

[1] Doutor em Teologia Moral (Academia Afonsiana), com pós-doutorado em Teologia (PUC-PR). Docente de Teologia (PUC-SP). Frade Dominicano. E-mail: albalmeida@pucsp.br.

do em sua própria impostação como sujeito comunicador e referência de si. Soma-se a isso o alto nível de polarização, fanatismo e fundamentalismo, seja ele político, religioso ou social. É nesse contexto de efervescência ideológica que o sujeito é chamado a desabrochar sua vocação de pensar, refletir e sonhar um mundo diferente. Para a educação, a meta é sempre a conscientização do sujeito em todas as esferas. Para a teologia moral, o foco é o eterno aprendizado do seguimento de Jesus Cristo numa comunidade aberta ao diálogo com o sujeito empoderado.

Propõe-se refletir sobre uma educação problematizadora e reflexiva à luz do pensamento do pedagogo brasileiro Paulo Freire e do filósofo francês Edgar Morin. Ambos, em contextos distintos, são porta-vozes de um mundo a ser sonhado a partir do possível e do pensamento livre. Se, em Freire, emerge uma proposta de despertar a consciência adormecida pelas opressões arraigadas no sujeito, em Morin, trata-se de desconstruir o modelo ou o paradigma de civilização que conduz a certa cegueira e impossibilidade de lidar com as incertezas.

Assim, a proposta é problematizar o tema da formação da consciência dentro da reflexão teológico-moral, enquanto dois modelos de pensamentos que propõem uma emancipação ao sujeito. É neste contexto histórico atual que urge rever autores humanistas que denunciam as falácias educativas e anunciam possibilidades esperançosas para o sujeito. Para nós, teólogos(as) moralistas, é necessário assumir as interpelações do Pacto Educativo Global neste contexto de passagem de uma cultura tecnológica para tecnocrática ou infocrática.

1. Significado do Pacto Educativo Global e suas interpelações à teologia moral

O Pacto Educativo Global é um convite lançado pelo Papa Francisco no dia 12 de setembro de 2019, cujo objetivo é propiciar o diálogo sobre a forma como estamos construindo o futuro do planeta e sobre a necessidade de investir nos talentos de todos, porque todas as mudanças precisam de um caminho educativo para fazer amadurecer uma nova solidariedade universal e uma sociedade mais acolhedora.[2]

Segundo Francisco, o Pacto tem a finalidade de reavivar o compromisso em prol e com as novas gerações, renovando a paixão por uma educação mais aberta e inclusiva, capaz de escuta paciente, diálogo construtivo e mútua compreensão, convidando todos a unir esforços numa ampla aliança educativa para formar pessoas maduras, capazes de superar fragmentações e contrastes e reconstruir o tecido das relações em ordem a uma humanidade mais fraterna.[3]

Em linhas gerais, o modelo educativo global atual que se impôs está marcado por uma subterrânea violência imposta por um modelo econômico neoliberal que, à custa do produzir e do consumir, favorece um estilo de vida e de sociedade que

---

[2] VADEMECUM. Português. Pacto Educativo Global. Disponível em https://www.educationglobalcompact.org/resources/Risorse/vademecum-portuges.pdf. Acesso em: 1° maio 2024, p. 3.

[3] FRANCISCO. Encontro "Religiões e educação: Pacto Educativo Global". Discurso do Papa Francisco. Sala Clementina, terça-feira, 5 de outubro de 2021. Disponível em: https://www.vatican.va/content/francesco/pt/speeches/2021/october/documents/20211005-pattoeducativo-globale.html. Acesso em: 1° maio 2024.

desumaniza lentamente a pessoa.[4] Desumanizar a pessoa pela opressão, privando-lhe das possibilidades humanas de criar, mudar, mover-se, buscar e ser em relação – em uma ideia, privando-lhe da liberdade –, é coisificá-la, violentá-la.

Não se pode negar que o poder econômico global vem se impondo no cenário mundial desde os anos 1990. O desafio do capitalismo global no século XXI é combinar integração internacional com governos politicamente reativos e socialmente responsáveis.[5] Na verdade, pode-se dizer, do ponto de vista histórico, que aquilo que se chamava de globalização se constitui de cinco mundializações que estão em curso desde a metade dos anos 1980, passando pelos anos 1990, até 2000.

Essas cinco mundializações afetam diretamente o universo da educação e o ato de pensar. São elas: mundialização dos mercados – faz passar da competição entre economias à competição entre sociedade; mundialização da comunicação – com a revolução da informação, cria condições inéditas de comunicação social; mundialização cultural – com a irrupção das sociedades civis, aumenta consideravelmente o número de atores no jogo mundial; mundialização ideológica – marcada pela radicalização do liberalismo e de suas pretensões; e mundialização política – que se traduz pelo fim da influência secular do Ocidente sobre o resto do mundo.[6] Todos esses processos, dentro de um só, não apenas condicionam as questões educacionais, mas também – e

[4] ANDRADE, Fernando C. B. de. Pensando a violência pela óptica freireana: implicações para a escola pública. In: SCOCUGLIA, A. C. (org.). Paulo Freire na história da educação do tempo presente. São Paulo: Afrontamento, 2006, p. 56.

[5] FRIEDEN, Jeffry A. *Capitalismo Global*: história econômica e política do século XXI. Rio de Janeiro: Zahar, 2008, p. 502.

[6] MADELIN, H. A crise civilizacional e os desafios para o ensino social da Igreja. In: OSOWSKI, C.; MÉLO, J. L. B. (orgs.). O Ensino Social da Igreja e a globalização. São Leopoldo: Unisinos, 2002, p. 87.

principalmente – determinam o sentido global sobre o sentido de uma educação humanista no atual contexto.

É certo que o Papa Francisco sente-se confrontado diante do complexo fenômeno da globalização ainda em andamento e de sua consequente afirmação mediante a economia capitalista. Ele sabe que é necessário formar a consciência da pessoa, e dos cristãos, em particular, para os valores do Reino indicados pela sabedoria teológica. Não resta dúvida de que Francisco é consciente do descompasso entre a força econômica, com suas próprias lógicas, e a desmobilização da pulsão política em bloquear os excessos que afrontam os valores humanistas.[7]

Aos teólogos moralistas – semeadores de esperança –, emerge o desafio de repensar a caridade evangélica no contexto de processos de aprendizado e de educação dos novos sujeitos. De uma perspectiva idealista e libertadora, somos chamados a propor o desafiante seguimento de Jesus Cristo em chave propositiva e pedagógica, e, talvez, não mais tanto em exigência heterônoma. Conciliar a autonomia e a criatividade com a teonomia[8] aberta ao sujeito em processo é o desafio da formação e da educação da consciência em um processo de mudança civilizacional.

Repensar um Pacto Educativo Global é urgente diante de um acelerado fenômeno comercial no qual o ser humano é visto como objeto e peça de um mecanismo do sutil, mas perverso, capitalismo selvagem. Para Han, o hipercapitalismo atual desfaz a existência atual, desfaz a existência humana completamente em uma rede de relações comerciais. Hoje, já não há mais âmbito da vida

[7] ALMEIDA, André L. Boccato de. Moral social: iniciação à Teologia. Petrópolis: Vozes, 2021, p. 31.

[8] QUEIRUGA, Andrés Torres. A teologia depois do Vaticano II: diagnóstico e propostas. São Paulo: Paulinas, 2015, p. 97.

que se priva da utilização comercial. Justamente a digitalização crescente da sociedade facilita, amplia e acelera em grande medida a exploração comercial da vida humana. Ela submete âmbitos da vida que até então eram inacessíveis à intervenção comercial, a uma exploração comercial.[9]

Inerente a esse dispositivo capitalista e comercial, fortalecido nas redes que hiperconectam as várias subjetividades de modo imediato, aparece uma violência mais sofisticada que põe em curso um processo de destruição do próprio eu: a autodestruição e o terror do igual. Esse sistema que aniquila o outro como mistério está presente no tecido social enquanto a negatividade da alteridade e da existência do diferente.[10]

Além desses desafios de convivência e de formação das novas gerações, há também o de uma cultura de "sujeitos bolhas", com que processos educativos e um pacto de reorientação da consciência precisam lidar. Na dita "era das *fake news*" e da "pós-verdade", as "bolhas" são reafirmadas pelos fatos moldados a fim de possibilitar regimes autoritários em um cenário de constante incerteza e relativização, no qual a pessoa legitima versões mentirosas da realidade, permitindo-se ser enganada ao renunciar à vivência da verdade.[11] Esse trajeto defensor de ideias, do eu e da "minha verdade" inflama formas extremas de restrição ao outro, enfraquecendo os

[9] HAN, Byung-Chul. Capitalismo e impulso de morte: ensaios e entrevistas. Petrópolis: Vozes, 2021, p. 41.

[10] HAN, Byung-Chul. A expulsão do outro: sociedade, percepção e comunicação hoje. Petrópolis: Vozes, 2022, p. 7-8.

[11] ALMEIDA, André L. Boccato de; FERREIRA, Lúcia E.; MELO, Aloisio. A formação da consciência em uma cultura de "sujeitos bolhas" cristãos: uma análise ético-teológica propositiva a partir da moral social do Papa Francisco. Encontros Teológicos, Florianópolis, v. 36, n. 1, jan.-abr. 2021, p. 156. Disponível em: https://facasc.emnuvens.com.br/ret/article/view/1647. Acesso em: 29 out. 2022.

alicerces da sociabilidade humana, ao intensificar a cultura da indiferença, do consumo de si e do outro, e assegurando não o envolvimento, mas a segurança do isolamento.

Pode-se dizer que o Papa Francisco, no Pacto Educativo Global, quer promover a fraternidade e o cuidado com a Casa Comum, situação esta que agoniza as consciências. Ao promover processos em um único processo complexo, ele deseja incentivar uma mudança de pensamento, de atitudes e de decisões diante dos grandes desafios civilizacionais. Diz ele:

> Se queremos um mundo mais fraterno, devemos educar as novas gerações para "reconhecer, valorizar e amar todas as pessoas independentemente da sua proximidade física, do ponto da terra onde cada um nasceu ou habita" (Carta Enc. *Fratelli tutti*, 1). Este princípio fundamental – "conhece-te a ti mesmo" – orientou sempre a educação, mas é necessário não descurar outros princípios essenciais: "conhece o teu irmão", a fim de educar para o acolhimento do outro (cf. Carta Enc. *Fratelli tutti*; Documento sobre A fraternidade humana – Abu Dhabi, 04/2/2019); "conhece a criação", a fim de educar para o cuidado da casa comum (cf. Carta Enc. *Laudato si'*); e "conhece o Transcendente", a fim de educar para o grande mistério da vida. Temos a peito uma formação integral que se resume no conhecer-se a si mesmo, ao próprio irmão, à criação e ao Transcendente. Não podemos esconder às novas gerações as verdades que dão sentido à vida.[12]

[12] FRANCISCO. Encontro "Religiões e educação: Pacto Educativo Global". Discurso do Papa Francisco. Sala Clementina, terça-feira, 5 de outubro de 2021. Disponível em https://www.vatican.va/content/francesco/pt/speeches/2021/october/documents/20211005-pattoeducativo-globale.html. Acesso em: 1º maio 2024.

O Pacto Educativo Global, neste sentido, quer ativar, na consciência e no coração da humanidade, o desejo de uma educação que seja integral, que assuma as principais dimensões da existência pelo diálogo aberto, superando todo tipo de situação que conduza à violência, ao ódio e à segregação.

Em Francisco, é possível pensar e educar para um modelo de economia, de sociedade e de educação em que o progresso atual e a mera acumulação desenfreada não sejam a referência para uma consciência coletiva de responsabilidade. Ele fala em educação ambiental no sentido de um "pacto" de vários âmbitos propriamente educativos, tais como: a escola, a família, os meios de comunicação, a catequese e outros.[13]

Para que o Pacto Educativo Global tenha consistência no sentido de sensibilização da consciência das novas gerações, é necessário promover, segundo Francisco, uma verdadeira nova cultura do encontro, superando as pontes e os muros que dividem as pessoas. Ele mesmo diz:

> [...] Já várias vezes convidei a desenvolver uma cultura do encontro que supere as dialéticas que colocam um contra o outro. É um estilo de vida que tende a formar aquele poliedro que tem muitas faces, muitos lados, mas todos compõem uma unidade rica de matizes, porque "o todo é superior à parte" (EG, n. 237). O poliedro representa uma sociedade em que as diferenças convivem integrando-se, enriquecendo-se e iluminando-se reciprocamente, embora isso envolva discussões e desconfianças. Na realidade de todos se pode aprender alguma coisa, ninguém é inútil, ninguém é supérfluo. Isso implica incluir as periferias. Quem vive nelas tem

[13] FRANCISCO. Carta Encíclica Laudato Si', sobre o cuidado da casa comum. São Paulo: Loyola: Paulus, 2015, n. 213.

> outro ponto de vista, vê aspectos da realidade que não se descobrem a partir dos centros de poder onde se tomam as decisões mais determinantes.[14]

A proposta de um Pacto Educativo Global, nesta perspectiva de uma educação ambiental e ecológica e de uma nova cultura do encontro, propicia recuperar pensadores que apresentam uma retomada de valores humanistas diante de uma perspectiva monotemática imposta pelo ideário neoliberal. Encontra-se nas abordagens de Paulo Freire e de Edgar Morin uma oportunidade de aprofundar propostas educativas que partam da crítica do sujeito envolvido na trama social. Teologicamente, emerge o desafio de compreender a linguagem emancipadora de Freire e Morin e propor outras chaves de leitura para os novos sujeitos.

2. Paulo Freire: rebeldia crítica na consciência educada e emancipada

Em Paulo Freire, profícuo pensador e um ser com olhar profundo em sua época, a educação para o pensar crítico está associada à ideia de rebeldia como um ato educativo de emancipação do sujeito, libertando-o para a criatividade constante. Pode ser encontrada ao menos em quatro obras de sua autoria, cada uma dentro de um contexto, exigindo uma interpretação própria e peculiar no âmbito redacional; são elas: *Pedagogia*

[14] FRANCISCO. Carta Encíclica Fratelli Tutti, sobre a fraternidade e a amizade social. São Paulo: Paulinas, 2020, n. 215.

do oprimido;[15] *Educação como prática para a liberdade*;[16] *Pedagogia da autonomia: saberes necessários à prática educativa*;[17] e *Pedagogia da esperança: um reencontro com a pedagogia do oprimido*.[18]

A rebeldia, no geral, seria uma força que precisa ser educada em cada sujeito, com criatividade, movendo-o para a transformação social. É oportuno afirmar que pensar criticamente é o mesmo que uma sã rebeldia, na qual o sujeito se faz partícipe do processo de emancipação e conscientização. Freire, na esteira de uma geração de educadores humanistas, democráticos e leitores do mundo, como Anísio Teixeira, Darcy Ribeiro etc., percebe que é imprescindível buscar uma perspectiva educacional que cultive valores em vista de suscitar de dentro do sujeito a emergência da verdade.

Em sua obra *Pedagogia do oprimido*,[19] considerada a mais importante e a que melhor identifica o seu pensamento, o pedagogo e pensador faz uma aprofundada reflexão sobre a estrutura de dominação. Na referida obra, apresenta-se um modelo de educação – bancária – que, em vez de favorecer a libertação e permitir que apareçam as potencialidades de cada sujeito, leva o educando ao conformismo e à adaptação sem ensinar uma verdadeira visão crítica.[20] Por outro lado, Freire

15 FREIRE, Paulo. Pedagogia do oprimido. Rio de Janeiro: Paz e Terra, 1975.

16 FREIRE, Paulo. Educação como prática da liberdade. 22ª ed. Rio de Janeiro: Paz e Terra, 1996.

17 FREIRE, Paulo. Pedagogia da autonomia: saberes necessários à prática educativa. 15ª ed. São Paulo: Paz e Terra, 2000a.

18 FREIRE, Paulo. Pedagogia da esperança: um reencontro com a pedagogia do oprimido. 15ª ed. São Paulo: Paz e Terra, 2008.

19 FREIRE, Paulo. Pedagogia do oprimido. Rio de Janeiro: Paz e Terra, 1975.

20 ABRAHÃO, S. O processo educativo segundo Paulo Freire & Pichon-Rivière. Petrópolis: Vozes, 1987, p. 33.

diz que é necessário que haja uma educação libertadora ou crítica que conduza verdadeiramente a um pensar consciente, rumo a uma conscientização das dominações presentes no interior das pessoas.

Ao fazer a crítica à chamada visão "bancária" da educação, ou seja, "quando o saber é uma doação dos que se julgam sábios aos que julgam nada saber",[21] Freire faz a sua revolucionária proposta do pensar crítico enquanto um estar na história e nas situações que esta gera, e delas deixar emergir o conteúdo a ser problematizado e conscientizado. A ênfase da pedagogia do oprimido está no fato de que a história é feita pelos sujeitos: uma história humana e humanizadora, portando, pedagógica.[22]

Na obra *Educação como prática para a liberdade*,[23] Freire apresenta a categoria de conscientização, central para o pensar crítico. Essa obra foi escrita no contexto de transição em que a sociedade brasileira se encontrava; sobretudo, procurava trazer elementos de diálogo e de resposta crítica, de inserção no processo de democratização.[24] Ele tenta compreender uma relação estreita entre "emersão" e participação e entre "imersão" e passividade dos sujeitos implicados no processo da sociedade em mudança.

No capítulo "Educação *versus* massificação", Paulo Freire explicitou a proposta educativa, cujas dimensões críticas

21 FREIRE, Paulo. Pedagogia do oprimido. Rio de Janeiro: Paz e Terra, 1975, p. 67.

22 ARROYO, M. G. Pedagogia do oprimido. In: CALDART, R. S. (org.). Dicionário da Educação do Campo. Rio de Janeiro: Expressão Popular, 2012, p. 555.

23 FREIRE, Paulo. Educação como prática da liberdade. 22ª ed. Rio de Janeiro: Paz e Terra, 1996.

24 FREIRE, Paulo. Educação como prática da liberdade. 22ª ed. Rio de Janeiro: Paz e Terra, 1996, p. 37.

se relacionam com um processo de transição de uma conscientização ingênua a uma conscientização transitiva crítica. Tratava-se de pensar uma educação e uma pedagogia que fossem capazes de colocar os homens e as mulheres brasileiras em condições de resistir aos poderes, de armá-los contra eles. Para ele, o processo de conscientização exigia um profundo conhecimento de relações das causas (causalidades) históricas e políticas implicadas na educação e na busca pela liberdade e autonomia.

O modo de acesso a isso, segundo ele, determinaria a tipologia de consciência. Diz-nos que essa relação

> [...] é feita pelo homem, independentemente de se é ou não alfabetizado. Basta ser homem para realizá-la. Basta ser homem para ser capaz de captar os dados da realidade. Para ser capaz de saber, ainda que seja este saber opinativo. Daí que não haja ignorância absoluta, nem sabedoria absoluta. O homem, contudo, não capta o dado da realidade, o fenômeno, a situação problemática pura. Na captação, juntamente com o problema, capta também seus nexos causais. Apreende a causalidade. A compreensão resultante da captação será tão mais crítica quanto seja feita a apreensão da causalidade autêntica. E será tão mágica, na medida em que se faça com um mínimo de apreensão dessa causalidade. Enquanto para a consciência crítica a própria causalidade autêntica está sempre submetida à sua análise – o que é autêntico hoje pode não ser amanhã –, para a consciência ingênua, o que lhe parece causalidade autêntica já não é, uma vez que lhe atribui caráter estático, de algo já feito e estabelecido.[25]

[25] FREIRE, Paulo. Educação como prática da liberdade. 22ª ed. Rio de Janeiro: Paz e Terra, 1996, p. 105.

Percebe-se que Freire, já nos anos 1970, realizava uma reflexão crítica acerca dos impactos de um modelo de cultura ou civilização que já colocava no centro o capital e uma visão de submissão do humano diante das causalidades reais. Essa perspectiva é hoje explicitada pelo Papa Francisco a partir do tecnocentrismo e da crise do antropocentrismo moderno, que destrói lentamente a casa comum, de modo a submergir uma certa consciência crítica.[26]

Na obra *Pedagogia da autonomia*,[27] Freire trata do pensar como emancipação da consciência do sujeito a partir da ideia de autonomia. Nos dois primeiros capítulos, critica a negação do ensino. Há pedagogias que negam a existência do sujeito aprendente; e são criticadas, pois, para Freire, não há docência sem discência. Pedagogias negam a autonomia do educando pela imposição de métodos, receitas e tecnologias que visam transferir conhecimento do professor para o aluno. Contra elas, Freire recomenda pensar "certo – e saber que ensinar não é transferir conhecimento é fundamentalmente pensar certo – é uma postura exigente, difícil, às vezes penosa".[28]

Nesse seu escrito, ele apresenta vinte e sete exigências que caracterizariam ou descaracterizariam a ética. Compreende a ética como vocação universal do ser humano para *ser mais* enquanto natureza ontológica ainda adormecida. Segundo ele, a ética da educação deve lutar incessantemente com a

26 FRANCISCO. Carta Encíclica Laudato Si', sobre o cuidado da casa comum. São Paulo: Loyola: Paulus, 2015, n. 102-103.

27 FREIRE, Paulo. Pedagogia da autonomia: saberes necessários à prática educativa. 15ª ed. São Paulo: Paz e Terra, 2000a.

28 FREIRE, Paulo. Pedagogia da autonomia: saberes necessários à prática educativa. 15ª ed. São Paulo: Paz e Terra, 2000a, p. 54.

"malvadez da ética do ser humano".[29] O ato de ensinar propicia aos educandos essa construção na contramão economicista, ao articular a experiência profunda de assumir-se como ser social e histórico, como ser pensante, comunicante, transformador, criador, realizador de sonhos, capaz de ter raiva porque é capaz de amar.[30]

Na obra *Pedagogia da esperança*,[31] Freire realiza uma espécie de "arqueologia" da pedagogia do oprimido. Esse livro foi escrito num período tensionado por avanços democráticos e por uma desilusão com utopias. Por um lado, a Constituição Federal do Brasil, aprovada em 1988, garantia importantes espaços de participação popular, e governos progressistas começavam a implantar políticas públicas inovadoras, como o Orçamento Participativo em Porto Alegre (1989). Por outro lado, a queda do muro de Berlim (1989) simbolizava a crise de alternativas em termos de projeto de sociedade.[32] Deste modo, a ideia de esperança presente nessa obra é a de uma "necessidade ontológica" e de um "imperativo excepcional e histórico",[33] já que ela aponta para uma nova possibilidade de buscar rumos diante de crises.

---

[29] FREIRE, Paulo. *Pedagogia da autonomia*: saberes necessários à prática educativa. 15ª ed. São Paulo: Paz e Terra, 2000a, p. 19.

[30] PAULY, E. L. Pedagogia da autonomia. *In*: STRECK, D. R.; REDIN, E.; ZITKOSKI, J. J. (orgs.). *Dicionário Paulo Freire*. 2ª ed. revista e ampliada. Belo Horizonte: Autêntica, 2010. p. 308.

[31] FREIRE, Paulo. *Pedagogia da esperança*: um reencontro com a pedagogia do oprimido. 15ª ed. São Paulo: Paz e Terra, 2008.

[32] STRECK, D. R. Esperança. *In*: STRECK, D. R.; REDIN, E.; ZITKOSKI, J. J. (orgs.). *Dicionário Paulo Freire*. 2ª ed. revista e ampliada. Belo Horizonte: Autêntica, 2010, p. 161.

[33] FREIRE, Paulo. *Pedagogia da esperança*: um reencontro com a pedagogia do oprimido. 15ª ed. São Paulo: Paz e Terra, 2008, p. 10.

Freire, ao se debater com as teorias pós-modernas – do fim das metanarrativas, do fim da história, do fim do sujeito – e situando-se numa posição que identifica como "progressista", dá a entender que a afirmação da esperança precisa ser contextualizada na história. Pode-se dizer que hoje sua perspectiva de um não fatalismo e não conformismo com uma visão fundamentalista religiosa é essencial para superar um conformismo tecnocrático carregado por um viés profundamente economicista.[34]

Em Freire, a criticidade é a capacidade do educando e do educador de refletir criticamente sobre a realidade na qual estão inseridos, possibilitando a constatação, o conhecimento e a intervenção para transformá-la. Essa capacidade exige um rigor metodológico que combine o saber da pura experiência com o conhecimento organizado, mais sistematizado. O seu principal objetivo é fazer com que as pessoas e as classes oprimidas que aceitam esse desafio possam pensar certo e constituir-se como sujeitos históricos e sociais, que pensam, criticam, opinam, têm sonhos, se comunicam e dão sugestões.[35]

No Brasil, segundo ele, a fase de transitividade de consciência se associava ao fenômeno de rebelião popular, que, de acordo com a sua explicitação, se manifestava por um conjunto de disposições mentais ativistas surgidas num contexto

---

[34] ALMEIDA, André L. Boccato de; PAULA, Patrícia C. de. Educação e consciência crítica em Paulo Freire: uma reflexão sobre o sentido da religião em tempos de fundamentalismos. *Caminhos*, Especial, v. 19, p. 130, 2021. Disponível em: http://seer.pucgoias.edu.br/index.php/caminhos/article/view/9114. Acesso em: 29 out. 2022.

[35] MOREIRA, C. E. Criticidade. *In*: STRECK, D. R.; REDIN, E.; ZITKOSKI, J. J. (orgs.). *Dicionário Paulo Freire*. 2ª ed. revista e ampliada. Belo Horizonte: Autêntica, 2010, p. 97.

da sociedade em aprendizado da abertura, isto é, em democracia. Para ele, a rebelião popular é caracterizada como um *"sintoma [...] dos mais promissores da vida política"*.[36] Há uma certa simpatia à rebelião, desde que ela conduza a uma positiva rebeldia, pois esta "estava somada a um profundo senso de responsabilidade que sempre nos levou a lutar pela promoção inadiável da ingenuidade à criticidade. Da rebelião em inserção".[37]

Assim, ele insistia na necessidade de uma educação corajosa, que enfrentasse os problemas da realidade apresentada em seu tempo e em seu espaço. Por essa razão, a educação para a rebeldia teria de ser, acima de tudo, mudança de atitude, da passividade à participação direta e ingerente, conforme a fase de transição pela qual a experiência brasileira vinha passando. Em linhas gerais, Paulo Freire compreende que o pensar crítico é uma atitude inerente ao ser humano, mas que sociologicamente encontra um contraste no contexto em que se vive. Ele tem plena consciência da história da educação brasileira e seus impasses em favorecer o pensamento crítico.

Para ele, a educação é indissociável da política, e esta, no seu contexto, exige um verdadeiro ato de rebeldia para despertar no sujeito um "rebelar-se" contra o sistema que historicamente massificou, domesticou e não conduziu a uma emancipação pela educação. Veremos agora como pensa a educação o filósofo francês Edgar Morin.

---

36 FREIRE, Paulo. *Educação como prática da liberdade*. 22ª ed. Rio de Janeiro: Paz e Terra, 1996, p. 100.

37 FREIRE, Paulo. *Educação como prática da liberdade*. 22ª ed. Rio de Janeiro: Paz e Terra, 1996, p. 100.

3. Edgar Morin: pensar criticamente pela abertura à complexidade

Morin é conhecido como o pensador vivo que reflete sobre o sujeito no horizonte da complexa realidade. Se, em Freire, as categorias de pensamento crítico e de educação libertadora são centrais, em Morin, a ideia de um pensar crítico passa pela "reforma do pensamento", cuja necessidade-chave social é formar cidadãos capazes de enfrentar os problemas de seu tempo.[38]

Para ele, não haverá um processo educativo se os sujeitos não perceberem os limites do pensamento, a globalidade e a particularidade. Trata-se, segundo ele, de articular, na particularidade, a síntese entre a globalidade e o contexto, com inteligência, consciência crítica e criatividade. Se o pensar crítico, na perspectiva freireana, está relacionado a certa postura de rebeldia epistêmica, mobilizadora de um olhar e postura crítica diante do mundo, na de Morin, caracteriza-se como um novo olhar crítico para a realidade do conhecimento e dos saberes.[39]

Segundo ele, é necessário fazer uma profunda análise e avaliação do desdobramento científico moderno, que reduziu a capacidade da inteligência de conhecer e ampliar os horizontes. Ele mesmo apresenta a insuficiência de pensar de for-

---

[38] MORIN, Edgar. *Complexidade e transdisciplinaridade*: a reforma da universidade e do ensino fundamental. 2ª reimpressão. Natal: Editora da UFRN, 2000, p. 18.

[39] MORIN, Edgar. *Cultura de massas no século XX*. Volume 1: Neurose. 9ª ed. Rio de Janeiro: Forense Universitária, 1997. Nesta obra, o autor já analisava o impacto "neurótico" das técnicas de produção de conhecimento em massa na subjetividade das pessoas, indicando os limites e o futuro da humanidade.

ma crítica sem levar em consideração o hiato epistemológico em que nos encontramos. Diz:

> [...] a inteligência que só sabe separar fragmenta o complexo do mundo em pedaços separados, fraciona os problemas, unidimensionaliza o multidimensional. Atrofia as possibilidades de compreensão e de reflexão, eliminando assim as oportunidades de um julgamento corretivo ou de uma visão a longo prazo. Sua insuficiência para tratar nossos problemas mais graves constitui um dos mais graves problemas que enfrentamos. De modo que, quanto mais os problemas se tornam multidimensionais, maior a capacidade de pensar sua multidimensionalidade; quanto mais a crise progride, mais progride a incapacidade de pensar a crise; quanto mais planetários tornam-se os problemas, mais impensáveis eles se tornam. Uma inteligência incapaz de perceber o contexto e o complexo planetário fica cega, inconsciente e irresponsável.[40]

Segundo Morin, a capacidade de consciência crítica, diante da complexidade circundante, é fruto de um caminho árduo; depende da capacidade de leitura de mundo e de abertura à reformulação do pensamento. Ele mesmo diz que "não se pode reformar a instituição sem uma prévia reforma das mentes, mas não se podem reformar as mentes sem uma prévia reforma das instituições".[41]

Mais do que ler os fenômenos a partir de um enfoque de causa e efeito, exige-se uma mudança paradigmática, na qual

---

[40] MORIN, Edgar. *A cabeça bem-feita*: repensar a reforma, reformar o pensamento. 4ª ed. Rio de Janeiro: Bertrand Brasil, 2001, p. 14-15.

[41] MORIN, Edgar. *A cabeça bem-feita*: repensar a reforma, reformar o pensamento. 4ª ed. Rio de Janeiro: Bertrand Brasil, 2001, p. 99.

as certezas e incertezas impõem-se, superando o simplismo.[42] Trata-se de unir a simplicidade com a complexidade. De combinar o simples e o complexo.

Em Morin, o tema da educação e do pensar crítico emerge a partir dessa verdadeira revolução em curso, protagonizada pelas inúmeras possibilidades científicas. Em meio às mais importantes evoluções ocorridas nas últimas décadas, a revolução radical de nossa visão do espaço, do tempo, da terra, do lugar e da evolução do homem no universo tem sido muitas vezes lembrada. A percepção desta, estudada de forma primorosa por ele, longe de confinar-se a alguns meios científicos e intelectuais, viu-se difundida pela mídia e atingiu a maioria dos contemporâneos.[43]

Para ele, pensar é pensar em movimento. O processo de pensamento é um processo dinâmico de construção. Só cria aquele que constrói. Construir é exercitar a criatividade imaginativa na aplicação concreta. Um pensamento criativo e criador é aquele paradigmaticamente dialógico.[44] Eis a necessidade de pensar que tudo está interagindo, de forma a propiciar o diálogo inter e transdisciplinar entre todos os saberes.

Segundo Morin, a lógica clássica é insuficiente, mas não podemos prescindir dela num pensamento complexo. No fun-

---

[42] MORIN, Edgar. Por uma reforma do pensamento. *In*: PENA-VEJA, Alfredo; NASCIMENTO, Elimar Pinheiro do. *O pensar complexo*: Edgar Morin e a crise da modernidade. 3ª ed. Rio de Janeiro: Garamond, 1999, p. 30-31.

[43] LÉNA, Pierre. Nossa visão do mundo: algumas reflexões para a educação. *In*: MORIN, Edgar. *A religião dos saberes*: o desafio do século XXI. Jornadas temáticas idealizadas e dirigidas por Edgar Morin. Rio de Janeiro: Bertrand Brasil, 2001, p. 50.

[44] ROGER, Emilio. Uma antropologia complexa para entrar no século XXI: chaves de compreensão. *In* PENA-VEJA, Alfredo; NASCIMENTO, Elimar Pinheiro do. *O pensar complexo*: Edgar Morin e a crise da modernidade. 3ª ed. Rio de Janeiro: Garamond, 1999, p. 91.

do, seria despojar-se de certo simplismo e de uma visão unitária (totalitária) e associar a esta o contraditório, buscando uma síntese dialética criativa. A incerteza surgida tanto no conhecimento como na ciência, a partir do século XX, explicitou de modo efetivo os limites do conhecimento e da capacidade de avistar a realidade no seu todo.[45]

Como consequência desse fenômeno, apareceu a própria necessidade de enfrentar as incertezas, bem como o destino incerto de cada indivíduo e de toda a humanidade. Emergem saberes alternativos que precisam ser levados em consideração. Todo processo educativo que vislumbra o pensar crítico precisa assumir sete características fundamentais. São elas: 1. As cegueiras do conhecimento: o erro e a ilusão; 2. Os princípios do conhecimento pertinente; 3. Ensinar a condição humana; 4. Ensinar a identidade terrena; 5. Enfrentar as incertezas; 6. Ensinar a compreensão; e 7. A ética do gênero humano.[46]

A grande contribuição de Edgar Morin, no que tange ao pensamento complexo, talvez seja o fato de denunciar que essa visão tecnocientífica moderna mutilou o ser humano, conduzindo a uma cegueira epistêmica. Ele interpela um modelo de racionalidade que ignora os seres, a subjetividade e a afetividade.[47] Segundo ele, é preciso levar em conta o mito, o afeto, o arrependimento, que devem ser considerados ra-

---

[45] MORIN, Edgar. As duas globalizações: comunicação e complexidade. *In*: SILVA, Juremir M. da; CLOTET, Joaquim. *As duas globalizações*: complexidade e comunicação. Uma pedagogia do presente. Porto Alegre: EDIPUCRS, 2001, p. 15.

[46] MORIN, Edgar. *Os sete saberes necessários à Educação do Futuro.* 10ª ed. São Paulo: Cortez, 2005.

[47] MORIN, Edgar. *Rumo ao abismo?* Ensaio sobre o destino da humanidade. Rio de Janeiro: Bertrand Brasil, 2011, p. 56.

cionalmente. A verdadeira racionalidade, assim, conhece os limites da lógica, do determinismo e do mecanicismo.

Eis por que, para ele, é necessário não apenas apresentar uma crítica forte ao modelo de globalização econômica tecnocêntrica destrutiva formatada nos últimos séculos. É necessário e educativo reconhecer que, nas entrelinhas desse modelo imponente, há outro modelo ou paradigma de globalização que precisa ser ensinado e reconhecido para as consciências do século XXI. Há, segundo ele, um processo com múltiplos eixos que afeta o modo como se constrói uma visão de mundo paradigmática. Diz ele:

> [...] Dois processos principais e ao mesmo tempo antagônicos. Primeiro, o da escravização das populações conquistadas, a dos negros que foram transportados para as Américas e a dos povos colonizados [...]. A segunda globalização, que é o negativo da primeira, é uma globalização minoritária. Começa no próprio coração das nações dominadoras. Primeiro com a concepção de Bartolomeu de las Casas, padre dominicano espanhol que provocou uma controvérsia, uma disputa teológica, ao dizer que os índios das Américas eram humanos como os ocidentais e que tinham uma alma. Quase ao mesmo tempo, Montaigne tem a mesma ideia, de que se devia considerar todas as culturas e civilizações não unicamente como inferiores em relação à ocidental, mas como também tendo suas virtudes e suas qualidades.[48]

Morin percebe com agudeza que há duas globalizações totalmente ligadas e antagônicas, profundamente determinantes para a constituição de uma educação de sujeitos com

[48] MORIN, Edgar. *A cabeça bem-feita*: repensar a reforma, reformar o pensamento. 4ª ed. Rio de Janeiro Bertrand Brasil, 2001, p. 39-40.

consciências abertas. Sua perspectiva é a de acolher e integrar a complexidade e a pluralidade não apenas do conhecimento, mas principalmente das novas abordagens ou perspectivas em construção.[49]

A reforma do pensamento para uma visão de complexidade tem, segundo ele, o foco de formar cidadãos capazes de enfrentar os problemas de seu tempo. Uma vez que a complexidade dos problemas de nosso tempo nos desarma, torna-se necessário que nos rearmemos intelectualmente, instruindo-nos para pensar a complexidade, para enfrentar os desafios da agonia/nascimento dessa mudança de milênios, e, tratar de pensar os problemas da humanidade na era planetária.[50]

Assim como Freire foi um crítico criativo de autoritarismos e opressões que reprimiam a rebeldia positiva, fonte do ato educativo, Morin denuncia uma cultura e política pedagógica que impede o educando de ser criativo com as dúvidas e interrogações do nosso tempo. Em ambos, emerge uma urgência de universalização da cidadania, que, por sua vez, requer uma nova ética e, por conseguinte, uma escola de educação e cidadania para todos. Um Pacto Educativo Global, a partir dessas perspectivas, impõe-se, visando principalmente à necessidade de salvaguardar as várias demandas e relações que os seres necessitam criar com outras constelações de seres.

---

[49] ALMEIDA, André L. Boccato de. Criatividade, Educação e rebeldia no contexto tecnológico e pós-moderno: uma reflexão a partir de Paulo Freire e Edgar Morin. *In*: SAKAMOTO, Cleusa K.; TRINDADE, Marcos A. *Criatividade*: novas nuances teóricas na perspectiva da filosofia e da psicologia. São Paulo: Gênio Criador, 2022a, p. 67.

[50] MORIN, Edgar. *Complexidade e transdisciplinaridade*: a reforma da universidade e do ensino fundamental. 2ª reimpressão. Natal: Editora da UFRN, 2000, p. 18.

Dessa dupla emergência de um pensar crítico se compreende a necessidade de um pacto educativo global. Pode-se considerar como duas referências imprescindíveis para se pensar a educação humanista num contexto de crise e de mudança do paradigma. Ambos sugerem uma reforma do pensamento e caminhos alternativos que passam pela dignidade da pessoa e pela liberdade do sujeito em decidir a partir da alteridade.

Considerações finais

O Pacto Educativo Global, lançado pelo Papa Francisco em 15 de outubro de 2020, no Vaticano, surgiu como uma forma de mobilizar e tornar concretos nas políticas educacionais e institucionais os sete (7) compromissos. São eles: colocar a pessoa no centro de cada processo educativo; ouvir as gerações mais novas; promover a mulher; responsabilizar a família; abrir-se à acolhida; renovar a economia e a política e cuidar da casa comum.

De certo modo, educar para o pensar crítico, hoje, é um desafio também presente no Pacto Educativo Global do Papa Francisco. No contexto brasileiro, de descaso com os últimos e com uma marca de desigualdade de acesso, é necessário um pacto pelo pensamento crítico e pela emancipação das novas subjetividades, com suas narrativas e peculiaridades culturais.

Tanto Freire como Morin propuseram, em contextos distintos, um olhar crítico para a realidade e para a forma de construção simbólica de processos educativos. De Freire, o pensar crítico passa pela capacidade de uma consciência crítica capaz de gerar uma tomada de decisão constante diante de processos conformistas. De Morin, a ideia de mudança de paradigma e de reforma do pensamento passa não só pelo diálogo, mas por uma revisão no modo de construir conhecimento e, por conseguinte, formar as futuras gerações. Neles, em seus respectivos contextos, emerge uma visão que converge para as imprescindíveis propostas do Pacto Educativo Global do Papa Francisco.

Mais do que reformar o modelo de ensino sistemático veiculado nas instituições de ensino, urge rever os valores éticos subjacentes ao modo de viver e conviver com o diferente. Ao se complexificarem novas formas de convivência, também se alargam novas violências, intolerâncias e dificuldades em lidar com as alteridades e o outro em sua expressão máxima de diversidade.[51]

O desdobramento do Pacto Educativo Global encontra nas reflexões de Freire e Morin – críticos de um modelo tecnocrático de modernidade – a sua possibilidade de implementação e irradiação. Em suas propostas, há um esforço de protagonizar o sujeito em sua humanidade mais profunda como referência de reforma do pensamento e de superação das opressões. Francisco referenda esse tipo de humanismo em sua proposta mais alargada de educação.

Concluindo, o Papa Francisco é lúcido ao propor um Pacto Educativo que conduza a promover as vozes das vítimas e dos silenciados. As propostas educativas tanto de Freire como de Morin foram e são ainda perspectivas válidas diante

[51] ALMEIDA, André L. Boccato de. Por uma ética da tolerância em tempos de intolerância: uma reflexão ético-teológica a partir da fronteira do diálogo. *In*: COELHO, Mário M.; MARTINS, Alexandre A.; SOUZA, Moésio P. de; FRECHEIRAS, Marta Luzie de O.; ALMEIDA, André L. Boccato de. *Cruzar fronteiras*: uma urgência para a ética teológica. Aparecida: Santuário/SBTM, 2022b, p. 84.

do desgaste humano e da corrosão de valores humanistas em constante processo de imposição.

Referências bibliográficas

ABRAHÃO, S. *O processo educativo segundo Paulo Freire & Pichon-Rivière*. Petrópolis: Vozes, 1987.

ALMEIDA, André L. Boccato de. *Moral social*: iniciação à Teologia. Petrópolis: Vozes, 2021.

ALMEIDA, André L. Boccato de; PAULA, Patrícia C. de. Educação e consciência crítica em Paulo Freire: uma reflexão sobre o sentido da religião em tempos de fundamentalismos. *Caminhos*, Especial, v. 19, p. 124-137, 2021. Disponível em: http://seer.pucgoias.edu.br/index.php/caminhos/article/view/9114. Acesso em: 29 out. 2022.

ALMEIDA, André L. Boccato de. Criatividade, Educação e rebeldia no contexto tecnológico e pós-moderno: uma reflexão a partir de Paulo Freire e Edgar Morin. *In*: SAKAMOTO, Cleusa K.; TRINDADE, Marcos A. *Criatividade*: novas nuances teóricas na perspectiva da filosofia e da psicologia. São Paulo: Gênio Criador, 2022a. p. 51-76.

ALMEIDA, André L. Boccato de. Por uma ética da tolerância em tempos de intolerância: uma reflexão ético-teológica a partir da fronteira do diálogo. *In*: COELHO, Mário M.; MARTINS, Alexandre A.; SOUZA, Moésio P. de; FRECHEIRAS, Marta Luzie de O.; ALMEIDA, André L. Boccato de. *Cruzar fronteiras*: uma urgência para a ética teológica. Aparecida: Santuário/SBTM, 2022b. p. 81-100.

ALMEIDA, André L. Boccato de; FERREIRA, Lúcia E.; MELO, Aloisio. A formação da consciência em uma cultura de "sujeitos bolhas" cristãos: uma análise ético-teológica propositiva a partir da moral social do Papa Francisco. *Encontros Teológicos*, Florianópolis, v. 36, n. 1, jan.-abr. 2021, p. 153-172. Disponível em: https://facasc.emnuvens.com.br/ret/article/view/1647. Acesso em: 29 out. 2022.

ANDRADE, Fernando C. B. de. Pensando a violência pela óptica freireana: implicações para a escola pública. *In*: SCOCUGLIA, A. C. (org.). *Paulo Freire na história da educação do tempo presente.* São Paulo: Edições Afrontamento, 2006. p. 55-75.

ARROYO, M. G. Pedagogia do oprimido. *In*: CALDART, R. S. (org.). *Dicionário da Educação do Campo.* Rio de Janeiro: Expressão Popular, 2012. p. 553-561.

FRANCISCO. Encontro "Religiões e educação: Pacto Educativo Global". *Discurso do Papa Francisco.* Sala Clementina, terça-feira, 5 de outubro de 2021. Disponível em: https://www.vatican.va/content/francesco/pt/speeches/2021/october/documents/20211005-pattoeducativo-globale.html. Acesso em: 1º maio 2024.

FRANCISCO. Carta Encíclica *Fratelli Tutti*, sobre a fraternidade e a amizade social. São Paulo: Paulinas, 2020.

FRANCISCO. Carta Encíclica *Laudato Si'*, sobre o cuidado da casa comum. São Paulo: Loyola: Paulus, 2015.

FREIRE, Paulo. *Educação como prática da liberdade.* 22ª ed. Rio de Janeiro: Paz e Terra, 1996.

FREIRE, Paulo. *Pedagogia da autonomia*: saberes necessários à prática educativa. 15ª ed. São Paulo: Paz e Terra, 2000a.

FREIRE, Paulo. *Pedagogia da esperança*: um reencontro com a pedagogia do oprimido. 15ª ed. São Paulo: Paz e Terra, 2008.

FREIRE, Paulo. *Pedagogia do oprimido*. Rio de Janeiro: Paz e Terra, 1975.

FRIEDEN, Jeffry A. *Capitalismo global*: história econômica e política do século XXI. Rio de Janeiro: Zahar, 2008.

HAN, Byung-Chul. *A expulsão do outro*: sociedade, percepção e comunicação hoje. Petrópolis: Vozes, 2022.

HAN, Byung-Chul. *Capitalismo e impulso de morte*: ensaios e entrevistas. Petrópolis: Vozes, 2021.

LÉNA, Pierre. Nossa visão do mundo: algumas reflexões para a educação. *In*: MORIN, Edgar. *A religião dos saberes*: o desafio do século XXI. Jornadas temáticas idealizadas e dirigidas por Edgar Morin. Rio de Janeiro: Bertrand Brasil, 2001. p. 50-59.

MADELIN, H. A crise civilizacional e os desafios para o ensino social da Igreja. *In*: OSOWSKI, C.; MÉLO, J. L. B. (orgs.). *O Ensino Social da Igreja e a globalização*. São Leopoldo: Unisinos, 2002. p. 84-100.

MOREIRA, C. E. Criticidade. *In*: STRECK, D. R.; REDIN, E.; ZITKOSKI, J. J. (orgs.). *Dicionário Paulo Freire*. 2ª ed. revista e ampliada. Belo Horizonte: Autêntica, 2010. p. 97-98.

MORIN, Edgar. *Complexidade e transdisciplinaridade*: a reforma da universidade e do ensino fundamental. 2ª reimpressão. Natal: Editora da UFRN, 2000.

MORIN, Edgar. *Cultura de massas no século XX*. Volume 1: Neurose. 9ª ed. Rio de Janeiro: Forense Universitária, 1997.

MORIN, Edgar. *A cabeça bem-feita*: repensar a reforma, reformar o pensamento. 4ª ed. Rio de Janeiro: Bertrand Brasil, 2001.

MORIN, Edgar. As duas globalizações: comunicação e complexidade. *In*: SILVA, Juremir M. da; CLOTET, Joaquim. *As duas globalizações*: complexidade e comunicação. Uma pedagogia do presente. Porto Alegre: EDIPUCRS, 2001. p. 39-59.

MORIN, Edgar. Por uma reforma do pensamento. *In*: PENA-VEJA, Alfredo; NASCIMENTO, Elimar Pinheiro do. *O pensar complexo*: Edgar Morin e a crise da modernidade. 3ª ed. Rio de Janeiro: Garamond, 1999. p. 21-34.

MORIN, Edgar. *Os sete saberes necessários à Educação do Futuro.* 10ª ed. São Paulo: Cortez, 2005. 118p.

MORIN, Edgar. *Rumo ao abismo?* Ensaio sobre o destino da humanidade. Rio de Janeiro: Bertrand Brasil, 2011.

PAULY, E. L. Pedagogia da autonomia. *In*: STRECK, D. R.; REDIN, E.; ZITKOSKI, J. J. (orgs.). *Dicionário Paulo Freire.* 2ª ed. revista e ampliada. Belo Horizonte: Autêntica, 2010. p. 308-309.

QUEIRUGA, Andrés Torres. *A teologia depois do Vaticano II*: diagnóstico e propostas. São Paulo: Paulinas, 2015.

ROGER, Emilio. Uma antropologia complexa para entrar no século XXI: chaves de compreensão. *In*: PENA-VEJA, Alfredo; NASCIMENTO, Elimar Pinheiro do. *O pensar complexo*: Edgar Morin e a crise da modernidade. 3ª ed. Rio de Janeiro: Garamond, 1999. p. 89-106.

SAYAGO, Óscar A. P. (org.). *O projeto educativo de Francisco.* Curitiba: PUCPRESS, 2019.

STRECK, D. R. Esperança. *In*: STRECK, D. R.; REDIN, E.; ZITKOSKI, J. J. (orgs.). *Dicionário Paulo Freire.* 2ª ed. revista e ampliada. Belo Horizonte: Autêntica, 2010. p. 161-162.

VADEMECUM. Português. *Pacto Educativo Global.* Disponível em: https://www.educationglobalcompact.org/resources/Risorse/vademecum-portuges.pdf. Acesso em: 1º maio 2024.

2

A EDUCAÇÃO COMO PRÁTICA FORMATIVA DA PESSOA HUMANA: Provocações à luz do paradigma teológico da missão assumido pelo Vaticano II e pelo Pontificado de Francisco

Moisés Nonato Quintela Ponte[1]

Introdução

O título de nossa apresentação coloca o tema da missão em relação com aquele da educação. Somos cônscios do quão delicada é essa articulação, tendo em vista que, na história do Brasil, assim como naquela das Américas, a educação, seja ela formal ou informal, sempre se encontrou instrumentalmente vinculada a uma política colonialista cuja justificação última se assentava em fins pretensamente religiosos: a conversão e a salvação das almas.

[1] Presbítero jesuíta. Estudos de Ciências Sociais pela Universidade Federal do Ceará (1998). Pela Faculdade Jesuíta de Filosofia e Teologia (FAJE), em Belo Horizonte, graduação em Filosofia (2004) e Teologia (2009) e mestrado em Teologia (2012). Doutor em Teologia Moral pela *Accademia Alfonsiana, da Pontificia Università Lateranense (2024)*, em Roma, Itália. Professor assistente da FAJE. Membro da Sociedade Brasileira de Teologia Moral (SBTM) e da *Catholic Theological Ethics in the World Church* (CTEWC). Orcid.org/0000-0002-5182-8196. E-mail: mponte@faje.asav.org.br.

Diante da ambiguidade e mesmo equivocidade do termo "missão", nossa reflexão se deterá primeiramente em uma exposição sobre a passagem do paradigma da missão na cristandade católica para a nova compreensão da missão que foi se sedimentando ao longo do século passado, ganhando vida e expressão no Vaticano II e, atualmente, no pontificado de Francisco.

Num segundo passo, sem pretensão sistemática ou de esgotar a questão, deixaremos livremente nos interrogar sobre o modo como esse novo paradigma da missão interpela o esforço comum das comunidades humanas e eclesiais em promover uma educação humanizante e libertadora em contextos tão diversos e plurais, situados em um tempo de crise e de transição epocal.

1. A metamorfose da missão

Embora reconheça suas raízes no mandado evangélico de Jesus ressuscitado aos discípulos, a compreensão contemporânea da missão encontra-se, ainda hoje, associada a um paradigma que nasceu com a autoproclamada descoberta de um novo continente por parte de Colombo. Mais especificamente, com a proclamação da bula *Inter Coetera Divinae*, em 1493, quando o papa Alexandre VI dividiu o mundo fora da Europa entre Portugal e Espanha. Ao direito de ter colônias correspondia o dever de cristianizar os colonizados. Ressurge, assim, na Igreja ocidental, o termo "missão".

Ele se estrutura em uma pragmática específica de apropriação de espaços e de dominação, e em uma semântica correspondente: a da "conquista espiritual". Não há espaços para a alteridade, mas processos de assimilação do outro. Como bem observou Tzvetan Todorov a respeito de Hernán Cortés, o conquistador pode até falar a língua de outro povo, compreender seus costumes e demonstrar certa empatia; não obstante, "ele jamais abandona seu sentimento de superioridade [...], tampouco se contenta em reafirmar sua própria identidade (a qual verdadeiramente nunca abandonou), procedendo, num segundo momento, à assimilação dos índios a seu próprio mundo".[2] Doravante, colonialismo e missão serão termos interdependentes, dando início ao que o missiólogo David Bosch – pastor sul-africano de tradição calvinista – chama de "paradigma missionário católico romano".[3]

Há uma mudança de paradigma em torno da missão na passagem do século XV para o XVI. No medievo, a "missão" era um tema sobretudo teológico, e não de propagação da fé. A chamada *missio Dei designava a*s missões do Filho e do Espírito Santo na história da Salvação. É essa a perspectiva de Tomás de Aquino[4] ao distinguir dois tipos de missão divina: uma visível e outra invisível. Por missão *visível*, Santo Tomás compreende a encarnação do Verbo e a vinda do Espírito Santo, em forma de línguas de fogo, sobre os apóstolos. Por *invisível*, a missão do Verbo e do Espírito Santo nas almas através da infusão da graça santificante.

Com o advento do processo de colonização ultramarina por parte da cristandade ocidental, o paradigma da missão deixa, portanto, de ser propriamente teológico para estar a serviço da

[2] TODOROV, Tzvetan. *La conquête de l'Amérique*: la question de l'autre. Paris: Seuil, 1982, p. 309.

[3] BOSCH, David. *Missão transformadora: mudanças de paradigma na teologia da missão*. São Leopoldo: Sinodal, 2002, p. 466.

[4] *Suma teológica*, I, q. 43, aa. 4-5.

expansão do poder político e espiritual da cristandade europeia. O triste legado de dominação desse paradigma adquiriu novas expressões nos processos de neocolonização da África e da Ásia, no século XIX; e, com eles, novos protagonistas eclesiais, através da expansão das missões protestantes nesses continentes.

É nesse contexto que, no ambiente protestante, surge uma reviravolta no pensar a missão que levou ulteriormente a declarações emblemáticas, como aquela do bispo metodista Emerito Nacpil em um encontro de Igrejas e missionários metodistas asiáticos, realizado na Malásia, em 1971:

> Perguntei a muitos jovens o que eles enxergam quando veem um missionário. Eles me dizem que, quando veem um missionário, enxergam a cor verde, do poderoso dólar. Enxergam a cor branca, do imperialismo e do racismo ocidentais [...]. No rosto do mestre, enxergam o espelho de sua própria servidão [...]. Se é assim que as gerações presentes e as futuras hão de ver os missionários, segue-se, então, que esta imagem do missionário não pode simbolizar a autenticidade do Evangelho e a universalidade da Igreja. Em vez disso, pode muito bem ser – se já não o for – símbolo da universalidade do imperialismo ocidental entre as novas gerações do Terceiro Mundo. Acredito que a atual estrutura das missões modernas está morta. E a primeira coisa que devemos fazer é elogiá-la e depois enterrá-la, por mais oneroso e doloroso que seja enterrar os mortos.[5]

[5] NACPIL, Emerito P. Mission but not missionaries. *International Review of Mission*, v. 60, n. 239, 1971, p. 359.

Se o termo "missão" resistiu à sepultura apesar do prognóstico de Nacpil, é porque ele exprime uma dimensão fundamental e irreprimível do Evangelho: seu movimento em direção ao outro, cuja origem última reside no desígnio salvífico e amoroso de Deus, o que deu origem ao surgimento de um novo paradigma da "missão", reunindo protestantes e católicos em meados do século passado.

Do lado protestante, o marco de referência é a Conferência Missionária Internacional, de 1952, em Willingen, Alemanha:

> Foi lá que a ideia (não o termo) da *missio Dei* emergiu, pela primeira vez, de maneira clara. Compreendeu-se a missão como derivada da própria natureza de Deus. Ela foi colocada, pois, no contexto da doutrina da Trindade, não da eclesiologia nem da soteriologia [...]. A imagem de missão de Willingen era a da missão como partícipe no envio de Deus [...]. Willingen reconheceu uma estreita relação entre a *missio Dei* e a missão como solidariedade com o Cristo encarnado e crucificado [...]. Na nova imagem, a missão não é primordialmente uma atividade da Igreja, mas um atributo de Deus. Deus é um Deus missionário. "Não é a Igreja que deve cumprir uma missão de salvação no mundo; é a missão do Filho e do Espírito mediante o Pai que inclui a Igreja" (Moltmann). Compreende-se a missão, desse modo, como um movimento de Deus em direção ao mundo; a Igreja é vista como um instrumento para essa missão. Existe Igreja porque existe missão. Participar da missão é participar do movimento de amor de Deus para com as pessoas, visto que Deus é uma fonte de amor que envia.[6]

Após a Conferência de Willingen, o novo paradigma da missão foi assumido progressivamente pelas comunidades

6 BOSCH, D. *Missão transformadora*, p. 467-468.

protestantes ligadas ao Conselho Mundial das Igrejas e, igualmente, por outras Igrejas cristãs, desde ortodoxas a evangélicas.[7]

Paralelamente, no âmbito católico, surgia uma viva articulação missionária que progressivamente gestou a perspectiva inovadora da missão do último Concílio. Um marco de relevo nesse itinerário de conversão missionária e pastoral da Igreja a um novo paradigma é o movimento missionário, irrompido na França e na Igreja europeia no quarto decênio do século passado. Num cenário de morte e de destruição, assolado por mais uma guerra mundial, as Igrejas do velho mundo testemunhavam atônitas o progressivo desmoronar-se da cristandade. Quanto mais as sociedades europeias se "modernizavam", mais decrescia o número de fiéis. Países outrora católicos são agora considerados "países de missão".

Era o que havia demonstrado o estudo contundente dos padres jocistas Henri Godin e Yves Daniel, "*La France, pays de mission?*".[8] Na oitava da Páscoa de 1942, o cardeal Emmanuel Suhard, arcebispo de Paris, recebia em primeira mão o volumoso dossiê preparado pelos padres Godin e Daniel. Ao ler o documento, o cardeal ficou profundamente impressionado com a "descrição detalhada e impiedosa, baseada em números, fatos, experiências vividas, de um estado de paganização da Diocese do qual nunca havia se dado conta até aquele momento".[9] Perdida uma noite de sono, "nos dias seguintes ele fala a todo o mundo sobre o manuscrito, que não

[7] BOSCH, D. *Missão transformadora*, p. 468.

[8] GODIN, Henri; DANIEL, Yvan. *La France, pays de mission?* Paris: Cerf, 1950.

[9] SUHARD, Emmanuel C.; DE LA BROSSE, Olivier. *Vers une église en état de mission*. Paris: Cerf, 1965, p. 139.

sai de sua mesa".[10] Não lhe restavam dúvidas, era necessário "fazer a Missão".

À "Missão de Paris", inaugurada pelo cardeal Suhard, acrescentam-se outras experiências. Na Itália, a "Missão de Milão", pensada e preparada com grande zelo pelo cardeal Giovanni Battista Montini,[11] futuro papa Paulo VI. Na Bélgica, o cardeal Leo-Jozef Suenens, outro protagonista do último Concílio, publicou o livro a *Igreja em estado de missão,*[12] rapidamente traduzido para várias línguas: para o espanhol, no mesmo ano da publicação, em 1955; para o italiano, em 1956, com prefácio do cardeal Montini; para o português, em 1956, com uma apresentação de Dom Hélder Câmara.[13] Tudo isso para indicar a efervescência do tema da missão às vésperas do Vaticano II.

Porquanto louvável o afã inicial daquelas Igrejas em realizar missões específicas – *Mission de France, Mission de Paris, Missione di Milano* –, elas ainda eram movidas pelo paradigma missionário de propagação da fé. O próprio estudo supracitado dos padres Godin e Daniel revela isso. Basta considerar o título original da obra: *Dissertação sobre a conquista cristã no meio proletário – Mémoire sur la* conquête *chrétienne dans le milieu prolétaire* (grifo nosso). Do começo ao fim do estudo, os autores falam de "conquista cristã",

[10] SUHARD, E.; DE LA BROSSE, O. *Vers une église en état de mission*, p. 140.

[11] GIOVAGNOLI, Agostino. La Chiesa di Milano in Stato di Missione. *In*: VACCARO, Luciano (org.). *Il cristiano laico*: l'eredità dell'arcivescovo Montini. Brescia: Morcelliana, 2004, p. 177-192.

[12] SUENENS, Léon-Joseph. *L'Église en état de mission*. Bruges: Desclée de Brouwer, 1955.

[13] Infelizmente, o título original foi inteiramente modificado nas duas edições da mesmíssima tradução de Lucas Moreira Neves: SUENENS, Léon-Joseph. *Novos rumos da Igreja missionária*. Rio de Janeiro: Flamboyant, 1956; SUENENS, Léon-Joseph. *A missão na Igreja no século XX*. 2ª ed. Rio de Janeiro: Flamboyant, 1959.

"conquista dos indivíduos", "conquista dos outros", "conquista dos proletários", "conquista de uma alma", "conquista do mundo", enfim, "várias conquistas".[14]

O início do movimento missionário que precedeu o último Concílio se articulava, portanto, em torno de um paradigma claramente expansionista da Igreja através da missão. Não obstante, no interior daquele mesmo movimento, foi se desenvolvendo progressivamente uma compreensão de que, para novos tempos, novos odres. O mesmo cardeal Suhard que, em 1942, declarava a França um país de missão, em sua carta pascal de 1947, entrevê a necessidade de um novo paradigma:

> Ora "a missão da Igreja – como de modo excelente o Sr. [Étienne] Gilson afirma – não é a de manter o mundo tal como é, mesmo que ele tenha se tornado cristão, mas de conservá-lo cristão de tal modo que ele jamais cesse de se tornar outro". Dito resumidamente, "a Igreja não tem a missão de impedir que este mundo passe, mas de santificar um mundo que passa".[15]

Não se tratava mais de *fazer a missão*, no sentido da conquista, mas de colocar a *Igreja em estado de missão*, como propôs o frei dominicano Marie-Dominique Chenu ao cunhar essa expressão – muito difusa entre nós após a Conferência de Aparecida – numa alocução proferida para a *Mission de France*, em julho de 1947. Tão emblemática quanto apelativa, a expressão "Igreja em estado de missão" não tardou em

[14] GODIN, G.; DANIEL, Y. *La France, pays de mission?*, p. 32, 44, 63, 64, 69, 119, 122, respectivamente.

[15] SUHARD, Emmanuel C. *Essor ou déclin de l'Église*: lettre pastorale. Paris: Lahure, 1947, p. 64.

ser difundida e, por isso mesmo, usada com os mais diversos sentidos, o que fez Chenu retomar o tema, em 1958, na revista *Parole et mission*.

Ele afirma que, ao buscar responder aos desafios de seu tempo em torno da ideia de "uma Igreja em estado de missão", pressupunha a própria Palavra de Deus como ato missionário por excelência.[16] Para Chenu, a "Palavra de Deus" tem a precedência. Em outras palavras, a ação missionária é precedida pela própria ação de "Deus que fala aos homens na língua dos homens; num encontro completamente novo do Evangelho com valores ainda desconhecidos, novamente emergidos num mundo em transformação".[17]

À época, o tema da *missão* era igualmente refletido por outros grandes nomes da teologia francesa que deixarão sua marca no Concílio Vaticano II. É o caso de Yves Congar[18] e de Henri de Lubac, o qual já antecipava, em suas lições de 1941, uma das principais contribuições do Vaticano II à eclesiologia. A saber, a consciência de que "a obra missionária da Igreja não é de modo algum suplementar ou uma atividade periférica, mas a primeira de suas obras [...]. Sem jogo de palavras, ela é *sua missão* [...]. A Igreja é essencialmente missionária".[19]

Como ocorrido no âmbito protestante, a missão da Igreja passou progressivamente a ser pensada no horizonte maior do desígnio da salvação de Deus que se cumpre nas missões

---

16 CHENU, Marie-Dominique. L'Église en état de mission. *In*: CHENU, M.-D. *La Parole de Dieu*: l'Évangile dans le temps. Paris: Cerf, 1964. v. 2, p. 238.

17 CHENU, M.-D. L'Église en état de mission, p. 239.

18 CORNELIU, Berea. *Il pensiero teologico di Yves Congar sulla definizione della missione nel periodo preconciliare*. Roma: Gregorian Biblical Press, 2009.

19 DE LUBAC, Henri. *Le fondement théologique des missions*. Paris: Seuil, 1946, p. 16-17.

do Filho e do Espírito Santo. Eis como, pouco a pouco, foi se formando uma nova *mens* da identidade missionária da Igreja, que culminará no decreto *Ad gentes*, do Concílio Vaticano II: "A Igreja peregrina é, por sua natureza, missionária, visto que tem a sua origem, segundo o desígnio de Deus Pai, na 'missão' do Filho e do Espírito Santo".[20]

Essa nova compreensão da missão não é apenas um tema a mais entre tantos outros tratados no *corpus* dos documentos do último Concílio. É o que sustenta o teólogo franco-alemão Christoph Theobald em sua "releitura às avessas"[21] do Vaticano II. Theobald sustenta que os últimos textos do Concílio, "sobretudo *Dei Verbum* e *Gaudium et spes*, mas também *Ad Gentes*",[22] operam um "reenquadramento" dos primeiros documentos, possibilitando-lhes expressar melhor aquele "princípio de Pastoralidade" desejado pelo Papa João XXIII. É nesse sentido que o autor ousa considerar o Decreto *Ad gentes* "uma releitura ulterior de *Lumen gentium*",[23] situando a Igreja em perspectiva definitivamente missionária.

Frutos de anos de caminhada ecumênica e de um movimento de renovação eclesial, o Vaticano II desencadeia, assim, "um *estado* de consciência e de economia missionária",[24] que a Igreja da América Latina e do Caribe traduziu, desde a conferência de Medellín até chegar àquela de Aparecida,

[20] CONCÍLIO ECUMÊNICO VATICANO II. Decreto *Ad gentes* sobre a atividade missionária da Igreja, n. 2. *In:* CONCÍLIO ECUMÊNICO VATICANO II. *Documentos do Concílio Ecumênico Vaticano II (1962-1965).* 2ª ed. São Paulo: Paulus, 1997. Todas as citações dos documentos do Vaticano II serão retiradas desta edição.

[21] THEOBALD, Christoph. *A recepção do Concílio Vaticano II*: acesso à fonte. São Leopoldo: Unisinos, 2015. v. 1, p. 30.

[22] THEOBALD, C. *A recepção do Concílio Vaticano II*, p. 32.

[23] THEOBALD, C. *A recepção do Concílio Vaticano II*, p. 356.

[24] CHENU, M.-D. L'Église en état de mission, p. 239. Grifo do autor.

em apelo de conversão pastoral ou missionária da Igreja, assumido por Francisco como paradigma programático de seu pontificado.[25]

Embora empregada pela primeira vez na Conferência de Santo Domingo, em 1992, a "conversão pastoral" conclamada pela Conferência de Aparecida[26] e abraçada por Francisco em seu pontificado se insere precisamente no itinerário de recepção criativa do Vaticano II pela Igreja da América Latina e do Caribe, cujo marco fundamental repousa na II Conferência Geral do Episcopado Latino-americano e do Caribe, em Medellín (1968).

Na *Mensagem aos Povos* do continente, os bispos reunidos em Medellín reconheceram-se "movidos pelo Espírito do Senhor [...] [e por] um afã de conversão e serviço".[27] Sentiam-se, assim, interpelados ao "mais urgente compromisso de todos os membros e instituições da Igreja Católica [...] *purificar-nos no espírito do Evangelho*".[28] A partir do "urgente compromisso" de *conversão* "de todos os membros e instituições da Igreja" segundo o "espírito do Evangelho", a II Conferência delineou sete "outros compromissos", entre eles o de "alentar uma nova evangelização".

---

25 PAPA FRANCISCO. *Exortação apostólica* Evangelii Gaudium *sobre o anúncio do Evangelho no mundo atual.* São Paulo: Loyola, 2013, n. 25-33.

26 V CONFERÊNCIA GERAL DO EPISCOPADO LATINO-AMERICANO E DO CARIBE. *Documento de Aparecida. Brasília; São Paulo: CNBB; Paulus; Paulinas, 2007. n. 365-372. Por serem abundantes, as referências do Documento de Aparecida serão doravante realizadas no próprio texto mediante a sigla "DA" e o número citado.*

27 MENSAGEM aos Povos da América Latina. *In*: II CONFERÊNCIA GERAL DO EPISCOPADO LATINO-AMERICANO E DO CARIBE. *A Igreja na atual transformação da América Latina e do Caribe à luz do Concílio*: conclusões de Medellín. Petrópolis: Vozes, 1969, p. 158. Grifo nosso.

28 MENSAGEM aos Povos da América Latina, p. 159. Grifos nossos. Referência comum às demais citações deste parágrafo.

É a primeira vez que se fala de "Nova Evangelização" em um documento eclesial. Embora a Conferência de Medellín não tenha explicitado o seu sentido, ela deixa claro que esse compromisso decorre da necessidade de "conversão" de toda a Igreja segundo o "espírito do Evangelho". Diante do "processo de transformação cultural e religiosa"[29] do continente, os bispos experimentaram a urgência de uma verdadeira transformação missionária da Igreja. Era chegado o momento de a Igreja desfazer-se de todos os resquícios de "uma pastoral de conservação [...] fruto de uma evangelização do tempo da Conquista".[30]

Por tudo isso, observa Agenor Brighenti:

> A tradução mais fiel da exigência evangélica de que – para novos tempos, uma nova evangelização –, é a expressão "conversão pastoral", formulada pela *Conferência de Santo Domingo* (1992) e retomada pela *Conferência de Aparecida* (2007), em sintonia com a "recepção criativa" do Vaticano II feita por *Medellín*.[31]

Em estreita sintonia com o apelo conciliar de uma reforma permanente da Igreja por fidelidade ao Evangelho, o Documento de Aparecida afirma que a *conversão pastoral* "deve impregnar todas as estruturas eclesiais" (DA 365) num processo constante "de renovação missionária", que implica "abandonar estruturas ultrapassadas que já não favoreçam a transmissão da fé" (DA 365).

[29] II CONFERÊNCIA GERAL DO EPISCOPADO LATINO-AMERICANO E DO CARIBE. *A Igreja na atual transformação da América Latina e do Caribe à luz do Concílio*: conclusões de Medellín. Petrópolis: Vozes, 1969, 6,1.

[30] Conclusões de Medellín, 6, 1-2.

[31] Por uma evangelização realmente nova. *Perspectiva Teológica*, v. 45, n. 125, abr. 2013, p. 125.

Ela igualmente exige "conversão pessoal", desde pastores a leigas e leigos, "chamados a assumir atitude de permanente conversão pastoral, que implica escutar com atenção e discernir 'o que o Espírito está dizendo às Igrejas' (Ap 2, 29) através dos sinais dos tempos em que Deus se manifesta" (DA 366). Tanto no âmbito das *estruturas* quanto naquele das *pessoas*, "conversão pastoral" significa, sobretudo, *voltar-se* à Missão salvífica do Filho. Dito de outro modo: "A razão ou o 'para quê' da conversão pastoral é [...] a salvação universal pela conexão com o Reino de Deus, do qual a Igreja precisa ser cada vez com mais clareza sinal e instrumento, seu sacramento".32

O fundamento da "conversão" não repousa, portanto, nem na Igreja, nem nos indivíduos considerados em si mesmos, mas "[n]a proposta de Jesus Cristo a nossos povos, [n]o conteúdo fundamental dessa missão, [que] é a oferta de vida plena a todos" (DA 361). Em suma, seu fundamento repousa no efetuar-se do Reino de Deus, em Jesus Cristo, o enviado (missionário) do Pai, pela força do Espírito (DA 382).

Tendo, até aqui, apresentado de modo sumário o processo de transição do paradigma missionário que marcou as várias formas de colonialismo dos últimos séculos para aquele centrado na própria economia da salvação, que se realiza pelas missões do Filho e do Espírito Santo, segundo o desígnio amoroso do Pai, esperamos, por um lado, ter esclarecido o que compreendemos por missão, quando, com Francisco, propugnamos por uma transformação missionária da Igreja em todas as suas expressões e atividades; e, por outro, ter explicitado que a quase obsessão do atual pontífice em afirmar e reafirmar a urgência do paradigma

32 BRIGHENTI, A. Por uma evangelização realmente nova, p. 97-98.

missionário, redescoberto por Bergoglio na Conferência de Aparecida, não decorre simplesmente do fato de ele ter estado à frente da comissão de redação daquela Conferência, mas do lastro propriamente teológico, e por consequência eclesial, que subjaz ao elã missionário de Aparecida, vinculando-o estreitamente ao mesmo espírito de abertura e de pastoralidade que deu origem e orientou os trabalhos do último Concílio.

O sangue que corre nas veias de Aparecida, e agora no pontificado de Francisco, é o mesmo que suscitou o processo de renovação eclesial impulsionado pelo Vaticano II, o qual segue ainda hoje interpelando em chave missionária a Igreja em todas as suas dimensões e incumbências. Entre elas, uma de "extrema importância [...] [o] desempenho do seu múnus educativo".[33]

2. A educação como prática para a formação da consciência: provocações à luz do novo paradigma da missão

Como a Igreja pode exercer seu *múnus educativo* num mundo plural e, em grande parte, secularizado como o atual? Assumindo a índole pastoral que o Papa João XXIII propôs como princípio orientador do último Concílio,[34] a declaração *Gravissimum educationis* situa a tarefa educativa da Igreja como parte de uma pedagogia mais ampla da obra da salvação – a de "cuidar de toda a vida do homem, mesmo da terre-

[33] CONCÍLIO ECUMÊNICO VATICANO II. Declaração *Gravissimum educationis sobre a educação cristã, n. 2; 4.*

[34] Discurso *Gaudet Mater Ecclesia* na abertura do Concílio Ecumênico Vaticano II, VI, 5.

na" –, reconhecendo que "em toda a parte se fazem esforços para promover cada vez mais a educação".[35]

Se a educação é uma missão para a Igreja, é porque antes ela constitui um "direito inalienável [...] correspondente ao próprio fim, acomodada à própria índole, sexo, cultura e tradições pátrias, e, ao mesmo tempo, aberta ao consórcio fraterno com os outros povos para favorecer a verdadeira unidade e paz na terra".[36]

A saída do paradigma missionário da cristandade interpela a Igreja a compreender sua tarefa educativa na sinergia de uma missão incontornável do ser humano, na qual participam diferentes povos e culturas, sociedades secularizadas e tradicionais. É somente a partir da experiência humana, sempre concreta e contextual, que a Igreja pode ser sal da terra e luz do mundo, num verdadeiro exercício maiêutico de fazer desabrochar as sementes do Verbo para que permaneça a encarnar-se como Boa-Nova na vida dos povos.

Compreendida à luz do desígnio universal da salvação, a missão coloca em suspenso, num verdadeiro exercício de epoché missionária, tudo aquilo que não conduz ao princípio orientador da missão do Filho: "Eu vim para que tenham vida, e vida em abundância" (Jo 10,10). O múnus magisterial da Igreja, servidora da missão de Cristo, não é o de ser senhora da verdade, apegada a uma cristandade passada. Mestra porque discípula, a Igreja se compreende, a exemplo de Jesus Cristo (Fl 2,5-11), no papel de humilde interlocutora, reco-

[35] Declaração *Gravissimum educationis, proêmio.* Referência comum às duas últimas citações.

[36] Declaração *Gravissimum educationis*, n. 1.

nhecendo que nem sempre possui respostas para os grandes questionamentos do gênero humano.[37]

Sendo a missão o princípio fundante do múnus educativo da Igreja, seu diferencial pedagógico não reside em propor novos conteúdos ou metodologias. Pelo contrário, em virtude da "justa autonomia das criaturas e sobretudo dos seres humanos",[38] "a Igreja aprecia muito e procura penetrar e elevar com seu espírito [...] os [...] meios, que pertencem ao patrimônio comum da humanidade e muito ajudam a cultivar as almas e formar os seres humanos".[39] Seu diferencial reside, portanto, em assumir tudo aquilo que verdadeiramente humaniza o ser humano, à luz da práxis de Jesus, que não veio criar uma tradição nova – "Não penseis que vim abolir a Lei e os Profetas" (Mt 5,17) –, mas levar a pleno cumprimento tudo o que assumira em sua encarnação.

Desde essa perspectiva, o múnus educativo da comunidade eclesial das discípulas e discípulos de Jesus não pode jamais prescindir da dimensão histórica e cultural. Do contrário, corre o risco de configurar o seu discurso a partir de uma abstração ou, ainda pior, a partir de uma cultura específica, num processo de conquista e assimilação do outro, propondo à universalidade da Igreja o que é próprio de um *ethos* particular. É o que reconhece Cataldo Zuccaro naquela que talvez seja a única reflexão sistemática de ética teológica até agora a refletir sobre a "teologia moral" sob o prisma da missão:

[37] CONCÍLIO ECUMÊNICO VATICANO II. Constituição pastoral *Gaudium et spes* sobre a Igreja no mundo de hoje, n. 33.

[38] Constituição pastoral *Gaudium et spes*, n. 41.

[39] Declaração *Gravissimum educationis*, n. 4.

> É precisamente graças aos limites universais da missão que esta não esquece que, embora obedeça ao serviço da verdade, permanece ainda ligada à precariedade e ao limite da contingência na descoberta desta verdade. Com efeito, guiada pela sensibilidade histórica, a teologia moral mantém sempre viva a consciência da parcialidade das diversas tentativas de interpretar e traduzir o valor moral de forma proposicional e normativa nos vários contextos em que se encontra.[40]

O que aqui se diz a respeito da relação geral entre o que seria o aspecto universal e aquele singular do múnus educativo de toda e qualquer comunidade eclesial num contexto cultural específico vale igualmente para os sujeitos a quem se dirige essa mesma tarefa pedagógica. Também neles, individualmente considerados, atua aquele princípio autônomo de humanização intrínseco ao ser humano por vontade de seu Criador:

> Pois Deus quis "deixar o homem entregue à sua própria decisão", para que busque por si mesmo o seu Criador [...]. Exige, portanto, a dignidade humana que ele proceda segundo a sua consciência e por livre decisão, ou seja, movido e determinado pessoalmente desde dentro e não levado por cegos impulsos interiores ou por mera coação externa.[41]

Com isso, não se quer negar a tarefa igualmente educativa de formação das consciências, mas situá-la no desígnio do Criador, profundamente observado por Jesus Cristo em sua práxis pedagógica, assim sintetizada pelos bispos latino-americanos em Aparecida: "Tudo começa com uma pergunta: 'o

---

[40] ZUCCARO, C. *Morale e missione*: animare la fede e convertire la vita. Città del Vaticano: Urbaniana University Press, 2006, p. 232-233.

[41] Constituição pastoral *Gaudium et spes*, n. 17.

que procuram?' (Jo 1,38). A essa pergunta seguiu o convite a viver uma experiência: 'Venham e verão' (Jo 1,39). Essa narração permanecerá como síntese única do método cristão" (DA 245).

Com efeito, a missão salvífica do Filho pressupõe aquela pedagogia do Espírito que opera em cada pessoa. Não se sobrepor à *missio* invisível do Espírito significa colocar-se no que o apóstolo Paulo chama de "diaconia do Espírito [*diakonía tou pneúmatoi*]" (2Cor 3,8). Dito negativamente, trata-se de se salvaguardar da grande tentação plasticamente ilustrada por Dostoiévski na figura do grande inquisidor, em seu livro *Os irmãos Karamazov*: a de reduzir a obra educativa à tutela das consciências, o que significaria colocar-se – para voltarmos ao apóstolo Paulo – naquela "diaconia da morte [*diakonía tou thanátou*], gravada com letras em pedras" (2Cor 3,7). Nas palavras do papa Francisco:

> Custa-nos deixar espaço à consciência dos fiéis, que muitas vezes respondem o melhor que podem ao Evangelho no meio dos seus limites e são capazes de realizar o seu próprio discernimento perante situações onde se rompem todos os esquemas. Somos chamados a formar as consciências, não a pretender substituí-las.[42]

Essa tentação não diz respeito apenas à religião. Ela encontra-se igualmente presente nas sociedades seculares, agravando-se em tempos de crise, quando se consolidam, na chamada "esfera pública",[43] ideias e opiniões marcadamente

[42] *Exortação apostólica Amoris Laetitia sobre o amor na família.* São Paulo: Loyola, 2016. n. 37.

[43] HABERMAS, Jürgen. *Direito e democracia: entre facticidade e validade*. Rio de Janeiro: Tempo Brasileiro, 1997. v. 2, p. 92.

pessimistas, quando não fatalistas, sobre a "crise da vida moral" ou "crise de valores", vivida por grande parte das sociedades contemporâneas. Nessa perspectiva, a educação se converte em nova cruzada para salvaguardar a humanidade da depravação moral cuja raiz é o pecado (tentação religiosa) ou em ferramenta de manipulação e de controle, contra o risco de anomia e de uma iminente ruptura do tecido sociopolítico (tentação secular).

Ainda que, a seu modo, tais propostas formativas visem promover algum bem-estar, elas terminam por restringi-lo às coordenadas precisas das configurações "liberal-capitalista" e "religiosa" que reciprocamente as orientam. Consequentemente, a relevância da formação ética não é fundamentada a partir de uma necessidade intrinsecamente antropológica, mas com vista a determinado fim: seja a manutenção de condições mínimas de coesão social, com vista à sobrevivência da manutenção da atual ordem mundial através de antigas e novas formas de controle sobre o corpo e sobre a vida dos indivíduos; seja a restauração de uma ordenação moral hierática da sociedade, ao modo da cristandade e de novas formas de dominação religiosa.

Mais do que uma proposta religiosa, a chamada conversão missionária ou pastoral porta consigo um significado profundamente antropológico daquele ser cuja identidade, assim como a da Igreja, está sempre em renovação: "toda a renovação da Igreja consiste essencialmente numa maior fidelidade à própria vocação"[44]. Nesse sentido, o que os bispos latino-

[44] CONCÍLIO ECUMÊNICO VATICANO II. *Decreto* Unitatis redintegratio *sobre o ecumenismo*, n. 6, *apud* PAPA FRANCISCO. *Exortação apostólica* Evangelii Gaudium, n. 26.

-americanos afirmam sobre a Igreja tem igual significado para o atual modelo de civilização ocidental:

> A Igreja é chamada a repensar profundamente e a relançar com fidelidade e audácia sua missão nas novas circunstâncias latino-americanas e mundiais. Ela não pode fechar-se frente àqueles que só veem confusão, perigos e ameaças ou àqueles que pretendem cobrir a variedade e complexidade das situações com uma capa de ideologias gastas ou de agressões irresponsáveis. Trata-se de confirmar, renovar e revitalizar a novidade do Evangelho arraigada em nossa história, a partir de um encontro pessoal e comunitário com Jesus Cristo, que desperte discípulos e missionários (DA 11).

Nossa maior ameaça "é o medíocre pragmatismo da vida cotidiana da Igreja, no qual, aparentemente, tudo procede com normalidade, mas na verdade a fé vai se desgastando e degenerando em mesquinhez" (DA 12).

Uma educação que não promova profundas mudanças nas atuais estruturas injustas e de dominação de nossos povos corre o risco de reproduzi-las. A urgência da "conversão missionária" – que, após a publicação de *Evangelii Gaudium*, se converte em apelo de conversão fraterna (*Fratelli tutti*) e ecológica (*Laudato si'*) – torna-se um imperativo de mudança de mentalidade e de estruturas por termos chegado àquele ponto de inflexão a partir do qual ou se mudam os paradigmas, ou colheremos por inércia, como Igreja e como humanidade, principalmente os mais pobres e vulneráveis, as consequências desastrosas de um *modus vivendi* injusto e insustentável.

Voltar à missão de Cristo para (re)pensar a educação significa colocar ao centro "o conteúdo fundamental dessa missão, [que] é a oferta de uma vida plena para todos" (DA 361). A abertura às angústias e esperanças da humanidade é, assim, acompanhada por um profundo realismo que não se rende a um ingênuo otimismo nem a um pessimismo estéril, ciente de que, enquanto tal, a crise ética não é positiva nem negativa, mas uma componente necessária e, neste sentido, universal de qualquer *ethos*.[45]

A crise de valores hodierna – assim como aquela antiga crise da *areté* aristocrática da hélade antiga que viu nascer a própria *ética* enquanto ciência do *ethos*[46] – manifesta uma demanda antropológica de sentido à qual o *ethos* vigente já não pode mais responder. Abre-se, assim, como sucede em qualquer crise ética, verdadeiro "'abismo' entre um passado, não mais considerado vigente ou influente, e um futuro, que ainda não se constituiu".[47] Nesse sentido, a chamada crise epocal por que passam as sociedades hodiernas porta em seu bojo as mais diversas demandas de uma formação ética superior, donde as exigências de um acurado discernimento dos "sinais dos tempos" que, ao voltar-se ao projeto (missão) de Jesus, tenha diante dos olhos, como critério decisivo, "os rostos daqueles que sofrem" (DA 65), o grito dos pobres e o grito da terra.

45 RUBIO, Miguel. Crisis de la ética cristiana en el mundo moderno. *Moralia*: revista de ciencias morales, v. 4, n. 15, 1982, p. 194.

46 CANTO-SPERBER, Monique. Antiquité. *In*: CANTO-SPERBER, Monique (org.). *Dictionnaire d'éthique et de philosophie morale*. 4ª ed. Paris: Presses Universitaires de France, 2004, v. 1, p. 86-88.

47 CRISIS. *In*: FERRATER MORA, José; TERRICABRAS, Josep-Maria. *Diccionario de filosofía (A-D)*. Barcelona: Ariel, 2004, v. 1, p. 728.

Considerações finais

Embora sem pretensão sistemática, nossa exposição sobre o novo paradigma da missão quis esclarecer eventuais equivocidades acerca de um termo historicamente vinculado a um projeto de colonização e conquista do outro. Ao mesmo tempo, quisemos pôr em evidência o lastro propriamente teológico de um itinerário de transformação e conversão pastoral que, desde o último Concílio, tem animado e orientado a renovação da práxis da Igreja, particularmente em sua nova irrupção no pontificado do papa Francisco.

Ao elencarmos algumas provocações que o novo paradigma da missão aporta para o desafio de se (re)pensar a educação como via formativa do ser humano, centramos nossa reflexão no âmbito das estruturas eclesiais, sociopolíticas e culturais que subjazem às distintas práticas e iniciativas educativas. Preocupou-nos igualmente o desafio de compreender com realismo a atual crise epocal, mas não menos enquanto possibilidade de emergência de um novo *ethos,* assinalado por uma nova consciência social e ecológica, cujo critério decisivo repousa em Jesus Cristo e em seus prediletos, com os quais quis se identificar: os pobres, excluídos e vulneráveis. Dito resumidamente, a força transformadora do novo paradigma da missão nos incitou a pensar a educação em chave de promoção da vida humana e, por isso mesmo, de libertação.

O nosso recorte sobre o tema não nos permitiu desenvolver melhor outras contribuições do paradigma da missão à tarefa educativa própria da Igreja. Pouco aprofundamos, por exemplo, o papel pedagógico exercido pela missão no itinerário propriamente formativo de conformação da vida das discípulas e discípulos de Jesus à vida/missão de seu mestre.

A verdade é que nosso escopo não era outro senão o de suscitar provocações para se pensar a educação como prática formativa da pessoa humana. Nosso objetivo já estaria, assim, realizado se esta reflexão for capaz de suscitar a continuidade do debate aqui iniciado. Com efeito, o paradigma da missão, assumido pelo Vaticano II e colocado ao centro do programa pastoral do atual pontificado, tem ainda muito a oferecer ao processo de renovação de nossas práticas educativas, mas não menos à própria teologia e, particularmente, à teologia moral.

Nascida com as *Institutiones Morales*, separada da teologia e reduzida ao quadro operativo dos mandamentos, a teologia moral teve de esperar mais de dois séculos para que a inflexão normativa e sempre mais rigorista da moral católica reencontrasse em Santo Afonso de Ligório aquele frescor evangélico nascido de uma verdadeira *conversão missionária* que encaminhará sua teologia a uma moral benigna e pastoral no sentido propriamente teológico do termo. Tudo isso para indicar como, a partir da história do "nascimento" da própria teologia moral, o pecado das origens da separação entre moral e teologia, moral e espiritualidade, moral e redenção, enfim, moral e missão continua a incidir como desafio central de uma teologia convidada a um "contato mais vivo com o mistério de Cristo e a história da salvação [...] [com] especial cuidado em aperfeiçoar a teologia moral, cuja exposição científica, mais alimentada pela Sagrada Escritura, deve revelar a grandeza da vocação dos fiéis em Cristo e a sua obrigação de dar frutos na caridade para vida do mundo".[48]

[48] CONCÍLIO ECUMÊNICO VATICANO II. Decreto *Optatam totius* sobre a formação sacerdotal, n. 16.

Referências bibliográficas

BOSCH, David J. *A missão transformadora:* mudanças de paradigma na teologia da missão. São Leopoldo: Sinodal, 2002.

BRIGHENTI, Agenor. Por uma evangelização realmente nova. *Perspectiva Teológica*, v. 45, n. 125, p. 83-106, abr. 2013.

CANTO-SPERBER, Monique. Antiquité. In: CANTO-SPERBER, Monique (org.). *Dictionnaire d'éthique et de philosophie morale*. 4ª ed. Paris: Presses Universitaires de France, 2004. v. 1, p. 85-100.

CHENU, Marie-Dominique. L'Église en état de mission. *In*: CHENU, M.-D. *La Parole de Dieu*: l'Évangile dans le temps. Paris: Cerf, 1964. v. 2, p. 238.

CONCÍLIO ECUMÊNICO VATICANO II. *Documentos do Concílio Ecumênico Vaticano II (1962-1965)*. 2ª ed. São Paulo: Paulus, 1997.

CORNELIU, Berea. *Il pensiero teologico di Yves Congar sulla definizione della missione nel periodo preconciliare*. Roma: Gregorian Biblical Press, 2009.

II CONFERÊNCIA GERAL DO EPISCOPADO LATINO-AMERICANO E DO CARIBE. *A Igreja na atual transformação da América Latina e do Caribe à luz do Concílio*: conclusões de Medellín. Petrópolis: Vozes, 1969.

V CONFERÊNCIA GERAL DO EPISCOPADO LATINO-AMERICANO E DO CARIBE. *Documento de Aparecida*. Brasília; São Paulo: CNBB; Paulus; Paulinas, 2007.

CRISIS. In: FERRATER MORA, José; TERRICABRAS, Josep-Maria. *Diccionario de filosofía (A-D)*. Barcelona: Ariel, 2004. v. 1, p. 728-730.

DE LUBAC, Henri. *Le fondement théologique des missions*. Paris: Seuil, 1946. p. 16-17.

GIOVAGNOLI, Agostino. La Chiesa di Milano in Stato di Missione. *In*: VACCARO, Luciano (org.). *Il cristiano laico*: l'eredità dell'arcivescovo Montini. Brescia: Morcelliana, 2004. p. 177-192.

GODIN, Henri; DANIEL, Yvan. *La France, pays de mission?* Paris: Cerf, 1950.

HABERMAS, Jürgen. *Direito e democracia*: entre facticidade e validade. Rio de Janeiro: Tempo Brasileiro, 1997. v. 2.

MENSAGEM aos Povos da América Latina. *In*: II CONFERÊNCIA GERAL DO EPISCOPADO LATINO-AMERICANO E DO CARIBE. *A Igreja na atual transformação da América Latina e do Caribe à luz do Concílio*: conclusões de Medellín. Petrópolis: Vozes, 1969. p. 156-160.

NACPIL, Emerito P. Mission but not missionaries. *International Review of Mission*, v. 60, n. 239, p. 356-362, 1971.

PAPA FRANCISCO. *Exortação apostólica* Amoris Laetitia *sobre o amor na família*. São Paulo: Loyola, 2016.

PAPA FRANCISCO. *Exortação apostólica* Evangelii Gaudium *sobre o anúncio do Evangelho no mundo atual*. São Paulo: Loyola, 2013.

PAPA JOÃO XXIII. Discurso *Gaudet Mater Ecclesia* na abertura do Concílio Ecumênico Vaticano II (11 out. 1962). Disponível em: https://www.vatican.va/content/john-xxiii/pt/speeches/1962/documents/hf_j-xxiii_spe_19621011_opening-council.html. Acesso em: 15 set. 2024.

RUBIO, Miguel. Crisis de la ética cristiana en el mundo moderno. *Moralia*: revista de ciencias morales, v. 4, n. 15, p. 189-226, 1982.

SUENENS, Léon-Joseph. *L'Église en état de mission*. Bruges: Desclée de Brouwer, 1955.

SUHARD, Emmanuel Célestin. *Essor ou déclin de l'Église*: lettre pastorale. Paris: Lahure, 1947.

SUHARD, Emmanuel Célestin; DE LA BROSSE, Olivier. *Vers une église en état de mission*. Paris: Cerf, 1965.

THEOBALD, Christoph. *A recepção do Concílio Vaticano II*: acesso à fonte. São Leopoldo: Unisinos, 2015. v. 1.

TODOROV, Tzvetan. *La conquête de l'Amérique*: la question de l'autre. Paris: Seuil, 1982.

TOMÁS DE AQUINO. *Suma teológica*: I seção da I parte - questões 1-43. São Paulo: Loyola, 2001. v. 1.

ZUCCARO, C. *Morale e missione*: animare la fede e convertire la vita. Città del Vaticano: Urbaniana University Press, 2006.

3

FORMAÇÃO ÉTICA EM TEMPOS DIGITAIS: Uma questão de inteligência ou de consciência?

Anísio Tavares[1]

Introdução

A cultura digital tem se consolidado como fator indispensável para a (auto)compreensão do humano e suas relações na sociedade hodierna. As versões mais evoluídas dos *chatbots* despertaram a atenção para a presença, o desenvolvimento e os objetivos audaciosos da assim chamada Inteligência Artificial (IA).[2] Trata-se de avanços disruptivos embasados em algoritmos que, bem programados, são capazes de acessar a infinidade de dados armazenados (*big data*) e direcioná-los com precisão aos objetivos a serem alcançados

---

1 Bacharel em Filosofia pela Pontifícia Universidade Católica de Campinas (2006), bacharel em Teologia pelo Instituto São Paulo de Estudos Superiores - ITESP (2011), mestre em Teologia Moral pela Accademia Alfonsiana de Roma (2017) e doutorando em Teologia Moral pela Faculdade Jesuíta de Filosofia e Teologia (FAJE - Belo Horizonte), com Bolsa CAPES. http://lattes.cnpq.br/5883077670533138.

2 Uma distinção básica se faz necessária: neste artigo, vamos nos deter à IA classificada como *fraca* ou *restrita*. Ainda que a IA *geral* ou *forte* esteja na pauta de reflexões éticas atuais, aqui não a consideraremos em profundidade.

pelas grandes empresas da área (*big techs*). O aprendizado de máquinas (*machine learning*) tem levantado sérias questões éticas quanto à transparência do funcionamento das IAs e quanto à crucial questão da responsabilidade pela decisão de tais sistemas operacionais.[3] As vantagens para os múltiplos setores da sociedade são evidentes, tanto quanto os riscos para a própria humanidade.

Quanto ao tema da formação ética, os desafios são cada vez maiores e mais complexos. Os engenheiros e programadores de IA afirmam que essa tecnologia vai suprir as limitações humanas no desenvolvimento de inúmeras funções, livrando as pessoas do tempo gasto com atividades repetitivas e estressantes. Com isso, o ser humano teria de volta o tempo livre para desenvolver o ócio criativo, mais tempo para o lazer, enquanto as tarefas mais desgastantes seriam executadas pelos dispositivos tecnológicos e seus programas inteligentes. A proposta é sedutora para uma sociedade na qual as pessoas afirmam não ter tempo para nada. Mas o que estaria por trás desse cenário idílico? Quais espaços tem e com que dinâmica se coloca a formação ética? A formação ética é uma questão de Inteligência (artificial) ou de Consciência (moral)?

O escopo deste breve artigo não dá conta de toda essa complexidade do tema em questão, mas visa um ponto fundamental: relacionar o tema da formação da consciência moral com os desafios éticos emergentes do avanço da IA. Dessa relação, serão apontados alguns desafios cruciais que necessitam ser continuamente aprofundados em prol do avanço

[3] Visto que o aprofundamento das questões científicas e tecnológicas e de suas implicações éticas escapa ao objetivo deste breve artigo, indica-se a obra: COECKELBERGH. *Ética na inteligência artificial*. São Paulo: Ubu; Rio de Janeiro: PUC-Rio, 2023.

não só tecnológico, mas sobretudo ético da humanidade pós-moderna.

Primeiramente, será abordada a questão da formação ética em relação aos desafios e complexidades colocados pela cultura digital para os ambientes familiar, escolar e religioso, enquanto espaços formativos da sociedade. Por fim, apresentaremos o papel específico da Teologia Moral na tratativa da questão de modo sapiencial e em diálogo com a grande sociedade. O objetivo é integrar a questão tecnológica e a questão antropológica em vista da elaboração ética que preserve e promova a dignidade das pessoas contra toda instrumentalização do humano dentro das lógicas algorítmicas na cultura digital.

1. Formação ética: tarefa árdua e cada vez mais complexa

A formação ética é um desafio constante e permanente. Além do seu aspecto acadêmico, o desafio está em propor a dimensão ético-sapiencial que de fato entre na dinâmica das relações humanas na presente cultura, chamada digital. Para a ética cristã, a proposta fundamental está no evangelho: "Eu vim para que tenham vida, e a tenham em abundância" (Jo 10,10).[4] Esse versículo joanino faz parte da perícope do Bom Pastor e impulsiona a ética cristã a tocar a vida e levá-la à abundância do viver em Cristo a partir do cuidado. Discernir entre bem e mal, escolher a vida e não a morte (Dt 30,19)

[4] Todas as citações bíblicas serão feitas da Nova BÍBLIA Pastoral. São Paulo: Paulus, 2014.

não é fácil, pois não há receitas prontas para diferenciar com exatidão o bem a se fazer e o mal a se evitar.

Para os desenvolvedores das IAs, cujos desdobramentos chegam a projetos pós-humanistas, essa dificuldade humana de diferenciar o bem do mal e agir segundo o bem é considerada uma falha, uma fraqueza a ser superada com a precisão da tecnologia. Valem aqui algumas perguntas motivadoras: uma IA evoluída seria capaz de propor uma ética para humanos, imersos na complexidade rica que constitui a aventura do viver? Sua lógica algorítmica e suas respostas "acertadas" chegariam a substituir a tarefa árdua da formação da consciência para o desafiante exercício do discernimento ético? Essas perguntas nos levam, pois, a refletir: a formação ética em tempos digitais é uma questão de Inteligência ou de Consciência?

As reflexões que tocam esse tema giram em torno do desenvolvimento tecnológico digital. A ética cristã tem acompanhado de perto esses desdobramentos e assumido como principal desafio a missão de colocar a dignidade humana como referência indispensável na análise crítica dos desenvolvimentos tecnológicos, sem desconsiderar seus benefícios para a humanidade. Para além das benesses trazidas por cada *upgrade* de *hardwares* e *softwares*, a reflexão ética tem procurado mostrar que, subjacente à sociedade tecnológica, há um sistema tecnocrático dentro do macrossistema capitalista neoliberal. Papa Francisco, na *Laudato si'*, vai justamente nessa direção, evidenciando as implicações culturais desse processo:

> Não se consegue pensar que seja possível sustentar outro paradigma cultural e servir-se da técnica como mero instrumento, porque hoje o paradigma tecnocrático tornou-se tão dominante que é muito difícil prescindir dos seus recursos, e mais difícil ainda é utilizar os seus recursos sem ser dominados pela sua lógica. Tornou-se anticultural a escolha dum estilo de vida cujos objetivos possam ser, pelo menos em parte, independentes da técnica, dos seus custos e do seu poder globalizante e massificador.[5]

Essa reflexão traz elementos importantes para o tema sobre o qual nos debruçamos. A formação ética, compreendida para além dos círculos acadêmicos, é tarefa de todas as pessoas, em todos os âmbitos da grande sociedade. A reciprocidade de consciências leva-nos ao diálogo interdisciplinar necessário nestes tempos regidos pela lógica algorítmica, cujo efeito pervasivo na cultura é evidente. A ética cristã, ciente da sua missão de dar frutos na caridade para a vida do mundo,[6] precisa participar e contribuir para que o debate em torno da formação ética não fique eclipsado diante do grande avanço das tecnologias digitais.

A seguir, uma breve análise dos ambientes familiar, escolar e religioso evidencia alguns dos desafios para a formação ética colocados pela presença crescente da Inteligência Artificial. O de-

[5] FRANCISCO. *Laudato si'*: carta encíclica sobre o cuidado da casa comum. Roma: 2015, n. 18. Disponível em: https://www.vatican.va/content/francesco/pt/encyclicals/documents/papa-francesco_20150524_enciclica-laudato-si.html. Acesso em: 3 maio 2024.

[6] "Ponha-se especial cuidado em aperfeiçoar a teologia moral, cuja exposição científica, mais alimentada pela Sagrada Escritura, deve revelar a grandeza da vocação dos fiéis em Cristo e a sua obrigação de dar frutos na caridade para a vida do mundo". CONCÍLIO VATICANO II. *Optatam Totius*: decreto sobre a formação sacerdotal. Vaticano: 1965, n. 16. Disponível em: https://www.vatican.va/archive/hist_councils/ii_vatican_council/documents/vat-ii_decree_19651028_optatam-totius_po.html. Acesso em: 3 maio 2024. Nas próximas ocorrências, OT.

safio, em todas essas instâncias formativas da sociedade, está em considerar criticamente a relação que há entre as dimensões instrumental e antropológica que permeiam as ambiências digitais.

1.1. O ambiente familiar

A presença das mídias digitais no ambiente familiar tem afetado a qualidade das relações no tocante ao cuidado e ao diálogo. O uso dos dispositivos digitais por todas as faixas etárias imprime uma nova dinâmica que tende para o individualismo e o isolamento dentro dos lares. Dificilmente se consegue um equilíbrio entre o tempo de tela e o tempo para o cultivo dos afetos e emoções nas relações presenciais. B. Häring, por exemplo, já afirmava:

> A liberdade dos filhos de Deus, comprada pelo alto preço do sangue da aliança, requer também constantemente o preço da renúncia voluntária. As melhores oportunidades para exercitar este "estar livre para os outros" surgem mediante a solicitude em atender ao próximo, solicitude que é essencial à comunicação genuína. Por exemplo, sugerimos que o pai de família não enterre seu rosto nas páginas do jornal que tratam de esportes, quando sua esposa e/ou seus filhos estão desejando sua companhia, à noite, depois que ele volta do trabalho. Ainda: o ouvinte ou o espectador ávido desligarão o rádio, a televisão ou os aparelhos estereofônicos, respeitando o espírito de comunidade, caso o programa atrapalhe os outros. São inúmeras as ocasiões em que podemos e devemos exercitar a moderação ditada pela frugalidade ascética. Somente assim conseguiremos evitar o perigo de nos tornarmos meros consumidores dos meios de comunicação social.[7]

[7] HAERING, Bernhard. *Livres e fiéis em Cristo:* teologia moral para sacerdotes e leigos. A verdade vos libertará. São Paulo: Paulinas, 1979. v. II, p. 186.

Häring traz a liberdade cristã como chave de leitura para enfrentar a lógica dominadora dos meios de comunicação no final da década de 1970 e conclama a família cristã para construir uma educação genuína a partir do diálogo e da mútua atenção que fortalecem os laços afetivos. O apelo, portanto, é à renúncia consciente e voluntária do uso de mídias em determinados momentos. Aqui se nota que, por mais que os meios de comunicação tragam informações importantes e programas de lazer e descontração, sua presença não pode substituir as relações familiares. A moderação indicada quer evidenciar a qualidade das relações necessárias para que a família assuma seu papel de ser o primeiro e fundamental ambiente para a formação ética.

Ainda que a distância cronológica que nos separa dessa reflexão seja relativamente curta, culturalmente estamos muito distantes. A cultura chamada digital não excluiu o jornal, a televisão e o rádio, mas imprimiu uma nova lógica nos meios de comunicação como um todo. Primeiramente, a fruição dessas mídias, antes da dinâmica digital, estava quase sempre direcionada a lugares comuns da casa, gerando, de certa forma, um encontro em torno delas. Já os dispositivos digitais, dentre os quais se destacam os *smartphones*, são construídos sob a lógica da fruição individual e móvel. Essa individualização rapidamente desembocou no individualismo, traduzido na prática de "ficar sempre no celular", queixa tanto dos pais aos filhos quanto dos filhos aos pais.

A dinâmica da cultura digital, que tende fortemente para o individualismo narcisista, haja vista o excesso de exposição nas redes sociais, é parte essencial de um conjunto de eventos sociais mais amplos que influenciam diretamente o ambiente familiar. O fato de os membros da família terem ritmos de vida bastante diferentes entre si dificulta e, às vezes, compromete a dinâmica do encontro. Enfraquecida a dinâmica do encontro, aumentam-se os espaços para a lógica individual da hodierna cultura digital dentro do ambiente familiar.

A análise de B. Häring, portanto, continua válida no que tange à integração do uso dos meios de comunicação de modo livre, criativo e responsável dentro das relações familiares, evidenciando o risco de sermos meros consumidores dos meios de comunicação. No entanto, a mudança cultural nos mostra que as mídias digitais deixaram de ser um mero instrumento para se tornarem uma ambiência na qual os relacionamentos humanos estão sendo rapidamente transformados por uma nova lógica espaçotemporal e afetivo-relacional. Além do risco de sermos meramente consumidores, torna-se ainda mais grave o fato de sermos produtos do sistema de IA que monetiza a atenção, fazendo dela um produto valioso para as *big techs*, conforme bem pontuou o último documento do Dicastério para a Comunicação, *Rumo à presença plena*.[8] Desenterrar o rosto do celular hoje é infinitamente mais desafiador do que desenterrar o rosto dos jornais na década de 1970.

O ambiente familiar, dentro dessa nova dinâmica e profundamente transformado enquanto estrutura, tem encontrado muitas dificuldades para transmitir valores e formar consciên-

[8] "Diferentes *websites*, aplicativos e plataformas são programados para tirar proveito do nosso desejo humano de reconhecimento e lutam constantemente para chamar a atenção das pessoas. A atenção por si só passou a ser o ativo e a mercadoria mais valiosos". DICASTÉRIO PARA A COMUNICAÇÃO. *Rumo à presença plena*: uma reflexão pastoral sobre a participação nas redes sociais. 28 maio 2023, n. 32. Disponível em: https://www.vatican.va/roman_curia/dpc/documents/20230528_dpc-verso-piena-presenza_pt.html. Acesso em: 2 maio 2024. Nas próximas ocorrências: RPP.

cias maduras, livres e criativas dentro da cultura digital. A fruição das ambiências digitais já não se limita à faixa etária, pois as plataformas oferecem ambiência para todas as idades, desde a tenra infância até a ancianidade. Isso mostra o quanto as plataformas digitais têm se empenhado em preencher o *gap* entre migrantes e nativos digitais.

As famílias têm tomado consciência dessa realidade, mas as propostas formativas têm se baseado muito no aspecto instrumental das mídias. Isso se comprova na prática de restringir o uso dos dispositivos em determinados momentos. No entanto, a pura e simples restrição não dá conta de chegar às implicações antropológicas presentes nas plataformas digitais e, com isso, a necessária formação ética para habitar as ambiências digitais pode ficar prejudicada ou mesmo não acontecer. O olhar mais amplo sobre a nova relação espaçotemporal e afetivo-relacional precisa estar no centro da formação ética familiar em tempos digitais.

Ainda que muitas das atividades domésticas já possam ser feitas ou grandemente auxiliadas pelas IAs incorporadas nos dispositivos digitais, o cultivo de valores para a construção de um lar, no qual as pessoas se formem livre e criativamente para a desafiadora arte do viver, do ponto de vista ético, não cabe no macroprojeto da IA. A formação ética requer, antes de tudo, formação dos afetos, pois é justamente por meio deles que também os *influencers* digitais fazem as grandes manipulações. A formação ética, enquanto formação da consciência, começa no ambiente familiar e tem por objetivo proteger e promover a dignidade humana, o respeito, a abertura ao diálogo com o diferente e o cultivo das relações de cuidado. A lógica algorítmica tem se mostrado bastante contrária a esses propósitos.

1.2. Ambiente escolar

A cultura digital tem colocado sérios desafios à educação escolar. O relatório da Unesco sobre a tecnologia na educação, publicado em 2023, coloca muitas questões nesse sentido ao mostrar, em resumo, os pontos fundamentais do estudo: "Evidências sólidas e imparciais do impacto da tecnologia educacional são escassas"; "A tecnologia pode ser uma salvação para a educação de milhões, mas exclui muito mais pessoas"; "Algumas tecnologias educacionais podem melhorar alguns tipos de aprendizagem em alguns contextos"; "O ritmo acelerado das mudanças na tecnologia tem pressionado os sistemas a se adaptarem"; "O conteúdo *online* aumentou sem que houvesse regulamentação suficiente de controle de qualidade ou diversidade"; "Compra-se tecnologia, muitas vezes, para 'tapar um buraco', sem olhar para os custos no longo prazo...".[9]

Especificamente no ponto "Algumas tecnologias educacionais podem melhorar alguns tipos de aprendizagem em alguns contextos", mostra-se que:

> Dados de avaliações internacionais em larga escala, tais como os fornecidos pelo Programa de Avaliação Internacional de Estudantes (Programme for International Student Assessment – PISA), sugerem uma correlação negativa entre o uso excessivo das Tecnologias de informação e comunicação (TIC) e o desempenho acadêmico. Descobriu-se que a simples proximidade de um aparelho celular era capaz de

[9] UNESCO. *Tecnologia na educação*: uma ferramenta a serviço de quem? Resumo do relatório de monitoramento global da educação 2023. Paris: Unesco, 2023. Disponível em: https://unesdoc.unesco.org/ark:/48223/pf0000386147_por. DOI: https://doi.org/10.54676/CUYC7902. Acesso em: 29 abr. 2024, p. 7-8.

> distrair os estudantes e provocar um impacto negativo na aprendizagem em 14 países.[10]

No Brasil, esses dados apresentados pela Unesco tiveram repercussões político-jurídicas em relação ao uso de mídias digitais em salas de aula pelos docentes e discentes. A questão encontra muitos descompassos entre o "permitir e o liberar", como se nota nesta matéria do jornal *O Globo*, de 9 de dezembro de 2023: *Proibição de celular em escolas cresce no mundo e debate invade o ensino brasileiro*.[11] O Rio de Janeiro, por exemplo, chegou a restringir o uso de dispositivos digitais nas escolas da rede municipal mesmo durante o recreio. Celulares, *tablets* e computadores podem ser usados somente para fins pedagógicos.[12]

A preocupação, como se nota, tem um enfoque bastante instrumental. Defensores da proibição alegam que a medida é necessária diante da imaturidade etária dos alunos para gerir responsavelmente o uso dos dispositivos. Os que são favoráveis ao uso apontam para a necessidade de conscientização sobre os benefícios e riscos trazidos pelo uso das plataformas digitais.

Essa realidade traz à tona o fato de que as mídias digitais, ao se constituírem uma ambiência, precisam ser consideradas

---

[10] UNESCO. *Tecnologia na educação*, p. 8.

[11] FREITAS, Hyandra *et al.* Proibição de celulares em escolas cresce no mundo e debate invade o ensino brasileiro. *O Globo, 2023*. Disponível em: https://oglobo.globo.com/brasil/noticia/2023/12/09/proibicao-de-celular-em-escolas-cresce-no-mundo-e-debate-invade-o-ensino-brasileiro.ghtml. Acesso em: 3 maio 2024.

[12] FANTINI, Bruna. Rio proíbe uso de celular em escolas municipais até durante o recreio. *Folha de São Paulo Uol*, 2024. Disponível em: https://www1.folha.uol.com.br/educacao/2024/02/rio-proibe-uso-de-celular-dentro-de-sala-de-aula-de-escolas-municipais.shtml. Acesso em: 3 maio 2024.

para além do fator instrumental e entrar no programa educacional dos diversos ciclos escolares. Ainda que tenha sua importância, o fator instrumental pode reduzir a questão educativa para a dimensão do uso. As mídias digitais, no entanto, vão muito além da instrumentalidade e tornam a ação educativa ainda mais complexa. Como se disse, trata-se de uma nova dinâmica cultural que desafia os programas pedagógicos a considerarem com maior ênfase a formação humana dos estudantes nesta nova cultura. Para essa tarefa, as IAs podem colaborar, mas não substituirão a função do professor nessa difícil e necessária missão. Sobre esse ponto, o documento da Unesco afirma:

> Há uma necessidade de refletir sobre o que significa ser uma pessoa bem-educada em um mundo moldado pela inteligência artificial. Frente a novas ferramentas de tecnologia, a resposta ideal provavelmente não será maior especialização em domínios relacionados à tecnologia; em vez disso, é um currículo equilibrado o que mantém, se é que não fortalece, e aperfeiçoa a oferta de artes e humanidades para reforçar a responsabilidade, a empatia, a moral, a criatividade e a colaboração dos estudantes. A implicação dos sistemas inteligentes de instrução não pode ser que a inteligência artificial vá substituir totalmente os professores, mas que se dê maior responsabilidade do que nunca aos professores de ajudar as sociedades a navegar por este momento crítico. Um consenso está sendo alcançado quanto à necessidade de se beneficiar dos benefícios da inteligência artificial e, ao mesmo tempo, eliminar os riscos de seu uso indiscriminado, por meio de regulamentação relacionada à ética, responsabilidade e segurança.[13]

---

[13] UNESCO. *Tecnologia na educação*, p. 13.

Se essa tarefa humana na educação escolar não for assumida nesta cultura altamente tecnológica, a dimensão instrumental ganhará sempre mais evidência e despertará sempre mais interesse e preocupação, enquanto as dimensões antropológica e ética acabarão por não ter a devida consideração. A IA pode facilitar o acesso a informações, mas não está à altura de ser educadora.

A proposta pedagógica de Paulo Freire, segundo nosso modo de entender a questão, ilumina o contexto atual. Ao criticar a *educação bancária*, Freire denunciava o processo educacional reduzido à transmissão de conteúdos numa relação desigual entre educador e educando e sem conexão com o contexto existencial onde o ensino se dá. Com isso, o pedagogo pernambucano insistia na necessidade de resgatar a dimensão antropológica da educação ao afirmar que "ninguém liberta ninguém, ninguém se liberta sozinho: os homens se libertam em comunhão".[14]

O termo "comunhão", para Freire, tem a densidade antropológica e ética que remete à busca conjunta das pessoas por melhores condições de vida ao se libertarem das opressões. A educação não seria um adendo desse processo, mas sua parte essencial de conscientização de onde se está e aonde se precisa chegar como pessoa humana inserida na comunidade local, nacional e global. A formação da consciência, portanto, não se restringe ao campo da inteligência acadêmica, mas exige necessariamente a dimensão dialógica. A IA pode ser muito útil para agregar informações e estruturá-las melhor, mas não

[14] FREIRE, Paulo. *Pedagogia do oprimido.* 78ª ed. Rio de Janeiro: Paz e Terra, 2021, p. 71.

chegará ao nível de promover a dialogicidade tão necessária à educação libertadora.

Não é para menos que a dinâmica digital tenha atacado justamente a capacidade de diálogo na cultura atual. Sem o diálogo que gera a reciprocidade das consciências, a *educação bancária* volta a imperar em tempos digitais, cuja dominação tecnológica tende a enfraquecer a capacidade de problematizar a realidade ao oferecer "respostas prontas" e breves, dadas por uma autoridade digital que se impõe por sua presumida capacidade e "inteligência". Nesse sentido, repropor a educação libertadora dentro da dinâmica digital se faz necessário e urgente. Segundo Paulo Freire, "a concepção bancária nega a dialogicidade como essência da educação e se faz antidialógica; para realizar a superação, a educação problematizadora – situação gnosiológica – afirma a dialogicidade e se faz dialógica".[15]

Levar os educandos a sair da imersão acrítica nas plataformas digitais vai muito além de proibir o uso dos dispositivos móveis nas escolas. A restrição só ganhará uma dimensão verdadeiramente formativa quando associada a um plano pedagógico mais amplo que leve os educadores e educandos a serem capazes de compreender a lógica subjacente às plataformas digitais e integrá-las com prudência na vida quotidiana. Esse é o passo fundamental para a humanização da cultura digital. A análise de Paulo Freire ilumina essa questão a partir de três conceitos: imersão, emersão e inserção crítica na realidade:

[15] FREIRE, Paulo. *Pedagogia do oprimido*, p. 95.

> [...] enquanto a prática bancária, como enfatizamos, implica uma espécie de anestesia, inibindo o poder criador dos educandos, a educação problematizadora, de caráter autenticamente reflexivo, implica um constante ato de desvelamento da realidade. A primeira pretende manter a *imersão*, a segunda, pelo contrário, busca a *emersão* das consciências, de que resulte sua *inserção crítica* na realidade. [...] A educação como prática da liberdade, ao contrário daquela que é prática da dominação, implica a negação do homem abstrato, isolado, solto, desligado do mundo, assim como também a negação do mundo como uma realidade ausente dos homens.[16]

A educação libertadora, portanto, é aquela capaz de levar os educadores e educandos a se darem conta do quanto podem ser isolados da realidade por meio das bolhas algorítmicas. Esse mecanismo digital impede o verdadeiro debate com o objetivo de promover polarizações que geram discursos e práticas de ódio que minam a democracia e o papel político de cada cidadão.

A escola, por sua missão educativa, ao ir além da dimensão instrumental dos dispositivos digitais, chegaria ao ponto fundamental: colocar em evidência a nova antropologia dos sujeitos éticos que emerge neste novo cenário cultural e aprofundá-la constantemente. Trata-se do processo libertador que Freire apresenta ao se referir ao "percebido destacado": "O que antes já existia como objetividade, mas não era percebido em suas implicações mais profundas e, às vezes, nem sequer era percebido, se 'destaca' e assume o caráter de problema, de

[16] FREIRE, Paulo. *Pedagogia do oprimido*, p. 97-98.

desafio".[17] Esse é um passo necessário e urgente para a educação no momento em que as tecnologias se apresentam como solução para todos os problemas e simplificação de todas as dificuldades da vida humana. Problematizá-las é uma atitude necessária de pessoas que não querem ser dominadas pelas lógicas algorítmicas. "A educação problematizadora se faz, assim, um esforço permanente através do qual os homens vão percebendo, criticamente, como *estão sendo* no mundo *com que* e *em que* se acham".[18] No caso da atual sociedade, esse mundo inclui dinamicamente as ambiências digitais e seus dispositivos.

1.3. Ambiente religioso

A influência da cultura digital se faz presente também no ambiente religioso, colocando sérias questões para a missão formativa no âmbito ético decorrente da fé professada e vivida. As denominações religiosas têm buscado, cada uma a seu modo e a seu tempo, maneiras de marcar presença no ambiente digital e integrá-lo nas relações presenciais comunitárias.[19] Trata-se de uma integração necessária, cuja efetivação é complexa.

Na Igreja católica, esse caminho tem sido trilhado com muita precaução. Desde o olhar mais abrangente dos meios

---

[17] FREIRE, Paulo. *Pedagogia do oprimido*, p. 100.

[18] FREIRE, Paulo. *Pedagogia do oprimido*, p. 100.

[19] A Igreja Batista da Lagoinha, em 2022, foi pioneira ao inaugurar seu templo digital no Metaverso. Com o nome *Lagoverso* e *Lagoplay*, fiéis se dividem entre os que aderiram e os que resistiram ao projeto digital. O principal motivo para os resistentes é o fato de o digital vir a enfraquecer a participação física. A reportagem é do site Tecmundo. DIAS GONÇALVES, André Luiz. Igreja Batista da Lagoinha inaugura templo no *metaverso. Tecmundo*, 2022. Disponível em: https://www.tecmundo.com.br/internet/237482-igreja-batista-lagoinha-inaugura-templo-metaverso.htm. Acesso em: 2 maio 2024.

de comunicação proposto por João Paulo II em *Redemptoris missio*, n. 37,[20] as mensagens para o dia mundial das comunicações sociais vêm incentivando e orientando, anualmente, a presença digital da Igreja junto aos internautas. O documento do Dicastério para a Comunicação *Rumo à presença plena* ofereceu também sua contribuição ao refletir pastoralmente sobre a participação nas redes sociais; ele alerta:

> As redes sociais são, em particular, um ambiente em que as pessoas interagem, compartilham experiências e cultivam relacionamentos como nunca antes. Mas ao mesmo tempo, dado que a comunicação é cada vez mais influenciada pela inteligência artificial, há necessidade de redescobrir o encontro humano em sua própria essência (RPP, n. 1).

A tônica do documento está em romper com a visão meramente instrumental das plataformas digitais e chegar a suas implicações éticas. Para isso, colocam-se sérios questionamentos que tocam todos os setores da sociedade a respeito dos rumos da humanidade:

> O desafio de promover relacionamentos pacíficos, significativos e atenciosos nas redes sociais suscita um debate tanto nos círculos acadêmicos e profissionais como nos círculos eclesiásticos. Que tipo de humanidade se reflete na nossa presença nos ambientes digitais? Em que medida nossos relacionamentos digitais são fruto de uma comunicação profunda e autêntica, e em que medida são meramente modelados por opiniões inquestionáveis e reações apaixonadas?

[20] JOÃO PAULO II. *Redemptoris missio:* carta encíclica sobre a validade permanente do mandato missionário. Roma, 1990. Disponível em: https://www.vatican.va/content/john-paul-ii/pt/encyclicals/documents/hf_jp-ii_enc_07121990_redemptoris-missio.html. Acesso em: 15 maio 2024.

> Até que ponto nossa fé encontra expressões digitais vivas e revigorantes? E quem é meu "próximo" nas redes sociais? (RPP, n. 5).

Ao considerar as redes sociais como ambiência onde a humanidade vem sendo "formatada", o magistério da Igreja procura problematizar a questão e, à luz da fé, refletir sobre a incidência da lógica digital sobre as relações humanas. Considerando que a fé católica não se compreende fora da comunidade, é mais do que urgente questionar-se sobre o modo como a IA está modificando as relações humanas. A reflexão do teólogo Antonio Spadaro sobre a tensão entre a comunidade física e a comunidade digital é bastante elucidadora nesse sentido:

> O perigo dos tempos atuais é confundir os dois termos: a conexão não produz automaticamente uma comunhão, mesmo que seja *conditio sine qua non*. A conexão por si não basta para fazer da rede um lugar de compartilhamento plenamente humano. É verdade que a conexão cria *communities* [comunidades], como se costuma dizer, mas para elas não são de fato indispensáveis as efetivas relações, os laços, a familiaridade e as suas consequências. As novas *comunidades* arriscam considerar a fisicidade como acessória e todo o aparato de códigos ligados à linguagem "encarnada" do corpo. A relação acaba por ser baseada fundamentalmente em práticas retóricas, e isto seria um grande empobrecimento. A palavra-chave é, portanto, integração entre os diferentes níveis do vivido.[21]

[21] SPADARO, Antonio. *Ciberteologia:* pensar o cristianismo nos tempos da rede. São Paulo: Paulinas, 2012, p. 113. (Coleção Conectividade).

Essa integração não tem sido nada fácil. A forte presença dos chamados influenciadores digitais católicos, ao entrar na lógica das plataformas digitais, passa a se preocupar mais em aumentar o número de seus seguidores do que formar verdadeiras comunidades. A lógica algorítmica empregada para aumentar a monetização, em não raros casos, suplanta a lógica desafiadora do evangelho. Desvinculados de um plano de evangelização eclesial, muitos influenciadores focam seus esforços na própria projeção pessoal, deixando de lado, ou em segundo plano, a vida em comunidade, que é essencial para a vivência e testemunho da fé. Segundo a reflexão apresentada na recém-lançada obra *Influenciadores digitais católicos, efeitos e perspectivas*, há uma diferença importante a ser considerada entre influenciadores e evangelizadores digitais:

> [...] um limite claro entre um *influenciador digital católico* e um *evangelizador digital* é, muitas vezes, a cooptação do primeiro pelos mecanismos propagandísticos e mercadológicos das mídias digitais, deixando em segundo plano o propósito da evangelização, que "tem o seu fundamento último na iniciativa livre e gratuita de Deus" (EG 111), que é o que inspira e impulsiona um evangelizador propriamente dito.[22]

Fica evidente, portanto, que, por mais que as ambiências digitais tenham aberto inúmeros campos para a evangelização, não basta ter presença nas plataformas digitais. O anúncio do evangelho, com sua força libertadora, precisa questionar as estruturas digitais e a decorrente cultura. Vale a frase profética de Paulo que se aplica plenamente à cultura digital:

[22] FARIA MEDEIROS, Fernanda de *et al. Influenciadores digitais católicos:* efeitos e perspectivas. São Paulo: Ideias & Letras: Paulus, 2024, p. 382.

"E não se conformem a este mundo, mas transformem-se renovando o próprio modo de pensar, para que vocês possam distinguir qual é a vontade de Deus: o que é bom, agradável e perfeito" (Rm 12,2). Trata-se da difícil tarefa de estar nas plataformas digitais sem se submeter ingenuamente às suas lógicas algorítmicas que pouco ou nada favorecem a presença crítica e profética. Aqui está a necessidade da formação da consciência ética cristã para combater a presença pervasiva dos algoritmos de IA no âmbito religioso.

2. Contribuição da teologia moral na formação da consciência dos sujeitos éticos digitais

Considerando o *status quo* da influência da IA e seus respectivos *hardwares* e *softwares* nas instâncias formativas fundamentais da sociedade, qual é a contribuição que a Teologia Moral pode oferecer?

Vale ressaltar que o Concílio Vaticano II convocou a teologia moral a definitivamente extrapolar o âmbito do sacramento da penitência, da casuística estéril que imperava na direção das consciências, e gerar frutos na caridade para a vida do mundo (OT, n. 16). Papa Francisco tem traduzido essa solicitação conciliar com o projeto Igreja em saída,[23] no qual são necessárias reflexões avançadas que se desvencilhem do medo paralisante de errar para, então, chegar a novas práticas concretas com autêntica ousadia. Para isso, faz-se necessária "uma teologia moral

[23] FRANCISCO. *Evangelii gaudium*: exortação apostólica sobre o anúncio do evangelho no mundo atual. Roma: 2013. n. 20-24. Disponível em: https://www.vatican.va/content/francesco/pt/apost_exhortations/documents/papa-francesco_esortazione-ap_20131124_evangelii-gaudium.html. Acesso em: 3 maio 2024.

que não hesita em 'sujar as mãos', com a concretude dos problemas, principalmente com a fragilidade e o sofrimento daqueles que mais veem ameaçado o seu futuro, dando testemunho franco de Cristo, 'Caminho, Verdade e Vida' (Jo 14,6)".[24]

A Teologia Moral foi enviada pela Igreja Conciliar como ovelha para o meio de lobos (Mt 10,16), para dar frutos e para que esse fruto permaneça (Jo 15,16). No processo de volta às fontes empreendido pelo Concílio, a Teologia Moral descobriu que o séc. XVI foi apenas seu nascimento como disciplina, mas que sua estruturação acadêmica, portanto, não a define totalmente nem pode engessá-la. A volta à Sagrada Escritura exige que a Consciência seja considerada a partir da imagem do coração, com toda a densidade existencial que ela comporta, e não simplesmente como uma faculdade que conhece e aplica princípios morais a situações concretas. O movimento é outro: é necessário sair da escrivaninha[25] para considerar a realidade existencial das pessoas, pois, segundo a *Gaudium et spes*, n. 16,[26] a consciência moral se refere à pessoa integralmente compreendida no seu ser-

[24] FRANCISCO. *Discurso aos professores e aos estudantes da Academia Afonsiana – Instituto Superior de Teologia*. Roma, 9 fev. 2019. Disponível em: https://www.vatican.va/content/francesco/pt/speeches/2019/february/documents/papa-francesco_20190209_accademia-alfonsiana.html. Acesso em: 3 maio 2024.

[25] "Fiéis à tradição afonsiana, procurais oferecer uma proposta de vida cristã que, respeitando as exigências da reflexão teológica, não seja, contudo, uma moral insensível, uma moral de escrivaninha, diria uma moral 'casuística'". FRANCISCO. *Discurso aos participantes no congresso da Academia Alfonsiana*, 2023. Disponível em: https://www.vatican.va/content/francesco/pt/speeches/2023/march/documents/20230323-accademia-alfonsiana.html. Acesso em: 3 maio 2024.

[26] "Pela fidelidade à voz da consciência, os cristãos estão unidos aos demais homens, no dever de buscar a verdade e de nela resolver tantos problemas morais que surgem na vida individual e social". CONCÍLIO VATICANO II. *Gaudium et spes:* constituição pastoral sobre a Igreja no mundo atual. Roma, 1965. Disponível em: https://www.vatican.va/archive/hist_councils/ii_vatican_council/documents/vat-ii_const_19651207_gaudium-et-spes_po.html. Acesso em: 3 maio 2024.

-em-relação consigo mesma, com Deus e com a comunidade, por meio da reciprocidade das consciências.

Essa nova autocompreensão da Teologia Moral católica pressupõe, necessariamente, um projeto formativo/educativo para que ela possa se "efetivar efetivamente". Não se trata de um jogo de palavras. O termo "efetivar" pode ser erroneamente compreendido como a elaboração de novos conceitos e reflexões, tantas vezes restrito ao ambiente acadêmico. Mas o complemento "efetivamente" se refere a quanto essa nova proposta ética tem chegado com "frutos para a vida do mundo", segundo a proposta conciliar (OT, n. 16). Nesse sentido, é necessário reconhecer que muito desse caminho ainda está por ser palmilhado entre os muitos desafios da cultura digital.

A tarefa da Teologia Moral de formar a consciência ética não se tornou complexa com o advento das ambiências digitais e de seu incremento revolucionário trazido pela IA, mas já é um fato que marca sua história. Muito dessa complexidade vem do próprio modo de educação na fé presente na Igreja como um todo. A catequese, em suas diversas etapas, tem muita dificuldade para sair de um *esquema bancário* da transmissão da fé, para usar o termo de Paulo Freire abordado acima, e chegar à tão almejada relação entre fé e vida. Também a liturgia enfrenta a forte tendência do ritualismo, o que tem dificultado relacionar a fé mais engajada em suas cerimônias. Movimentos de saída desse esquema, tanto na catequese quanto na liturgia, foram empreendidos pela Teologia da Libertação e outros movimentos afins, cuja proposta precisa ser sempre retomada e redinamizada à luz do atual contexto marcado pela digitalização.

O contributo da Teologia Moral para a cultura digital, portanto, é indispensável e insubstituível. A partir da fé cristã, sua missão é unir forças com os demais setores da sociedade que refletem criticamente sobre os avanços da IA e, juntos, empenhar-se na proteção e promoção da dignidade humana. Nessa missão está o grande desafio de chegar ao coração das pessoas (dimensão dos afetos e sentimentos) com uma proposta sapiencial integral e integradora em meio à fragmentação que tem aumentado no tecido social. O fruto dessa missão é, sem dúvida, a humanização da cultura digital e o direcionamento dos avanços tecnológicos em prol de uma convivência sustentável para a geração atual e futura.

Considerações finais

No contexto marcado fortemente pelas tecnologias de IA, a Teologia Moral precisa encontrar caminhos para repropor a importância da formação da Consciência dentro da cultura digital. Seu papel crítico precisa ser bem elaborado para não se tornar um discurso pessimista em relação à cultura digital que possa soar como *antimodernismo*. Fazer emergir as consciências para inseri-las criticamente na realidade é seu papel a partir da fé que brota do evangelho. Emersão e imersão crítica na cultura atual nada mais é do que romper as bolhas algorítmicas que tanto têm prejudicado o diálogo na família, nos ambientes acadêmicos, nas comunidades de fé e na grande sociedade manipulada digitalmente pelo jogo de interesses políticos e econômicos.

A questão é séria e se faz sentir fortemente no tecido social. O conflito entre os Três Poderes da nação brasileira e as plataformas de redes sociais digitais, do qual podemos destacar a batalha entre o Supremo Tribunal Federal e Elon Musk a respeito da plataforma X em nosso país,[27] mostra como a força do paradigma tecnocrático pretende se impor e manipular os setores político e jurídico do país, buscando beneficiar-se das dificuldades enfrentadas para a regulação das plataformas digitais.

Como se vê, os grandes debates referentes às questões digitais requerem formação moral que articule os avanços da Inteligência Artificial, suas potencialidades e limites, suas vantagens e seus riscos, com a dignidade da Consciência moral.

Portanto, da ação formativa bem articulada entre Inteligência Artificial e Consciência Moral depende o futuro da humanidade no momento atual e num futuro próximo. A Teologia Moral tem muito a contribuir para que a hiperconexão digital não desvirtue a humanidade em sua constante tarefa de tornar-se mais humana em cada momento cultural.

Referências bibliográficas

COECKELBERGH. *Ética na inteligência artificial*. São Paulo: Ubu; Rio de Janeiro: PUC-Rio, 2023.

CONCÍLIO VATICANO II. *Gaudium et spes*: constituição pastoral sobre a Igreja no mundo atual. Roma, 1965. Disponível em: https://www.vatican.va/archive/hist_councils/ii_vati-

[27] "DITADOR brutal": Elon Musk volta a atacar Moraes e diz que vai tirar funcionários do X do Brasil. *O Globo*, 2024. Disponível em: https://oglobo.globo.com/politica/noticia/2024/04/09/elon-musk-volta-a-atacar-moraes-e-diz-que-vai-tirar-funcionarios-do-x-do-brasil.ghtml. Acesso em: 3 maio 2024.

can_council/documents/vat-ii_const_19651207_gaudium-et--spes_po.html. Acesso em: 3 maio 2024.

CONCÍLIO VATICANO II. *Optatam totius*: decreto sobre a formação sacerdotal. Vaticano: 1965. Disponível em: https://www.vatican.va/archive/hist_councils/ii_vatican_council/documents/vat-ii_decree_19651028_optatam-totius_po.html. Acesso em: 3 maio 2024.

DIAS GONÇALVES, André Luiz. Igreja Batista da Lagoinha inaugura templo no metaverso. *Tecmundo*, 2022. Disponível em: https://www.tecmundo.com.br/internet/237482-igreja--batista-lagoinha-inaugura-templo-metaverso.htm. Acesso em: 2 maio 2024.

DICASTÉRIO PARA A COMUNICAÇÃO. *Rumo à presença plena*: uma reflexão pastoral sobre a participação nas redes sociais. 28 maio 2023. Disponível em: https://www.vatican.va/roman_curia/dpc/documents/20230528_dpc-verso-piena--presenza_pt.html. Acesso em: 2 maio 2024.

FANTINI, Bruna. Rio proíbe uso de celular em escolas municipais até durante o recreio. *Folha de São Paulo Uol*, 2024. Disponível em: https://www1.folha.uol.com.br/educacao/2024/02/rio-proibe-uso-de-celular-dentro-de-sala-de--aula-de-escolas-municipais.shtml. Acesso em: 3 maio 2024.

FARIA MEDEIROS, Fernanda de *et al*. *Influenciadores digitais católicos*: efeitos e perspectivas. São Paulo: Ideias & Letras: Paulus, 2024.

FRANCISCO. *Discurso aos participantes no congresso da Academia Alfonsiana, 2023*. Disponível em: https://www.vatican.va/content/francesco/pt/speeches/2023/march/documents/20230323-accademia-alfonsiana.html. Acesso em: 3 maio 2024.

FRANCISCO. *Discurso aos professores e aos estudantes da Academia Afonsiana – Instituto Superior de Teologia*. Roma, 9 fev. 2019. Disponível em: https://www.vatican.va/content/francesco/pt/speeches/2019/february/documents/papa-francesco_20190209_accademia-alfonsiana.html. Acesso em: 3 maio 2024.

FRANCISCO. *Evangelii gaudium*: exortação apostólica sobre o anúncio do evangelho no mundo atual. Roma, 2013. Disponível em: https://www.vatican.va/content/francesco/pt/apost_exhortations/documents/papa-francesco_esortazione-ap_20131124_evangelii-gaudium.html. Acesso em: 3 maio 2024.

FRANCISCO. *Laudato si'*: carta encíclica sobre o cuidado da casa comum. Roma, 2015. Disponível em: https://www.vatican.va/content/francesco/pt/encyclicals/documents/papa-francesco_20150524_enciclica-laudato-si.html. Acesso em: 3 maio 2024.

FREIRE, Paulo. *Pedagogia do oprimido*. 78ª ed. Rio de Janeiro: Paz e Terra, 2021.

FREITAS, Hyandra *et al*. Proibição de celulares em escolas cresce no mundo e debate invade o ensino brasileiro. *O Globo*, 2023. Disponível em: https://oglobo.globo.com/brasil/noticia/2023/12/09/proibicao-de-celular-em-escolas-cresce-no-mundo-e-debate-invade-o-ensino-brasileiro.ghtml. Acesso em: 3 maio 2024.

HAERING, Bernhard. *Livres e fiéis em Cristo*: teologia moral para sacerdotes e leigos. A verdade vos libertará. São Paulo: Paulinas, 1979. v. II.

JOÃO PAULO II. *Redemptoris missio*: carta encíclica sobre a validade permanente do mandato missionário. Roma, 1990.

Disponível em: https://www.vatican.va/content/john-paul-ii/pt/encyclicals/documents/hf_jp-ii_enc_07121990_redemptoris-missio.html. Acesso em: 15 maio 2024.

"DITADOR brutal": Elon Musk volta a atacar Moraes e diz que vai tirar funcionários do X do Brasil. *O Globo*, 2024. Disponível em: https://oglobo.globo.com/politica/noticia/2024/04/09/elon-musk-volta-a-atacar-moraes-e-diz-que-vai-tirar-funcionarios-do-x-do-brasil.ghtml. Acesso em: 3 maio 2024.

SPADARO, Antonio. *Ciberteologia*: pensar o cristianismo nos tempos da rede. São Paulo: Paulinas, 2012. (Coleção Conectividade).

UNESCO. *Tecnologia na educação*: uma ferramenta a serviço de quem? Resumo do relatório de monitoramento global da educação 2023. Paris: Unesco, 2023. Disponível em: https://unesdoc.unesco.org/ark:/48223/pf0000386147_por. DOI: https://doi.org/10.54676/CUYC7902. Acesso em: 29 abr. 2024.

4

Inteligência artificial e exclusão digital

Alzirinha Souza[1]

Introdução

Nos últimos dois anos, o tema *inteligência artificial* (IA) entrou na pauta comum dos diálogos nas mais diversas áreas. São olhares positivos e negativos que vão constituindo um debate eventualmente construído por pessoas que desconhecem essa tecnologia.

O tema proposto para esta reflexão trata da dimensão ética da IA, traduzida na expressão *exclusão social*. Certamente, o reduzido acesso a essa tecnologia, por si só, traz consigo um movimento excludente. Aliás, já se pode crer que a IA é o ponto mais alto do que temos agora em termos de tecnologia, o que ressalta ainda mais a exclusão que vem sendo realizada no cômpito geral das inovações computacionais, desde as mais simples às mais complexas.

---

[1] Leiga, bacharela em Teologia pela PUC-SP, mestra em Teologia pela *Universidad San Dámaso* (Madri, Espanha), doutora em Teologia pela Universidade Católica de Louvain (Bélgica), com pós-doutorado em Ciências da Religião pela Universidade Católica de Pernambuco (UNICAP). Atualmente, é professora e pesquisadora do ITESP-SP e da PUC-Minas, e membro da Sociedade Internacional de Teologia Prática (SITP).

Os sistemas foram sendo aprimorados, prescindindo de seus usuários. Um exemplo recorrente são os serviços governamentais e bancários para idosos e aposentados. Hoje, raramente temos um idoso que chega a um caixa eletrônico de um banco e consegue sozinho manipular a máquina. Além de excludente, esse é um sistema que o coloca num segundo grau de vulnerabilidade, que é o da segurança. Nesse sentido, para além da IA, queremos retomar a reflexão sobre a exclusão digital de forma mais ampla, incluindo também as etapas anteriores do avanço da tecnologia.

1. A exclusão social e as tecnologias: aspectos geográficos

Está claro que discutir o tema da exclusão digital é um convite à análise dos contextos aos quais fazemos referência. Ao falarmos da tecnologia no caso finlandês, por exemplo, poderíamos dizer que não se trata de um fator de exclusão, pois a sociedade desse país não é excludente. O nível de vida, o acesso à saúde e à educação e a estabilidade tanto financeira quanto política permitem a quase equalização social. Contudo, se deslocarmos nosso olhar para o Sul global, especialmente para o Brasil, esse conceito de exclusão assume múltiplas formas, em que também se encontra a exclusão digital. Caldeira e Samuel[2] destacam números que podem traduzir essa condição no contexto brasileiro. Afirmam os autores:

[2] CALDEIRA, J.; SAMUEL, L. A exclusão digital na perspectiva do Sul global: consequências e vulnerabilidades. *Instituto de Referência em Internet* e *Sociedade*, Belo Horizonte, 26 set. 2022. Disponível em: https://irisbh.com.br/a-exclusao-digital-na-perspectiva-do-sul-global-consequencias-e-vulnerabilidades-sociais/. Acesso em: 10 maio 2024.

> Esta é a realidade de mais de 28 milhões de brasileiros que estão deixando de aproveitar o uso potencial da Internet por não ter acesso a ela por motivos que vão desde a localização geográfica até a falta de interesse. A exclusão existe e, infelizmente, tem gerado consequências negativas para o desenvolvimento humano, em especial as camadas menos favorecidas localizadas no Sul global.

O processo acelerado de digitalização de inúmeras áreas do cotidiano não vem sendo acompanhado de uma formação para o usufruto de seus instrumentos, que seguramente poderiam ser fator de aumento da qualidade de vida para os que conseguem acessá-los. Uma pesquisa da União Internacional de Telecomunicações[3] mostra que 37% (2 bilhões de pessoas) da população mundial não tem acesso à Internet. Outra pesquisa realizada pelo Instituto Brasileiro de Geografia e Estatística (IBGE)[4] infere que 28,2 milhões de brasileiros não acessam a rede. Em relação a domicílios, 100% dos que se encontram na classe A estão conectados à Internet, ao passo que somente 61% das classes D e E dispõem do serviço. Ou seja, a análise passa também por uma conjuntura de renda e escolaridade.

Em outras palavras, esses dados demonstram que há uma relação intrínseca entre exclusão digital e social. A experiência da pandemia no meio acadêmico trouxe à tona a dificuldade de acesso de alunos universitários para acompanharem as aulas, que se tornaram remotas de um dia para o outro.

[3] International Telecommunication Union. Disponívelem: https://www.itu.int/en/Pages/default.aspx. Acesso em: 10 maio 2024.

[4] INSTITUTO BRASILEIRO DE GEOGRAFIA E ESTATÍSTICA. Disponível em: https://www.ibge.gov.br/. Acesso em: 10 maio 2024.

De acordo com a experiência da autora deste artigo, na condição de docente da Universidade Católica de Pernambuco (UNICAP) – uma instituição tida como de classe média-alta na cidade do Recife –, foi detectado naquele momento que 20% dos alunos, principalmente bolsistas, através de diversos programas sociais, somente tinham acesso a uma conexão de qualidade quando estavam no *campus* universitário. Em suas casas, eles se deparavam com pacotes que eram inviabilizados ora pelo custo, ora pela qualidade do sinal. Como solução, a própria universidade fechou com a operadora um pacote de compra de "*chips* de celular", que foram cedidos em consignação para que os alunos pudessem acompanhar as aulas.

O desenvolvimento das tecnologias digitais criou um espaço de ser e de se comunicar com o mundo. O imperativo da presença física foi cada vez mais repensado à medida que o modelo virtual se impôs na prática do cotidiano. Até o início dos anos 1990, o acesso às novas tecnologias de comunicação era bastante limitado para o público de massa. No final dos anos 1990 e início dos 2000, a popularização da Internet e as ferramentas de comunicação deram às pessoas de diferentes classes sociais acesso ao mundo virtual.

Contudo, no contexto brasileiro, sofremos ainda com o processo da "exclusão digital", que vem sendo pesquisado e acompanhado de longa data.[5] A pandemia nos desvelou essa questão de diferentes formas ao nos obrigar a entrar na virtualidade. A educação, da escola inicial à universidade, foi um

[5] ALMEIDA, L.; PAULA, L.; CARELLI, F.; OSÓRIO, T.; GENESTRA, M. O retrato da exclusão digital na sociedade brasileira. *Revista de Gestão da tecnologia e sistemas de informação*, vol. 2, n. 1, 2005, p. 55-67.

exemplo clássico dessa questão. Descobrimos que alunos das classes mais pobres não tinham como acompanhar os estudos por ausência de Internet e equipamento adequado.

A revolução digital, notadamente para os nascidos a partir de 1995, nos introduziu em uma nova linguagem. Policarpo e Santaella[6] afirmam: "É a partir do advento dos *smartphones* que as máquinas começaram a ganhar olhos, ouvidos e, aos poucos, imbuíram-se de inteligência para decifrar e manipular conteúdo em imagem, som e vídeo". A nova linguagem não está apenas nos códigos dos programas, mas na maneira como passamos a escrever mais que falar, a modular e construir padrões de imagens como se fôssemos personagens, a participar de forma múltipla de diálogos e discursos inéditos – do ponto de vista do contato antropológico – com outras culturas, a acelerar nossos padrões de respostas e antecipação imaginária de sentido. As técnicas passaram a ser mediadas por incógnitos algoritmos que rapidamente incorporaram nossa forma de pensar, trabalhar e desejar.[7]

Hoje, afirma-se que há um baixo nível de letramento digital, que é a grande barreira imposta pelo descompasso social, econômico e tecnológico em nosso país, agravado pela ausência de qualidade nas escolas públicas em todos os níveis, onde alunos que terminam o Ensino Médio saem como alfabetizados funcionais, isto é, não conseguem compreender o que leem e não têm domínio das contas básicas de matemática. Então, podemos nos perguntar: como sobreviver no mundo neoliberal sem ter o domínio dos instrumentos mais

[6] POLICARPO, C.; SANTAELLA, L. A estética do conhecimento nas redes digitais. *Revista Dialogia*, São Paulo, n. 28, 2018, p. 29-45.

[7] GOLDBERG, L.; AKIMOTO, C. *O sujeito na era digital*: ensaios sobre psicanálise, pandemia e história. São Paulo: Edições 70, 2021, p. 10.

elementares da educação formal? Dito de outra forma, trata-se de gerações que estão destinadas ao subemprego e a caminhos não lícitos para a sobrevivência.

No Brasil, segundo o Governo Federal, a Internet vem sendo – por um lado – cada vez mais utilizada na vida prática. A questão é positiva para quem acessa; entretanto, para quem não é letrado digital e vive em condições precárias, a tendência é o aumento da vulnerabilidade enquanto cidadão. Por outro lado, há um movimento desmedido das empresas atuantes na área da comunicação de ampliar seus espaços comerciais. Desse movimento nasce o *vigilantismo* (termo traduzido por Shoshana Zuboff) como o capitalismo de vigilância. As referidas empresas utilizam todas as informações fornecidas pelos usuários, que são jogadas na lógica dos algoritmos, para induzir as decisões seguintes, principalmente as de consumo. Portanto, torna-se mais fácil prever as necessidades ou interesses de um usuário. No que toca à exclusão, o vigilantismo, ao envolver os usuários da rede de maneira geral, independentemente de sua classe, gênero, nacionalidade e renda, inclui em seu sistema usuários com limites no manejo da Internet, alvos mais fáceis de golpes *on-line*, *spams*, discursos desinformativos, *fake news* etc.

> A extração de dados é mais danosa àqueles mundialmente mais pobres [...]. Esse pensamento é materializado pela concepção de colonialismo de dados, que pode ser entendido como a lógica do vigilantismo e extração aplicada diante de uma perspectiva ainda colonial, em que o Norte global, por

possuir os recursos tecnológicos, monetários, intelectuais e outros tantos, se apropria do Sul global a todo momento.[8]

1.1. Mapa da exclusão digital

Em outras formas de leitura, podemos dizer que a desigualdade no acesso à Internet e às TICs (tecnologias da informação e comunicação) afeta 52% das mulheres e 42% dos homens no mundo. Dando continuidade à mesma pesquisa do portal *Internet World Stats* (2021), revela-se que o mapa mundial de utilização da rede global está distribuído por número de usurários: América do Norte – 93,4% (347,9 milhões); Europa – 88,4% (743,6 milhões); Oriente Médio – 76,4% (205,1 milhões); Ásia – 64,1% (2.790,1 bilhões); América Central e do Sul – 80,4% (553,1 milhões); África – 43,1% (601,3 milhões), e Oceania – 70,1% (30,5 milhões).[9]

Todavia, é importante distinguir o que é acesso à Internet de alfabetização digital, esta última compreendida como o processo que permite a uma pessoa adquirir competências para entender e aproveitar o potencial educativo, econômico e social das novas tecnologias. Considerando a ausência desse processo, os números vinculados às regiões do Sul global seguramente seriam piores.

---

[8] CALDEIRA, J.; SAMUEL, L. A exclusão digital na perspectiva do Sul global: consequências e vulnerabilidades. *Instituto de Referência em Internet e Sociedade*, Belo Horizonte, 26 set. 2022. Disponível em: https://irisbh.com.br/a-exclusao-digital-na-perspectiva-do-sul-global-consequencias-e-vulnerabilidades-sociais/. Acesso em: 10 maio 2024.

[9] A EXCLUSÃO digital no mundo e por que provoca desigualdade. *Iberdrola*. Disponível em: https://www.iberdrola.com/compromisso-social/o-que-e-exclusao-digital. Acesso em: 10 maio 2024.

Há ainda outro elemento importante a destacar. Com a velocidade do desenvolvimento das tecnologias, formou-se uma geração intermediária entre os nativos digitais e as pessoas que não conseguiram acompanhar esse desenvolvimento, mesmo com mais cultura e de classe mais alta. Hoje, claramente, temos crianças e adolescentes que nasceram no mundo digital e não vivem sem ele – desenvolvendo a transformação física e o aprendizado de valores de modo a serem formados por ele – e as pessoas com mais de 50 anos, que estão sendo obrigadas a entrar num mundo para o qual não foram formadas.

Segundo Almeida *et al.*,[10] pessoas que, devido ao analfabetismo ou à baixa renda, não utilizam ferramentas tecnológicas podem ser consideradas excluídas digitalmente. Já aquelas que, apesar de terem uma condição financeira favorável e alguma formação escolar, são resistentes às mudanças e não se envolvem com as novas tecnologias ficam desatualizadas e tornam-se membros da sociedade da exclusão digital e, consequentemente, da exclusão social. Afinal, elas passam a ter maiores dificuldades em conseguir empregos e desenvolver carreiras, entre outras restrições. Isso nos leva ao ponto seguinte de nossa reflexão.

2. Da exclusão social à exclusão digital

Primeiramente, trataremos da exclusão social. Segundo Amaro:[11]

---

[10] ALMEIDA, L.; PAULA, L.; CARELLI, F.; OSÓRIO, T.; GENESTRA, M. O retrato da exclusão digital na sociedade brasileira. *Revista de Gestão da tecnologia e sistemas de informação*, vol. 2, n. 1, 2005, p. 55-67.

[11] Amaro, R. A exclusão digital hoje. *Instituto S. Tomás de Aquino*. Disponível em: http://www.triplov.com/ista/cadernos/cad_09/amaro.html. Acesso em: 14 maio 2024.

> A exclusão social é essencialmente uma situação de falta de acesso às oportunidades oferecidas pela sociedade aos seus membros. Dessa forma, a exclusão social pode implicar privação, falta de recursos ou, de uma forma mais abrangente, a ausência de cidadania, se por esta entender a participação plena na sociedade nos diferentes níveis em que esta se organiza e se exprime: ambiental, cultural, econômico, político e social.

Em sua análise, o mesmo autor destaca diversos fatores de exclusão social que podem ser agrupados em: a) *fatores de natureza estrutural*, relacionados ao funcionamento global das sociedades; b) *fatores de âmbito local*, relacionados ao quadro das relações de proximidade que regulam e interferem no cotidiano dos indivíduos, e c) *fatores de nível individual e familiar*, relacionados às situações experimentadas nos percursos pessoais e familiares, às capacidades frustradas ou não valorizadas com incidências negativas, aos empregos ocupados ou ao desemprego, às qualificações profissionais ou à ausência delas, aos níveis de remuneração, entre outros. É importante destacar que os dois primeiros grupos se referem às oportunidades oferecidas ou negadas pela sociedade, enquanto o último se centra nas capacidades e competências individuais.

Ora, a dimensão da exclusão digital apresenta-se hoje como reflexo da exclusão social. De um modo geral e segundo Spagnolo,[12] o termo é utilizado para sintetizar todo um contexto que impede a maior parte das pessoas de participar dos benefícios das novas tecnologias. As consequências da

[12] SPAGNOLO, G. *Ações concretas de inclusão digital* (2003). Disponível em: www.softwarelivre.org/news/1438. Acesso em: 14 maio 2024.

exclusão social agravam a desigualdade tecnológica e dificultam o acesso ao conhecimento, aumentando o abismo entre ricos e pobres. Há um agravante importante: não há uma política pública ou destinação orçamentária que regule ou crie processos de acesso às tecnologias e que promovam inclusão e equiparação de capacidades entre todos os cidadãos.

Segundo Almeida *et al.*,[13] na sociedade em que vivemos atualmente, uma pessoa sem conhecimentos de informática muitas vezes é considerada desqualificada para o trabalho. Com isso, o ciclo de pobreza e fome se torna mais intenso, havendo então o desaquecimento da economia, sem falar nos agravamentos internos, tais como a proliferação das favelas e o aumento da violência. Nesse sentido, podemos nos perguntar se se trata de resolver somente um tipo de exclusão (social ou digital) por vez. Um olhar mais crítico leva à conclusão de que, sendo intrinsecamente vinculados, ambos devem ser tratados em conjunto.

3. Aspectos da exclusão digital na sociedade tecnológica

Poderíamos nos perguntar quais os caminhos de solução para avançarmos na redução da exclusão digital numa sociedade mergulhada na tecnologia. Silva[14] ressaltará que o fator *educação*, acompanhado de seu desenvolvimento, é primordial nesse processo. Ele destaca que a educação é um processo, e a inclusão digital é um elemento essencial dele. Atualmente, segue o autor,

---

[13] ALMEIDA, L.; PAULA, L.; CARELLI, F.; OSÓRIO, T.; GENESTRA, M. O retrato da exclusão digital na sociedade brasileira. *Revista de Gestão da tecnologia e sistemas de informação*, vol. 2, n. 1, 2005, p. 55-67.

[14] SILVA, F. Os três pilares da inclusão digital. *Revista Espaço Acadêmico*, Maringá, ano III, n. 24, maio 2003.

o termo *sociedade do conhecimento* (ou *da informação*) vem sendo usado para designar uma nova forma de sociedade, em que o recurso mais importante é o capital intelectual, cada vez mais exigido de quem deseja conseguir um emprego.

Segundo o comitê preparatório da Cúpula Mundial da Sociedade da Informação da ONU, entende-se por *sociedade global de informação inclusiva* aquela em que pessoas, sem distinção, estão habilitadas livremente para criar, receber, compartilhar e utilizar informação e conhecimento para o seu desenvolvimento econômico, social, cultural e político.[15] Contudo, o desenvolvimento tecnológico é de uma intensidade e rapidez que é impossível que as pessoas se atualizem das novidades através dos meios tradicionais: escolas, faculdades e cursos. Faz-se necessário perceber que o próprio sistema da Internet exige de seu usuário um comportamento ativo de ser participante em potencial e participar do processo de aprendizagem através do fluxo de informações que se renova continuamente, de modo bidirecional. É possível perguntar-se até que ponto se poderá avançar tecnologicamente na realidade brasileira se considerarmos o alto grau de exclusão que ainda permeia a maioria de sua população.

Não há dúvidas de que estamos todos (de qualquer maneira) vinculados ao mundo digital pelos mais diversos interesses. A pesquisa realizada pelo instituto *Digital Brazil 2023*[16] revela isso. Para o contexto brasileiro, 84,4% da popu-

[15] SERPRO. SERPRO leva inclusão digital a São Gonçalo. *Revista Eletrônica Tema*, Rio de Janeiro, ano XXVIII, ed. 172, mar. 2004.

[16] DIGITAL Brazil 2023: report anual de plataformas digitais. *Global AD*. Disponível em: https://globalad.com.br/blog/digital-brazil-2023. Acesso em: 16 jan. 2024.

lação brasileira está conectada à Internet; desse grupo, 98,9% têm algum tipo de aparelho *smartphone*.

Ora, considerando os números acima, não há como não dizer que, de uma forma ou de outra, todos nós que aqui estamos nos encaixamos em algum desses itens. De fato, não há como dizer atualmente que "nós somos" sem estar conectados a algum instrumento digital. Diante disso, Sbardelotto (2022) afirma que a distinção entre *online* e *offline* se tornou obsoleta. Recorrendo a Floridi (2015), ele destaca que, hoje em dia, estamos utilizando a expressão "*onlife* de uma realidade hiperconectada que transcende a dicotomia entre estar dentro ou fora das redes".[17] As novas possibilidades de comunicação redefinem não somente o comportamento humano, mas também o "ser", na expressão mais própria do verbo ser, de cada um de nós. Contudo, constata-se cada vez mais que estar conectado à rede não garante avanço no capital cultural que permita um avanço social global.

4. A IA e a exclusão do pensar humano

Nesse movimento de exclusão, a IA se coloca como mais uma opção de tecnologia que, se não estivermos atentos, agravará esse processo. Um aspecto importante é perceber que a IA não é nova, mas apenas agora ela está sendo popularizada com mais ênfase. Alguns serviços a que estávamos mais acostumados, tais como centrais de atendimento bancário, GPS de navegação, robôs, entre outros, já fazem uso dos dados da IA

[17] SBARDELOTTO, M. Por um humanismo digital integral. *In*: Guimarães, Joaquim Giovani Mol. *O novo humanismo*: paradigmas civilizatórios para o século XXI a partir do papa Francisco. São Paulo: Paulus, 2022, p. 232.

há muitos anos. De fato, a IA se compõe desde pelos bancos de dados mais simples até pela complexa lógica dos algoritmos e modelos de *machine learning* (aprendizado de máquina). É um sistema desenvolvido e operado pelo ser humano, sob a demanda de automação da inteligência. Nesse sentido, podemos dividir seu escopo em três modelos: 1) a IA, que envolve as técnicas que permitem ao computador imitar a inteligência humana, 2) o *machine learning*, que inclui técnicas estatísticas e permite que as máquinas melhorem as tarefas através das experiências, e 3) o *deep learning*, subconjunto que permite aos *softwares* treinar a si mesmos e trabalhar com reconhecimento de imagem e voz.[18]

Dos anos 1950 aos 2000, foram dados muitos passos, até que, em 2021, é apresentado o ChatGPT, com suas aplicações de derivações numa enormidade de possibilidades que estão acessíveis e divulgadas nos canais da Internet.

O que, a princípio, poderia ser considerado um avanço da ciência – e o é – traz consigo seus limites e preocupações. E desses elementos queremos destacar dois, sendo o segundo uma das razões essenciais a ser refletida como raiz do aprofundamento da exclusão social, que inclui toda a capacidade de pensar e, por fim, a educação. A primeira razão trata da *subjetividade incontornável* que existe nesses sistemas, uma vez que eles são produto de uma programação humana que revela, para além da técnica e do "serviço" prestado, uma forma segunda de manipulação daqueles que os utilizam. Um exemplo disso são plataformas digitais em que se encontram as redes sociais; afinal, são seus usuários que trabalham para

[18] Inteligência artificial: para onde vamos? VI Seminário de Comunicação (1 dia). *[S.l.: s. n.]*, 2024. 1 vídeo (1 h 53 min). Disponível em: https://www.youtube.com/watch?v=3Y2FtWREoZI&t=3306s. Acesso em: 15 maio 2024.

elas, alimentando-as com seus dados pessoais. À medida que revelam seus interesses, o sistema de algoritmos os coloca em uma "bolha de interesses". A segunda razão diz respeito à presença cotidiana desses sistemas que provocam um crescimento da *ausência de crítica e análise dos dados apresentados* ao usuário. A pergunta de fundo que se coloca é: a automação das decisões delegadas a esses sistemas interfere no pensamento crítico e, por conseguinte, no desenvolvimento do pensar humano? A acomodação ao uso dos sistemas de IA para resolver as tarefas mais frequentes do dia a dia, incluindo as acadêmicas, seguramente afeta o pensamento crítico quanto ao entendimento de que IA é mediação para pensar, e não a substituição do pensar. Ela não deveria anular a leitura crítica reflexiva do mundo e das realidades.

Ora, segundo nossa análise, os processos educacionais são os mais afetados, seja pelas políticas públicas, seja pela ausência de investimento em qualificação de professores, seja pelos sistemas de aprovação progressiva que geram os analfabetos funcionais. A maioria dos jovens que hoje terminam o Ensino Médio saem sem compreender o que leem e sem saber realizar as operações básicas de matemática. Estamos num quadro crítico da educação formal no Brasil. Os índices da última coleta da Pesquisa Nacional por Amostra de Domicílios (PNAD), datada do primeiro trimestre de 2023,[19] demonstram que, pela primeira vez, desde a série histórica iniciada em 2016, o Brasil não alcançou a meta 2 do Plano Nacional de

[19] INSTITUTO BRASILEIRO DE GEOGRAFIA E ESTATÍSTICA. *Pesquisa nacional por amostra de domicílios contínua*: principais resultados – março de 2024. Disponível em: https://www.ibge.gov.br/estatisticas/sociais/trabalho/9171-pesquisa-nacional-por-amostra-de-domicilios-continua-mensal.html. Acesso em: 20 maio 2024.

Educação (PNE),[20] que é a de ter 95% de crianças e adolescentes de 6 a 14 anos matriculados no Ensino Fundamental (do 1.º ao 9.º ano). A Fundação Itaú aponta que 48% dos estudantes brasileiros não conseguem terminar o Ensino Fundamental na idade certa, ou seja, até os 15 anos. O abandono se deve, entre os homens, à necessidade de trabalhar (53,4%) e ao desinteresse em estudar (25,5%). Entre as mulheres, 25% abandonam a escola por causa da necessidade de trabalhar, 23,1% por gravidez e 20,7% por desinteresse em estudar. O Indicador de Alfabetismo Funcional (INAF, 2024),[21] referente ao ano de 2018, aponta para o fato de que 30% da população brasileira se enquadra na tipificação de analfabetos funcionais (8% são analfabetos propriamente ditos, e 22%, analfabetos rudimentares). Uma educação que não desenvolve habilidades e aptidões, entre elas a do pensamento crítico, seguramente gerará pessoas que serão, por um lado, dependentes dos sistemas de IA e – nesse sentido – levadas por suas informações, ou, por outro lado, pessoas que não aprenderão nem compreenderão como acessá-los, sendo, portanto, descartadas da sociedade. A IA traz consigo elementos a mais em seus sistemas que podem agravar esse mecanismo de exclusão num mundo neoliberal que descarta pessoas. Aqueles(as) que formam a base da exclusão da sociedade agora têm controladas suas mentes, como diz Deleuze,[22] o que ressalta a sociedade de controle pelo poder das mentes, razão pela qual,

[20] MINISTÉRIO DA EDUCAÇÃO. *Plano Nacional de Educação*. Disponível em: https://pne.mec.gov.br. Acesso em: 20 maio 2024.

[21] INDICADOR ANALFABETISMO FUNCIONAL. Disponível em: https://alfabetismofuncional.org.br/. Acesso em: 20 maio 2024.

[22] DELEUZE, Gilles. Post-Scriptum. *In*: *Conversações*. Tradução de Peter Pál Pelbart. 6.ª reimpressão. São Paulo: 34, 2007.

segundo o autor, é importante e urgente mudar a modulação, ou seja, o controle dos sistemas realizados pelos seres humanos segundo os seus interesses.

Uma sociedade modulada pelos interesses de alguns que detêm os sistemas de automação produzirá, entre os que não têm acesso a uma educação crítica e de qualidade, adultos analfabetos funcionais que estarão sobrecarregados na luta para se manterem no mercado de trabalho, desempregados ou a geração "nem-nem", isto é, formada por aqueles que nem trabalham nem estudam, pois desistem de pensar por falta de estímulos.

Considerações finais

Percorremos um longo caminho com o objetivo de apresentar como o mecanismo da exclusão digital é decorrente de uma exclusão social prévia. Destacamos que quem não tem acesso a um bom preparo educativo formal jamais acedeu profundamente a todas as ofertas e possibilidades que o avanço tecnológico pode oferecer.

Não se trata de dizer que a tecnologia é má. Trata-se, antes, de buscar caminhos que ativem as redes sociais e as tecnologias reais, de modo que elas interfiram nos espaços da educação, do mercado de trabalho e dos valores sociais, buscando reconfigurar e elucidar as novas gerações sobre as razões da exclusão que os jogos de poder impõem por suas tecnologias e redes. Trata-se, antes, de encontrar e desenvolver políticas consistentes de educação formal que reverberem na inclusão para que todas as pessoas possam ser beneficiadas e tenham as mesmas oportunidades de se desenvolverem.

Referências bibliográficas

A EXCLUSÃO digital no mundo e por que provoca desigualdade. *Iberdrola*. Disponível em: https://www.iberdrola.com/compromisso-social/o-que-e-exclusao-digital. Acesso em: 10 maio 2024.

ALMEIDA, L.; PAULA, L.; CARELLI, F.; OSÓRIO, T.; GENESTRA, M. O retrato da exclusão digital na sociedade brasileira. *Revista de Gestão da tecnologia e sistemas de informação*, vol. 2, n. 1, 2005, p. 55-67.

Amaro, R. A exclusão digital hoje. *Instituto S. Tomás de Aquino*. Disponível em: http://www.triplov.com/ista/cadernos/cad_09/amaro.html. Acesso em: 14 maio 2024.

CALDEIRA, J.; SAMUEL, L. A exclusão digital na perspectiva do Sul global: consequências e vulnerabilidades. *Instituto de Referência em Internet e Sociedade*, Belo Horizonte, 26 set. 2022. Disponível em: https://irisbh.com.br/a-exclusao-digital-na-perspectiva-do-sul-global-consequencias-e-vulnerabilidades-sociais/. Acesso em: 10 maio 2024.

DELEUZE, Gilles. Post-scriptum. *In*: *Conversações*. Tradução de Peter Pál Pelbart. 6.ª reimpressão. São Paulo: 34, 2007.

DIGITAL Brazil 2023: report anual de plataformas digitais. *Global AD*. Disponível em: https://globalad.com.br/blog/digital-brazil-2023. Acesso em: 16 jan. 2024.

GOLDBERG, L.; AKIMOTO, C. *O sujeito na era digital*: ensaios sobre psicanálise, pandemia e história. São Paulo: Edições 70, 2021.

INDICADOR ANALFABETISMO FUNCIONAL. Disponível em: https://alfabetismofuncional.org.br/. Acesso em: 20 maio 2024.

INSTITUTO BRASILEIRO DE GEOGRAFIA E ESTATÍSTICA. Disponível em: https://www.ibge.gov.br/. Acesso em: 10 maio 2024.

INSTITUTO BRASILEIRO DE GEOGRAFIA E ESTATÍSTICA. *Pesquisa nacional por amostra de domicílios contínua*: principais resultados – março de 2024. Disponível em: https://www.ibge.gov.br/estatisticas/sociais/trabalho/9171-pesquisa-nacional-por-amostra-de-domicilios-continua-mensal.html. Acesso em: 20 maio 2024.

Inteligência artificial: para onde vamos? VI Seminário de Comunicação (1 dia). *[S. l.: s. n.]*, 2024. 1 vídeo (1 h 53 min). Disponível em: https://www.youtube.com/watch?v=3Y2FtWREoZI&t=3306s. Acesso em: 15 maio 2024.

International Telecommunication Union. Disponível em: https://www.itu.int/en/Pages/default.aspx. Acesso em: 10 maio 2024.

MINISTÉRIO DA EDUCAÇÃO. *Plano Nacional de Educação.* Disponível em: https://pne.mec.gov.br. Acesso em: 20 maio 2024.

POLICARPO, C.; SANTAELLA, L. A estética do conhecimento nas redes digitais. *Revista Dialogia*, São Paulo, n. 28, 2018, p. 29-45.

SBARDELOTTO, M. Por um humanismo digital integral. *In*: Guimarães, Joaquim Giovani Mol. *O novo humanismo*: paradigmas civilizatórios para o século XXI a partir do papa Francisco. São Paulo: Paulus, 2022.

SERPRO. SERPRO leva inclusão digital a São Gonçalo. *Revista Eletrônica Tema*, Rio de Janeiro, ano XXVIII, ed. 172, mar. 2004.

SILVA, F. Os três pilares da inclusão digital. *Revista Espaço Acadêmico*, Maringá, ano III, n. 24, maio 2003.

SPAGNOLO, G. *Ações concretas de inclusão digital* (2003). Disponível em: www.softwarelivre.org/news/1438. Acesso em: 14 maio 2024.

5

A CONSCIÊNCIA ÉTICA E A INTELIGÊNCIA ARTIFICIAL: Desafios para uma experiência humana e societária ética

Luiz Augusto de Mattos[1]

Introdução

A reflexão que segue tem como questão de fundo o *como* vivenciar a consciência ética diante de um mundo dinamizado e transformado pela influência e pelo poder da Inteligência Artificial (IA).[2] É indiscutível que a IA, cada vez mais, vem impactando e incidindo sobre a vida humana, no que diz respeito às opções para a vida, aos comportamentos humanos, à

[1] Doutor em teologia moral, doutor em Educação, psicanalista. Professor Trabalho na Faculdade Católica de Florianópolis.

[2] Um problema que se enfrenta quando se trata da IA é como defini-la. Numa definição provisória, afirma-se: "A noção geral de IA é que ela é capaz de emular os processos de pensamento humanos e demonstrar inteligência por meio da ação. Para [Daniela] Rus [...] a IA refere-se à engenharia de criação de máquinas que exibem habilidades em nível humano no modo como se percebe o mundo, como se move no mundo, no modo como se jogam *games*, no modo como se raciocina, como se comunica, e, até, como se aprende". SANTAELLA, Lucia. *Neo-humano*: a sétima revolução cognitiva do Sapiens. São Paulo: Paulus, 2022, p. 247.

interpretação da própria vida e ao modo de se compreender no mundo.[3]

É impensável e impraticável, na atualidade, construir uma sociedade dissociada e descompromissada em relação à IA. Em todos os setores da vida humana e da sociedade, a IA vem atuando com muita força, poder e determinação. Por isso, o ser humano, a todo momento, é influenciado e encantado pelo que adquire, assiste, vivencia, soluciona e progride a partir da IA, o que dificulta livrar-se da necessidade de acompanhar os avanços dessa inteligência, isso até pela exigência que se faz para continuar, por exemplo, se comunicando, trabalhando, vivendo e convivendo. A IA não é tudo, mas progride para estar em "tudo"!

[3] "A próxima onda mudará o mundo. Em última análise, os seres humanos podem já não ser os dirigentes planetários primários, como estamos acostumados a ser. Viveremos em uma época na qual a maioria de nossas interações diárias será não com outras pessoas, mas com IAs. Isso pode soar intrigante, horripilante ou absurdo, mas já está acontecendo. Acho que você já passa uma boa parte de suas horas acordado na frente de um monitor. Aliás, pode passar mais tempo de sua vida olhando para telas e monitores que para qualquer ser humano, incluindo cônjuge e filhos. Assim, não é um grande salto dizer que passaremos cada vez mais tempo conversando e interagindo com essas novas máquinas. O tipo e a natureza das inteligências artificiais e biológicas que encontraremos serão radicalmente diferentes dos de agora. Elas farão o trabalho em nosso lugar, encontrando informações, montando apresentações, escrevendo programas, fazendo compras, escolhendo os presentes de Natal e nos aconselhando sobre a melhor maneira de abordar um problema, ou talvez só conversando e jogando. Elas serão nossas inteligências pessoais, nossas companheiras e ajudantes, confidentes e colegas, chefes de gabinetes, assistentes e tradutoras. Organizarão nossas vidas e conhecerão nossos desejos mais ardentes e medos mais sombrios. Ajudarão a gerir nossas empresas, curar nossos males e lutar nossas batalhas. Muitos tipos diferentes de personalidades, capacidades e formas surgirão durante o curso de um dia comum. Nossos mundos mentais e conversacionais incluirão inextricavelmente esse novo e estranho zoológico de inteligências. Cultura, política, economia; amizade, lazer, amor: tudo evoluirá em sintonia". SULEYMAN, Mustafa; BHASKAR, Michael. *A próxima onda*: inteligência artificial, poder e o maior dilema do século XXI. Rio de Janeiro: Record, 2023, p. 350-351.

A consciência humana, nesse contexto societário, não consegue ficar imune, alheia ou impenetrável no que se refere aos recursos disponíveis que foram e são produzidos a todo momento pela IA. Como não se deixar ser afetado na consciência humana quando a subjetividade é produzida também pela influência da IA? Ou quando a vida humana e social é determinada e produzida pelas inovações da IA?

A reflexão trabalhará preocupações como: é possível uma consciência ética diante da atual civilização humana dinamizada (também) pelo poder da IA, sem ser afetada por essa IA? Qual a influência que poderá ocorrer da IA sobre a consciência ética? Que experiência de liberdade, autonomia e responsabilidade poderá ter o ser humano para viver a consciência ética? Como conciliar uma vida com consciência ética diante dos artefatos digitais – determinados pela IA – que influenciam o significado e a visão do mundo, das relações sociais e do próprio indivíduo?

O caminho reflexivo será pautado nos seguintes passos: primeiramente, o que entender por consciência ética e qual a sua função na vida humana, mostrando como é fundamental a consciência ética para que o indivíduo possa decidir eticamente diante das questões que surgem *na, da* e *para* a vida pessoal e social. Em seguida, uma abordagem a respeito do que compreender a respeito da IA. É importante ter lucidez de como a subjetividade humana e, consequentemente, a consciência humana são influenciadas pela IA. Não é possível ficar neutro e indiferente ao acesso do que a IA apresenta através das redes sociais ou plataformas digitais. Por fim, serão trabalhados os desafios para um compromisso ético, à luz da consciência ética, diante do poder da IA sobre a vida humana e a sociedade. A atual civilização já está sofrendo os efeitos advindos da IA, seja no aspecto positivo, seja no aspecto negativo. O problema é o que fazer para uma regulamentação que possa conter as conquistas indesejáveis para a vida no planeta.

1. A vivência da consciência ética

Vivenciar uma consciência ética deverá consistir em decidir por um engajamento da vida (pessoal, familiar, comunitária, política, social, religiosa, profissional), a partir do discernimento ético,[4] pela causa do cuidar – defendendo e promovendo – da qualidade de vida para o ser humano, para todos os seres vivos e para a realidade planetária. A consciência será sempre uma *cum-scientia*, uma sabedoria que abre o ser humano para a realidade e a internaliza em vista de uma transformação que o comprometa a ser sujeito ético. Não é possível ser sujeito sem um processo de conscientização!

Penso que a *consciência ética* aflora e desabrocha na vida quando se conjugam, praxisticamente, a consciência moral e a consciência social, a consciência política e a consciência ecoló-

[4] "O discernimento responde a uma busca de eficácia no agir. Por isso somente alcança o seu objetivo final quando se realiza na ação concreta. Visa ajudar a que a ação seja pertinente tanto ao sujeito na sua experiência histórica quanto ao contexto em que se insere este ato. Neste sentido o discernimento é um instrumento privilegiado para a ética que pretende orientar direta ou indiretamente o agir humano. Os seus subsídios procuram iluminar a consciência na descoberta da ação mais adequada ao valor moral que está em jogo em uma determinada situação concreta. Daí que o conhecimento ético tem uma dimensão essencialmente prática porque visa orientar a consciência no discernimento da práxis. Esta praticidade da ética se manifesta justamente no discernimento. Por isso o ato de discernir tem uma dimensão prática por ser uma instância essencialmente ética". JUNGUES, José Roque. A questão do discernimento ético. *In:* ANJOS, Márcio F. dos (coord.). *Temas latino-americanos de ética*. Aparecida-SP: Santuário, 1988, p. 135-136.

gica. A consciência moral "é o lugar em que a pessoa se posiciona diante do dado situacional e assume a si mesma e a sua realidade como uma tarefa a realizar através da práxis. Na capacidade de confrontar o situacional e o projetual (a pessoa se assume como projeto), manifesta-se a responsabilidade sobre si na liberdade fundamental".[5] Essa consciência moral se faz práxis através do dinamismo da intencionalidade, vale dizer, a consciência é dinâmica para fora de si, e o outro se torna mediação imprescindível para essa experiência. O outro abre o ser humano para uma consciência com autonomia e liberdade – lógico, desde que o outro seja interpelação através do grito pelo amor, pela liberdade e pela justiça. E mais: a liberdade nascida da consciência ética deverá orientar, à luz do discernimento, para um compromisso que aponte para um processo de libertação em relação a tudo que oprime, manipula, explora e assassina a vida.

Quanto à consciência social, ela tem a ver com "a consciência situada, ou seja, forma-se a partir e dentro de um contexto social que serve de base real para a formação do conteúdo (elementos que vêm de fora) da consciência. A cada contexto corresponde uma prática social, justificada pela consciência social e fundamentada em certos valores e normas do grupo social".[6] Como, também, diante, por exemplo, de um contexto de destruição do meio ambiente e desrespeito aos direitos da natureza, de uma situação de políticas antivida, a consciência ética leva o indivíduo, uma instituição ou organismos sociais a posicionar-se a favor da justiça ecológica e de políticas defensoras da vida, sobretudo das vidas vulneráveis e excluídas.

---

[5] JUNGUES, José Roque. *Evento Cristo e ação humana*: temas fundamentais da ética teológica. São Leopoldo: Unisinos, 2001, p. 164.

[6] *Ibid.*, p. 164.

A eclosão da consciência vai se fazendo realidade quando é expressada em práticas concretas que promovem a emergência da alteridade desde a garantia dos direitos fundamentais que dão sustentação à vida dos seres humanos, dos seres vivos e da Mãe Terra. Enfim, o "assumir-se autonomamente como tarefa e o posicionar-se responsavelmente frente ao outro não são dois momentos separados, mas duas dimensões do mesmo processo de emergência da consciência moral que se exigem dialeticamente".[7] E é importante ter uma visão do outro, não apenas do outro ser humano, mas de todos os seres vivos e toda a realidade da qual fazemos parte e necessitamos para sobreviver.[8] Sem isso, a humanidade estará negando um compromisso ético. Sem cuidar do *ethos* (Casa comum) a consciência ética é impossível.

A consciência ética tem como "função primigênia" abrir o ser humano para o contexto, ou seja, deixar-se *interpelar* pelo que ocorre na história cotidiana. É um desalienar-se para tomar contato, ciência e consciência da vida que acontece cotidianamente. Distanciar-se da realidade é um fator relevante para negar o processo de conscientização, o qual revigora a consciência ética.

Não obstante, não basta viver o processo de interpelação. Há que *integrar* ou recolher na vida o que se constata na realidade; deixar-se tocar pelo grito, pela esperança, pela morte etc. que vêm do contexto. Também não basta recolher ou interiorizar a interpelação, mas é preciso "dar uma resposta adequada tanto ao conteúdo quanto ao sujeito da interpelação. Através dessa integração, vai-se realizando o projeto existencial e concretizando o que cada um deve ser como projeto".[9]

[7] *Ibid.*, p. 165.

[8] Se a atual civilização não cuidar dos elementos que favorecem a vida na Terra, o fim da vida é inegável. Exemplo, a garantia da água potável, do ar respirável, dos alimentos saudáveis é exigência fundamental para garantir a qualidade de vida que sustenta a vida.

[9] José Roque JUNGUES, *op. cit.*, p. 166.

A função mais específica ou primordial da consciência é o *discernimento*. Não é possível dar à vida uma orientação ética sem viver o discernimento. Pelo ato do discernir, o sujeito poderá compreender as implicações e consequências das suas ações dentro da realidade sócio-histórica. E ainda, o discernimento engaja o ser humano nos seguintes passos: primeiro, diz respeito à *deliberação*. Com a deliberação, vê-se a realidade e realiza-se uma análise da própria realidade. Ao mesmo tempo, procura-se compreender a interpelação que surge da situação analisada. Assim, é possível ter lucidez para agir. Uma segunda fase do discernimento é o *juízo*. "Uma vez esclarecidas as implicações da interpelação e os aspectos éticos da ação correspondente, passa-se à etapa do juízo, na qual se confronta a proposta de ação com as balizas ético-normativas."[10] Como terceiro passo, tem-se a *decisão*. Falar da decisão é falar do engajamento ou compromisso ético. O juízo é a porta que abre o ser humano para agir de determinada forma diante das questões visualizadas pela deliberação.

Com essa breve apresentação a respeito da consciência, se quis deixar claro como se deve viver a vida com eticidade ou, em outras palavras, com consciência ética, o que é importante quando se trata de pensá-la desde os desafios que surgem com a IA. Muitas vezes, o ver, o julgar e o decidir poderão ficar ofuscados ou condicionados pela influência da IA no ser humano, o que prejudicará um discernimento ético a partir da liberdade e da responsabilidade dentro de um determinado contexto social, político e ecológico.

Antes de entrar nesse campo, onde se cruzam consciência ética e IA, tentaremos, a seguir, refletir sobre a IA.

[10] *Ibid.*, p. 173.

2. Desafios advindos da inteligência artificial (IA)

Quando, na atualidade, se trata da temática da consciência, não é possível desconsiderar o poder da técnica, da ciência e da mídia sobre o ser humano. Pode-se afirmar que a tecnificação, a cientifização e a midiatização da vida estão onipresentes na vida societária e, cada vez mais, são imprescindíveis em qualquer intervenção que se queira realizar em algum campo de experimentação na Terra e nas explorações espaciais. O poder técnico-científico determina o modo de encaminhar e realizar as mais diversas experiências e a busca pelo poder e *domínio* em todos os âmbitos da vida humana e de toda a natureza – como algo intrínseco a uma racionalidade que quer fazer avançar nas conquistas de manipulação, controle e domínio onde a vida se faz presente.

> A técnica foi promovida pela exigência humana de dominar a natureza. O domínio é, pois, a intenção básica e, ao mesmo tempo, o horizonte a partir do qual se dá a compreensão do mundo e o sentido dele. Com vontade de domínio, a técnica só pode alcançar o seu objetivo se for capaz de exercer um controle sobre o que acontece, no sentido de fazer acontecer e de fazer ser aquilo que está de acordo com o que foi projetado. Para que o controle seja eficaz, é necessário que se constitua como controle planetário, porque é próprio do controle ser total, ou então não é um verdadeiro controle. A tendência à expansão planetária pertence, pois, à essência da técnica.[11]

A técnica vai dominando a vida humana a partir de um poder e de uma velocidade nunca vistos antes. Hoje, a onipre-

[11] GALIMBERTI, Umberto. *Psiche* e *Techne*: o homem na idade da técnica. São Paulo: Paulus, 2006, p. 381.

sença da técnica ocorre em todas as áreas da vida e da sociedade – o que foi intensificado com a pandemia da Covid-19.[12] Inclusive, fala-se do promíscuo acoplamento, da desenvergonhada conjunção do ser humano com a máquina. Tudo contribuindo para a maquinização ou mecanização do humano, e a humanização e subjetivação da máquina, o que dá origem à chamada criatura pós-humana ou ciborgue.

Fato incontestável é que a técnica, na experiência da IA, se transformou em uma experiência pervasiva, indissociável e poderosa nas vidas humanas e no modo como a vida humana é praxidade na Terra.[13] Não obstante, é uma realidade paradoxal,

[12] "Pois uma das mais importantes questões de nosso tempo é justamente: onde termina o humano e onde começa a máquina? Ou, dada a ubiquidade das máquinas, a ordem não seria a inversa? Onde termina a máquina e onde começa o humano? Ou ainda, dada a geral promiscuidade entre o humano e a máquina, não seria o caso de se considerar ambas as perguntas simplesmente sem sentido? Mais do que a metáfora, é a realidade do ciborgue, sua inegável presença em nosso meio [...], que põe em xeque a ontologia do humano. Ironicamente, a existência do ciborgue não nos intima a perguntar sobre a natureza das máquinas, mas, muito mais perigosamente, sobre a natureza do humano: quem somos nós?". TADEU, Tomaz. *Nós, ciborgue*: o corpo elétrico e a dissolução do humano. *In*: HARAWAY, Donna; KUNZRU, Hari; TADEU, Tomaz (org.). *Antropologia do ciborgue*: as vertigens do pós-humano. Belo Horizonte: Autêntica, 2009, p. 10-11.

[13] "Nunca é demais repetir que se tornou impossível ignorar a IA hoje. Praticamente quase tudo que chega até nós no cotidiano já está impregnado de algoritmos de IA: livros, filmes, notícias, jogos, motores de busca e todas as plataformas e aplicativos da Web com os quais aprendemos a conviver e sem os quais ficaria difícil viver. Ela também se faz presente nos robôs, tanto nos chats quanto nos robôs humanoides, incrementados com padrões emocionais facilitadores da interação com os humanos. Está nos carros autônomos, nos drones, nos sistemas médicos, no governo, nos sites de compras *online*, no escritório, no banco e em muitos outros ambientes. Mais do que isso: ela está na internet das coisas, algo a ser mais fomentado no Brasil com a implantação do 5G. Está também em nossas roupas e corpos por meio do desenvolvimento dos sensores. Emaranhados de IA estarão presentes nos avatares e nos ambientes virtuais do Metaverso. Há IA, inclusive, fora do planeta, com os robôs enviados ao planeta Marte e à Lua ou nos satélites que orbitam no espaço". SANTAELLA, Lucia. *A inteligência artificial é inteligente?* São Paulo: Edições 70, 2023, p. 11-12.

pois quanto mais o ser humano vive a IA que se imiscui em todas as atividades humanas, menos se dá conta de contê-la. Não há dúvida de que, daqui para a frente, a IA seguirá impactando o ser humano no modo como se vê, trata, projeta e faz suas escolhas para se sustentar na vida.[14] Ocorre um modo novo, diferente de ressignificar a vida, as coisas e o mundo a partir de novos significados que norteiam o viver, conviver, projetar e trabalhar.

Com a crescente autonomização do poder tecnológico à ordem dos fins, o ser humano e a natureza

> perdem respectivamente a sua subjetividade e a sua substancialidade para se submeter àquele horizonte de domínio que a técnica expressa por meio do jogo das forças que não têm mais em vista o consumo, e sim a produção de possibilidades cada vez mais independentes do conteúdo a que se aplicam. Colocando-se como condição dentro da qual os homens podem fazer experiência, a técnica moderna não só precede a subjetividade humana, mas a prescreve e a constitui como seu produto. A essa altura, o homem não é mais sujeito, mas algo "disposto" no horizonte desvelado pela técnica, que é, pois, o que decide o modo de o homem perceber, sentir, pensar e projetar.[15]

[14] "A relação do sujeito com a máquina, assim como o papel da tecnologia em sua relação com a história, é composta por uma rede de relações mais complicadas do que algo que se possa apreender em uma simples tacada. Em um atual momento de aceleração tecnológica nunca antes vista, propaga-se um contexto e crescente instabilidade, insegurança e incerteza, com abalo de estruturas simbólicas e matrizes de pensamento longamente estabelecidas. No mesmo ímpeto desse avanço nas descobertas tecnológicas, vemos também o crescente uso dessas tecnologias em nosso cotidiano, [...] não apenas seu uso, como também um aumento exponencial da presença da tecnologia como temática nas pesquisas, nos debates, na cultura, na fantasia e no imaginário social. Mais do que nunca se pesquisa, se fala, se discute e se investiga o papel e os efeitos das tecnologias sobre o humano e os rumos de civilização, nos mais diversos campos do saber". AKIMOTO, Claudio. O lugar do sujeito na arquitetura digital. *In*: GOLDBERG, Leonardo; AKIMOTO, Claudio. *O sujeito na era digital*. São Paulo: Edições 70, 2021, p. 73-74.

[15] GALIMBERTI, Umberto, *op. cit.*, p. 383.

Há que compreender que, com a técnica moderna, o senhorio do ser humano se deslocou para o "Poder técnico-científico". Fora do mundo tecnocrático, o ser humano já não é capaz de perceber a si mesmo, vale dizer, o conhecimento de si é possibilitado pela potência técnica. Antes, pensava-se e tratava-se a natureza como uma ordem imutável ou como criatura de Deus a serviço da humanidade. Agora, pensa-se a natureza como "fundo disponível de recursos", inclusive, com a inclusão do ser humano como parte desses recursos, dos quais se pode apoderar livremente, mais ainda quando se responde a uma mercantilização da vida humana e de todas as espécies vivas e não vivas. O mercado dever ser servido, independentemente das consequências para a vida e a Casa comum.

Afirma o pensador Galimberti:

> Nessa sucessão de cenários, cada um vê que o significado das coisas [...] não é confiado às coisas mesmas, mas à sua interpretação, que, unindo-as num arcabouço de significados sempre diferentes, faz com que apareçam como coisas totalmente diferentes. E é aí que o homem habita, na aparência, na disposição do mundo, e não no mundo em si. A partir dessa disposição do mundo, o homem compreende a si próprio, ora miticamente, ora religiosamente, ora cientificamente, ora tecnicamente. Nesse sentido dizíamos que hoje, diferentemente do que ocorria na antiguidade, a técnica não pode mais ser compreendida numa definição puramente instrumental e antropológica, porque hoje, diferentemente do que acontecia na antiguidade, a técnica não é um meio a serviço do homem, que compreendia a si mesmo a partir de um horizonte mítico ou religioso, mas é o horizonte a partir do qual o homem compreende a si mesmo.[16]

[16] *Ibid.*, p. 391-392.

É o ser humano compreendendo a si mesmo a partir do aparato tecnológico ou tecnologias digitais que estão à sua disposição. E tem que corresponder ao modo como a sociedade e a civilização humana se manifestam a partir da disposição oferecida pela técnica. Um exemplo claro é o impacto dos algoritmos na vida humana. Por isso, hoje se fala de algorética, vale dizer, é a definição que se dá de como "os algoritmos estão, cada vez mais, tomando decisões pelo ser humano, sobre o ser humano e com o ser humano, e isso deve nos ajudar a ter uma concepção meramente instrumental da tecnologia".[17]

Um desafio colocado pelo avanço da IA é conduzir o ser humano da IA para a subjetividade artificial (SA). É a subjetividade[18] sendo modulada por dispositivos tecnológicos.

> No limite extremo da inteligência artificial, encontra-se o reino da Subjetividade artificial, um mundo onde dispositivos tecnológicos estarão disponíveis para modular nossa consciência, nossos pensamentos, nossos sentimentos e nossos comportamentos íntimos. Lá, além da substituição e potencialização das nossas funções cognitivas pela inteligência artificial, teremos também a substituição e a potencialização das nossas funções subjetivas pela subjetividade artificial.[19]

[17] ZANON, Daniel. Algorética: dilemas e debates ligados à inteligência artificial. *Vida Pastoral*, n. 356, mar.-abr. 2024, p. 30.

[18] "Subjetividade é a vida interior da pessoa acrescida de sua vida privada, é a sua cena interna povoada pela sua consciência, pelos seus sentimentos, pensamentos, sensações corporais e comportamentos íntimos". SIMONETTI, Alfredo. A subjetividade artificial. *In*: SIMONETTI, Alfredo (org.). *Gozai por nós*: estudos sobre a subjetividade artificial. Blumenau, SC: Amoler, 2023, p. 25.

[19] *Ibid.*, p. 21-22.

Esses dispositivos tecnológicos vão ganhando força quando começam a assemelhar-se à consciência humana, quando a IA consegue simular funções ou experiências que se identificam com o ser humano, por exemplo, questões éticas, sentimento de raiva, tédio, criação de música, poemas etc. Assim, ela (IA) torna-se muito forte, vira subjetividade artificial.

O processo de subjetivação deverá estar em pauta para o aprofundamento de suas consequências para a vida humana. Diante dos dispositivos tecnológicos, qual liberdade e margem de poder decidir serão garantidas para o ser humano? O processo de desejar certas coisas e descartar outras, ter simpatia por alguém e desprezo por outro, sentir medo, culpa, como tudo isso será vivido, se a subjetividade for determinada pela IA? A subjetividade, constantemente, é modulada, contextualizada, provocada e preenchida pelo contexto sociocultural, e, na atualidade, a subjetividade é moldada pelo poder das tecnologias digitais – levando o ser humano a viver uma subjetividade artificial!

Essa subjetividade artificial vai sendo produzida, por exemplo, pelo reino virtual.[20] E os seres virtuais estão chegando com alta velocidade, a ponto de os humanos não conseguirem acompanhá-los. Por isso, os seres humanos vão sendo dominados por seres virtuais a partir de dentro, o que os leva a uma transformação do seu mundo interior.

---

[20] "A tecnologia, além de impactar todas as dimensões da nossa vida, está criando uma dimensão radicalmente nova. Agora, além dos tradicionais reinos mineral, vegetal e animal, estamos adicionando à natureza um novo reino, o reino virtual. Neste quarto reino, os seres, as coisas, os lugares não existem fisicamente, em carne e osso, ou em concreto e madeira, mas apenas em luz e energia nas telas de um computador, de um celular, de uma TV ou de qualquer outro dispositivo tecnológico". *Ibid.*, p. 29.

Partindo da compreensão de como os seres humanos são "colonizados", dominados subjetivamente pelo poder da ação tecnológica sobre a vida, pode-se concluir o seguinte:

> A tecnologia virou sujeito. Agora [...] descobrimos, um tanto constrangidos e tímidos, que estamos [...] nos comunicando com-a-tecnologia, ela deixou de apenas nos conectar ao outro para ser o outro com quem nos conectamos. O virtual deixou de ser apenas mídia, meio de comunicação, para ser também, ao mesmo tempo, sujeito da comunicação na função de receptor ou emissor de mensagens. [...] O ser virtual está tornando-se sujeito ou, se não chega a tanto, pelo menos está ocupando o lugar de sujeito para outros sujeitos no complexo jogo da comunicação humana [...] Posso não saber com quem falo, mas continuo alienado ao desejo do outro, seja um outro-virtual ou um outro-humano. [...] O fato é que não estamos apenas nos relacionando por meio do virtual, também começamos a nos relacionar com o virtual. Vamos chamar este fenômeno de ontologização do virtual.[21]

Nessa trilha em que o ser humano se relaciona com as disposições da IA, surge a dificuldade do como ser livre, independente e autônomo para optar, escolher e discernir. Vive-se dentro de um território digital, virtual e inteligente, onde fica pouco espaço para ser sujeito com consciência ética. Veja o que afirma Christian Dunker:

> Desta maneira nos tornamos necessariamente e cada vez mais "nós mesmos", recebendo de volta nosso próprio viés de autoconfirmação e admirando exponencialmente nossa própria identidade. Se isso ganha em funcionalidade adaptativa, traz consigo também uma nova patologia: a obrigação de ser cada

[21] *Ibid.*, p. 35-37.

> vez mais você mesmo dentro de seu condomínio digital. Sair desta bolha não vai ser fácil, porque qualquer movimento feito na direção de furá-la será imediatamente incorporado ao seu algoritmo e fará parte da nova "superbolha". A solução deste problema passa pela consideração de outra teoria do espaço e de seu impacto na subjetividade, não apenas estar dentro ou estar fora, estar na bolha ou fora dela.[22]

Tudo indica que a atual civilização humana é atravessada por uma forma de controle, vigilância e exploração (física, psíquica, emocional, econômica) do indivíduo nunca vista antes. Isso é possibilitado a partir dos dispositivos tecnológicos que coletam dados pessoais, e, por isso,

> mais as pessoas terão seus perfis comportamentais e opinativos organizados e analisados como parte de um processo que culminará no encurtamento do mundo, na condução da visão e na entrega de opções delimitadas. Os sistemas algorítmicos preditivos das plataformas querem conhecer cada vez mais as pessoas para melhor atendê-las e fidelizá-las. A munição dessa guerra concorrencial são os dados obtidos de cada pessoa para nutrir o processo de modulação, sem o qual não será possível se manter, nem vencer os concorrentes.[23]

É um problema preocupante constatar que os indivíduos são levados a se iludir de que são livres na escolha do que leem, assistem, compram, vestem, compartilham etc. Isso não passa de uma falsa liberdade e autonomia. "Os mundos da publicidade são

22 DUNKER, Christian. Prefácio: psicanálise da vida digital. *In*: GOLDBERG, Leonardo; AKIMOTO, Claudio, *op. cit.*, p. 16.

23 SOUZA, Joyce; AVELINO, Rodolfo; SILVEIRA, Sérgio A. da (orgs.). *A sociedade de controle*: manifestação e modulação nas redes digitais. São Paulo: Hedra, 2021, p. 45.

mundos fechados e totalitários, uma vez que destroem ou excluem outros mundos possíveis, que já estão lá (os modos de vida não ocidentais, por exemplo) ou que poderiam vir a existir".[24]

Diante desse mundo que *vigia* e *controla* o indivíduo através do poder tecnológico, a IA no meio, como viver a experiência ética ante os desafios na atual civilização? Como vivenciar uma consciência ética se, diuturnamente, o indivíduo é trabalhado na sua subjetividade e, automaticamente, modulado na sua maneira de ser e viver, trabalhar e acreditar, esperançar e lutar – isso a partir do poder das mídias que funcionam através da IA, a serviço de um "capitalismo canibal",[25] excludente e autofágico,[26] além de ser um capitalismo da vigilância?[27]

---

[24] LAZZARATO, Maurizio. *As revoluções do capitalismo*: a política do império. Rio de Janeiro: Civilização Brasileira, 2006, p. 105. Afirma Lazzarato: "O capitalismo tenta controlar os mundos virtualmente possíveis através da variação e da contínua modulação. Ele não produz, propriamente, nem sujeito, nem objeto, mas sujeitos e objetos em contínua variação, gerados pelas tecnologias da modulação, que estão, por sua vez, em permanente variação. Nos países ocidentais, o controle não passa apenas pela modulação dos cérebros, mas também pela modelagem dos corpos [...] e pela gestão da vida (Estado-providência)", p. 106.

[25] Cf. FRASER, Nancy. *Capitalismo canibal*. São Paulo: Autonomia Literária, 2024.

[26] Cf. JAPPE, Anselm. *A sociedade autofágica*: capitalismo, desmesura e autodestruição. São Paulo: Elefante, 2021.

[27] Cf. ZUBOFF, Shoshana. *A era do capitalismo de vigilância*: a luta por um futuro humano na nova fronteira do poder. Rio de Janeiro: Intrínseca, 2021. Comentando sobre o capitalismo de vigilância, afirma a pesquisadora Zuboff: "O capitalismo de vigilância reivindica de maneira unilateral a experiência humana como matéria-prima gratuita para a tradução em dados comportamentais. Embora alguns desses dados sejam aplicados para o aprimoramento de produtos e serviços, o restante é declarado como *superávit comportamental* do proprietário, alimentando avançados processos de fabricação conhecidos como 'inteligência de máquina' e manufaturado em produtos de predição que antecipam o que um determinado indivíduo faria agora, daqui a pouco e mais tarde. Por fim, esses produtos de predições são comercializados num novo tipo de mercado para predições comportamentais que chamo de mercados de comportamentos futuros", p. 18-19.

3. A questão ética: viver a consciência ética neste tempo de IA

Na atual civilização, a humanidade é moldada através do meio automatizado que responde a uma arquitetura computacional que se compõe de dispositivos tecnológicos, os quais produzem seres humanos subjetivados para responder a um mundo da financeirização em prol do capitalismo globalizado excludente e assassino – é o poder do mercado financeiro canibalizando a Terra.

O indivíduo, na atualidade, "é considerado uma engrenagem, uma roda dentada, uma parte componente do agenciamento 'empresa', do agenciamento 'sistema financeiro', do agenciamento mídia, do agenciamento 'Estado de bem-estar social' (ou de um Estado que sofre pelo fundamentalismo, pelo nazifascismo da ultradireita) e de seus 'equipamentos coletivos' (escolas, hospitais, teatros, televisão, internet etc.)".[28] O indivíduo vive uma "*servidão maquínica*"! A servidão promove a vinculação do ser humano com a máquina. Nesse sentido, afirma Lazzarato:

> A servidão maquínica não se constrange com os dualismos sujeito/objeto, palavras/coisas ou natureza/cultura. O dividual não se opõe às máquinas, nem faz uso de um objeto externo; ele é adjacente às máquinas. Juntos, eles constituem um dispositivo "homens-máquinas" nos quais homens e máquinas são meras partes recorrentes e intercambiáveis de um processo de produção, comunicação, consumo etc. que os excede. Não mais agimos ou fazemos uso de algo, se por

[28] LAZZARATO, Maurizio. *Signos, máquinas, subjetividades*. São Paulo: SESC – N-1, 2014, p. 28.

> agir e usar entendermos funções do sujeito. Em lugar disso, constituímos entradas e saídas, inputs ou outputs, pontos de conjunção ou disjunção nos processos econômicos, sociais ou comunicacionais geridos e governados pela servidão. [...] O dividual não é apenas uma peça conectada no agenciamento maquínico, mas também aquele que é despedaçado pelo agenciamento maquínico: os componentes de sua subjetividade (inteligência, afetos, sensações, cognição, memória, força física) não são mais unificados em um "eu", não possuem mais um sujeito individuado como referente. [...] [Os componentes] são agora componentes cuja síntese não reside mais na pessoa, mas, sim, no agenciamento ou no processo (empresa, mídia, serviços públicos, educação escolar etc.).[29]

Urge refletir a respeito de como trabalhar a consciência ética dos indivíduos. Nos últimos anos, é perceptível como a maioria dos indivíduos pensa e age de acordo com o que oferecem as redes sociais. É uma servidão que não deixa pensar em alternatividade para a vida, a sociedade e o mundo.

Antes de trabalhar a consciência ética do indivíduo, fica o desafio a respeito da ética na IA ou por ela. É do conhecimento da sociedade que a "IA tem a ver com as tecnologias menos visíveis, subjacentes, porém pervasivas, poderosas, e cada vez mais inteligentes, capacitadas para moldarem a vida. A ética da IA está, portanto, relacionada aos desafios éticos colocados pela IA atual e do futuro próximo, bem como a seus impactos em nossas sociedades e democracias vulneráveis".[30]

---

29 *Ibid*., p. 29-30.

30 COECKELBERGH, Mark. Ética na inteligência artificial. Rio de Janeiro: Editora PUC-Rio, 2023, p. 62-63.

Mas, quando se trata da questão ética da IA, vêm comentários como o que segue:

> A questão da moralidade da IA se complica com o fato de que as máquinas são incapazes de agir com ou sem ética, exceto segundo os padrões humanos. Nesse sentido, julgar o caráter moral da IA é como julgar o caráter moral de um cão: uma projeção antropomórfica, a menos que nossa intenção seja julgar o caráter moral dos tutores do cão. O homem projeta um sentido de ética em seus próprios comportamentos e nos dos outros, inclusive das máquinas. Assim, quando vemos as decisões tomadas pelas máquinas e não as aprovamos moral ou eticamente, porque falham em "se alinhar" com nossos próprios valores humanos, julgamos em grande parte os humanos que programaram as máquinas. As questões éticas sempre recaem no ser humano, mesmo que o comportamento pareça ser gerado de forma autônoma pelas máquinas ou resulte de erros em cascata aprendidos sem querer pelas máquinas emulando os humanos. As bases de qualquer código ético são, em essência, humanas porque sempre examinamos as coisas da perspectiva do homem. Nesse sentido, histórias de horror sobre a IA exterminando o ser humano porque interferimos em seus objetivos não são bem um exemplo de antiética ou de maldade, mas de uma IA obstinada.[31]

As máquinas inteligentes, por si mesmas, não têm poder de decisão, a não ser pelos mecanismos pelos quais são produzidas. Mecanismos que respondem a interesses bem determinados, sobretudo de grupos corporativos influentes e poderosos no mundo. Um dos interesses das grandes corporações que produzem essas máquinas inteligentes é que elas

[31] CHAMORRO-PREMUZIC, Tomas. *Eu, humano*: IA, automação e a busca para recuperar o que nos torna únicos. Rio de Janeiro: Alta Books, 2024, p. 69-70.

sejam, por exemplo, suportes que fomentam a sociedade de consumo ao incentivar as pessoas humanas a serem boas consumidoras, obedientes à política do mercado. E, nesse sentido, se existe uma correspondência a essa exigência do mercado, a pessoa humana se sente incluída no tecido social com uma identidade. Consumo, logo existo/sou! Enfim, consumir é uma forma de dar consistência ou garantia ao *ser* e ao *existir* para ser incluído na sociedade – quem não consome as "últimas" mercadorias comercializadas, como se não existisse, é invisível ou excluído.[32] É uma tecnificação que responde à política de mercantilização, que responde à lógica colonialista, imperialista e expropriadora do capitalismo.

Para que os seres humanos, as famílias, as instituições, entre outros, sejam incorporados nessa política sistêmica, faz-se necessário um trabalho que responda aos interesses, desejos e necessidades dos envolvidos. E, para isso, as tecnologias digitais estão baseadas em significados derivados da cultura e da ideologia que correspondem ao determinado padrão de vida. Não existe neutralidade nas informações e comunicações apresentadas. As redes sociais são mais que meros aplicativos, pelo fato de que interferem e redefinem o modo de ser e viver em sociedade.

Partindo da abordagem cognitivo-hermenêutica, é possível compreender o poder transformador da tecnologia digital na vida dos seres humanos e da sociedade. Veja o que afirmam os pesquisadores Eric Chown e Fernando Nascimento:

---

32 Cf. CORTINA, Adela. *Por uma ética del consumo*. Madrid: Taurus, 2002.

> Nossa hipótese é de que a abordagem cognitivo-hermenêutica que desenvolvemos [...] fornece novas formas de analisar camadas estruturais fundamentais do impacto das tecnologias digitais sobre a sociedade. Através de seu impacto sobre as associações digitais são moldados pelas metáforas digitais que possam transformar radicalmente o modo como seus usuários veem o mundo, suas relações pessoais e fenômenos sociais, econômicos e políticos. Nosso foco não é somente na interação do usuário com o artefato digital, mas, mais importante, em como a interação de um usuário com o mundo é mediada e remoldada pelos artefatos digitais. Esses dispositivos não somente criam novas funcionalidades como um conjunto novo de possibilidades para agir no mundo, como também afetam os significados que atribuímos ao mundo, a nós mesmos e a nossas relações. As metáforas digitais reescrevem, no nível semântico e cognitivo, coisas tão fundamentais quanto a amizade, a comunicação, o engajamento social, a educação, o conhecimento e as relações econômicas e políticas. Elas nos fazem "ver como", transformando experiências humanas em seu nível básico.[33]

O impacto das tecnologias digitais, que funcionam com a IA, sobre os indivíduos e a sociedade é grande, pela razão de mudarem os *significados* pelos quais os indivíduos são e vivem, se relacionam e trabalham, como se as tecnologias digitais fossem "sujeitos" não passivos ou neutros sobre a vida humana e societária. Tudo é ressignificado no que diz respeito ao modo de sentir, viver

[33] CHOWN, Eric; NASCIMENTO, Fernando. *Tecnologias digitais que interferem no pensar e viver*. São Paulo: Ideias & Letras, 2024, p. 225.

e agir.[34] Não há dúvida de que os artefatos e arquiteturas digitais estão afetando estruturalmente, ontologicamente, os seres humanos porque as mediações simbólicas e os significados que dão sentido e valor, forma de se projetar e sonhar, acreditar e lutar pela sobrevivência, passam por transformações profundas.

> As mediações simbólicas geradas pelas metáforas não afetam simplesmente um aspecto isolado de indivíduos e sociedades; elas interferem no mecanismo essencial de dar e interpretar significados para as experiências no mundo. Não tem a ver apenas com saber de forma diferente, mas viver diferente. As redes sociais não somente afetam o que queremos dizer com amizade, como reformulam mais a fundo esse fenômeno e, portanto, reestruturam as formas como criamos, mantemos, expandimos e até rompemos as estruturas interpessoais da amizade. Logo, não é somente um fenômeno epistemológico – o que sabemos sobre o mundo –, mas também um fenômeno ontológico – o que somos no mundo.[35]

[34] "Ações humanas básicas, conversar, cooperar, namorar, casar, fazer negócios e brincar, sempre são 'simbolicamente mediadas'. Elas ocorrem dentro de uma estrutura conceitual dos significados que associamos a cada uma delas. Como vimos [...] os artefatos digitais afetam essas mediações simbólicas; eles as ressignificam, e assim afetam a forma como experienciamos e agimos no mundo. Portanto, nossa abordagem nos permite ir além de uma análise funcional das tecnologias digitais, o que possibilita a exploração de seu papel em transformar as mediações simbólicas do significado que estrutura as sociedades e os indivíduos. Ao focar nos aspectos hermenêuticos e cognitivos das tecnologias digitais, tocamos em uma camada profunda da influência de tais artefatos. Ainda assim, não queremos excluir condições materiais que sejam dialeticamente relacionadas a esses aspectos. Nossas discussões sobre a espiral metafórica e os *enablers* tecnológicos ressaltam a importância de uma análise que reconheça as complexas inter-relações entre as condições materiais-estruturais e cognitivo-hermenêuticas do desenvolvimento e do uso de tecnologias digitais". *Ibid.*, p. 226-227.

[35] *Ibid.*, p. 228.

Diante da realidade explicitada, vem a pergunta: o que implica viver a consciência ética na atual civilização atravessada pelo *colonialismo digital*[36] e de armazenamento de dados, responsável por criar bilhões de perfis de usuários, usados para determinar comportamentos que respondem a fins políticos, comerciais, ideológicos, cul-

[36] "Ocorre que, embora se defenda amplamente o ambiente descentralizado, o afastamento de amarras à inovação e regulamentação rígida, deixando espaços para as empresas e empreendedores promover a chamada 'autorregulação regulada', é imprescindível observar que o espaço público-privado foi colonizado, a partir da atuação de grandes empresas mercadológicas dominantes, movidas por sistemas automatizados de controle. Exatamente esse controle, que mina a autodeterminação informativa, aparta-nos de nossas liberdades. Um paradoxo, pois a formação de nossos perfis, individualizações, categorizações, classificações se baseiam exatamente nas informações que fornecemos. Mas são as correlações algorítmicas que são usadas para fins mercadológicos de colonização, pela via dos rastros digitais. São afastadas as causalidades, operando-se por indução e aproximação de entendimentos identitários, sem possibilidades de diálogo intersubjetivo. O contexto ainda é mais preocupante quando a colonização permite que sejamos isolados nos chamados 'filtros bolhas'. Nossas pegadas virtuais, obtidas pela via da mineração de dados (*data mining*) ou disponibilizadas voluntariamente por nós mesmos, perfilam, representam nossas pessoas cibernéticas. A partir delas, somos classificados, a partir de nossas preferências digitais, pela via de um processo algorítmico que não temos maiores informações quanto à forma de coleta, tratamento de dados. Por estarmos imersos em *smartphones*, computadores, *laptops*, produzimos, na era *big data*, quantidades incomensuráveis de informações que são lançadas e apresentadas a terceiros, empresas, com peculiaridades formativas desta *persona* digital. A questão é que acabamos direcionados, moldados, como se fôssemos mercadorias rotuladas na prateleira de um mundo virtual, interações restritas a pessoas que compartilham dos mesmos interesses, valores, opiniões e visões de mundo similares ou iguais às nossas. Formam-se discursos radicalizados e fragmentários, especializados em cada segmento da internet, inviabilizando, por vezes, o ingresso de ideias dissonantes. Bolhas que não se abrem para observar o ambiente externo, inviabilizando racionalidades comunicativas". PEREIRA, João S. dos Santos Soares. Inteligência artificial, automações e filtros bolha: como promover debates democráticos na sociedade WEB3? *In*: CAMPOS, Ricardo (org.). *O futuro da regulação de plataformas digitais*. São Paulo: Contracorrente, 2023, p. 663-665.

turais etc. por parte dos indivíduos?[37] É (ainda) possível ser um indivíduo que testemunha uma consciência aética diante da cidadania digital que funciona pelo novo sujeito de direitos, o infovíduo?[38]

---

[37] "Tanto populações do Norte Global quanto do Sul passaram a ser fontes de informações que alicerçam o capitalismo. Não importam a cultura, a religião, a ideologia. Tudo gera dados capturáveis, que são armazenados e utilizados para formatação de perfis. As pessoas passam a captura de suas informações como algo normal, natural. As relações sociais mudam e tornam-se mecanismos dos modos de extração. Um dos efeitos é que eles passam a ficar atados a julgamentos alicerçados em seus próprios dados. Não sabem quais de seus dados são coletados, como são usados nem mesmo quais as fontes coletoras, em um processo completamente opaco e obscuro. As informações pessoais capturadas são a chave para as novas formas de geração de valor. O ***novo eu-colonizado*** vê as práticas das empresas de dados invadirem seus espaços mais íntimos, tornando o rastreamento uma característica permanente da vida, delimitando inclusive o que cada ser humano pode explorar em relação aos seus semelhantes. Adicionalmente, o processo de alteração comportamental é majoritariamente conduzido por meio de sistemas de inteligência artificial, que utilizam da coleta e do processamento de dados junto a sistemas algorítmicos para modular tomadas de decisão. Trata-se de uma modulação algorítmica baseada na coleta das informações que nós mesmos fornecemos espontaneamente às grandes empresas de tecnologia". CASSINO, João Francisco. O sul global e os desafios pós-coloniais na era digital. *In*: CASSINO, João F.; SOUZA, Joyce; SILVEIRA, Sérgio A. da. *Colonialismo de dado*: como opera a trincheira algorítmica na guerra neoliberal. São Paulo: Autonomia Literária, 2021, p. 27-28.

[38] O "Manifesto pela cidadania digital", na terceira parte, afirma: "1. A cidadania digital promove a substituição do sujeito político aristotélico [...] pelo infovíduo: rede inteligente complexa, nem sujeito nem objeto, mas forma conectiva, aberta e mutante. 2. O infovíduo é todo indissociável da pessoa física e da digital, a primeira orgânica e a segunda composta pelo conjunto de dados *on-line* e pelos perfis digitais. 3. Os infovíduos interagem a partir da conexão a dispositivos, plataformas e arquiteturas digitais que estendem a participação dos espaços físicos aos *bits*. 4. O infovíduo, além de uma consciência individual, é também portador de um inconsciente digital, formado pelo acúmulo de dados disponíveis na rede, acessíveis e potencialmente controláveis. 5. A dimensão da negociação entre o acesso e a proteção de dados e direitos de privacidade deverá seguir a lógica da transparência. Uma declaração dos direitos e responsabilidades do indivíduo deve incluir o poder de controlar seus próprios dados e seu uso, bem como o livre acesso aos dados das instituições públicas (dados abertos)". O Manifesto se encontra em: FELICE, Massimo. *A cidadania digital*. São Paulo: Paulus, 2021, p. 182-183.

A consciência ética se forma e se alimenta também a partir do impacto das arquiteturas digitais das redes sociais, experiência que leva o ser humano a experimentar novas práticas e novas formas de participação, conectadas e onipresentes, materiais e informativas, públicas e privadas, individuais e coletivas, diuturnamente e ao mesmo tempo. É partindo dessa realidade que se deverá refletir a respeito de quais seriam os imperativos que o ser humano deverá assumir à luz da consciência ética.

Entre os imperativos, tentaremos destacar alguns, a seguir:

1. Um primeiro compromisso para o indivíduo, a família, a comunidade, entre outros, à luz do discernimento ético, é assumir a estratégia de colocar para si o "limite digital"[39] que leve a preservar uma condição humana livre, autônoma e justa, e promova mais humanidade para a atual civilização. O indivíduo não pode perder sua identidade humana ao ser controlado, vigiado, modulado por uma IA, embutida nas máquinas inteligentes, a qual vai expropriando o indivíduo dos direitos humanos, culturais e sociais fundamentais. A IA não deveria determinar os comportamentos e as escolhas dos indivíduos – a tecnologia digital como sujeito num tempo da ontologização virtual. Corre-se, com isso, o risco de levar o ser humano a uma des-ontologização. A consciência ética tem que fomentar a busca de valores éticos, razões de viver e interesses fundamentais que garantam uma condição de vida humana e humanizadora. Dilema: viver um acoplamento, uma alienação e uma submissão às

[39] Cf. SUÁREZ, Juan Luiz. *La condición digital*. Madrid: Trotta, 2023.

tecnologias digitais onde o *eu* já não se apropria de si mesmo, ou viver num condomínio digital que o coloca numa superbolha onde não é capaz de ter lucidez crítica ou liberdade para seguir crescendo, evoluindo diante da vida. Acaba sendo *o mesmo*, o colonizado, o impotente ou onipotente nas relações humanas e sociais. Por isso, a consciência ética deverá aprofundar as consequências para a vida. Viver a idolatria das tecnologias digitais é perder a possibilidade de ser livre e responsável para formar, desenvolver e assumir uma consciência ética promotora e defensora de uma vida de mais plenitude para todos, vale dizer, e fomentadora de um mundo menos excludente e desigual.[40]

[40] "Apesar de as ferramentas de IA serem associadas a uma série de benefícios, como geração de valor econômico, redução de custos, aumentos dos níveis de eficiência e criação de serviços e produtos de maior qualidade, não é incomum que o uso de sistemas de IA cause efeitos negativos sem precedentes e viole direitos fundamentais (individuais, coletivos, políticos e sociais). [...] Dentre os inúmeros casos de decisões algorítmicas permeadas por discriminações estão, por exemplo: (I) algoritmos de avaliação de transplante de rim que impedem o acesso de pacientes negros; (II) ferramenta de análise de reincidência penal que penaliza desproporcionalmente presos negros, latinos e asiáticos; (III) algoritmo que exclui estudantes negros e latinos de ingressão em escolas; (IV) sistemas de detecção de fraudes de auxílios sociais com resultados discriminatórios com base em origem étnica e nacionalidade; (V) *score* de crédito que penaliza pessoas negras e hispânicas no acesso a serviços imobiliários; (VI) sistemas de contratação que discriminam mulheres, idosos e faculdades populares; (VII) indivíduos de minorias étnico-raciais excluídos como motoristas de aplicativos e transporte por falha em autenticação via reconhecimento facial; e (VIII) edital para contratação de sistema de monitoramento que supostamente identifica pessoas suspeitas de acordo com características, como cor de pele, ou comportamentos, como vadiagem. Esses casos ajudam a ilustrar como decisões automatizadas realizadas com técnicas de inteligência artificial já são uma realidade que afeta o exercício de diferentes direitos humanos". SILVA, Paula G. Fernandes da. O uso de avaliações de impacto como ferramenta de proteção de direitos humanos frente aos sistemas de Inteligência Artificial. *In*: CAMPOS, Ricardo (org.), *op. cit.*, p. 683-685.

2. Outro imperativo imprescindível é o esclarecimento sobre os *princípios éticos* que deverão acompanhar uma consciência ética que queira contribuir para uma experiência humana a partir das tecnologias digitais que torne o ser humano mais feliz e saudável. Os princípios deverão nortear as orientações em relação ao uso da IA pelas máquinas inteligentes. Entre os princípios éticos, podem ser elencados os seguintes:[41] *imparcialidade* – que não ocorram preconceitos nos documentos ou regulamentações para a IA nas tecnologias; *transparência* – importante garantir que os sistemas ou dados da IA sejam transparentes para inspeção em vista de serem explicáveis. "As empresas devem deixar claro quais dados estão sendo coletados, como estão sendo utilizados e com quem estão sendo compartilhados. Além disso, você deve ter a capacidade de acessar, corrigir e excluir seus dados, conforme necessário";[42] *inclusão* – a política que orientará as máquinas inteligentes deverá beneficiar todos os seres vivos do planeta, visando à qualidade de vida e ao desenvolvimento justo. É preocupante saber que o mundo terá milhões de de-

[41] Cf. CONSÓRCIO ROME CALL. *Rome Call*: uma chamada para ação para uma Inteligência Artificial responsável e alinhada com os valores humanos. Roma, mar. 2022. Disponível em: https://www.romecall.org/wp-content/uploads/2022/03/RomeCall_Paper_web.pdf.

[42] COSTA, Herbert. *ChatGFT explicado*. Porto Alegre: Citadel, 2023, p. 86.

sempregados devido à IA;[43] *responsabilidade* – não podem faltar com a responsabilidade os que projetam e implantam o uso da IA. Caso contrário, podem ocorrer injustiças e manipulações indesejáveis. "À medida que a IA e os *chatbots*, como o ChatGPT, tornam-se cada vez mais integrados em nossas vidas cotidianas, questões de responsabilidade e tomada de decisão passam a ser ainda mais relevantes. Em muitos casos, a IA está sendo usada para tomar decisões que afetam diretamente as vidas das pessoas, desde a seleção de candidatos a empregos até o diagnóstico de doenças. Como resultado, é fundamental examinar quem deve ser responsável pelas decisões tomadas pelos sistemas de IA e como garantir que essas decisões sejam tomadas de maneira justa e responsável";[44] *confiabilidade* e *não manipulação* – o funcionamento da IA deverá dar-se de forma confiável e jamais favorecendo a manipulação

43 Quanto à questão do desemprego, veja como se dará o cenário: "Fecha uma vaga de caixa, abre uma vaga para operador de *software* de automação de *checkout* em lojas e supermercados; fecha uma vaga de recepcionista, abre uma vaga de especialista em *chatbots* e atendimento virtual com conhecimento avançado em *prompts*; fecha uma vaga de motorista de caminhão ou entregador, abre uma vaga de especialista em sistemas de navegação e controle de frota para gerenciar veículos autônomos; fecha uma vaga de faxineiro(a), abre uma vaga de engenheiro com conhecimento em visão computacional e engenharia mecânica para construir robôs de limpeza e manutenção; fecha uma vaga de assistente administrativo, abre uma vaga de especialista em automação de processos administrativos ou gerente de projeto de implantação de *software* de gestão empresarial; frecha uma vaga de analista financeiro, abre uma vaga de especialista em modelagem financeira e previsão de dados para dar suporte às decisões empresariais; fecha uma vaga de analista de recursos humanos, abre uma vaga de especialista em análise de dados de RH para identificar tendências e desenvolver estratégias de recrutamento e retenção de talentos". *Ibid.*, p. 79-80.

44 *Ibid.*, p. 92-93.

e a desinformação que privilegiam grupos de poder da sociedade. A manipulação é um dos problemas sérios na era digital. A habilidade da IA em gerar *fake news*, textos e vídeos que noticiam falsas informações está preocupando e assustando. Não se pode também acompanhar com muita atenção o lado sombrio da IA com as *deepfakes* (imagens, vídeos e voz), as quais distorcem a realidade ou criam situações falsas perigosas, podendo, inclusive, desestabilizar governos democráticos; *previsibilidade* – esse critério não poderá ser descartado quando se trata dos projetos a serem desenvolvidos quanto ao uso da IA; *segurança e privacidade* – os sistemas de IA não poderão prescindir do cuidado em relação à privacidade dos usuários e da segurança no funcionamento. Essa lista de critérios não é, de forma alguma, exaustiva, mas aponta para um compromisso em promover uma IA ética e responsável pelo desenvolvimento e implementação das máquinas inteligentes numa sociedade informatizada. Quanto à privacidade, se diz: "A privacidade é um direito humano fundamental, conforme estabelecido na Declaração Universal dos Direitos Humanos e em várias leis nacionais e internacionais. No entanto, com a rápida evolução das tecnologias de IA, como o *ChatGPT* e suas variantes, é natural que surjam dúvidas sobre como garantir a proteção adequada dos seus dados pessoais".[45]

[45] *Ibid.*, p. 84-85.

3. Outro desafio para a consciência ética, para que os critérios éticos sejam respaldados e garantidos na sociedade informatizada, é mobilizar-se para possibilitar a *contenção* quando se trata dos sistemas da IA.[46] A contenção aponta para um controle: do omniuso da tecnologia; dos riscos de algumas tecnologias explorarem vulnerabilidades dos seres vivos do planeta; do poder dos drones nos combates entres os países, o que já está ocorrendo; dos poderes de algumas armas – por exemplo, os mísseis inteligentes – que atacam alvos inocentes; dos efeitos hiperevolutivos com a desmaterialização da tecnologia, o que acaba determinando a produção de medicamentos num ritmo difícil de ser acompanhado; dos avanços em pesquisas – por exemplo, na biotecnologia – que podem fugir do controle da sociedade, entre outros. As máquinas inteligentes se enquadram num hiperobjeto para um hiperprojeto! O problema é quando tudo pode concorrer para uma política econômica a serviço do sistema capitalista ecocida e geocida. Por isso, a contenção tem que responder à natureza da tecnologia e canalizá-la para direções possíveis de controle. Para isso, tem-se trabalhado em cima de ideias que ajudariam a impor restrições e controles necessários e importantes.[47] As contenções, alicerçadas nos princípios éticos, deverão ter passos como compromisso. Entre esses, destacamos os seguintes: a) *Segurança técnica* – textos publicados podem apresentar um teor

[46] Cf. SULEYMAN, Mustafa; BHASKAR, Michael, *op. cit.*

[47] *Ibid.*, p. 297-345. Citaremos com liberdade alguns dados dos autores.

racista ou classista que discrimina, reprime e exclui pessoas, grupos ou etnias da sociedade;[48] b) *Trabalho de auditorias* – as auditorias são necessárias para a realização da contenção. As auditorias devem funcionar com supervisão significativa, regras exequíveis e revisão a respeito das técnicas utilizadas. Contentores físicos e virtuais deverão verificar a segurança, a integridade ou a natureza dos sistemas que compõem a IA. As auditorias podem ajudar nas transparências dos implementos vindos da IA; c) *Cientistas críticos e responsáveis* – frear o incentivo e o progresso das máquinas inteligentes é praticamente impossível. A disseminação e o desenvolvimento que ocorrem com a tecnologia têm que ser acompanhados com criticidade e responsabilidade, não pode haver liberdade para se desenvolver o projeto que quiser a partir da IA. A contenção precisa de tecnólogos ou qualquer ator social que venha a cumprir a função de acompanhar responsavelmente os avanços da tecnologia digital com o suporte da IA. Os críticos têm uma função vital e

[48] "A pesquisa de segurança da IA ainda é um campo nascente e subdesenvolvido que foca em evitar que ainda mais sistemas superem nossa habilidade de entendê-los e controlá-los. Vejo essas questões sobre controle e alinhamento de valores como subconjuntos do problema mais amplo da contenção. Ao passo que bilhões são despejados na robótica, na biotecnologia e na IA, quantias comparativamente minúsculas são gastas em uma estrutura de segurança técnica à altura de mantê-las funcionalmente contidas". *Ibid.*, p. 300.

imprescindível;[49] d) *Equilibrar lucro e função social* – outro passo inegociável, desde o ponto de vista de uma consciência ética, é implementar as tecnologias com a IA não somente visando à lucratividade. O retorno do lucro como fim último pode desconsiderar compromissos éticos com a sustentação da vida no planeta e dos seres vivos vulneráveis, o ser humano excluído no meio. As experiências nas empresas, instituições educacionais, entre outras, têm demonstrado a dificuldade de conciliar ou conjugar a preocupação com a rentabilidade e o propósito social;[50] e) *O governo democrático e a regulamentação da IA* – a consciência ética não poderá deixar de reivindicar e lutar por um processo democrático participativo que venha a regulamentar as tecnologias digitais. A democracia

[49] "Críticos com credibilidade precisam ser praticantes. Construir a tecnologia certa ou ter modos práticos de alterar seu curso, não somente observando e comentando, mas ativamente mostrando o caminho, criando a mudança, executando as ações necessárias na fonte, significa que os críticos precisam estar envolvidos. Eles não podem ficar gritando do lado de fora. Isso não é, de modo algum, um argumento contra os críticos, antes o oposto. É um reconhecimento de que a tecnologia precisa muito deles – em todos os níveis, mas especialmente nas linhas de frente, construindo e fazendo, lidando com a realidade tangível e cotidiana da criação". *Ibid.*, p. 314.

[50] "O lucro impulsiona a próxima onda. Não há caminho para a segurança que não reconheça e enfrente esse fato. Quando se trata de tecnologias exponenciais como a IA [...] devemos encontrar modelos comerciais novos, responsáveis e inclusivos que incentivam tanto a segurança quanto o lucro. Deveria ser possível criar empresas mais bem adaptadas a conter a tecnologia por *default*. [...] As corporações tradicionalmente possuem um único e inequívoco objetivo: retornos para os acionistas. Na maior parte dos casos, isso significa desenvolvimento desimpedido de novas tecnologias. Embora esse tenha sido um poderoso motor do progresso na história, ele é inadequado para conter a próxima onda. Acredito que descobrir maneiras de reconciliar lucro e propósito social em estruturas organizacionais híbridas é a melhor maneira de navegar os desafios à frente, mas fazer isso funcionar na prática é incrivelmente difícil". *Ibid.*, p. 316.

participativa, com governos proativos e responsáveis, trabalhará por uma regulamentação em prol de uma contenção ética. Só assim será possível garantir uma sociedade mais protegida contra os danos provocados por supostos desvios advindos das máquinas inteligentes. O Estado democrático tem que estar preparado para combater os problemas tecnológicos. Para isso, dispõe de leis, fornecimento econômico, taxações etc., mecanismos necessários para garantir a segurança, a transparência e a responsabilidade diante da IA.[51] Falar de governo democrático exige compreender a importância da participação do povo nas decisões a respeito de uma regulamentação pela contenção necessária. O trabalho por uma tecnologia

[51] O Estado-nação tem como tarefa "monitorar e entender melhor os desenvolvimentos da tecnologia. Os países precisam conhecer detalhadamente, por exemplo, que dados suas populações fornecem, onde e como são usados e o que significam; as administrações deveriam ter uma boa noção das últimas pesquisas, onde fica a fronteira, para onde está indo e como seus países podem maximizar as vantagens. Acima de tudo, elas precisam registrar todas as maneiras pelas quais as tecnologias podem causar danos – tabular cada vazamento em laboratório, ataque cibernético, viés de um modelo de linguagem, invasão de privacidade –, de maneira transparente ao público, para que todos possam aprender com as falhas e melhorar. [...] A regulamentação, sozinha, não nos levará à contenção, mas qualquer discussão que não envolva regulamentação está fadada ao fracasso. A regulamentação deveria focar naqueles incentivos, alinhando melhor indivíduos, Estados, empresas e o público como um todo com a segurança e a proteção, ao mesmo tempo que aumenta a possibilidade de freios inflexíveis. Certos usos, como IA para fazer campanha eleitoral, deveriam ser proibidos por lei como parte do pacote. As legislaturas começam a agir. Em 2015, praticamente não havia legislação sobre IA. Mas 72 projetos de lei com a expressão 'inteligência artificial' foram aprovados em todo o mundo desde 2019. O Observatório de IA da OCDE registra em sua base de dados nada menos que oitocentas políticas relacionadas a IA em sessenta países. O projeto de lei sobre IA da União Europeia está cheio de problemas, mas há muito a ser elogiado em suas provisões, e ele representa o foco e a ambição corretos". *Ibid.*, p. 322-323.

> contida deve fazer parte do processo democrático.[52] Nessa direção deverá apontar o discernimento ético. É consciência ética atuando em benefício de inteligências artificiais, com contenções, que estejam a favor de uma humanidade com mais humanidade.

Terminando, a consciência ética não pode prescindir de levar a sério a grande transformação que já está em curso nessa "próxima onda". Isso sob o risco de não ser relevante nem fundamental para a orientação da vida pessoal, societária e planetária. O discernimento ético em cima do que está acontecendo e que está por acontecer pelo sistema da IA é algo inadiável, impreterível e inegociável. Caso contrário, a humanidade estará refém de um poder tecnológico que poderá destiná-la a uma catástrofe imprevisível em relação ao que resta de vida na Terra. Por isso, urge trabalhar por uma consciência ética que resiste e se opõe a toda discriminação, desigualda-

[52] "Aqui está um grande papel para os movimentos populares. Nos últimos cinco anos, mais ou menos, um novo movimento da sociedade civil começou a enfatizar esses problemas. Mídia, sindicatos, organizações filantrópicas e campanhas de base estão se envolvendo, proativamente buscando maneiras de criar tecnologia contida. Espero que minha geração de fundadores e criadores energize esses movimentos, em vez de ficar em seu caminho. Entrementes, assembleias de cidadãos oferecem um mecanismo para incluir um grupo mais amplo na conversa. Uma proposta é realizar uma loteria, a fim de escolher uma parcela representativa da população para debater e apresentar propostas para gerir essas tecnologias. Tendo acesso a ferramentas e conselhos, essa seria uma maneira de tornar a contenção um processo coletivo, atento e realista. A mudança ocorre quando as pessoas a exigem. O 'nós' que constrói tecnologia é disperso, sujeito a um conjunto de diferentes e conflitantes incentivos nacionais, comerciais e de pesquisa. Quanto mais o 'nós' que está sujeito à tecnologia falar claramente em uma única voz, uma massa pública e crítica causando agitação em nome da mudança, exigindo um alinhamento de abordagem, melhor a chance de bons resultados. [...] Fundamentalmente, nem tecnólogos nem governos solucionarão esse problema sozinhos. Mas, todos juntos, talvez 'nós' possamos". *Ibid.*, p. 337-338.

de, opressão que possa surgir com a IA; e, ao mesmo tempo, posicionar-se e favorecer a promoção da soberania digital inclusiva – na qual os direitos humanos e sociais, políticos e ecológicos sejam de fato respeitados e defendidos.

Referências bibliográficas

AKIMOTO, Claudio. O lugar do sujeito na arquitetura digital. *In*: GOLDBERG, Leonardo; AKIMOTO, Claudio. *O sujeito na era digital*. São Paulo: Edições 70, 2021.

CASSINO, Francisco. O sul global e os desafios pós-coloniais na era digital. *In*: CASSINO, João F.; SOUZA, Joyce; SILVEIRA, Sérgio A. da. *Colonialismo de dado*: como opera a trincheira algorítmica na guerra neoliberal. São Paulo: Autonomia Literária, 2021.

CHAMORRO-PREMUZIC, Tomas. *Eu, humano*: IA, automação e a busca para recuperar o que nos torna únicos. Rio de Janeiro: Alta Books, 2024.

CHOWN, Eric; NASCIMENTO, Fernando. *Tecnologias digitais que interferem no pensar e viver*. São Paulo: Ideias & Letras, 2024.

COECKELBERGH, Mark. Ética na inteligência artificial. Rio de Janeiro: PUC Rio, 2023.

CONSÓRCIO ROME CALL. *Rome Call*: uma chamada para ação para uma Inteligència Artificial responsável e alinhada com os valores humanos. Roma, mar. 2022. Disponível em: https://www.romecall.org/wp-content/uploads/2022/03/RomeCall_Paper_web.pdf.

CORTINA, Adela. *Por una ética del consumo*. Madrid: Taurus, 2002.

COSTA, Herbert. *ChatGPT explicado*. Porto Alegre: Citadel, 2023.

DUNKER, Christian. Prefácio: psicanálise da vida digital. *In*: GOLDBERG, Leonardo; AKIMOTO, Claudio. *O sujeito na era digital*. São Paulo: Edições 70, 2021.

FELICE, Massimo. *A cidadania digital*. São Paulo: Paulus, 2021.

FRASER, Nancy. *Capitalismo canibal*. São Paulo: Autonomia Literária, 2024.

GALIMBERTI, Umberto. *Psiche e Techne*: o homem na idade da técnica. São Paulo: Paulus, 2006.

HARAWAY, Donna; KUNZRU, Hari; TADEU, Tomaz (org.). *Antropologia do ciborgue*: as vertigens do pós-humano. Belo Horizonte: Autêntica, 2009.

JAPPE, Anselm. *A sociedade autofágica*: capitalismo, desmesura e autodestruição. São Paulo: Elefante, 2021.

JUNGUES, José Roque. A questão do discernimento ético. *In*: ANJOS, Mário F. dos (coord.). *Temas latino-americanos de ética*. Aparecida-SP: Santuário, 1988.

JUNGUES, José Roque. *Evento Cristo e a*ção humana: temas fundamentais de ética teológica. São Leopoldo: UNISINOS, 2001.

LAZZARATO, Maurizio. *As revoluções do capitalismo*: a política do império. Rio de Janeiro: Civilização Brasileira, 2006.

LAZZARATO, Maurizio. *Signos, máquinas, subjetividades*. São Paulo: SESC – N-1, 2014.

PEREIRA, João Sérgio dos Santos Soares. Inteligência artificial, automações e filtros bolha: como promover debates democráticos na sociedade WEB3? *In*: RICARDO CAMPOS (org.). *O futuro da regulação de plataformas digitais*. São Paulo: Contracorrente, 2023.

SANTAELLA, Lúcia. *Neo-humano*: a sétima revolução cognitiva do sapiens. São Paulo: Paulus, 2022.

SANTAELLA, Lúcia. *A inteligência artificial é inteligente?* São Paulo: Edições 70, 2023.

SILVA, Paula G. Fernandes da. O uso de avaliações de impacto como ferramenta de proteção de direitos humanos frente aos sistemas de inteligência artificial. *In*: CAMPOS, Ricardo (org.). *O futuro da regulação de plataformas digitais*. São Paulo: Contracorrente, 2023.

SIMONETTI, Alfredo (org.). *Gozai por nós*: estudos sobre a subjetividade artificial. Blumenau: Amoler, 2023.

SOUZA, Joyce; AVELINO, Rodolfo; SILVEIRA, Sérgio A. da (orgs.). *A sociedade de controle*: manifestação e modulação nas redes digitais. São Paulo: Hedra, 2021.

SUÁREZ, Juan Luiz. *La condición digital*. Madrid: Trotta, 2023.

SULEYMAN, Mustafa; BHASKAR, Michael. *A próxima onda*: inteligência artificial, poder e o maior dilema do século XXI. Rio de Janeiro: Record, 2023.

ZANON, Daniel. Algorética: dilemas e debates ligados à inteligência artificial. *Vida Pastoral*, n. 356, mar.-abr. 2024.

ZUBOFF, Shoshana. *A era do capitalismo de vigilância*: a luta por um futuro humano na nova fronteira do poder. Rio de Janeiro: Intrínseca, 2021.

6

DA CAPTURA DOS ALGORITMOS AO MOVIMENTO UTÓPICO DA NARRATIVA: Aproximações da incerteza do futuro

Rita de Cassia Mendes Alvares[1]

"O espaço de nossa vida não é nem contínuo, nem infinito, nem homogêneo [...]
O problema não é de inventar o espaço, ainda menos de reinventá-lo [...]
mais de interrogá-lo, ou mais simplesmente ainda de lê-lo; porque o que nós chamamos cotidiano não é evidência, mas opacidade: uma forma de cegueira, um modo de anestesia."[2]

1 Psicanalista e psicóloga. Doutora em Psicologia pelo Instituto de Psicologia da Universidade de São Paulo IP-USP. Mestra em Psicologia Social e Institucional pela Universidade Federal do Rio Grande do Sul – UFRGS. Especialista em Teoria Psicanalítica pela Universidade do Vale do Rio dos Sinos – UNISINOS. Integrante do Grupo de Pesquisa Pessoa Humana, Antropologia, Ética e Sexualidade – PHAES, vinculado à Pontifícia Universidade Católica de São Paulo – PUC/SP. E-mail: ritacalvares@gmail.com.

2 PEREC, George. Prière (folha solta inserida no livro). *In*: *Espèces d'espaces*. Paris: Edition Galilée, 2000.

Introdução

Gostaria de iniciar agradecendo o convite da Sociedade Brasileira de Teologia Moral para fazer parte da publicação deste ano, com temática premente em nosso tempo. Ressalta-se a importância do exercício crítico, que pode apontar para deslocamentos e reflexões sobre a aceleração e a anestesia experimentada no cotidiano. Entre outros efeitos, estão a captura do amanhã, a estagnação, a imobilidade, a dificuldade de apostar em desejos e construções utópicas.

Questiona-se o que fazer com os impasses mencionados.

Em tempos de algoritmos, de controle sobre as escolhas, como fica a possibilidade de deslocamentos? Quais as possibilidades para construir narrativas? Se já há uma antecipação colocada, como desejar? E as utopias? Qual a função delas nesse processo? E a fé? Como pode operar movimentos no cotidiano?

Interrogações que guiarão esta escrita e reflexões a serem propostas. Inicialmente, vamos situar o contexto atual, em que o futuro parece ser capturado e somos escolhidos pelos mecanismos das redes virtuais, os algoritmos repetindo propagandas e conteúdos reproduzidos em grande escala. Nesse contexto, o narrar suscetível de abrir perspectivas utópicas, a partir de uma experiência que pode ser compartilhada em um espaço de fala e inscrição de desejo. A narrativa como o que pode ativar espaço para resistir, como possibilidade para operar deslocamentos e abertura para um caminho que se constrói ao andar. Quando se torna possível visualizar algo que vai além do instantâneo, entrelaça-se a um futuro incerto e ativa-se o passado. Uma história viva que se atualiza no presente através do trabalho da memória. Mesmo em sua ausência, esse passado pode, através da força narrativa, mobilizar decisões no presente e oferecer recursos para avançar nesse caminho do qual não se sabe, mas é preciso apostar e caminhar.

1. Da aceleração cotidiana à captura do futuro

As mudanças na modernidade ocorrem de um modo cada vez mais rápido, em grande medida por meio de descontinuidades espaçotemporais. Uma delas é a aceleração no ritmo de mudança. Percebem-se também aspectos relacionados ao escopo da mudança, evidenciado através da interconexão progressiva através dos meios de comunicação. Nas diferentes áreas do planeta, as ondas de transformação social se expandem. Conexões virtuais viabilizam a mundialização quase instantânea das informações, replicadas milhares de vezes.[3]

Nesse quadro, a vida se organiza em meio à priorização do consumo e da rapidez com que as informações são oferecidas. O que altera, de modo muitas vezes involuntário, o ritmo das pessoas em relação a suas escolhas, ao modo como se relacionam com os objetos e às possibilidades de vínculos. Há uma ruptura espaçotemporal com efeitos na subjetividade. Deixa de ser necessário estar no mesmo espaço para haver encontro, para acessar informações, conhecer outras culturas. A virtualidade faz parte do cotidiano e vira ferramenta de trabalho, de convívio, de produção de conhecimento, e os dados são transportados em tempo real. Nem sempre, em muitas circunstâncias, a autoria do conteúdo é informada.

[3] GIDDENS, Anthony. As consequências da modernidade. São Paulo: Unesp, 1991.

Essa perspectiva tende a produzir o impacto de uma vivência comunicada por imagens e conteúdos mentais compartilhados em grande escala. No quadro das possibilidades de acesso oferecidas pelas redes, a distância espacial se dilui. Muitos encontros são facilitados pela virtualidade.

Entretanto, podem produzir-se muitas situações de anestesia, um excesso de vivências sem tempo e espaço para se conectarem à história com a qual têm algum tipo de vínculo. São muitas imagens e interconexões, nas quais o próximo e o distante, o antes, o agora e o depois tendem a não se diferenciar.

Esse novo modo de se relacionar, surgido após os anos 1990, impõe uma nova linguagem, na qual ocorrem menos encontros presenciais, diminuem os diálogos interpessoais. Estabelecem-se aproximações antes impossíveis, no contato com outras pessoas e culturas. Aceleram-se os padrões de resposta e antecipação imaginária de sentido, em uma relação direta com a redução do tamanho do mundo. Essas técnicas de modulação da paisagem mental e de controle de nossas interações são mediadas por incógnitos algoritmos que rapidamente incorporam nossa forma de viver, trabalhar e desejar.[4]

E a consciência, nessa nova linguagem, fica submetida a algumas novas determinações. Não se pode esquecer que, para ter consciência, é necessário, minimamente, distinguir realidade, ilusão e antecipação de intenções do outro, fatores fundamentais para reconhecer sentidos indiretos, mentiras e conteúdos latentes.

---

[4] DUNKER, Christian. Psicanálise na vida digital. *In*: GOLDENBERG, Leonardo; AKIMOTO, Claudio. *O sujeito na era digital*: ensaios sobre psicanálise, pandemia e história. São Paulo: Edições 70, 2021, p. 9-39.

A consciência, como era hipótese freudiana, poderia apontar para um "fluxo temporal de significações", que envolve o reconhecimento de pessoas, signos e também de outras consciências, assim como tempo vivido, passado e presente, compartilhado com outras pessoas.

A consciência, nessa perspectiva, não remete apenas a um tempo unidimensional, irreversível e retilíneo, do controle através dos algoritmos das expressões faciais e de voz que apontam para padrões de repetição. Lógica de um controle sobre o que possam vir a ser as escolhas, que procuram capturar o futuro, a partir de um acúmulo de dados inertes, que devem repetir-se. Nesse quadro, não se considera a presença da memória, de algo que trabalha, mesmo que em silêncio, nos sonhos e demais formações inconscientes.[5]

Os algoritmos vão nos colocando numa relação de espanto, a paisagem virtual dificulta a nitidez de outros caminhos, demais alternativas das quais somos excluídos. Há uma captura do espaço e do tempo de vida. Essa captação de dados virtuais é precisa e não cessa de lembrar, através dos seus bancos de controle, o que seriam nossas vontades. Devolvem, a partir da lógica algorítmica, nossas expectativas, tanto aquelas das quais temos consciência quanto aquelas de que nem mesmo nos dávamos conta. Desse modo, nos situamos progressivamente em bolhas; ao tentar sair de uma, entramos em outra. O sujeito recebe sua própria mensagem invertida.

A sustentação deixa de vir da relação com um outro, ela vem de si mesmo, como se estivesse em uma relação espe-

[5] Entendemos por formações inconscientes os sonhos, os lapsos, os chistes, as palavras antitéticas. Elas constituem manifestações em ato do inconsciente. Trabalhadas em uma relação de análise, abrem possibilidade para novas elaborações e produções de sentido.

cular. Nesse processo, há uma busca pela autenticidade, pelo ser diferente dos outros, mas, com isso, estamos o tempo todo nos comparando. E é justamente essa comparação que nos faz todos iguais, massificados e capturados por essa imagem especular, sem presença de terceiro.[6]

Entretanto, não se trata somente de capturar imagens, de comercializar e de transportar dados. O mais decisivo é o mecanismo pelo qual, através da análise dos dados, se supõe ser possível antecipar e prever as decisões humanas, em um processo de sequestro, manipulação e penhora do futuro. O trabalho dos algoritmos, hoje, não se reduz a uma mera análise de dados que são vendidos como produtos; trata-se do modo pelo qual esses dados são analisados e da possibilidade de tomada de decisão a partir dessa análise, que leva a criar condições capazes de forçar uma ação ou comportamento. Um jogo que promove apostas em previsões e decisões de comportamentos futuros.[7]

Controle da relação com o tempo e a história, o que temos é uma espécie de antecipação, uma força que é capaz de fazer acontecer. Trata-se de acessar todos os recursos possíveis para confirmar certos cenários. Desse modo, o humano é moldado para que cada vez mais, de modo consistente e confiável, certas ações sejam repetidas de modo regular, tornando mais rentável o mercado das previsões. A espacialidade voltada para a ação é uma arquitetura que se orienta pela vigilância e pelo controle. Ao tirar a incerteza do futuro, pode

---

[6] HAN, Byung-Chu. *Sociedade do cansaço*. Petrópolis: Vozes, 2017.

[7] AKIMOTO, Claudio. Os algoritmos: decisão sobre o dizer. *In*: GOLDENBERG, Leonardo; AKIMOTO, Claudio. *O sujeito na era digital*: ensaios sobre psicanálise, pandemia e história. São Paulo: Edições 70, 2021, p. 247-284.

evidenciar-se, também, um modo de retirar a tomada de decisões do presente.

Desse modo, a vida se restringe ao imediato, à tentativa de determinar e circunscrever o presente, através de antecipação, previsibilidade, manipulação, e o amanhã tende a deixar de existir, já parece determinado, capturado.

2. Da aposta em possíveis deslocamentos utópicos

A proposição dessa aposta em deslocamentos possíveis dos contextos de captura opera na perspectiva de levar em consideração o tempo histórico e colocar em movimento a memória. Em presença de um tempo mais lento, pode guardar as impressões e sensações das quais fazem parte as surpresas que dizem da falta e da insuficiência humana. Movimentos que podem ser acionados pelo pensamento utópico.

Apostar nas construções narrativas implica ativar também o desejo, as narrativas que se constroem ao lidar com a incerteza, num caminho trilhado ao andar. Implica escolhas que desafiam estar fora do que poderia supor-se determinado em momentos de captura.

Nesse quadro, deve ser considerada a função da espera utópica, um lugar ativo, um tempo de espera que acolhe a ação de desejo, remete a isso que ainda não chegou. Exige lidar com um não sabido, com o impossível de controlar. Ainda assim, há espaço para o advento de uma esperança.[8]

---

8 SOUSA, Edson A. L. Cavalo caramelo: a esperança no telhado. *Zero hora*, Porto Alegre, 18 maio 2024. Disponível em: https://gauchazh.clicrbs.com.br/geral/noticia/2024/05/cavalo-caramelo-a-esperanca-no-telhado-clw9d67x500mt014ey99jl19y.html. Acesso em: 10 jun. 2024.

A utopia, palavra inventada por Tomas Morus para nomear uma ilha ficcional, indica não lugar. Pode remeter a um espaço de passagem, de transição de um ponto a outro. Nessa perspectiva, como refere Bloch, tem como função colocar-nos em marcha e fazer com que possamos atravessar um instante de obscuridade, no qual todo o devir encontra-se oculto. Situações de medo que paralisam, produzem estagnação, em contraposição a algo que movimenta o sujeito e que, mesmo que este não o saiba, o convoca a prosseguir.[9]

Uma das funções importantes da utopia, assim como da psicanálise, é mobilizar o desejo sem nunca indicar qual é o caminho a seguir. Desse modo, parece ativar a responsabilidade de cada um na construção da história, convocando-nos a tomar posição e agir diante dos desafios da vida.[10]

Fundamentalmente, afirma Sousa, a utopia pode ser considerada uma experiência narrativa de aposta na ficção, implicando criação, fantasia e possibilidade de abertura em aproximação com a ética do desejo.

Desse modo, é possível afirmar que Freud foi um pensador utópico, com sua aposta na fala em associação livre, no encontro com isso que pode emergir no livre associar, na narrativa, na perspectiva de um obscuro que pode tomar forma na fala. Esse inconsciente é uma espécie de fonte utópica. Desse modo, a escuta presente na clínica psicanalítica mostra que somos efeito daquilo que podemos narrar. E os espaços narrativos permitem acessar formas inéditas de viver.

---

[9] BLOCH, Ernst. Princípio Esperança. Rio de Janeiro: Contraponto, 2005, p. 146.

[10] SOUSA, Edson A. L. *Furos no futuro*: psicanálise e utopia. Porto Alegre: Artes & Ecos, 2022.

Há uma diferenciação entre vivência e experiência: o campo da vivência não é suficiente para que o sujeito possa entrar em relação com o vivido; já a tomada da vivência como experiência representa tornar possível a transmissão e a narração do vivido. Pois é preciso construir imagens, palavras que possam legitimar o que cada um é capaz de perceber no mundo.[11]

Uma análise envolve movimentos de construção e desconstrução, que se desdobram em muitas elaborações, num possível processo de responsabilização pelo desejo, e modifica a relação com princípios regulatórios, mandatos superegoicos, com verdades e ideais absolutos.

Lembremos que a felicidade pode ser alcançada apenas como fenômeno episódico. Há uma idealização presente na busca pela felicidade; algo imposto, de certo modo, pela sociedade de consumo, pelos ideais capitalistas e neoliberais. Entretanto, essa idealização de plenitude a ser alcançada é fadada, em boa parte, à frustração – tanto pelo lado da obtenção do prazer como pelo âmbito da contenção do sofrimento.

Ao considerar o inconsciente como uma fonte utópica e a narrativa como possibilidade de deslocamento e apropriação da experiência vivida, há uma aposta nesse movimento que pode ocorrer em um espaço de escuta psicanalítica. Mas não só nesses espaços, pois existem outros lugares e produções que podem oferecer possibilidade para a apropriação do viver e do sentir, e para a inserção em contexto histórico.

[11] BENJAMIN, Walter. *Magia e técnica, arte e política*. São Paulo: Brasiliense, 1994.

3. Da aposta no movimento: aproximações de desejo e fé

Outro elemento suscetível de operar deslocamentos de posições de estagnação ou submissão é a fé. Ela pode estar ao lado da liberdade e de uma autonomia que, rompendo com a submissão, abre possibilidade para a construção de narrativas.

Pois a fé, como salienta Dolto, é em Jesus Cristo, aquele que convida a "mudar de vida", a se deixar encantar e, principalmente, a "abandonar um modo de vida e um sistema de valores". Processo desdobrado em um "viver além, de outra forma, com ele, o que não é de maneira alguma tomá-lo por juiz!".[12] Perspectiva de fé como movimento que não oferece última palavra, nem possui sentido derradeiro, pois nunca acaba de ser descoberta e sempre aponta para algo em aberto.

Nessa acepção, o sujeito, ao deixar de lado a dependência e abrir-se para algo novo, assume os riscos de uma escolha. Algo que não é de fácil repetição ritual, nem de simples oposição, nem de revolta, mas constituído por uma convicção que pode suportar a dúvida. E aponta, necessariamente, para uma relação na qual se encontra impelido para fora, por algo que lhe falta, por um Deus que mais parece um vazio, pela dinâmica do desejo que se organiza em direção a algo que não é parte alguma.[13]

---

[12] DOLTO, Françoise. *A fé à luz da psicanálise*. Françoise Dolto entrevistada por Gérard Sévérin. Campinas: Versus, 2010, p. 30.

[13] Françoise Dolto (*A fé à luz da psicanálise*, p. 83) constrói uma articulação na qual a dinâmica do desejo é Deus, e Deus é um vácuo, no qual se é sugado para um outro lugar, "para Ele", e "isso não significa ir a 'parte alguma'". Desse modo, está em questão o fato de que só se pode viver Deus em nosso encontro com o outro, e é também nesse encontro que se forma a dinâmica do desejo que organiza a vida.

Nesse movimento, o sujeito perde sua segurança anterior e vivencia uma travessia que implica uma lida com a solidão, a dúvida, e até mesmo uma eventual reprovação social.

A fé é nômade, é estar em movimento: "A fé é Abraão na Bíblia. Ele parte, ele não sabe aonde ele vai. E no curso da viagem, tem desertos e oásis".[14] Assim avança a vida com deslocamentos e percursos a serem feitos, nos quais devemos fazer frente à probabilidade da ocorrência de falhas, vazios, desertos e oásis, e aprender a administrar e lidar com os desafios do viver.

Apesar dos riscos, é preciso caminhar. Existir é sair de si mesmo, enfatiza Blanquart, ao comentar a lendária passagem da saída de Abraão do Egito: "[...] vá, vá, vá, eu estou contigo se você vai [...]". Um andar aberto às desorientações do trajeto, mas também à descoberta do outro, à alteridade e ao devir.[15]-

Nessa acepção, o homem de fé é aquele que se despoja dele mesmo em seu andar, aberto ao que o ultrapassa e, ao mesmo tempo, o habita, e ao fato de que a vida ocorre com e apesar da transcendência, por ser esta, também, sua condição.

---

[14] Laurent Lemoine, teólogo e psicanalista, no artigo "Nós vivemos, infelizmente, um retorno do religioso, e não do espiritual. *Libération*, 25 mai 2018. Disponível em: https://www.liberation.fr/debats/2018/05/25/laurent-lemoine-nous-vivons-malheureusement-un-retour-du-religieux-pas-du-spirituel_1654188. Acesso em: 10 jun. 2024. (Traduções da autora).

[15] Considerações feitas durante o depoimento inédito concedido em 18/1/2020 por Paul Blanquart, filósofo e sociólogo, para o filme, em curso de realização, "A que se destina?", de Henri Arraes Gervaiseau. Blanquart foi frei dominicano e professor do Instituto Católico Francês. Retoma e atualiza, no filme, reflexões já presentes na sua *thèse de lectorat*, no início dos anos 1960. Entre outros textos, remeto ao artigo BLANQUART, P. Les aventures du ciel et de la terre. *Terrestres*, 27 mai 2022. Disponível em: https://www.terrestres.org/2022/05/27/les-aventures-du-ciel-et-de-la-terre/. Acesso em: 10 jun. 2024; e a outra referência: BLANQUART, P. La part de mai 68 dans mon itinéraire personnel de dominicain. *Lumière & Vie*, n. 279, p. 91-94, juillet-septembre 2008.

Se a psicanálise trata de uma humanidade que aceita perder para conhecer-se nessa perda, a fim de estabelecer laços, amores frágeis e provisórios, está, então, atravessada pela parcialidade de uma satisfação que nunca é plena. Essa experiência de incompletude também está presente na fé que movimenta Abraão, uma fé associada à falta, à busca que o faz andar, e às possibilidades que o desenraizamento pode oferecer a um sujeito. Implica, sempre, necessariamente, deixar algo para encontrar outra coisa. Tanto o desejo como a fé e as utopias são experiências que movimentam o sujeito, impulsionam o caminhar e a vida a existir.

Tal aproximação entre psicanálise e fé dialoga com a abordagem da teologia moral. Como afirma Almeida, a teologia se ocupa da fé vivida, pensada e professada, e é a partir da relação com o contexto histórico, cultural, social e eclesial que busca compreender a realidade sempre nova do que acontece no mundo.[16]

Sendo assim, pode se dizer que teologia e psicanálise encontram pontos de diálogo, na fé e no desejo, presentes na realidade do viver cotidiano.

Contrariamente, seria muito difícil o estabelecimento de um diálogo com uma visão da religião com princípios rígidos, vinculados ao que já foi denominado teologia de repetição doutrinária, que tende a oferecer modelos a serem seguidos, partindo de verdades absolutas, de uma relação hierárquica que cobra obediência.

Pois a posição da psicanálise tem por pressuposto propiciar a abertura de um espaço de interrogação sobre o desejo, espaço para a construção de narrativas, que podem estar em

[16] ALMEIDA, André L. B. *Moral social*. Petrópolis: Vozes, 2021.

diálogo com a perspectiva utópica, como referido anteriormente. Nesse quadro, apontam para um agir com responsabilidade por sua história, não em submissão e ressentimento, mas em relação com um outro que abre possibilidade para o diálogo e a diferença, que pode abrir espaço para um amanhã que é incerto.

Considerações finais

Conforme apontamos, vive-se um tempo de aceleração no ritmo das mudanças e captura algorítmica, de vontades e expectativas. Tentativa de controle e vigilância, com uma força que tenta confirmar cenários. E cada vez mais evocar ações repetidas, tornando mais rentável o mercado das previsões.

Apostamos, contrariamente, no movimento utópico, possível de ser construído, através das narrativas, da ética do desejo, da abertura de espaço para a palavra, rompendo com a anestesia cotidiana e oferecendo distanciamento e abertura para a incerteza.

Ao acolher a incerteza do futuro e a lida com esse não saber que se impõe ao viver, nos abrimos à presença do devir e à possível apropriação de vivências suscetíveis de se tornarem experiências a ser narradas e materializadas como imagens.

O caminho se faz ao andar, como Abraão, que sai do Egito com seu andar aberto às desorientações do trajeto e, também, à descoberta do outro, à alteridade e ao devir.

Referências bibliográficas

AKIMOTO, Claudio. Os algoritmos: decisão sobre o dizer. *In*: GOLDENBERG, Leonardo; AKIMOTO, Claudio. *O su-*

jeito na era digital: ensaios sobre psicanálise, pandemia e história. São Paulo: Edições 70, 2021. p. 247-284.

ALMEIDA, A. L. B. *Moral social*. Petrópolis: Vozes, 2021. (Coleção Iniciação à Teologia).

BENJAMIN, Walter. *Magia e técnica, arte e política*. São Paulo: Brasiliense, 1994.

BLANQUART, P. (2022) Les aventures du ciel et de la terre. *Terrestres*, 27 mai 2022. Disponível em: https://www.terrestres.org/2022/05/27/les-aventures-du-ciel-et-de-la-terre/. Acesso em: 10 jun. 2024.

BLANQUART, P. Entrevista inédita realizada no dia 18/1/2020 para o filme "A que se destina", em curso de realização.

BLANQUART, P. La part de mai 68 dans mon itinéraire personnel de domini-cain. *Lumière & Vie*, n. 279, p. 91-94, juillet-septembre 2008.

BLOCH, Ernst. Princípio Esperança. Rio de Janeiro: Contraponto, 2005.

DOLTO, F. *A fé à luz da psicanálise*. Françoise Dolto entrevistada por Gérard Sévérin. Campinas: Versus, 2010.

DUNKER, Christian. Psicanálise na vida digital. *In*: GOLDENBERG, Leonardo; AKIMOTO, Claudio. *O sujeito na era digital*: ensaios sobre psicanálise, pandemia e história. São Paulo: Edições 70, 2021. p. 9-39.

GIDDENS, Anthony. *As consequências da modernidade*. São Paulo: Unesp, 1991.

HAN, Byung-Chul. *Sociedade do cansaço*. Petrópolis: Vozes, 2017.

LEMOINE, Laurent. Interview. Laurent Lemoine: "Nous vivons malheureusement un retour du religieux, pas du spirituel". *Libération*, 25 mai 2018. Disponível em: https://www.liberation.fr/debats/2018/05/25/laurent-lemoine-nous--vivons-malheureusement-un-retour-du-religieux-pas-du--spirituel_1654188. Acesso em: 10 jun. 2024.

PEREC, George. Prière (folha solta inserida no livro). *In*: *Espèces d'espaces*. Paris: Edition Galilée, 2000.

SOUSA, Edson L. A. Cavalo caramelo: a esperança no telhado. *Zero hora*, Porto Alegre, 18 maio 2024. Disponível em: https://gauchazh.clicrbs.com.br/geral/noticia/2024/05/cavalo-caramelo-a-esperanca-no-telhado-clw9d67x500mt014ey99jl19y.html. Acesso em: 10 jun. 2024.

SOUSA, Edson L. A. *Furos no futuro*: psicanálise e utopia. Porto Alegre: Artes & Ecos, 2022.

7

JESUS, HERMENEUTA DE DEUS À LUZ DE JOSÉ MARIA CASTILLO: Da ética teológica a uma teologia da ética cristã[1]

Karolayne Maria Vieira Camargo de Moraes[2]

Introdução

Pensar a ética cristã no contexto hodierno, marcado, entre outros elementos, pela pós-modernidade, corresponde a um desafio árduo, porém indispensável, se não quisermos perder totalmente a capacidade de evidenciar a relevância da proposta cristã no contexto atual. Nesse sentido, o objetivo deste texto consiste em pensar a epistemologia e a metodologia características do estudo da ética cristã, revendo-as à luz

---

[1] Partes deste texto foram retiradas do segundo capítulo da Dissertação de Mestrado em Teologia na PUC-SP. Cf. MORAES, K. M. V. C. *A formação da consciência na pós-modernidade*. Uma análise da cristologia de José Mª. Castillo como proposta para uma ética cristã renovada. Dissertação (Mestrado em Teologia) Programa de Estudos Pós-Graduados em Teologia da Pontifícia Universidade Católica de São Paulo, São Paulo, p. 162, 2023. https://repositorio.pucsp.br/jspui/handle/handle/39308.

[2] Doutoranda em Teologia Moral pela Pontifícia Universidade Católica de São Paulo PUC-SP. Mestra em Teologia pela PUC-SP (2023). Bacharela em Teologia pela PUC-SP (2020). Docente convidada no curso de Especialização em Teologia e Ensino Religioso da PUC-SP.

do pedido de renovação, sempre atual, do Concílio Vaticano II a respeito da Teologia Moral.

Para tanto, num primeiro momento, a reflexão deter-se-á na proposta castilliana de estudo da cristologia a partir do método ascendente, que parte "de baixo", isto é, da compreensão da humanidade de Jesus de Nazaré para alcançar sua divindade, deixando que ele nos revele quem é e como é Deus. Em seguida, uma análise da vida de Jesus nos permitirá compreender como alguns questionamentos hodiernos, a respeito das formas atuais de vivência da fé cristã, circunscritas ao rito e desencarnadas, revelam-se importantes para um caminho de retorno às fontes da fé e de fidelidade à proposta evangélica, muitas vezes marginalizada e sufocada pela instituição religiosa.

Por fim, propor-se-á uma metodologia alternativa de reflexão sobre a ética cristã que vai da ética teológica a uma teologia da ética. Ou seja, que privilegie um contato com as atitudes de Jesus narradas nos Evangelhos, anterior às camadas de discursos teológicos apologéticos e legalistas que muitas vezes as sucumbem. Em outros termos, trata-se de buscar uma decolonização do fazer teológico moral, favorecendo o processo de encontro com Jesus que nos revela Deus no humano com opções éticas e morais humanizadoras.

Com isso, não se tem a pretensão de retornarmos ao Jesus de Nazaré histórico, livre de qualquer interpretação, mas fruto de uma experiência de fé que se deu na história e da releitura que se fez dela, mediado pelas Sagradas Escrituras. Nesse sentido, vê-se que retornar às fontes significa justamente despir-se de certas compreensões que se deram a partir do "casamento" entre a mensagem cristã e a filosofia grega, que muito contribuiu para um desenvolvimento racional das verdades de fé, mas nem sempre favoreceu uma experiência ressignificante da subjetividade dos crentes por meio de uma atualização da mensagem cristã, muitas vezes cristalizada.

1. A opção por um método

José Maria Castillo foi um teólogo espanhol com diversas publicações na área da teologia sistemática. Durante muito tempo, pertenceu à companhia dos jesuítas, mas, por uma série de fatores, decidiu deixá-la em 2007. Ele dedicou grande parte de sua vida a refletir sobre a cristologia e sua capacidade de ressignificar a vida das pessoas quando deixamos a humanidade de Cristo nos revelar Deus. Nesse sentido, a reflexão teológica de Castillo é marcada por uma cristologia ascendente, ou seja, trata-se de uma cristologia que se dá "a partir de baixo",[3] que parte do homem Jesus de Nazaré. Apesar de reconhecer os limites desse método,[4] o autor o defende como aquele que melhor possibilita compreender quem foi Jesus, como esse nos revela Deus na sua humanidade, dentro das limitações históricas, além de favorecer uma vida de seguimento.[5] Isso evidencia uma chave de leitura crítica da cristologia, pois, para nosso teólogo, a primazia do *acontecer*

[3] CASTILLO, José M.; ESTRADA, Juan A. *El proyecto de Jesús*. 2ª ed. Salamanca: Verdad e Imagen, 1987, p. 52.

[4] Uma das principais limitações desse método, segundo Castillo, é que "esta cristologia tem o inconveniente de que, ao menos em princípio, não explica suficientemente toda uma série de afirmações do novo testamento no que se diz da preexistência de Cristo e da consciência de sua divindade, que tinha Jesus, tal como disso se fala especialmente no quarto Evangelho". CASTILLO, José M.; ESTRADA, Juan A. *El proyecto de Jesús*. 2ª ed. Salamanca: Verdad e Imagen, 1987, p. 52-53.

[5] CASTILLO, José M.; ESTRADA, Juan A. *El proyecto de Jesús*. 2ª ed. Salamanca: Verdad e Imagen, 1987, p. 52-53.

bíblico deve prevalecer ao *ser* do pensamento ocidental que marcou a reflexão cristológica nos primeiros séculos.[6]

Castillo parte da constatação de que não se pode conhecer a Deus tal como ele é em si mesmo, ou seja, não se deve iniciar investigando sua essência, atributos, poder etc., pois, sendo Deus, é o Transcendente, aquele que "transcende" o ser humano e a sua capacidade inteligível,[7] histórica e temporal. Ele se baseia na afirmação presente no Evangelho de João, segundo o qual "ninguém jamais viu a Deus" (Jo 1,18). Isso deixa claro que a análise sobre Deus, segundo o teólogo, deve ter outro ponto de partida que o seu mistério em si, inalcançável. É preciso ater-se ao mistério que se dignou revelar-se.[8]

O meio pelo qual se pode conhecer a Deus é, portanto, o da sua autorrevelação. Ao revelar-se a si mesmo, Deus tornou possível o conhecimento de si pelos homens, ele mesmo se dignou explicar quem e como é,[9] mas não o fez de qualquer forma, o fez em Jesus. Castillo é enfático ao falar da encarnação, pois, para ele, trata-se do mistério da humanização de Deus,[10] do qual se fala pouco ou quase nada, dessa forma (ao contrário da divinização do humano como enfatizavam os padres da Igreja, nos primeiros séculos).[11]

---

6 CASTILLO, José M. *Jesus*: a humanização de Deus. Ensaio de Cristologia. Petrópolis, RJ: Editora Vozes, 2015, p. 119.

7 CASTILLO, José M. *Deus e nossa felicidade*. São Paulo: Loyola, 2006, p. 23.

8 CASTILLO, José M. *Deus e nossa felicidade*. São Paulo: Loyola, 2006, p. 23-24.

9 CASTILLO, José M. *Deus e nossa felicidade*. São Paulo: Loyola, 2006, p. 23-24.

10 CASTILLO, José M. *Deus e nossa felicidade*. São Paulo: Loyola, 2006. p. 23-24. Cf. CASTILLO, José M. *Jesus*: a humanização de Deus. Ensaio de Cristologia. Petrópolis, RJ:Vozes, 2015. p. 214. Na verdade, essa tese de Castillo é retomada em praticamente todas as suas principais obras, como uma tônica importante de seu argumento e reflexão cristológica.

11 CASTILLO, José M. *Jesus*: a humanização de Deus. Ensaio de Cristologia. Petrópolis, RJ:Vozes, 2015. p. 214, p. 187.

Como consequência do reconhecimento desse dado da encarnação em Jesus, Castillo afirma, portanto, que a revelação de Deus não se deu de um modo geral na natureza humana, pois em si essa não existe, a não ser como abstração,[12] mas a revelação se deu em uma pessoa concreta, Jesus de Nazaré. Deus se dignou revelar a si mesmo por meio de um homem, Jesus, concretamente situado na história, de tal modo que não só a sua humanidade é meio de revelação, mas todos os seus atos, escolhas e formas de agir são *conditio* reveladoras de quem e de como é Deus.

Não obstante, na linha do que escreve João no Evangelho e Paulo na carta aos Filipenses (2,6-11), Castillo afirma que Deus vai além de simplesmente revelar-se, mas inova no modo como faz isso. Por meio do mistério da encarnação, o Verbo que é Deus se fez "carne" (*sarx* segundo Jo 1,14), o que significa, com base nos escritos do Novo Testamento, a parte mais frágil de nossa condição humana. Isso possibilita afirmar que Deus não só se fez carne, mas debilidade, fragilidade, loucura e fraqueza em Jesus. "Não considerou o bastante o fato de fazer-se humano, [...], mas chegou até o ponto mais fraco da condição humana".[13]

Para Castillo, a continuidade de sua reflexão exige, portanto, uma mudança de postura e método diante das preconcepções e presunções de muitos teólogos. Se Jesus de Nazaré é aquele que verdadeiramente nos revela Deus, a afirmação tão comum e repetida por muitos de que *Jesus é Deus* pode mostrar-se, em certo sentido, muito apressada e presunçosa.

---

[12] CASTILLO, José M.; ESTRADA, Juan A. *El proyecto de Jesús*. 2ª ed. Salamanca: Verdad e Imagen, 1987, p. 53.

[13] CASTILLO, José Maria. *A ética de Cristo*. São Paulo: Loyola, 2010, p. 30.

Dessa forma, continua-se indo a Jesus buscando saber se esse revela Deus tal como já se imagina e acredita saber quem é e como é, antepondo à autorrevelação de Deus uma imagem caricaturada e, muitas vezes, contrária a ele. Nas palavras do teólogo,

> quando afirmamos que Jesus é Deus, [...], o que estamos fazendo é partir da convicção de que nós já sabemos quem e como é Deus [...], quando procedemos dessa maneira, não percebemos que o que realmente não sabemos diz respeito a Deus. E não levamos em conta que quem nos explica o que se refere a Deus é Jesus. [...], o correto seria dizer, [...] que Deus é Jesus. [...]. Exatamente a função e o papel que Jesus desempenha: revelar-nos Deus e dizer como é esse Deus em quem cremos e a quem buscamos. [...]: somente em Jesus conhecemos a Deus.[14]

Em outras palavras, Castillo questiona desde o início uma reflexão cristológica e uma consequente vivência da fé que, de antemão, pretenda entender Jesus a partir de Deus, e não Deus a partir de Jesus. Segundo ele, não se trata meramente de um jogo de palavras, mas de perceber que, numa oração predicativa como essa, "Jesus é Deus", o conhecido é o predicado e o desconhecido é o sujeito.[15] Assim, Deus, que supostamente já conhecemos, vem explicar Jesus. Trata-se, com essa postura, em última instância, de desconsiderar a revelação e permanecer com uma compreensão de Deus que se baseia no discurso filosófico ou idônea à dos povos antigos,

---

[14] CASTILLO, José Maria. *A ética de Cristo*. São Paulo: Loyola, 2010, p. 29-30.

[15] CASTILLO, José Maria. *Deus e nossa felicidade*. São Paulo: Loyola, 2006, p. 36.

ou ainda com nossas imagens de Deus, e não acolher a novidade do que ocorre com o Deus de Jesus.

Todavia, ao passo em que se realiza essa conversão no método teológico, passando a uma compreensão de Deus por meio de Jesus, é possível prosseguir naquilo que são as consequências da revelação de Deus não *no* homem, mas em *um* homem,[16] concreto e histórico, cuja vida é o lugar de revelação de Deus. Desse modo, o passo seguinte é conhecer Jesus de Nazaré, a fim de conhecer a Deus. Nessa busca por conhecer Jesus, porém, Castillo não se perde nas tentativas de um retorno ao "Jesus Histórico", distante do que relatam os Evangelhos, pois são gêneros literários que possuem uma finalidade bem definida, que não é a de serem uma fonte historiográfica em sentido moderno.

O intuito, diz Castillo, não é saber *sobre* Jesus, como se faz com personagens históricos importantes, mas o conhecimento de Jesus com a finalidade de se crer nele, por meio de uma decisão livre.[17] A partir disso, o caminho a ser percorrido se dá, consequentemente, através dos Evangelhos, situados no contexto em que foram vividos, e a partir do que neles está escrito. Afinal, são narrativas que partem da história concreta de Jesus experienciada, elaboradas por pessoas que acreditaram e para pessoas que acreditaram em Jesus,[18] isto é, têm como base a convicção da fé, capaz de determinar a direção da vida.

16 CASTILLO, José Maria. *Deus e nossa felicidade*. São Paulo: Loyola, 2006, p. 32. Grifo do autor.

17 CASTILLO, José M. *Jesus*: a humanização de Deus. Ensaio de Cristologia. Petrópolis, RJ: Vozes, 2015, p. 37.

18 CASTILLO, José M. *Jesus*: a humanização de Deus. Ensaio de Cristologia. Petrópolis, RJ: Vozes, 2015, p. 24.

2. A pessoa de Jesus como base epistemológica de Deus

Com um olhar sério sobre os ditos e os atos de Jesus, dando maior importância aos atos, os quais, segundo Castillo, revelam melhor sua identidade com grande correspondência histórica,[19] percebem-se inúmeros elementos da vida de Jesus que muitas vezes passam despercebidos ou são desconsiderados na reflexão cristológica. O primeiro ato que aconteceu na vida de Jesus foi ter nascido, crescido e sido educado em meio a uma sociedade israelita do século I, profundamente religiosa em sua confissão e modo de organização social.[20]

Todavia, o fato de Jesus ser galileu (cf. Mt 21,11; 26,29) aponta para um detalhe importante. Na Galileia, nunca houve uma influência religiosa tão expressiva como na Judeia, tendo como capital e centro religioso Jerusalém, de modo que, em matéria religiosa, os galileus eram considerados ignorantes e impuros,[21] com os quais não se devia manter relação de proximidade alguma. Apesar desses fatos, Castillo destaca que, na verdade, como sinalizam os sinóticos, Jesus escolheu viver, desde seu batismo até as vésperas de sua paixão, na Galileia.[22] Não se trata de um fato que ocorreu sem que Jesus pudesse mudá-lo, mas que resulta de uma decisão pessoal, revelando um determinado modo de ser e agir do próprio Deus.

---

19 CASTILLO, José M. Jesus: a humanização de Deus. Ensaio de Cristologia. Petrópolis, RJ:Vozes, 2015, p. 132.

20 CASTILLO, José M. *Jesus*: a humanização de Deus. Ensaio de Cristologia. Petrópolis, RJ:Vozes, 2015, p. 135.

21 CASTILLO, José M. *Jesus*: a humanização de Deus. Ensaio de Cristologia. Petrópolis, RJ:Vozes, 2015, p. 135.

22 CASTILLO, José M. *Jesus*: a humanização de Deus. Ensaio de Cristologia. Petrópolis, RJ:Vozes, 2015, p. 136-137.

Os Evangelhos não deixam de sinalizar, entretanto, o quanto essa postura de Jesus a-religioso aos moldes da religião do Templo incomodava os doutores da lei e fariseus. Para Jesus da Galileia, o determinante não era a religião, mas a vida e as relações, de modo que escolheu como destinatários de sua mensagem e presença os últimos dos últimos, compartilhando a vida com esses. Isto é, os pobres e pecadores que correspondiam, na concepção hebraica, aos *resa'in*, aos malvados daquele tempo, que não se arrependiam do mal cometido deliberadamente. Algo que, aos olhos de líderes religiosos, era um comportamento inadmissível.

Segundo Castillo, essa radical atitude de Jesus continuará incompreensível se não nos ativermos ao cerne da questão dessa opção fundamental. Jesus escolhe e elogia os simples, incultos e ignorantes deste mundo, os *népioi*, como capazes de compreender a sua mensagem, ao contrário dos doutos, pois os primeiros não têm nada: riqueza, títulos, influência ou prestígio, mas somente a sua humanidade. Porém, isso é o mais elementar, ao passo que,

> quando ao ser humano não lhe sobra outra coisa *além do mais elementar da condição humana, quer dizer, sua humanidade,* é então que o ser humano se conecta com Jesus e com o Deus de Jesus até uma profundidade e um grau de sintonia que não se alcança nem com saberes, nem com títulos, nem com o talento dos entendidos e, menos ainda, com a erudição dos escribas.[23]

[23] CASTILLO, José M. *Jesus*: a humanização de Deus. Ensaio de Cristologia. Petrópolis, RJ: Vozes, 2015, p. 145. Grifos do autor.

Isso porque é no humano e como ser humano pleno que Deus se dignou revelar-se. Em outras palavras, foi assumindo essa condição que ele decidiu vir ao mundo, de modo que encontrá-lo só é possível na medida em que se é humano, se toca a fragilidade inerente à condição humana, escondida ou mutilada pelo ter e pelo poder. Em suma, o que se descobre de Jesus é que nasceu pobre, viveu entre os pobres, entre as pessoas marginalizadas, e morreu sendo considerado um delinquente, como se fosse um dos piores malfeitores. Identificou-se com os últimos, para daí alcançar a todos. Isso, porém, explica, segundo Castillo, a frase de Paulo, quando afirma que a loucura de Deus é mais sábia do que a sabedoria dos homens (1Cor 25), pois,

> Deus não escolheu qualquer homem para dar-se a conhecer. Deus viu claramente que, para dar-se a conhecer e para fazer-se entender neste mundo, tinha de fazê-lo por intermédio de um pobre, de um homem marginalizado, [...] uma pessoa malvista, [...]. Tudo isso não pode ter sido casualidade. [...]. A história e as peripécias da vida de Jesus são constitutivos essenciais do que Jesus nos quis revelar.[24]

A fim de conhecer melhor esse paradoxo, Deus revelado por e em Jesus, faz-se necessário demorar-se um pouco mais nos detalhes da vida de Jesus e analisar aquelas que, segundo Castillo, foram as principais preocupações de Jesus, a saber: a saúde, a alteridade e a felicidade humana, bem como o fundamento de suas opções éticas, a vida em plenitude ofertada por Deus Pai.

[24] CASTILLO, José M. *Deus e nossa felicidade*. São Paulo: Loyola, 2006, p. 32.

2.1. Jesus e a saúde humana

Segundo Castillo, Jesus se preocupou, em primeiro lugar, com a saúde. Podem-se observar as inúmeras referências presentes nos Evangelhos sobre os feitos de Jesus relacionados à saúde humana e ao cuidado com a vida.[25]

Ao falar das curas, milagres e reavivamentos realizados por Jesus, Castillo reconhece que inúmeras são as questões que emergem sobre a factualidade histórica desses eventos, além da questão sobre a compreensão do que fora chamado de milagres. Não obstante, o autor não se perde nas tentativas de esclarecer cada uma dessas questões, embora reconheça a pertinência de cada uma delas.

Para Castillo, uma das primeiras preocupações que se deve ter é pensar "o que nos querem dizer esses relatos a respeito do que mais interessava a Jesus e o que nos ensinam sobre o Deus que se revela a nós na vida e nas ações de Jesus. Isso é o que nos interessa antes de tudo e acima de tudo".[26] Para ele, a saúde das pessoas é uma das coisas mais importantes para Jesus e, enquanto revelação de Deus, aquilo que mais interessa e preocupa o próprio Deus. Nesse sentido, diz o autor:

> Uma das coisas que Deus quer acima de tudo e que mais interessam a Deus é a saúde, a vida, a dignidade e a felicidade dos seres humanos. Trata-se, portanto, de uma mensagem

[25] No total, são 82 relatos ou referências explícitas sobre essa temática, 26 referências no Evangelho segundo Mateus, 23 no de Marcos, 29 no de Lucas e 4 no de João. CASTILLO, José M. *Jesus*: a humanização de Deus. Ensaio de Cristologia. Petrópolis, RJ:Vozes, 2015, p. 302.

[26] CASTILLO, José M. *Jesus*: a humanização de Deus. Ensaio de Cristologia. Petrópolis, RJ:Vozes, 2015, p. 305.

> religiosa que modifica radicalmente a religião. [...]. Dito de outra forma, para Jesus – e para o Deus de Jesus – o humano vem antes do sagrado, antes do religioso e, inclusive, antes do supostamente divino.[27]

Essa preocupação de Jesus por um dos aspectos mais elementares do ser humano, diz Castillo, redefine nossa compreensão de quem é e como é Deus. Não é o Deus do poder, dos feitos estrondosos e dos prodígios, mas o Deus que se mostra a nós como exemplo surpreendente da mais íntima humanidade.[28]

Castillo apresenta ainda dois momentos, em particular, testemunhados pelos Evangelhos que atestam como a luta em favor da vida em abundância para todos ocupa um lugar central na vida de Jesus e como esse é o princípio ético moral determinante de sua conduta. Para a presente reflexão, basta citar apenas um deles.

Um desses momentos paradigmáticos apresentados por Castillo acontece quando João Batista é preso por Herodes. Ouvindo falar de Jesus, João lhe envia mensageiros para perguntar se era ele mesmo o Messias, "aquele que havia de vir" (Mt 11,3; Lc 7,19), ou se deveriam esperar outro. À pergunta sobre quem era ele, Jesus responde de forma talvez um tanto inesperada. Não diz diretamente quem é, mas o que faz, ou melhor, "disse o que fazia, concretamente o que fazia em favor da saúde de enfermos, aleijados e pessoas que sofrem".[29]

---

[27] CASTILLO, José M. *Jesus*: a humanização de Deus. Ensaio de Cristologia. Petrópolis, RJ: Vozes, 2015, p. 306-307.

[28] CASTILLO, José M. *Jesus*: a humanização de Deus. Ensaio de Cristologia. Petrópolis, RJ: Vozes, 2015, p. 307.

[29] CASTILLO, José M. *Jesus*: a humanização de Deus. Ensaio de Cristologia. Petrópolis, RJ: Vozes, 2015, p. 310.

De outra forma, o que Jesus afirma é que sua identidade se define pelo critério histórico, e mais ainda, por aquilo que se pode ver e ouvir que ele faz em favor da vida (Mt 11,41; Lc 7,22).

Dessa forma, diz Castillo, só se pode conhecer Jesus ali onde a ação alivia o sofrimento humano e favorece a vida de modo concreto e visível,[30] onde se toca a carne humana e se opõe a tudo o que impede à vida. De igual modo, só pode ser identificado como seu discípulo quem segue por esse caminho e faz as mesmas coisas que Jesus fez. Afinal, argumenta o teólogo, a Boa Notícia trazida pelo Nazareno, sobremaneira aos que estão à margem, não se trata de um discurso, mas de uma ação capaz de mudar sua realidade.

2.2. Jesus e a alteridade

O segundo critério, intimamente ligado ao anterior, com que se preocupou Jesus, diz Castillo, é a construção de relações sociais sadias. Isso pode ser constatado a partir de uma análise das refeições do Galileu com diversas pessoas, nas quais se partilhava não só o alimento, mas o momento com o outro, algo capaz de ressignificar a vida. Ademais, nessas refeições, diz o autor, Jesus nos apresenta características importantes de Deus, que se revela profundamente humano.

Para Castillo, não é possível realizar uma boa cristologia ou conhecer profundamente Jesus, que nos revela Deus, prescindindo do tema da comida. Isso porque o alimento é algo

---

30 CASTILLO, José M. *Jesus*: a humanização de Deus. Ensaio de Cristologia. Petrópolis, RJ: Vozes, 2015, p. 311.

fundamental para o ser humano, bem como a comensalidade, isto é,

> a circunstância de comer partilhando a comida na mesma mesa, em companhia de outras pessoas. Porque, nesse caso, o fato de comer envolve a vida inteira, é alimento e força não apenas para o estômago e o sangue, mas também para o espírito, para a necessidade que todos temos de companhia, de escuta, de ser escutados. [...] a necessidade de uma experiência que dê sentido de totalidade a nossa vida e às nossas relações.[31]

Nessa perspectiva, Castillo fala que, no ato da refeição, a carnalidade e a alteridade se unem e se fundem, as duas dimensões mais básicas e fundamentais do ser humano. Na alimentação, fazemos e refazemos nossas forças, assim como, se o alimento é partilhado com outro(s), nos comunicamos,

> rompemos nosso isolamento e nossa solidão e, sem saber exatamente por que nem como, nos sentimos mais próximos uns dos outros, de forma que, na intimidade da refeição ou da ceia, caem por terra muitas de nossas barreiras de distanciamento e falta de comunicação, nos tornamos mais transparentes e nos fundimos de alguma maneira, em uma autêntica comunhão.[32]

Trata-se de um momento de profunda experiência humana e humanizadora, por meio da qual Jesus revelou e revela Deus e por meio da qual se continua a encontrar-se com Ele, mesmo que, enquanto dividimos a mesa, nem

---

31 CASTILLO, José M. *Jesus*: a humanização de Deus. Ensaio de Cristologia. Petrópolis, RJ:Vozes, 2015, p. 324.

32 CASTILLO, José M. *Jesus*: a humanização de Deus. Ensaio de Cristologia. Petrópolis, RJ:Vozes, 2015, p. 328.

pensemos nele.[33] Nesses momentos em que se vive e se partilha o que há de mais humano, superando as diferenças, a humanidade transcende a si mesma e isso nos permite tocar o divino presente no meio de nós, pois é Deus mesmo que se comunica na partilha e na fraternidade.

Castillo ousa dizer que, para Jesus, os temas da saúde e da comida preocuparam-no mais do que os temas do culto, da liturgia, dos rituais religiosos e mesmo da oração.[34] Entretanto, o primeiro aspecto importante a ser analisado, nesse sentido, é saber com quem comia Jesus, ou seja, quem eram aqueles com quem partilhava a refeição. Afirma o autor, partindo dos Evangelhos, que nunca Jesus partilhou a mesa com os dirigentes oficiais da religião ou autoridades políticas: sacerdotes, senadores ou doutores. Por sua vez, sentava-se à mesa com todas as demais pessoas, sobremaneira os difamados e marginalizados da sociedade, como samaritanos, mulheres, publicanos, demais pecadores e, inclusive, não judeus (Mc 8,1-10).

Esses fatos revelam duas características importantes da imagem do Deus revelado em Jesus: primeiro, não se identifica com qualquer forma de dominação, de qualquer espécie que seja; segundo, não ficou submisso e limitado pelas normas sociais religiosas judaicas que o impedissem de se aproximar e partilhar a vida com as pessoas das

33 CASTILLO, José M. *Jesus*: a humanização de Deus. Ensaio de Cristologia. Petrópolis, RJ:Vozes, 2015, p. 326.

34 CASTILLO, José M. *Jesus*: a humanização de Deus. Ensaio de Cristologia. Petrópolis, RJ:Vozes, 2015, p. 325. Ao todo, existem 137 referências ao tema da comida e da partilha; dessas, 28 encontram-se no Evangelho segundo Mateus, 22 em Marcos, 56 em Lucas e 31 em João. Essa abundante documentação contribui para compreender aspectos importantes da imagem desconcertante de Deus.

mais variadas condições consideradas desprezíveis.[35] Para Castillo, vale deter-se por um instante no fato de Jesus ter partilhado a mesa, de modo particular, com os mais pobres daquele tempo. Segundo o autor, a importância de partilhar a mesa com os últimos, para Jesus, assinala uma inversão da "ordem" deste mundo, pois o que para o sistema é *Kosmos,* para Jesus é *Kaos*, isto é, tempo de qualidade, em que se experimentem a gratuidade e a presença de Deus.

Esse radicalismo humano de Jesus revela ainda algo mais profundo. Como Jesus se revelou a nós a partir do mais basicamente humano, do que é comum a todos, ao comer com os últimos, que nada mais têm que sua condição humana, mostra sua identificação plena com a humanidade. Faz os últimos de seu tempo sentirem a proximidade de Deus. Ao mesmo tempo que, quando nos pede para realizar o mesmo com os últimos de nosso contexto, revela o caminho para se encontrar com Ele. Nas palavras do nosso autor,

> foi a partir dali, do minimamente humano, que Jesus nos revelou quem é Deus e como é Deus. Com isso, Jesus nos disse que Deus está presente, se identifica e se funde com o que é comum a todos os seres humanos. De modo que a partir desse âmbito de conhecimento é que podemos saber o que é Deus, como é Deus e o que Deus quer. Repito que não se trata de uma questão social, mas de uma condição de humanidade; é na base humana que Deus se faz presente e se nos dá a conhecer.[36]

[35] CASTILLO, José M. *Jesus*: a humanização de Deus. Ensaio de Cristologia. Petrópolis, RJ:Vozes, 2015, p. 333.

[36] CASTILLO, José M. *Jesus*: a humanização de Deus. Ensaio de Cristologia. Petrópolis, RJ:Vozes, 2015, p. 335.

Um segundo aspecto que decorre dessa "violação" das normas e exigências religiosas relacionadas à alimentação e à purificação é o fato de que Jesus revela um Deus que antepõe ao ritualismo religioso a experiência humana, aquilo que é considerado profano e laico[37] ainda hoje.

Segundo Castillo, esse aspecto profundamente humano da partilha do alimento e da vida à mesa foi tão importante para Jesus que é dessa forma que desejou despedir-se dos seus. Jesus partilhou a mesa antes da sua paixão e morte e depois dela, atestando que estava vivo, que havia ressuscitado e podia comer com eles novamente. Afirma o autor que, embora a última refeição de Jesus seja considerada o momento da instituição da eucaristia, o memorial que até hoje é atualizado em cada missa, antes, porém, trata-se de uma refeição. Não há o cumprimento de rituais religiosos, mas o que todos os relatos evangélicos destacam é a experiência humana que viveram naquela noite.[38]

Naquele contexto, tratava-se de uma ceia de despedida, despedida definitiva e trágica, pois, logo em seguida, Jesus iria entregar-se. Ademais, Jesus anuncia que um dos que ali estavam iria traí-lo e outro iria negar por três vezes que o seguia e o conhecia (Mc 14,17-21; Mt 26,20-25; Lc 22,21-23; Jo 13,21-30). Em suma, fala-se de uma ceia singular, da qual se faz memória ainda hoje na Igreja, na presença de Jesus "associada a uma traição e uma negação".[39] É considerando tudo isso que

[37] CASTILLO, José M. *Jesus*: a humanização de Deus. Ensaio de Cristologia. Petrópolis, RJ:Vozes, 2015, p. 334.

[38] CASTILLO, José M. *Jesus*: a humanização de Deus. Ensaio de Cristologia. Petrópolis, RJ:Vozes, 2015, p. 341.

[39] CASTILLO, José M. *Jesus*: a humanização de Deus. Ensaio de Cristologia. Petrópolis, RJ:Vozes, 2015, p. 344.

se deve fazer memória, diz Castillo, pois assim os evangelhos anunciam a fidelidade de Jesus e o cumprimento de sua promessa, mesmo diante dos nossos comportamentos inumanos.[40]

Com as aparições de Jesus, após a sua ressurreição, os discípulos puderam experimentar a transcendência e o abandono deles a Jesus, suas negações e covardias (Lc 24,30-31; 24,41-42; At 1,4; 10,41; Jo 21,8-14). Embora, diz o autor, o intuito por excelência dessas teofanias seja atestar que Jesus está vivo e é o mesmo que convivia com eles, é paradigmático que isso aconteça, sobretudo, por meio da partilha do alimento e da vida à mesa, entre Jesus e os seus amigos.[41] E não só naquele tempo, mas ainda hoje, em cada missa, isto é, refeição em que há comensalidade, superação das diferenças e contendas ao redor do altar, para que se sobressaia a comunhão que torna presente o divino na experiência humana [42]

2.3. Jesus e a felicidade humana

A terceira e última característica, em estreita conexão com as anteriores – a saúde e a alteridade –, que, segundo Castillo, marca a condição humana diz respeito à questão da felicidade em íntima relação com a liberdade. As relações entre as pessoas, diferentemente dos animais, embora seja uma necessidade, "são sempre relações em que cada um orienta

40 CASTILLO, José M. *Jesus*: a humanização de Deus. Ensaio de Cristologia. Petrópolis, RJ:Vozes, 2015, p. 344.

41 CASTILLO, José M. *Jesus*: a humanização de Deus. Ensaio de Cristologia. Petrópolis, RJ:Vozes, 2015, p. 347.

42 CASTILLO, José M. *Jesus*: a humanização de Deus. Ensaio de Cristologia. Petrópolis, RJ:Vozes, 2015, p. 346; 348.

e realiza a partir de sua própria liberdade".[43] Em outras palavras, o autor afirma que justamente devido ao dado da liberdade, do qual todo indivíduo é dotado, as relações de enamoramento, amizade, por exemplo, trazem tanta felicidade, pois se sabe que o outro ama porque assim deseja na sua liberdade. E o contrário também é verdade, ou seja, os casos de traição, ódio e injustiça[44] doem profundamente por sabermos que esses atos foram cometidos livre e conscientemente.

Ao falar dessa forma, toca-se em um ponto fundamental da tese de Castillo a esse respeito, a saber: como o exercício da liberdade, numa vida de serviço ao outro, possibilita realização e felicidade. Isso, porém, é possível somente através do gerenciamento do desejo nas relações humanas interpessoais. Segundo o autor, a felicidade humana, à qual todos anseiam, foi uma das preocupações centrais de Jesus, juntamente com as anteriores: ter saúde e partilhar a vida.

Isso permite compreender por que "Jesus curou os enfermos, acolheu os pobres, as pessoas marginalizadas, perdoou os que se sentiam pecadores, pôs em primeiro lugar em suas preferências a todos que se sentiam desamparados e infelizes nesta vida",[45] a fim de proporcionar-lhes felicidade. Mas não só isso. Segundo Castillo, o mais eloquente está no sermão da montanha, isto é, no tratado sobre a felicidade na convivência humana ensinado por Jesus.

[43] CASTILLO, José M. *Jesus*: a humanização de Deus. Ensaio de Cristologia. Petrópolis, RJ:Vozes, 2015, p. 350.

[44] CASTILLO, José M. *Jesus*: a humanização de Deus. Ensaio de Cristologia. Petrópolis, RJ:Vozes, 2015, p. 351.

[45] CASTILLO, José M. *Jesus*: a humanização de Deus. Ensaio de Cristologia. Petrópolis, RJ:Vozes, 2015, p. 351.

O autor assim denomina esse texto bíblico, pois diz que é exatamente a isso que se refere, tanto a versão mais ampla, em Mateus (5,3-12), como a mais resumida, de Lucas (6,20-23). Assim, paradoxalmente, na visão e na proposta de Jesus, "o que realmente nos faz mais felizes como seres humanos é aquilo que, de acordo com 'a lei do desejo', mais desgraçados nos faz".[46] A chave de leitura para compreender como a fome, o sofrimento, o anseio pela justiça e a perseguição podem ter suas raízes fincadas no terreno da felicidade, diz o autor, é o desejo, pois

> aquele que procura, cobiça e deseja o que não é possível ter neste mundo e nesta vida, do modo como a vida e o mundo estão "organizados" e tal como o sistema estabelecido funciona de fato, a cobiça e o desejo são, para aquele que os alimenta, a causa e a origem de seus sofrimentos, amarguras, ressentimentos e violências. Pelo contrário, aquele que orienta suas vontades e desejos em função da felicidade dos outros, esse é quem alcança a felicidade que se pode alcançar na presente ordem de coisas.[47]

Trata-se, portanto, de alcançar e viver a felicidade que é possível ter neste mundo[48] de modo realista e concreto. Isso não se dá adequando-se ao discurso e às promessas do sistema ou da ordem econômica e política estabelecida, nem mesmo idealizando que neste mundo não haja pobres, nem sofrimento, injustiça ou perseguição. O caminho consiste no esforço e na

[46] CASTILLO, José M. *Jesus*: a humanização de Deus. Ensaio de Cristologia. Petrópolis, RJ:Vozes, 2015, p. 352.

[47] CASTILLO, José M. *Jesus*: a humanização de Deus. Ensaio de Cristologia. Petrópolis, RJ:Vozes, 2015, p. 352.

[48] CASTILLO, José M. *Jesus*: a humanização de Deus. Ensaio de Cristologia. Petrópolis, RJ:Vozes, 2015, p. 353.

luta para que neste mundo haja menos desigualdade, menos violência, menos injustiças, mais paz, harmonia e justiça.[49]

Um detalhe importante em tudo isso, segundo Castillo, é que as bem-aventuranças tratam do projeto do Reino de Deus, ou melhor, de como ele reina e o que acontece quando isso ocorre. Deus reina

> não mediante obrigações ou imposições autoritárias, mas mediante a reorientação do desejo, de nossos anseios, vontades e cobiças mais determinantes, no sentido de descentrar nossos desejos, para que não estejam centrados e concentrados em nossa própria e particular felicidade, em nossos interesses e conveniências, mas dirigidos ao que torna felizes os demais.[50]

Foi isso que Jesus propôs, mas, sobretudo, foi isso que viveu. Toda a sua vida pode ser definida, seguindo o famoso discurso de Pedro, como aquele que passou "fazendo o bem" (At 10,38), vencendo toda a desumanização,[51] revelando ao ser humano quem ele realmente é e qual a sua dignidade, por meio de uma reorientação do desejo. A centralidade do desejo em toda essa questão tem uma razão de ser, diz Castillo, pois, citando René Girard, afirma que a raiz de toda violência e dos sofrimentos que acarreta está no desejo.[52]

---

49 CASTILLO, José M. *Jesus*: a humanização de Deus. Ensaio de Cristologia. Petrópolis, RJ:Vozes, 2015, p. 353.

50 CASTILLO, José M. *Jesus*: a humanização de Deus. Ensaio de Cristologia. Petrópolis, RJ:Vozes, 2015, p. 353.

51 CASTILLO, José M. *Jesus*: a humanização de Deus. Ensaio de Cristologia. Petrópolis, RJ:Vozes, 2015, p. 354.

52 Castillo cita a obra GIRARD, René; CAMBINI, Martha. *Eu via Satanás cair como um relâmpago*. São Paulo: Paz & Terra, 2012. Cf. CASTILLO, José M. *Jesus*: a humanização de Deus. Ensaio de Cristologia. Petrópolis, RJ:Vozes, 2015, p. 355.

Ademais, isso já aparece no último mandamento do decálogo, em que se proíbe não uma ação, mas o desejo, não cobiçar a casa, a mulher, o servo, a criada, o touro, o asno e tudo que pertence ao outro (Ex 20,17). Segundo o autor, o verbo cobiçar parece, num primeiro momento, indicar um desejo perverso. Mas, uma vez que é a tradução do verbo hebraico *'awân* ou *hâmad'*, designa um desejo neutro, ou seja, comum e inerente a todos os seres humanos. Resulta disso a conclusão do autor de que justamente porque esse desejo é vivido e experimentado por todos, se não fosse advertido, toda e qualquer comunidade terminaria em ruínas, pois aquilo de que a lei pretende nos preservar é a violência interna que antecede todas as demais.

Jesus não só evita guiar-se por esse desejo comum a todos, mas o reorienta na direção que permite felicidade. Assim, ele revela que o caminho e a espiritualidade de todo aquele que deseja segui-lo implicam a mesma atitude. Pois "uma vida em que se assume como critério determinante orientar os próprios desejos de modo que coincidam com os desejos de felicidade dos demais, é a forma de vida mais crucificada que se possa imaginar".[53] Afinal, a ascese do desejo é muito mais exigente que a do corpo, não se realiza com práticas individualistas somente "entre mim e Deus", mas diz respeito a colocar a vida à disposição dos outros que encontrar pelo caminho, sendo sensível às suas necessidades e com o firme objetivo de fazê-los felizes.

---

[53] CASTILLO, José M. *Jesus*: a humanização de Deus. Ensaio de Cristologia. Petrópolis, RJ: Vozes, 2015, p. 356.

3. A vida como base epistemológica: do *zoê* ao *teo*

Tamanho espaço de reflexão dedicado à cristologia de José Maria Castillo tem como objetivo primeiro retirar as "grades" com as quais estamos acostumados a ouvir ou mesmo ler os Evangelhos, deixando de aceitar como óbvias certas atitudes de Jesus que, se concordarmos com o autor, devem ser vistas como condições reveladoras de Deus. Entre essas atitudes está seu modo de relacionar-se com as pessoas, preocupado com aquilo que não se vê normalmente como algo religioso, sagrado, mas minimamente humano, a saber: a saúde, as relações interpessoais e a felicidade.

Nesse sentido é que se propõe aqui refletir sobre a base epistemológica da reflexão teológico-moral, sobretudo em nosso contexto pós-Vaticano II. Por meio do decreto *Optatam Totius*, há um pedido do Concílio Vaticano II (1962-1965) à Teologia Moral para que sua reflexão se renove, que ela seja cada vez mais científica, alimentada pelas Sagradas Escrituras, tornando-se capaz de evidenciar a vocação dos fiéis em Cristo e a necessidade de estes produzirem frutos na caridade. Nas palavras do próprio documento:

> De igual modo, renovem-se as restantes disciplinas teológicas por meio do contato vivo com o mistério de Cristo e a história da salvação. Ponha-se especial cuidado em aperfeiçoar a teologia moral, cuja exposição científica, mais alimentada pela Sagrada Escritura, deve revelar a grandeza da vocação dos fiéis em Cristo e sua obrigação de dar frutos na caridade para a vida no mundo (OT, 16).

Castillo nos ajuda de forma profícua em como tornar a Teologia Moral mais alimentada pela Sagradas Escrituras, mas, ao mesmo tempo, nos permite pensar em como torná-la mais científica. Isso não significa apenas uma capacidade conceitual e descritiva da realidade que fala à comunidade científica e sabe dialogar com ela, mas se trata também de uma ciência que deve falar às pessoas concretas com seus dilemas existenciais. Na verdade, as pessoas concretas devem ser a finalidade de seu diálogo e da sua interdisciplinaridade. Nas palavras de Rocha,

> É preciso uma teologia moral que procure as ciências a fim de melhor colocar-se à escuta do ser humano: acolhendo seus anseios, interrogações e valores, abrindo-se para a alteridade representada pelas variadas culturas, revalorizando a sensibilidade ética emergente da prática política e eclesial das comunidades e movimentos populares, a rica experiência de valores éticos no mundo dos pobres e, onde quer que se encontre, o compromisso com a justiça e a solidariedade.[54]

Em seu último documento, a Constituição Pastoral *Gaudium et Spes*, o Concílio Vaticano II reconhece o dever da Igreja de "prescrutar os sinais dos tempos" (GS, 4). Isto é, ele constitui a realidade, enquanto fenômeno pastoral, dinâmico e contingente, lugar e momento inicial do fazer teológico (sobretudo moral), através do discernimento da ação divina

---

[54] ROCHA, Sérgio da. Teologia moral em diálogo com a pós-modernidade. *In*. GONÇALVES, P. S. L.; TRASFERETTI, J. *Teologia na pós-modernidade*: abordagens epistemológica, sistemática e teórico-prática. São Paulo: Paulinas, 2003, p. 320-321.

na contingência histórica, conhecendo a presença e ausência Deus através dos sinais dos tempos.[55]

A partir disso é que a presente reflexão defende a necessidade de passarmos de uma ética teológica para uma teologia da ética cristã. Isto é, de um discurso moral que também parte "de baixo", não de um Deus metafísico que já se pressupõe conhecer e cuja moral resultante consiste em "vigiar e punir". Mas, sim, do reconhecimento de que, em cada época, existem fatos que não podem ser desconsiderados sem prejuízos à apresentação de uma fé que se digne credível e oferte uma verdadeira Boa Notícia.[56]

Assim, a vida de cada pessoa, sobretudo a dos mais vulneráveis, deve ser compreendida como que a "matéria-prima" do fazer teológico, seu ponto inicial e final. É sobre ela que a reflexão teológico-moral deve se debruçar a fim de reconhecer e apontar onde e como Deus já se faz presente, quais são seus apelos e como é possível responder a eles. Tudo isso ao confrontar-nos com a vida e as atitudes de Jesus, favorecendo um conhecimento existencial e vivificante dele.

Desse modo, é importante que a Teologia Moral saiba tanto estar nos laboratórios e nos debates contemporâneos, em diálogo, quanto nos hospitais, nas ruas e em todo lugar onde a vida se encontre oprimida, onde a saúde esteja sendo negligenciada e a busca pela felicidade, comprometida, exercendo um papel que vai além do anúncio de um "dever" mo-

[55] PIENDIBENE, D. R. O desafio hermenêutico da *Gaudium et Spes*. *Revista Encontros Teológicos*, v. 28, n. 1, 2013, p. 105.

[56] SANDER, Hans-Joachim. Ein Ortswechsel des Evangeliums – die Heterotopien der Zeichen der Zeit. *In*: HILBERATH, Bernd Jochen; HÜNERMANN, Peter (eds.). *Herders Theologischer Kommentar zum Zweiten Vatikanischen Konzil*. Freiburg: Herder, 2006. v. 5, p. 434-439.

ral individual, mas que faça memória de uma presença real e da necessidade de uma mudança das estruturas. Em outros termos, reapresentar um ideal utópico evangélico ao qual cada um pode dar passos concretos e almejar, descobrindo a escandalosa humanidade do Deus à imagem e à estatura do qual fomos criados e chamados a ser semelhantes.

Considerações finais

Sem a pretensão de apresentar respostas a todas as questões em torno da problemática da epistemologia e do método adequados para uma reflexão teológico-moral pertinente hoje, a presente reflexão se propôs dar um passo atrás, no fundamento da moral cristã, isto é, até a cristologia, a partir do método ascendente, verificando como isso pode iluminar os caminhos do pensamento moral. Para tanto, com base nas reflexões de Castillo, partiu-se do resgate da vida de Jesus, atentando-se para a importância dada por este último aos temas da saúde, da alteridade e da felicidade humanas, verificando, assim, as opções éticas de Jesus e o fundamento delas, a saber, um Deus que se identifica com a vida humana em todos os sentidos e quer todos vivos.

Imbuída dessa perspectiva, a Teologia Moral vê-se impelida a uma constante transformação epistemológica e metodológica, como bem anunciou o Concílio Vaticano II, a partir dos pronunciamentos presentes na Constituição Pastoral *Gaudium et Spes* e no Decreto *Optatam Totius*. Deve haver uma mudança de paradigma que, juntamente com toda a Teologia, deve reconhecer-se necessitada do auxílio das demais ciências, a fim de melhor conhecer a realidade em que está inserida e à qual se propõe falar. Contudo, além de dialogar com as ciências, a Teologia Moral deve dialogar com as pessoas concretas, ouvi-las, conhecê-las e ter suas vidas como "matéria-prima" de seu refletir e sistematizar. Somente assim será possível apresentar Jesus como uma *memória perigosa* porque performativa e crítica de nossas estruturas e relações sociais.

Acredita-se que, da mesma forma que, para dialogar conosco, Deus, em Jesus, não hesitou em abaixar-se para dialogar, correndo o risco de ser confundido conosco senão pela sua autenticidade, de igual modo a Teologia Moral, para fazer-se compreensível e propositiva, deve correr o risco de deixar algumas estruturas lógicas e dogmatizadas, a fim de assumir a nossa carne, a ponto de tornar-se ferida pelos seus dilemas, a fim de ser autêntica e evangélica.

Referências

CASTILLO, José M. *A ética de Cristo*. São Paulo: Loyola, 2010.

CASTILLO, José M. *Deus e nossa felicidade*. São Paulo: Loyola, 2006.

CASTILLO, José M. *Jesus*: a humanização de Deus. Ensaio de Cristologia. Petrópolis, RJ: Vozes, 2015.

CASTILLO, José M.; ESTRADA, Juan A. *El proyecto de Jesús*. 2ª ed. Salamanca: Verdad e Imagen, 1987.

MORAES, K. M. V. C. *A formação da consciência na pós-modernidade*. Uma análise da cristologia de José Mª. Castillo como proposta para uma ética cristã renovada. Dissertação (Mestrado em Teologia) Programa de Estudos Pós-Graduados em Teologia da Pontifícia Universidade Católica de São Paulo, São Paulo, 2023. Disponível em: https://repositorio.pucsp.br/jspui/handle/handle/39308.

PIENDIBENE, D. R. O desafio hermenêutico da *Gaudium et Spes*. *Revista Encontros Teológicos*, v. 28, n. 1, 2013.

ROCHA, Sérgio da. Teologia moral em diálogo com a pós-modernidade. *In*. GONÇALVES, P. S. L.; TRASFERETTI, J. *Teologia na pós-modernidade*: abordagens epistemológica, sistemática e teórico-prática. São Paulo: Paulinas, 2003.

SANDER, Hans-Joachim. Ein Ortswechsel des Evangeliums – die Heterotopien der Zeichen der Zeit. *In*: HILBERATH, Bernd Jochen; HÜNERMANN, Peter (eds.). *Herders Theologischer Kommentar zum Zweiten Vatikanischen Konzil*. Freiburg: Herder, 2006. v. 5.

8

A QUESTÃO DO EPISTEMICÍDIO DA MULHER NEGRA: Uma análise ético-teológica

***Patricia Carneiro de Paula*[1]**

Introdução

A presente análise integra a reflexão tratada para a mesa-redonda sobre o tema "Ética Teológica entre a formação da consciência e a Justiça Racial e Epistemológica", no 47º Congresso Brasileiro de Teologia Moral, que tem como tema "Teologia moral e formação da consciência: por um pensamento crítico e pela reconstrução da utopia".

Visa compreender a questão do epistemicídio, sobretudo da mulher negra, e a problemática do apagamento ou silenciamento do conhecimento produzido na forma acadêmica, científica, literária, artística, cultural, entre outras, dessas mulheres tão invisibilizadas socialmente.

O epistemicídio da mulher negra, como herança colonialista, fere, assim, a dignidade da pessoa humana e reforça estigmas que causam danos e prejuízo às pessoas, sobretudo a essas mulheres, muitas vezes vistas como objeto sexual ou mera mão

[1] Doutoranda do Programa de Estudos Pós-graduados em Teologia da Pontifícia Universidade Católica do Paraná (PUC PR). Mestra em Teologia (PUC-SP). Bacharela em Teologia (PUC-SP) e em Direito com Especialização em Direito Processual Civil (Centro Universitário FMU - UNIFMU). E-mail: patriciacdepaula@gmail.com.

de obra destinada exclusivamente ao trabalho braçal, desconsiderando sua importante dimensão epistêmica, gerando a morte desse conhecimento ancestral experiencializado.

É preciso encontrar caminhos de superação desse problema moral, por meio da ética cristã, verdadeiramente centrada na dignidade da pessoa humana, pelos princípios fundamentais a ela inerentes, centrados na pessoa de Jesus Cristo, como paradigma de amor, cuidado e justiça social.

1. A questão do epistemicídio da mulher negra

Diante da perspectiva crítica epistemológica, surge a necessidade de compreender o que é *epistemicídio*, e toma-se aqui como referencial teórico conceitual o estudo de Sueli Carneiro,[2] que, por sua vez, fundamenta-se no pensamento de Boaventura Santos para descrever o processo político-cultural por meio do qual se mata e destrói o conhecimento para manter e aprofundar essa subordinação. Consoante entendimento do mencionado autor, isso pode ser identificado na destruição do conhecimento indígena, dos negros escravizados e, sobretudo, das mulheres negras, sendo que este último nos interessa para o presente estudo.

Trata-se, segundo a mencionada autora, de um dos instrumentos mais eficazes e duradouros da dominação étnica/racial, pelo qual se nega a legitimidade das formas de conhecimento.[3] Ela ainda afirma que o epistemicídio, para além da

[2] CARNEIRO, Aparecida Sueli. *A construção do outro como não-ser como fundamento do ser.* 2005. Tese (Doutorado) – Universidade de São Paulo, São Paulo, 2005. Acesso em: 15 maio 2024.

[3] CARNEIRO. *A construção do outro como não-ser como fundamento do ser*, 2005, p. 96.

anulação e desqualificação do conhecimento dos povos subjugados, é um processo persistente de produção de indigência cultural; ele fere de morte a racionalidade do subjugado ou a retira.[4]

O epistemicídio representa, de forma sucinta, a morte do conhecimento, o silenciamento de saberes e o cerceamento na produção de conhecimento, conforme nos afirmam Alves e Cortês, ao citar a obra *Escritos de uma vida*, de Sueli Carneiro (2018). Ele é instrumento de dominação étnico-racial que nega a legitimidade de conhecimentos produzidos por grupos e membros excluídos.[5]

Gonçalves e Mucheroni nos explicam, ainda, que a epistemologia está ligada às instituições culturais, sociais e políticas de um povo, ou seja, a produção de conhecimento de povos indígenas e originários, por exemplo, que é constituída pela oralidade, pela prática, pela memória, quanto menos possibilidades oferece para ser registrada, mais suscetível à violência do colonialismo se torna.[6]

Os mencionados autores atribuem à dialética da colonização, em que se cria e naturaliza uma hostilidade entre o colonizador e o outro, considerado não humano, selva-

---

4 CARNEIRO. *A construção do outro como não-ser como fundamento do ser*, 2005, p. 97.

5 ALVES, Felipe Arthur Corceiro; CÔRTES, Gisele Rocha. Raízes do epistemicídio negro: análise da produção científica do ENANCIB (1994-2019). *Em Questão*, Porto Alegre, v. 29, p. 124693, 2023. DOI: 10.1590/1808-5245.29.124693. Disponível em: https://seer.ufrgs.br/index.php/EmQuestao/article/view/124693. Acesso em: 6 maio 2024, p. 2.

6 GONÇALVES, Robson de Andrade; MUCHERONI, Marcos L. O que é epistemicídio? Uma introdução ao conceito para a área da Ciência da Informação. *LiiNC em Revista. Decolonialidade e Ciência da informação: veredas dialógicas*, v. 17, n. 2, e5759, p. 1/12, nov. 202 . Disponível em: https://revista.ibict.br/liinc/article/view/5759/5385. Acesso em: 13 jun. 2024, p. 3-12.

gem[7] e, assim, inimigo absoluto, esse processo de subjugação do conhecimento dos saberes dos povos, matando as expressões culturais, aprisionando e escravizando, bem como ameaçando todo tipo de conhecimento, o que inviabiliza práticas informacionais, a preservação e a disseminação dos saberes.[8]

Portanto, não há como analisar a questão do epistemicídio sem tratar da problemática da herança colonialista nas relações de poder, como em países da América Latina e africanos,[9] surgindo daí a importância de decolonizar o pensamento em busca de caminhos de superação.

Esse pensamento pós-colonial, decolonial e descolonial[10] e, por consequência, o conceito de epistemicídio direcionam o olhar crítico para a realidade e história do Brasil, um país que se configurou sob o colonialismo e ainda carrega problemáticas da colonialidade.[11]

Por tais razões, não se pode desconsiderar que racismo e epistemicídio estão interligados no Brasil, pois se originam do colonialismo e da escravidão e, assim, contribuem de modo

7 ALVES; CÔRTES. Raízes do epistemicídio negro: análise da produção científica do ENANCIB (1994-2019), 2023, p. 2.

8 GONÇALVES; MUCHERONI. O que é epistemicídio? Uma introdução ao conceito para a área da Ciência da Informação, 2021, p. 4-12.

9 GONÇALVES e MUCHERONI. O que é epistemicídio? Uma introdução ao conceito para a área da Ciência da Informação, 2021, p. 4-12.

10 Muito se indaga sobre a diferença entre "decolonial" e "descolonial" e, conforme nos assevera Cunha, não se trata de mera distinção semântica, mas, em síntese, considera-se que "descolonização" visa à superação do colonialismo associado às lutas anticoloniais que possibilitaram a independência política de antigas colônias, ao passo que "decolonialidade" é um projeto mais profundo, uma tarefa de subversão do padrão de poder colonial (CUNHA, Carlos Alberto Motta Cunha. Teologia decolonial e epistemologias do sul. *Interações*, v. 13, n. 24, p. 306-333, 31 dez. 2018, p. 308/309).

11 GONÇALVES; MUCHERONI. O que é epistemicídio? Uma introdução ao conceito para a área da Ciência da Informação, 2021, p. 8-12.

significativo para excluir a população negra e disseminar um ideário racista.[12]

O regime escravista brasileiro teve algumas particularidades em relação aos demais países colonizados da América Latina, pois, além de contribuir para disseminar o racismo, também o fez em relação a preconceitos de cunho sexista.[13]

O silenciamento de negros e negras escravizados se deu por meio do âmbito religioso, linguístico, cultural, entre outros, como a proibição aos africanos da prática livre de seus costumes e tradições, de modo que o epistemicídio não se restringe ao conhecimento científico, mas alcança também outras searas, como, no Brasil, a proibição de batuque em tambores, a imposição da língua portuguesa como primeira língua e, em âmbito religioso, a imposição de conversão ao cristianismo, em contraposição aos valores de liberdade religiosa pregados pela religião cristã católica.[14]

O apagamento da matriz epistêmica da mulher negra, no caso, não se limita à pessoa ou ao sujeito, mas se estende também aos seus saberes ancestrais, coletividades, subjetividades, historicidades, espiritualidades e formas de ver, nomear e dar significado às coisas existentes,[15] e que diferem sobremaneira daqueles impostos pelo Ocidente, por exemplo.

[12] ALVES; CÔRTES. Raízes do epistemicídio negro: análise da produção científica do ENANCIB (1994-2019), 2023, p. 12.

[13] ALVES; CÔRTES. Raízes do epistemicídio negro: análise da produção científica do ENANCIB (1994-2019), 2023, p. 3.

[14] ALVES; CÔRTES. Raízes do epistemicídio negro: análise da produção científica do ENANCIB (1994-2019), 2023, p. 4-5.

[15] ALVES, Lidiane da Conceição. *Reivindicando o território epistêmico*: mulheres negras, indígenas e quilombolas interpelando a antropologia. *Humanidades e Inovação*, v. 6, n. 16, 2019. Disponível em: https://revista.unitins.br/index.php/humanidadeseinovacao/issue/view/60. Acesso em: 15 maio 2024, p. 83.

Existe uma construção dentro do imaginário social, sobretudo no Brasil, de inferioridade das mulheres negras, o que se caracteriza evidentemente como violência simbólica, pois está internalizada em todos, deixando marcas profundas.[16]

O conhecimento produzido por mulheres negras, durante muito tempo, foi reduzido a um lugar de desimportância ou ao status de "não acadêmico",[17] invisibilizando ainda mais a produção acadêmica, científica, literária, artística, cultural etc. dessas mulheres.

É da objetificação de seus corpos e da inferiorização de seus papéis sociais que se inicia esse processo de apagamento de direitos, da cultura, da religião etc., de modo que o corpo e a construção do conhecimento são entendidos como processos distintos e independentes, e as capacidades psíquicas e intelectuais estão dissociadas do corpo para aperfeiçoar o intelecto, invisibilizando as necessidades do corpo.[18]

Alves ressalta que, nas epistemologias indígenas, quilombolas e negras, o verdadeiro conhecimento está nos saberes ancestrais e coletivos, e tem relação com a noção de corpo como lugar de conhecimento e pelo qual se elabora e

---

[16] MOREIRA, Maria Josiane. *Mulheres negras e violência simbólica*: estudo de caso em Gouveia – MG. 2022. 139 p. Dissertação (Mestrado em Estudos Rurais) – Programa de Pós-Graduação em Estudos Rurais, Universidade Federal dos Vales do Jequitinhonha e Mucuri, Diamantina, 2022. Disponível em: http://acervo.ufvjm.edu.br/jspui/bitstream/1/3024/1/maria_josiane_moreira.pdf. Acesso em: 13 jun. 2024, p. 22

[17] VELOSO, Maria do Socorro F.; ANDRADE, Alice Oliveira de; CONDORELLI, Antonio. Insubmissas mulheres negras: comunicação e interseccionalidade contra o epistemicídio. *Esferas*, n. 18, p. 6, 23 nov. 2020. Disponível em: https://portalrevistas.ucb.br/index.php/esf/article/view/11916. Acesso em: 19 maio 2024, p. 7.

[18] ALVES. Reivindicando o território epistêmico: mulheres negras, indígenas e quilombolas interpelando a antropologia, 2019, p. 87-88.

produz conhecimento, e a melhor forma de aprendê-los e ensiná-los é por meio da interação e da prática entre os sujeitos epistêmicos,[19] o que significa dizer que as fontes de conhecimento são culturais e, portanto, distintas daquelas do mundo ocidental; sua atuação prática proporciona uma efetiva transmissão e aplicação na vida e transformação do indivíduo e da coletividade.

Assim, não há dissociação ou desvalorização entre corpo e mente, de modo que, ao inferiorizar os corpos negros, estipulando-os como lugares hipersexualizados ou destinados ao trabalho braçal, retira-se sua importante dimensão epistêmica, gerando a morte desse conhecimento ancestral experiencializado, ou seja, o epistemicídio negro.

Mas, afinal, como buscar caminhos de superação e combate ao epistemicídio, sobretudo o da mulher negra? Veloso, Andrade e Condorelli propõem, para tal finalidade, compreender o contexto da interseccionalidade[20] que, além de uma necessidade epistêmica, também é uma demanda social,[21] e isso

---

[19] ALVES. Reivindicando o território epistêmico: mulheres negras, indígenas e quilombolas interpelando a antropologia, 2019, p. 91-92.

[20] "A interseccionalidade é uma conceituação do problema que busca capturar as consequências estruturais e dinâmicas da interação entre dois ou mais eixos da subordinação. Ela trata especificamente da forma pela qual o racismo, o patriarcalismo, a opressão de classe e outros sistemas discriminatórios criam desigualdades básicas que estruturam as posições relativas de mulheres, raças, etnias, classes e outras. Além disso, a interseccionalidade trata da forma como ações e políticas específicas geram opressões que fluem ao longo de tais eixos, constituindo aspectos dinâmicos ou ativos do desempoderamento." (CRENSHAW, Kimberlé. Documento para o Encontro de Especialistas em Aspectos da Discriminação Racial Relativos ao Gênero. *Revista Estudos Feministas*, [S. l.], v. 10, n. 1, p. 171, 2002. DOI: 10.1590/S0104-026X2002000100011. Disponível em: https://periodicos.ufsc.br/index.php/ref/article/view/S0104-026X2002000100011. Acesso em: 19 maio 2024, p. 177.

[21] VELOSO; ANDRADE; CONDORELLI. Insubmissas mulheres negras: comunicação e interseccionalidade contra o epistemicídio, 2020, p. 8.

somente se alcança por meio do entrecruzamento de opressões (raciais, de gênero, de classe etc.) e reconhecimento de que se trata de um movimento de raízes históricas.

Outro ponto importante, e talvez pouco comentado, é a questão da reivindicada harmonia racial brasileira, ou seja, a miscigenação, como resultado de violência extrema contra as mulheres negras, exploradas sexualmente por seus donos ou mantidas como prostitutas para dar lucro, e as crianças, que, embora fossem descendentes de brancos, ainda sofriam a mesma discriminação dos negros.[22]

Qualquer análise a respeito da mulher negra que não leve em consideração os pontos de interseccionalidade não consegue compreender de fato os problemas por ela enfrentados, nem mesmo sua condição atual, e, por consequência, nenhuma mudança poderá trazer para combater ou superar esse tipo de epistemicídio.

Verifica-se, portanto, a intrínseca relação entre raça e classe social e, por conseguinte, entre os gêneros, uma vez que as mulheres negras compõem o maior número de chefes de família com renda até dois salários mínimos.[23] Conforme nos afirma Lopes e Borges, a violência simbólica, no caso, está camuflada em relações naturalizadas, revelando violências intrínsecas à estrutura social e à organização dos grupos, no caso, os oprimidos, causando um silenciamento simbólico

[22] VELOSO; ANDRADE; CONDORELLI. Insubmissas mulheres negras: comunicação e interseccionalidade contra o epistemicídio, 2020, p. 8.

[23] "Nos lares com chefia feminina, no 3° trimestre de 2022, recebiam até 2 salários mínimos 63,9% das famílias lideradas por negras e 43,7% por não negras." Fonte: https://www.dieese.org.br/boletimespecial/2023/mulheres2023/index.html?page=9. Acesso em: 2 mar. 2024.

que, por si só, é demasiadamente violento diante da fome,[24] da escassez de recursos e da ausência de assistência mínima que lhes assegure dignidade.

No caso, socialmente, o que marca a violência simbólica é a discrição de um sistema que acoberta a violência como algo inerente à favela e às periferias urbanas, e não a estabelece como o desígnio cruel e estrutural que de fato representa.[25]

Entretanto, é possível encontrar caminhos de superação dessa questão por meio de reconhecimento de paradigmas e princípios ético-teológicos que, a partir da figura de Jesus, confirmam a dignidade de todo e qualquer ser humano.

2. A questão ético-teológica

Diante do cenário de epistemicídio da mulher negra, que, como já foi dito, se dá em âmbito religioso, linguístico e cultural, por exemplo, e em se tratando de um problema moral, a teologia também deve ocupar-se na busca de caminhos de redenção e superação, sendo assim uma teologia que se dá e se preocupa com as realidades, visando erradicar causas de injustiça e opressão.

Entendê-lo como um problema moral é reconhecer que, dentro de nossa sociedade, muito se pratica para manter esse silenciamento e apagamento do outro e as consequências ne-

[24] LOPES, Leandro de Oliveira; BORGES, Jaqueline Ferreira. A estratificação social brasileira como estética literária: a violência e as impossibilidades em "Quarto de despejo", de Carolina Maria de Jesus. *Travessias*, Cascavel, v. 14, n. 2, p. 198/215. e25505, 2020. DOI: 10.48075/rt.v14i2.25505. Disponível em: https://e-revista.unioeste.br/index.php/travessias/article/view/25505. Acesso em: 19 maio 2024, p. 205.

[25] LOPES; BORGES. A estratificação social brasileira como estética literária: a violência e as impossibilidades em "Quarto de despejo", de Carolina Maria de Jesus, 2020, p. 205.

fastas resultantes de uma conduta que não identifica o outro, no caso, a mulher negra, como pessoa humana.

Desde o reconhecimento da igual dignidade entre os seres humanos[26] até a figura de Jesus em sua dupla condição, revelado como verdadeiro homem e verdadeiro Deus, caracterizando a importância da pessoa humana na qual Deus se encarnou, impõe-se considerar que qualquer formulação que resulte em apagamento do outro, para que outro que se convencione como supremo se estabeleça, ofende o princípio fundamental da ética.

Nas lições de Comparato, constata-se que os princípios éticos nada mais são do que a tradução normativa dos grandes valores da convivência humana,[27] de modo que não alcançaremos uma convivência humana plena e digna se não enfrentarmos os problemas que atingem a dignidade daquele que tem sua produção de conhecimento não reconhecida.

Além disso, é preciso considerar princípios éticos que nos ajudem na reflexão da questão posta, podendo ser destacados, conforme ensinamento de Ivone Gebara, dois princípios: "nenhuma vida humana vale mais do que a outra", e "nenhuma vida humana pode ter uma vida diminuída ou miserável por sua nacionalidade, etnia, classe, religião, sexo, orientação sexual".[28]

---

[26] "Artigo 1: Todos os seres humanos nascem livres e iguais em dignidade e direitos. São dotados de razão e consciência e devem agir em relação uns aos outros com espírito de fraternidade." (ORGANIZAÇÃO DAS NAÇÕES UNIDAS. *Declaração Universal dos Direitos Humanos*, 1948. Disponível em: https://www.unicef.org/brazil/declaracao-universal-dos-direitos-humanos. Acesso em: 11 jun. 2024).

[27] COMPARATO, Fábio Konder. *Ética*: direito, moral e religião no mundo moderno. 3ª edição revista pelo autor. 2ª reimp. São Paulo: Companhia das Letras, 2016. 728 p., p. 515. ISBN 978-85-359-2674-3.

[28] GEBARA, Ivone. *Cultura e relações de gênero*. CEPIS – Centro de Educação Popular do Instituto Sedes Sapientiae, 2001, p. 21

É importante, então, dentro do saber teológico, encontrar meios de superação e que condigam com a ética cristã que deve ser almejada e alcançada por todos, visando à dignidade da pessoa humana em Cristo, ou, ainda, seu reconhecimento de "imagem e semelhança" de Deus, pois não se admite esse apagamento, silenciamento, ceifando vidas consideradas, pelo pensamento colonialista, inferiores ou menos importantes, estabelecendo-lhes papéis de inferiorização e subordinação, hierarquizando relações humanas.

Dentro desse contexto e pensando em paradigmas teológicos, assim entendidos como aquilo que exprime uma constelação geral, um padrão básico, um esquema fundamental, um modelo global no qual a teologia percebe-se a si mesma, as pessoas, a sociedade, o mundo e, sobretudo, sua relação com Deus, inicia-se um processo de superação, pois eles são um conjunto de convicções, concepções, valores, levados em consideração por membros de determinada comunidade teológica,[29] e, desse modo, também contêm implicações éticas.

Compreender alguns desses paradigmas e reconhecer a pessoa humana é importante para trilhar caminhos de superação ou reparação do epistemicídio sofrido por mulheres negras, diante da necessidade do reconhecimento de diversidades e que estas não equivalem a conflitos.

Nesse cenário de epistemicídio ou, ainda, epistemicídios – se formos considerar não só a questão de gênero, mas também de etnias e classes sociais –, alguns paradigmas são rele-

---

[29] LIBÂNIO, João Batista. Diferentes paradigmas na história da Teologia. *In*: ANJOS, Marcio Fabri dos (org.). *Teologia e novos paradigmas*. São Paulo: SOTER: Loyola, 1996, p. 35.

vantes para o entendimento do tema e para conhecer como a subversão da compreensão e dos valores a respeito de Cristo contribui também, ao longo da história, para reforçar esse cenário.

A crítica à falta de reconhecimento da dignidade das mulheres também é exposta pelo Papa Francisco na Carta Encíclica *Fratelli Tutti*, em que ressalta que a organização das sociedades em todo o mundo ainda está longe de refletir com clareza que as mulheres têm exatamente a mesma dignidade e idênticos direitos que os homens.[30]

Junges, ao tratar da questão de ética e gênero, ressalta que é necessária a construção de um novo paradigma ético para atender às necessidades da sociedade atual, que complete ou corrija desvios e insuficiências do paradigma da justiça, que, em regra, para o mencionado autor, tinha como ponto de partida a autonomia, a atividade e a dignidade dos indivíduos humanos. No entanto, hoje transcendem o parâmetro humano, pois há também a questão ecológica, a degradação do meio ambiente (natural e social), questões biotecnológicas, entre outras. Desse modo, para ele, é importante construir o paradigma do cuidado, para o qual apontam as mulheres.[31]

Em seu trabalho, Junges, ao mencionar o estudo de Carol Gilligan a respeito das diversas soluções de dilemas éticos entre os gêneros, verificou que a mulher detém um desenvolvimento ético a partir de situações que envolvem relaciona-

[30] FRANCISCO, Papa. Carta Encíclica *Fratelli Tutti*. Sobre a fraternidade e a amizade social. Disponível em: https://www.vatican.va/content/francesco/pt/encyclicals/documents/papa-francesco_20201003_enciclica-fratelli-tutti.html. Acesso em: 27 maio 2024.

[31] JUNGES, Roque. Ética e gênero: o paradigma do cuidado. *Convergência*, ano XXVXI, n. 348, p. 591/609, 2001. Disponível em: https://crbnacional.org.br/convergencia-dezembro-2001-ano-xxvxi-n-348/. Acesso em: 28 maio 2024, p. 592.

mentos, e não em relação a uma definição de direitos, como o homem.[32]

Entender como a compreensão ética das mulheres é contributo para a solução das questões postas, como no caso do epistemicídio, é também entender que, se Deus é um Deus de relação, pressupõem-se o cuidado e o respeito à pessoa com a qual Ele se relaciona e, assim, a necessidade de reconhecimento de todo o conhecimento produzido por ela, não se permitindo seu silenciamento ou apagamento em nome de compreensões que não levem em conta sua ancestralidade ou sua capacidade de produzir conhecimento além daquela previamente estabelecida e que visa perpetuar posições de poder social.

Há, portanto, a necessidade de adotar um paradigma que consiga responder às necessidades que os problemas morais apresentam. Dessa forma, sendo inegável que o epistemicídio assim se caracteriza, adotar o posicionamento ético das mulheres e deixar-se mover por razões de responsabilidade e cuidado[33] pode ser um caminho inicial de reparação.

Cumpre alertar, entretanto, para o fato de que, ao se estabelecer de forma predeterminada como um ou outro gênero se posiciona em relação a dilemas éticos, corre-se o risco de criar ou aprofundar estereótipos de gênero, pois estabelecer padrões de gênero sem levar em consideração dinâmicas sociais, ou seja, a interseccionalidade, não torna possível compreender de fato os problemas enfrentados.

Pretende-se enfatizar, nesta oportunidade, apenas a existência de uma perspectiva que pode trazer luzes para a ques-

[32] JUNGES. Ética e gênero: o paradigma do cuidado, 2001, p. 597.

[33] JUNGES. Ética e gênero: o paradigma do cuidado, 2001, p. 598.

tão do epistemicídio, mas que, isoladamente, não tem o condão de trazer solução para o problema.

Além do paradigma do cuidado, em que se compreende esse Deus de relação, em contraposição ou, ainda, em complementação ao paradigma da justiça, há também o paradigma do amor, pelo qual se enfatiza o mandamento "Amai-vos uns aos outros, como eu vos amei".[34]

É preciso, assim, amar o Outro, porque, assim como o Outro, Deus nos ama, o que significa que devemos aceitar o Outro do modo como ele é. Conforme nos ensina Beutler, o amor de Jesus pelos seus não é somente um exemplo do amor que os seus deverão praticar uns para com os outros, mas também a fonte desse amor.[35]

Para Comparato, o amor, assim como a justiça e a verdade, é um princípio ético, que se constitui em norma superior e cria deveres objetivos e gerais de comportamento na vida social,[36] impondo-se, assim, uma constituição de relação e, por consequência, de cuidado, que implica respeito mútuo, inclusive por aquilo que é produzido diversamente – diversidade – de conhecimento em todos os âmbitos.

Nesse aspecto, cabe ressaltar que essa diversidade precisa ser entendida como riqueza, e isso, conforme Millen, somente é possível quando recuperamos uma boa teologia da

[34] BÍBLIA. Português. Edição Pastoral. São Paulo: Paulus, 1990. João 13,34-35, p. 1376.

[35] BEUTLER, Johannes. *Evangelho segundo João*: comentário. Tradução de Johan Konings. São Paulo: Loyola, 2015, p. 335.

[36] COMPARATO. *Ética*: direito, moral e religião no mundo moderno, 2016, p. 537.

criação/encarnação,[37] baseada sempre, como já foi dito, na real dignidade entre os seres humanos, inegavelmente reconhecida por Deus, bem como na noção de liberdade, de uma adesão livre a um projeto de amor (Deus – Relação), pois "é para a liberdade que Cristo nos libertou".[38]

A questão, aqui, não é necessariamente partir dessa compreensão a partir do indivíduo, mas entender os reflexos dessa concepção para a adoção de uma sociedade que compreende os conhecimentos do outro de forma digna e respeitosa em igualdade de condições, justamente porque decorrentes de uma mesma natureza e composição, ou seja, da pessoa humana.

Considerações finais

As reflexões expostas são apenas indicações de um problema moral e histórico, o epistemicídio da mulher negra, e a tentativa de encontrar caminhos de superação e reparação da questão posta, que desafia a sociedade e que, de igual modo, também não pode ser silenciada, mas enfrentada corajosamente e, sobretudo, respeitosamente.

A objetificação dos corpos de mulheres negras e a inferiorização de seus papéis sociais, de raízes históricas, desprestigiando-lhes o conhecimento produzido em vários âmbitos, visando estabelecer situações de poder e hierarquia social, prestam-se apenas a gerar sempre mais injustiça social.

---

37 MILLEN, Maria Inês de Castro. O respeito à diversidade como caminho ético-moral. *In*: MILLEN, Maria Inês de Castro; ZACHARIAS, Ronaldo (org.). *Fundamentalismo*: desafios à ética teológica. Aparecida, SP: Santuário; São Paulo: Sociedade Brasileira de Teologia Moral, 2017. p. 307.

38 Cf. BÍBLIA, 1990. Gálatas 5,1, p. 1498.

Desse modo, trazer tais questões para análise é uma forma de buscar esses caminhos e combater o epistemicídio, sem nos olvidarmos da imperiosa necessidade de compreender o contexto da interseccionalidade como uma necessidade epistêmica.

A ética teológica e, principalmente, a percepção ética das mulheres são, de fato, uma forma de contribuição para as questões, diante do entendimento desse Deus – Relação, pressupondo-se o cuidado e o respeito às pessoas e a todo o conhecimento por elas produzido.

Referências bibliográficas

ALVES, Felipe Arthur Cordeiro; CÔRTES, Gisele Rocha. Raízes do epistemicídio negro: análise da produção científica do ENANCIB (1994-2019). *Em Questão*, Porto Alegre, v. 29, p. 124693, 2023. DOI: 10.1590/1808-5245.29.124693. Disponível em: https://seer.ufrgs.br/index.php/EmQuestao/article/view/124693. Acesso em: 6 maio 2024.

ALVES, Lidiane da Conceição. Reivindicando o território epistêmico: mulheres negras, indígenas e quilombolas interpelando a antropologia. *Humanidades e Inovação*, v. 6, n. 16, 2019. Disponível em: https://revista.unitins.br/index.php/humanidadeseinovacao/issue/view/60. Acesso em: 15 maio 2024.

BEUTLER, Johannes. *Evangelho segundo João*: comentário. Tradução de Johan Konings. São Paulo: Loyola, 2015.

CARNEIRO, Aparecida Sueli. *A construção do outro como não-ser como fundamento do ser*. 2005. Tese (Doutorado) –

Universidade de São Paulo, São Paulo, 2005. Acesso em: 15 maio 2024.

COMPARATO, Fábio Konder. *Ética*: direito, moral e religião no mundo moderno. 3ª edição revista pelo autor. 2ª reimp. São Paulo: Companhia das Letras, 2016. 728 p. ISBN 978-85-359-2674-3.

CRENSHAW, Kimberlé. Documento para o Encontro de Especialistas em Aspectos da Discriminação Racial Relativos ao Gênero. *Revista Estudos Feministas*, [S. l.], v. 10, n. 1, p. 171, 2002. DOI: 10.1590/S0104-026X2002000100011. Disponível em: https://periodicos.ufsc.br/index.php/ref/article/view/S0104-026X2002000100011. Acesso em: 19 maio. 2024.

CUNHA, Carlos Alberto Motta Cunha. Teologia decolonial e epistemologias do sul. *Interações*, v. 13, n. 24, p. 306-333, 31 dez. 2018.

FRANCISCO, Papa. Carta Encíclica *Fratelli Tutti*. Sobre a fraternidade e a amizade social. Disponível em: https://www.vatican.va/content/francesco/pt/encyclicals/documents/papa-francesco_20201003_enciclica-fratelli-tutti.html. Acesso em: 27 maio 2024.

GEBARA, Ivone. *Cultura e relações de gênero*. CEPIS – Centro de Educação Popular do Instituto Sedes Sapientiae, 2001.

GONÇALVES, Robson de Andrade; MUCHERONI, Marcos L. O que é epistemicídio? Uma introdução ao conceito para a área da Ciência da Informação. *LiiNC em Revista. Decolonialidade e Ciência da informação: veredas dialógicas*, v. 17, n. 2, e5759, p. 1/12, nov. 2021. Disponível em: https://

revista.ibict.br/liinc/article/view/5759/5385. Acesso em: 1t3 jun. 2024.

JUNGES, Roque. Ética e gênero: o paradigma do cuidado. *Convergência*, ano XXVXI, n. 348, p. 591/609, 2001. Disponível em: https://crbnacional.org.br/convergencia-dezembro-2001-ano-xxvxi-n-348/. Acesso em: 28 maio 2024.

LIBÂNIO, João Batista. Diferentes paradigmas na história da Teologia. *In*: ANJOS, Marcio Fabri dos (org.). *Teologia e novos paradigmas*. São Paulo: SOTER: Loyola, 1996.

LOPES, Leandro de Oliveira; BORGES, Jaqueline Ferreira. A estratificação social brasileira como estética literária: a violência e as impossibilidades em "Quarto de despejo", de Carolina Maria de Jesus. *Travessias*, Cascavel, v. 14, n. 2, p. 198/215, e25505, 2020. DOI: 10.48075/rt.v14i2.25505. Disponível em: https://e-revista.unioeste.br/index.php/travessias/article/view/25505. Acesso em: 19 maio 2024.

MILLEN, Maria Inês de Castro. O respeito à diversidade como caminho ético-moral. *In*: MILLEN, Maria Inês de Castro; ZACHARIAS, Ronaldo (org.). *Fundamentalismo*: desafios à ética teológica. Aparecida, SP: Santuário; São Paulo: Sociedade Brasileira de Teologia Moral, 2017. p. 305-318.

MOREIRA, Maria Josiane. *Mulheres negras e violência simbólica*: estudo de caso em Gouveia – MG. 2022. 139 p. Dissertação (Mestrado em Estudos Rurais) – Programa de Pós-Graduação em Estudos Rurais, Universidade Federal dos Vales do Jequitinhonha e Mucuri, Diamantina, 2022. Disponível em: http://acervo.ufvjm.edu.br/jspui/bitstream/1/3024/1/maria_josiane_moreira.pdf. Acesso em: 13 jun. 2024.

ORGANIZAÇÃO DAS NAÇÕES UNIDAS. *Declaração Universal dos Direitos Humanos*, 1948. Disponível em: https://www.unicef.org/brazil/declaracao-universal-dos-direitos-humanos. Acesso em: 11 jun. 2024.

VELOSO, Maria do Socorro F.; ANDRADE, Alice Oliveira de; CONDORELLI, Antonio. Insubmissas mulheres negras: comunicação e interseccionalidade contra o epistemicídio. *Esferas*, n. 18, p. 6, 23 nov. 2020. Disponível em: https://portalrevistas.ucb.br/index.php/esf/article/view/11916. Acesso em: 19 maio 2024.

Referências bíblicas

GÁLATAS. *In*: BÍBLIA. Português. Edição Pastoral. São Paulo: Paulus, 1990. Cap. 5, vers. 1, p. 1498.

JOÃO. *In*: BÍBLIA. Português. Edição Pastoral. São Paulo: Paulus, 1990. Cap. 13, vers. 34-35, p. 1376.

SBTM, 1986 – TEOLOGIA MORAL E QUESTÃO NEGRA: Algumas considerações

Lúcia Eliza Ferreira Albuquerque[1]

"Cantando, dançando.
Passando em cima do fogo.
Seguimos num contínuo.
No rastro dos nossos ancestrais."
(Ailton Krenak)

Introdução

Na obra *Oração para desaparecer*, de 2023, da escritora brasileira Socorro Acioli, são narrados o encontro e a retirada de uma mulher da terra. Ela, em um primeiro momento, encontra-se nua, com escoriações e sem memória. Também é descrito que está com os olhos grudados de lama, o nariz e a boca entupidos pela terra. Bichos rastejam por sua língua, pelos ouvidos e pela carne. Contudo, a hora do parto se apresenta.[2] E o caminho para a busca de respostas é iniciado.

---

[1] Doutoranda em Teologia Moral pela Pontifícia Universidade Católica de São Paulo (PUC-SP). Mestra e bacharela em Teologia (PUC-SP). Integra os Grupos de Pesquisa PHAES (Pessoa Humana. Antropologia. Ética. Sexualidade) e LERTE (Literatura. Religião. Teologia), ambos da PUC-SP/CNPq. Membra da SBTM. Bolsista Capes.

[2] Cf. ACIOLI, S. *Oração para desaparecer*. São Paulo: Companhia das Letras, 2023, p. 13-18.

Por essa imagem, deseja-se apresentar a intenção deste texto: trazer a memória e a consciência negra para o labor teológico. Não é uma inovação, mas uma reapresentação das intuições do teólogo Antonio Aparecido da Silva, intelectual e, poderíamos dizer, pastoralista das questões negras.

Assim sendo, retornando ao texto de 1986, objetiva-se reanimar a intenção de despertar a memória coletiva e teológica para as questões da negritude e apresentá-la como fator singular para a teologia moral atual, dada a emergência da reconstrução histórica, religiosa e de identidade com a inserção da comunidade negra, em decorrência de sua marginalização pela crueldade do racismo. Contudo, vê-se o tempo do "parto" e de remover a "terra" que ocultava corpos e calava o pensamento dos negros.

1. Teologia e negritude: crítica e conjectura sobre pensamento moral

A realização do X Encontro Nacional da Sociedade Brasileira de Teologia Moral (ENSBTM) se deu entre os dias 15 e 19 de dezembro de 1986, em São Paulo. O tema geral foi "Articulação da Teologia Moral na América Latina", sendo desenvolvido por moderadores que apresentaram alguns temas específicos: 1) "Desafio de fazer Teologia Moral na América Latina", por M. F. dos Anjos; 2) "Salvar a vida dos pobres, tarefa da Teologia Moral na América Latina", por F. Rejón; 3) "Ciências do Social e Teologia Moral", por A. Moser; 4) "Ética, Teologia e Libertação", por F. B. de Souza Neto; 5) "Teologia Moral e comunidade de fé", por M. F. dos Anjos; 6) "Teologia Moral e questão negra", por A. Aparecido da Silva (objeto do presente estudo); 7) "Ensinar Teologia Moral", por B. Leers.[3]

[3] Cf. HOEPERS, R. *Teologia Moral no Brasil*: um perfil histórico. Aparecida, SP: Editora Santuário, 2015, p. 128.

Os objetivos desse encontro da SBTM projetaram-se na problematização do contexto brasileiro para a sistematização no pensamento moral, na apresentação da proposta de estruturar a Teologia Moral da América Latina através da conscientização e elucidação dos elementos reflexivos que estão entre nós, e na leitura de futuras perspectivas. Segundo Hoepers, os conteúdos desenvolvidos se alocaram em três áreas: 1) Questões epistemológicas: sobre os métodos, ciências do social e da Teologia da Libertação; 2) Teologia Moral e práxis eclesial: comunidades de fé, questão negra e o feminismo; e 3) Elaboração e ensino: bibliografia de Teologia Moral na América Latina. Teologia Moral nos currículos teológicos no Brasil e como ensinar Teologia Moral.[4]

Antonio Aparecido da Silva, ou Pe. Toninho,[5] foi um dos moderadores no referido encontro, apresentando a questão negra como uma grande lacuna na teologia, consequência de

[4] HOEPERS, *Teologia Moral no Brasil*: um perfil histórico, p. 129.

[5] 1948-2009. Brasileiro. Religioso da Congregação da Pequena Obra da Divina Providência (os Orionitas), eleito provincial em 1990. Foi professor de Teologia Moral e outras disciplinas da área de humanas no ITESP (Instituto Teológico de São Paulo); na Faculdade de Teologia da PUC-Campinas; e nas Faculdades Associadas do Ipiranga (FAI). Em 1984, foi nomeado por Dom Paulo Evaristo Arns para a função de reitor da Faculdade de Teologia Nossa Senhora da Assunção (Arquidiocese de São Paulo). Fundou o movimento eclesial Agentes de Pastoral Negros (APNs). Participou do Movimento Negro Unificado. Articulou a criação da Pastoral Afro e do Dia da Mulher Negra. Auxiliou a Conferência Nacional dos Bispos do Brasil (CNBB) como assessor e incentivador sobre a questão negra e o combate ao racismo. Integrou a equipe de reflexão teológica da Conferência dos Religiosos do Brasil (CRB). Coordenou o Programa de Teologia e Negritude da Associação Ecumênica de Teólogos do Terceiro Mundo (ASETT). Foi sócio fundador da Sociedade Brasileira de Teologia (SOTER) e do Grupo Atabaque: Cultura Negra e Teologia. Cf. SANTOS, J. C. B. dos. *A trajetória do Pe. Antônio Aparecido da Silva (Pe. Toninho), o fundador da Pastoral Afro-Brasileira*. Dissertação (Mestrado em Ciências Sociais) – Universidade Estadual de Londrina, Centro de Letras e Ciências Humanas, Programa de Pós-Graduação em Ciências Sociais. 2020. Disponível em: https://repositorio.uel.br/items/b136c3b6-7bc1-4458-b9eb-13dee16b4cb2. Acesso em: 20 ago. 2024. p. 71-121.

uma herança teológica discriminadora.[6] Para defrontar essa situação, seu legado de prática e reflexão teológica apontava para a superação dos preconceitos em busca do necessário diálogo afrorreligioso e direcionava para o elemento da inculturação, que não remete a "um processo descendente, cujo protagonismo caiba à mensagem ou ao mensageiro, mas [a] uma prática em que é dada prioridade ao povo, com suas culturas que, por certo, não superam os evangelhos, mas integram sua mensagem no próprio viver".[7]

Essas características e propostas encontram-se no texto "Teologia Moral e questão negra", o qual, em três momentos, apresenta a especificidade da questão étnica e racial pela indicação do complexo contexto brasileiro para a comunidade negra; segue no questionamento à produção teológica vigente, que descuida da questão negra; e conclui com a abordagem da pastoralidade em face transformadora pela presença da negritude na sociedade e na Igreja. Tais articulações apontam que a problemática negra carece de aprofundamentos[8] e, por meio da atividade crítica de um teólogo negro, evidenciam a particular tarefa de negros e negras, aos quais se dirigem para falar de negros por uma teologia que não se faz satírica, mordaz ou corrosiva, mas detém-se em proporcionar uma tomada de consciência.[9]

---

[6] HOEPERS, *Teologia Moral no Brasil*: um perfil histórico, p. 135.

[7] JUNGES, M. *Antônio Aparecido da Silva (Padre Toninho)*. 2009. Disponível em: https://www.ihuonline.unisinos.br/artigo/3047-memoria-13. Acesso em: 20 ago. 2024. p. 1-2.

[8] SILVA, A. A. da. Teologia Moral e questão negra. *In*: FABRI, M. F. dos. *Articulação da Teologia Moral na América Latina*. Aparecida, SP: Editora Santuário, 1987. (Coleção Teologia Moral na América Latina 2). p. 100.

[9] SILVA, *Teologia Moral e questão negra*, p. 99.

Dessa forma, a conscientização, através da abordagem de Silva, se faz pela criticidade e pela inquietude diante do indicativo da escravidão ser o maior escândalo no Brasil[10] e da questão negra se configurar como uma das maiores questões nacionais,[11] com desdobramentos reais no atual contexto. Logo, é substancial a indignação ética diante de tais fatos. Porque obedecer a esse apelo é confrontar essas evidências históricas e contextuais que impactam a alienação e o entorpecimento da esfera individual, bem como das instituições civis e governamentais, inclusive a religiosa. Ainda, é reconhecer a estrutura social que marginaliza a presença negra, ignorando-a como agente ativo da história,[12] enquadrando-a no racismo antinegro, no qual "o negro é não só indesejado, mas assassinado".[13] Todo esse movimento não é uma "mera expressão de um sentimento subjetivo ou de ressentimento psicológico diante da histórica situação em que vive o povo negro",[14] mas é o impacto diante da concretude dos fatos. Sobre isso, Silva explica:

> Recentemente em visita ao Brasil, o Cardeal Prefeito da Congregação para os Bispos confidenciava que, estando na capital de um País da América do Sul, convidado para um

---

[10] "A escravidão foi um fato tão inusitado e chocante, que abalou profundamente a razão e a alma da população negra [...]. Diante do inusitado, os negros sentiram-se golpeados em sua dignidade [...] foi a experiência de finitude, a fatalidade do limite, o limiar em que toda afirmação se nega e toda negação se afirma". Cf. SILVA, A. A. da. Jesus Cristo, luz e libertador do povo afro-americano. *In:* SILVA, A. A. da. *Existe um pensar teológico negro?* São Paulo: Paulinas, 1998. (Coleção Atabaque). p. 55-56.

[11] SILVA, *Teologia Moral e questão negra*, p. 102.

[12] SILVA, *Teologia Moral e questão negra*, p. 104.

[13] SILVA, *Teologia Moral e questão negra*, p. 102.

[14] SILVA, *Teologia Moral e questão negra*, p. 102.

> Congresso sobre os negros, evidentemente organizado por brancos, indagava a si mesmo: Onde estão os negros que não os vejo aqui. No dia seguinte, ao sair para a periferia, lá os encontrou [...] Há entre nós um "apartheid" social, educacional e no mundo do trabalho. É uma situação que implica a contínua supressão de vidas e o total desrespeito à dignidade de um povo [...] esse quadro de contradições constitui um desafio à prática de fé e interpela a reflexão teológica.[15]

É perceptível que o objetivo de Silva é indagar a teologia produzida no decorrer da história e indicar as consequências desse pensamento. Para ele, "a teologia possui uma dívida histórica com o povo negro",[16] em decorrência da tradição ocidental se mostrar discriminadora ao povo e à cultura negra. Essa afirmação se justifica porque a teologia não se mostra sensibilizada diante das injustiças étnicas, apoia-se na concepção social hierarquizada, justifica o poder dos senhores diante dos escravizados e distrai-se na especificidade étnica diante das questões sociais de classe.[17] Dessa maneira, faz-se necessário alterar essa realidade na qual a comunidade negra é inserida, "não só do ponto de vista da coerência da prática da fé, mas, inclusive, da epistemologia teológica";[18] isso significa perceber o negro não só como lugar étnico-social, mas como lugar teofânico, reverberando: "Deus é negro"; recuperar a identidade profética da Teologia Moral; e compartilhar

[15] SILVA, *Teologia Moral e questão negra,* p. 105-106.

[16] SILVA, *Teologia Moral e questão negra,* p. 106.

[17] Cf. SILVA, *Teologia Moral e questão negra,* p. 107-110.

[18] HOEPERS, *Teologia Moral no Brasil*: um perfil histórico, p. 214.

da indignação ética diante da situação dos negros – na qual tudo é negado, até o seu ser negro.[19]

Para Hoepers, no texto em questão, há uma reivindicação para a Teologia Moral assumir uma real transformação da consciência para a efetivação de mudanças na realidade, para a superação das discriminações e para a elaboração de novas categorias e novas posturas ético-morais.[20] Nesse sentido, segundo Silva, a "questão negra oferece à teologia imprescindíveis intuições",[21] entre as quais: a recuperação da epistemologia categorial, através da cultura bíblica operar por "categorias", e não por "conceitos" originados do método helênico e da visão dualista, e pelo ato de ter a memória de algo, que significa unir-se aos demais não por uma ação metafísica, mas por uma partilha de experiência a partir do ponto de vista ético-moral.[22]

Esse dado é aprofundado por Silva no texto "Jesus Cristo, luz e libertador do povo afro-americano", de 1998. Nele, apresenta-se a necessidade não somente de uma "teologia da inculturação", mas, sobretudo, da "inculturação da teologia".[23] Isso aprofunda e apresenta a necessária mudança de paradigma, propondo a inculturação da realidade afro e de suas concepções no labor teológico. No texto citado anteriormente, é afirmado que Jesus Cristo não é um estranho na comunidade negra, pois, a partir de uma leitura em chave

[19] Cf. SILVA, *Teologia Moral e questão negra*, p. 110.

[20] Cf. SILVA, *Teologia Moral e questão negra*, p. 136.

[21] SILVA, *Teologia Moral e questão negra*, p. 113.

[22] Cf. SILVA, *Teologia Moral e questão negra*, p. 111.

[23] Cf. SILVA, *Jesus Cristo, luz e libertador do povo afro-americano*, p. 69.

cristológica, é proposta a aproximação dos dados cristológicos às concepções de ancestralidade e orixalidade.

Contudo, para viabilizar tal diálogo, Silva explica:

> É lógico que, para a teologia assumir a questão negra, é necessária a sua conversão. É necessário o enegrecimento do teólogo e da teologia. É necessário que o teólogo branco abdique à tentação de reduzir a questão negra à mera situação de classe. É um processo exigente de conversão, onde o teólogo se encontrará diante da exigência moral de morrer enquanto branco simbolizante do capitalismo e renascer na ótica do negro, expressão histórica do trabalho compulsório. É impossível uma sociedade justa e fraterna enquanto perdurarem os privilégios étnicos, venham de onde vierem.[24]

Entende-se, pela indicação de Silva, que a instituição religiosa precisa alterar a rota e mudar o seu comportamento diante da comunidade negra. É renunciar a uma pastoral aliada – no ontem e no hoje – à casa-grande em detrimento das antigas e perpetuadas senzalas.[25] É atentar-se aos negros que querem ser Igreja sem passar pelo "processo coercitivo do branqueamento"[26] e não se incomodar por esse amadurecimento intraeclesial da consciência negra. É possibilitar uma vida religiosa com responsabilidade social, da denúncia do

[24] SILVA, *Teologia Moral e questão negra*, p. 113-114.

[25] "Os padres preferiam sempre a casa-grande à senzala; o convívio com os senhores de engenho nas vilas e cidades ao invés da resistência no quilombo dos Palmares; a reza nos sacrílegos templos construídos com suor e sangue negro, ao culto nos terreiros ao Deus libertador". SILVA, *Teologia Moral e questão negra*, p. 116.

[26] SILVA, *Teologia Moral e questão negra*, p. 117.

racismo no Brasil à promoção do diálogo com as religiões de origem afro.[27]

Logo, apresenta-se como importante destacar e revisitar o trabalho do teólogo Antonio Aparecido da Silva, por avaliá-lo como ousado e propositivo tanto para o contexto em que se encontrava como para a contemporaneidade. Tal qual uma "arqueologia" do pensamento teológico acerca das pessoas negras, não se retém em defrontar-se com as mazelas que marcam a história nem desfruta de uma leitura fatalista. Contudo, reclama uma prática de justiça que respalde a luta de libertação do povo negro,[28] a partir da formulação de uma teologia moral que interrogue o cristianismo sobre a acolhida e a prática de fé de negros e negras.

2. É necessário o enegrecimento do teólogo e da teologia. Estamos em curso?

A leitura e a reflexão do prof. Antonio Aparecido da Silva sobre o contexto brasileiro se propõem a despertar os sujeitos como a teologia. Sua crítica à realidade social e à tradição religiosa, no que se refere à negritude, denuncia estruturas racistas e aponta para a constituição de relações sociais mais humanas. É dizer da emergência de fortalecer uma sociedade e uma comunidade cristã mais multiculturais, multirraciais e plurais, onde negras e negros consigam viver sem medo e sua presença passe da marginalização para o protagonismo na produção do saber, na interpretação histórica e na autonarrativa de sua identidade e costumes.

[27] SILVA, *Teologia Moral e questão negra*, p. 117.

[28] SILVA, *Teologia Moral e questão negra*, p. 118.

Esse fato se condiciona a questionar como a história foi sendo concebida e, quando ela se refere à negritude, desvela um sistema violento que consolidou desigualdades. Falando de Brasil, onde "nada escapava da escravidão",[29] esse sistema delineou o fato econômico, a conduta, determinou desigualdades sociais, "fez de raça e cor marcadores de diferença fundamentais, ordenou etiquetas de mando e obediência, e criou uma sociedade condicionada pelo paternalismo e por uma hierarquia muito estrita".[30]

Diante desses fatores, entende-se que essa sociedade autoritária e que garante privilégio a alguns narrou uma grande parcela da história, dada pela indisposição cultural quando a Europa foi considerada moderna, mas o mundo não europeu foi classificado como selvagem e pré-histórico.[31] Chimamanda Ngozi Adichie, escritora nigeriana, indica nesse exercício o perigo da história única, porque esta rouba a dignidade das pessoas, fortalece estruturas de poder, enfatiza as diferenças, e não as semelhanças, e é incompleta.[32] Integra essa intuição a fala do Papa Francisco, em 2013, quando disse: "O futuro encontra-se na convivência respeitosa das diversidades, não na homologação a um pensamento único, teoricamente neutral. Vimos durante muito tempo na história a tragédia dos pensamentos

[29] SCHWARCZ, Lilia M. *Sobre o autoritarismo brasileiro*. São Paulo: Companhia das Letras, 2019, p. 27.

[30] SCHWARCZ, *Sobre o autoritarismo brasileiro*, p. 27-28.

[31] Cf. SILVA, A. A. da. Comunidade negra: questões permanentes e emergentes. *In*: ATABAQUE: Teologia e Culturas Afro-americanas. *Comunidade negra*: desafios atuais e perspectivas. São Paulo: Atabaque, 1995, p. 46.

[32] Cf. *O perigo de uma história única*. São Paulo: Companhia das Letras, 2019, p. 22-29.

únicos".[33] Em vista disso, o movimento negro trilha o caminho de apresentar "novos" agentes narrativos. E as teologias negras também se articulam nessa tarefa, porque

> o genocídio que pontuou tantas vezes a expansão europeia foi também um epistemicídio: eliminaram-se povos estranhos porque tinham formas de conhecimento estranho e eliminaram-se formas de conhecimento estranho porque eram sustentadas por práticas sociais e povos estranhos. Mas o epistemicídio foi muito mais vasto que o genocídio porque ocorreu sempre que se pretendeu subalternizar, marginalizar ou ilegalizar práticas e grupos sociais que podiam ameaçar [...] também porque ocorreu tanto no espaço periférico, extraeuropeu e extra-norte-americano do sistema mundial, como no espaço central europeu e norte-americano, contra os trabalhadores, os índios, os negros, as mulheres e as minorias em geral (étnicas, religiosas, sexuais).[34]

Desse modo, é possível indicar, na vivência comunitária e no discurso religioso, esse mecanismo de ilegalizar o outro. Pois, se nada escapava da escravidão, a religião também absorve esses marcadores raciais. Segundo Almeida, o racismo não se resume, simplesmente, nos comportamentos individuais, mas integra um projeto[35] que se configura como uma "versão peculiar do colonialismo [...] para a consolidação de uma supremacia branca ou, dito de maneira mais ampla, da

[33] Cf. *Discurso aos participantes na Plenária do Pontifício Conselho para o Diálogo Inter-religioso*. 2013. Disponível em: https://www.vatican.va/content/francesco/pt/speeches/2013/november/documents/papa-francesco_20131128_pc-dialogo-interreligioso.html. Acesso em: 20 set. 2024. § 5.

[34] CARNEIRO, S. *Dispositivo de racialidade*: a construção do outro como não ser como fundamento do ser, p. 88.

[35] Cf. ALMEIDA, S. *Racismo estrutural*. São Paulo: Sueli Carneiro; Editora Jandaíra, 2020, p. 37-41.

supremacia de um determinado grupo racial".[36] É notório que algumas práticas religiosas, do ontem e do hoje, fortalecem esses discursos preconceituosos, sendo que a marca da ferida racista e preconceituosa impregnou a vida religiosa e ainda está aberta e sem cicatrizar.[37]

No contexto brasileiro, no qual a história apresenta o alinhamento do aparato social e público à estrutura religiosa, especificamente no período colonial, a evangelização e a conquista andam unidas.[38] Pois, segundo Gomes, a Igreja funcionava como instrumento de normatização e controle social, estando nos lugares onde o Estado não conseguia fazer-se presente.[39] Assim, as investidas religiosas e práticas pastorais acabam fundamentando uma perspectiva teológica, proporcionando uma construção de leitura acerca dos negros e configurando-se em dispositivos de controle e de dominação. Em vista disso, entende-se que certas orientações pastorais estruturaram e tornaram-se justificativas para o racismo brasileiro.

Nas Primeiras Constituições do Arcebispado da Bahia, de 1707, emanam formulações depreciativas sobre os negros, julgando como inferiores os elementos culturais e identitários

---

[36] ALMEIDA, *Racismo estrutural*, p. 45.

[37] Cf. SILVA, A. A. da. *Comunidade negra*: interpelações à vida religiosa. Rio de Janeiro: CRB, 1988. p. 9.

[38] Refere-se aos ciclos missionários coincidirem com os ciclos da colonização. Cf. BIDEGÁIN, A. M. *História dos cristãos na América Latina*. Tradução de Jaime A. Clasen. Petrópolis, RJ: Vozes, 1993. p. 164.

[39] Cf. *Escravidão*: da corrida do ouro em Minas Gerais até a chegada da corte de Dom João ao Brasil. 1ª ed. Rio de Janeiro: Globo Livros, 2021. v. 2. p. 124-128.

das pessoas africanas.[40] Os enunciados dessas orientações religiosas os identificam como rudes e escravos do demônio;[41] brutos e boçais, de língua não sabida e a serem iluminados pelos novos ensinamentos;[42] mediante esse processo, são libertos das suas infecções;[43] não sendo possível o acesso ao sacramento da ordem pela ausência de ascendência pura.[44]

Essas instruções alimentam uma construção religiosa e um entendimento de transcendente que fragmentam a pessoa negra e distanciam a proposta do cristianismo da originalidade da identidade e da cultura negra. Fazendo-as antagônicas, como horizonte possível, o objetivo era mostrar a redenção executada por uma religião de brancos e eurocêntrica que demonstrava uma incoerência entre a fé pregada e a fé praticada. Sobre isso, Antonio Aparecido dizia que, mediante uma pregação religiosa comprometida com os interesses ideológicos – do racismo –, a vivência religiosa utilizava de uma hermenêutica da conveniência. Isso quer dizer que apresentavam uma figura de Jesus melancólica e doce para pressionar negros e negras a terem conformidade com a situação de escravos; tentaram contrapor a figura de Jesus à luta pela liber-

---

40 Cf. OTTAVIANI, E. S.; ALBUQUERQUE, L. E. F. Igreja Católica e corpos negros no Brasil colonial: sacramento como dispositivo de poder. *Revista Brasileira de História das Religiões*, v. 16, n. 47, 25 dez. 2023. Disponível em: https://periodicos.uem.br/ojs/index.php/RbhrAnpuh/article/view/70371. Acesso em: 20 set. 2024. p. 35.

41 CONSTITUIÇÕES PRIMEIRAS DO ARCEBISPADO DA BAHIA. Constituições Primeiras do Arcebispado da Bahia/Sebastião Monteiro da Vide. Estudo, Introdução e edição de Bruno Feitler, Evergton S. Souza, Istvan Jancsó e Pedro Puntoni (org.). São Paulo: EDUSP, 2010, p. 126, §4.

42 CONSTITUIÇÕES PRIMEIRAS DO ARCEBISPADO DA BAHIA, p. 146, §50.

43 CONSTITUIÇÕES PRIMEIRAS DO ARCEBISPADO DA BAHIA, p. 224, §224, n. 1.

44 CONSTITUIÇÕES PRIMEIRAS DO ARCEBISPADO DA BAHIA, p. 218, §213.

tação, dizendo que, fugindo dos seus senhores, estavam em oposição aos ensinamentos de Jesus, que os queria escravos obedientes e dóceis.[45] Cruel!

As consequências desse discurso são inúmeras. Contudo, é importante descrever o que a psicóloga e psicanalista Isildinha Nogueira relata sobre o tema. Assim descreve:

> O corpo humano é socialmente concebido. A análise da representação social do corpo possibilita entender a estrutura de uma sociedade. A sociedade privilegia um dado número de características e atributos que deve ter o homem, sejam morais, intelectuais ou físicos [...] O corpo humano, para além de seu caráter biológico, é afetado pela religião, grupo familiar, classe, cultura, e outras intervenções sociais. Assim, cumpre uma função ideológica, isto é, a aparência funciona como garantia ou não da integridade de uma pessoa [...] isso significa que o corpo está investido de crenças e sentimentos que estão na origem da vida social, mas que, ao mesmo tempo, não estão submetidos ao corpo. O corpo funciona como marca dos valores sociais; nele a sociedade fixa seus sentidos e valores.[46]

Entende-se que o projeto de enegrecer teólogos e a teologia constitui lançar-se no movimento sociopolítico e na atividade de revisão histórica e teológica, os quais desvelam a violência do racismo e suas consequências. É esclarecer que, no Brasil, "ser negro é ser violentado de forma constante, contínua e cruel, sem pausa ou repouso, por uma dupla injunção: a de encarnar o corpo e as ideias do ego do sujeito branco

[45] SILVA, A. A. da. *Jesus Cristo luz e libertador do povo afro-americano*, p. 39.

[46] NOGUEIRA, I. B. *A cor do inconsciente*: significações do corpo negro. São Paulo: Perspectiva, 2021, p. 65.

e a de recusar, negar e anular a presença do corpo negro".[47] Nisso reside a necessidade de defrontar o discurso que deprecia o negro e contribuir para uma existência da negritude descolonizada.[48]

Também equivale, em âmbito institucional, a avaliar a representação e a presença de negros e negras na prática pastoral e nas camadas de serviço. São evidentes as barreiras para o diálogo intercultural e inter-racial pela persistente "dificuldade" de legitimar formas de vida e de corpos, ao passo que classifica alguns como legítimos e outros como inadequados. Outra "dificuldade" que se mostra é a de inserir negros em funções deliberativas ou de governo. Segundo Santos, "existe discriminação nos critérios de seleção, programas formativos, atribuições e ocupações de cargos e serviços",[49] porque "as instituições se tornam racistas por materializar um modo de socialização que tem o racismo como um de seus componentes orgânicos, isto é, as instituições são racistas porque a sociedade é racista".[50] Mostra-se oportuno, diante do caminho sinodal que a instituição católica percorre, indagar-se sobre

[47] SOUZA, N. S. *Tornar-se negro ou as vicissitudes da identidade do negro brasileiro em ascensão social.* Rio de Janeiro: Zahar, 2021, p. 25.

[48] Refere-se a libertar-se dos condicionamentos impostos. Nas palavras de Frantz Fanon: "o negro não deve se ver colocado diante deste dilema: branquear-se ou desaparecer, mas deve poder tomar consciência de uma possibilidade de existir". Cf. *Pele negra, máscaras brancas.* São Paulo: Ubu Editora, 2020, p. 114.

[49] Cf. Formação e negritude: a urgência de superar o embranquecimento da formação. *In:* TRASFERETTI; MILLEN; ZACHARIAS. *Formação*: desafios morais 2. São Paulo: Paulus, 2020, p. 340.

[50] SANTOS, F. Formação e negritude: a urgência de superar o embranquecimento da formação, p. 345.

os negros e as negras inseridos na comunidade de fé, perscrutando suas alegrias e esperanças, tristezas e angústias.[51]

Diante disso, elaborar o pensamento teológico confrontado ao tema do racismo e da comunidade negra significa reverberar a dignidade da corporeidade e da consciência da negritude como elementos essenciais para a formação religiosa e social, dado que o corpo e a subjetividade brancos foram prestigiados diante dos negros – tornados torpes e menores –, invadindo e roubando as subjetividades negras, marcando-as em suas memórias, realidades e todas as dimensões da vida. Contudo, nesse curso de conscientização racial, quebra-se o silêncio imposto e reaviva-se a memória pela narrativa. Pelas novas narrativas.

Considerações finais

Reencontrar o pensamento de Antonio Aparecido da Silva significa observar a tentativa de inculturar a teologia em campos desconhecidos ou tidos como inapropriados. Antes disso, é refletir o esforço teológico de uma pessoa negra e religiosa pondo-se em fronteira, dialogando com outras áreas de conhecimento, questionando a própria construção teológica sobre os negros e negras brasileiros. É deter-se sobre a fonte das inquietudes do presente acerca do racismo no campo católico.

Segundo Silva, os teólogos e os cientistas sociais negros produzem o pensamento acadêmico a partir de suas vidas, pois "bebem no próprio poço", falam por si mesmos, investigam uma realidade vivida a partir de suas próprias vivências

[51] *Gaudium et Spes*, n. 1.

culturais[52] Dessa forma, se defendem de mecanismos de esquecimento e fortalecem suas identidades. Em um segundo momento, esses pesquisadores buscam instrumentos de teorização para sistematizar como saber e conhecimento científico suas experiências e autonarrativas. Isso significa a desconstrução do pensamento único que conduz o senso comum ao "experimentar outras formas de existir".[53]

Dito isso, voltar a um texto de 1986 alude ao seu impacto contextual, e vislumbramos a sua importância no campo teológico moral. Demonstra-se também a ausência de produções mais recentes sobre o tema. Parece que o desinteresse teológico católico dito por Silva permanece,[54] sendo ensurdecedor. É esclarecer que o tema "racismo", no contexto religioso, ainda se mantém como tabu ou insignificante. Contudo, notamos como campo promissor ao observarmos a indagação de novos sujeitos, homens negros e mulheres negras que, por políticas públicas e de afirmação étnico-raciais, estão adentrando as universidades e centros teológicos, enunciando suas questões como emergentes.

Referências bibliográficas

ACIOLI, Socorro. *Oração para desaparecer.* São Paulo: Companhia das Letras, 2023.

[52] SILVA, A. A. da. Elementos e pressupostos da reflexão teológica a partir das comunidades. Brasil. *In:* ATABAQUE – ASETT. *Teologia afro-americana:* II Consulta Ecumênica de Teologia e Culturas Afro-Americana e Caribenha. São Paulo: Paulus, 1997, p. 63.

[53] KRENAK, A. *Futuro ancestral.* São Paulo: Companhia das Letras, 2022. p. 14.

[54] Cf. SILVA, *Teologia Moral e questão negra*, p. 106.

ADICHIE, Chimamanda Ngozi. *O perigo de uma história única.* São Paulo: Companhia das Letras, 2019.

ALMEIDA, Silvio. *Racismo estrutural.* São Paulo: Sueli Carneiro; Editora Jandaíra, 2020.

BIDEGÁIN, Ana María. *História dos cristãos na América Latina*. Tradução de Jaime A. Clasen. Petrópolis, RJ: Vozes, 1993.

CARNEIRO, S. *Dispositivo de racialidade*: a construção do outro como não ser como fundamento do ser. Rio de Janeiro: Zahar, 2023.

CONSTITUIÇÃO PASTORAL GAUDIUM ET SPES. *In*: *Vaticano II*: mensagens, discursos e documentos. 2ª ed. São Paulo: Paulinas, 2007. p. 470-549.

CONSTITUIÇÕES PRIMEIRAS DO ARCEBISPADO DA BAHIA. Constituições Primeiras do Arcebispado da Bahia/ Sebastião Monteiro da Vide. Estudo, Introdução e edição de Bruno Feitler, Evergton S. Souza; Istvan Jancsó e Pedro Puntoni (org.). São Paulo: EDUSP, 2010.

FANON, Frantz. *Pela negra, máscaras brancas.* São Paulo: Ubu Editora, 2020.

GOMES, Laurentino. Escravidão: da corrida do ouro em Minas Gerais até a chegada da corte de Dom João ao Brasil. 1ª ed. Rio de Janeiro: Globo Livros, 2021. v. 2.

HOEPERS, Ricardo. *Teologia Moral no Brasil*: um perfil histórico. Aparecida, SP: Editora Santuário, 2015.

JUNGES, Márcia. *Antônio Aparecido da Silva (Padre Toninho)*. 2009. Disponível em: https://www.ihuonline.unisinos.br/artigo/3047-memoria-13. Acesso em: 20 ago. 2024.

KRENAK, Ailton. *Futuro ancestral.* São Paulo: Companhia das Letras, 2022.

NOGUEIRA, Isildinha Baptista. *A cor do inconsciente*: significações do corpo negro. São Paulo: Perspectiva, 2021.

OTTAVIANI, E. S.; ALBUQUERQUE, L. E. F. Igreja Católica e corpos negros no Brasil colonial: sacramento como dispositivo de poder. *Revista Brasileira de História das Religiões*, v. 16, n. 47, 25 dez. 2023. Disponível em: https://periodicos.uem.br/ojs/index.php/RbhrAnpuh/article/view/70371. Acesso em: 20 set. 2024.

PAPA FRANCISCO. *Discurso aos participantes na Plenária do Pontifício Conselho para o Diálogo Inter-religioso.* 2013. Disponível em: https://www.vatican.va/content/francesco/pt/speeches/2013/november/documents/papa-francesco_20131128_pc-dialogo-interreligioso.html. Acesso em: 20 set. 2024.

SANTOS, Faustino dos. Formação e negritude: a urgência de superar o embranquecimento da formação. *In*: TRASFERETTI; MILLEN; ZACHARIAS. *Formação*: desafios morais 2. São Paulo: Paulus, 2020. p. 335-354.

SANTOS, José Cristiano Bento dos. *A trajetória do Pe. Antônio Aparecido da Silva (Pe. Toninho), o fundador da Pastoral Afro-Brasileira*. Dissertação (Mestrado em Ciências Sociais) – Universidade Estadual de Londrina, Centro de Letras e Ciências Humanas, Programa de Pós-Graduação em Ciências Sociais. 2020. Disponível em: https://repositorio.uel.br/items/b136c3b6-7bc1-4458-b9eb-13dee16b4cb2. Acesso em: 20 ago. 2024.

SCHWARCZ, Lilia Moritz. *Sobre o autoritarismo brasileiro.* São Paulo: Companhia das Letras, 2019.

SILVA, Antonio Aparecido da. Jesus Cristo, luz e libertador do povo afro-americano. *In*: SILVA, Antonio Aparecido da. *Existe um pensar teológico negro?* São Paulo: Paulinas, 1998. p. 37-74. (Coleção Atabaque).

SILVA, Antonio Aparecido da. *Comunidade negra*: interpelações à vida religiosa. Rio de Janeiro: CRB, 1988.

SILVA, Antonio Aparecido da. Comunidade negra: questões permanentes e emergentes. *In*: ATABAQUE 1: Teologia e Culturas Afro-americanas. *Comunidade negra*: desafios atuais e perspectivas. São Paulo: Atabaque, 1995. p. 45-54.

SILVA, Antonio Aparecido da. Elementos e pressupostos da reflexão teológica a partir das comunidades. Brasil. *In*: ATABAQUE – ASETT. *Teologia afro-americana: II Consulta Ecumênica de Teologia e Culturas Afro-Americana e Caribenha.* São Paulo: Paulus, 1997. p. 49-72.

SILVA, Antonio Aparecido da. Teologia Moral e questão negra. *In*: FABRI, M. F. dos. *Articulação da Teologia Moral na América Latina*. Aparecida, SP: Editora Santuário, 1987. p. 99-118. (Coleção Teologia Moral na América Latina 2).

SOUZA, Neusa Santos. *Tornar-se negro ou as vicissitudes da identidade do negro brasileiro em ascensão social.* Rio de Janeiro: Zahar, 2021.

10

A RESSIGNIFICAÇÃO DAS SUBJETIVIDADES NEGRAS NO CONTEXTO DA PRÁXIS ECLESIAL CATÓLICA

Denilson Matias da Silva[1]

Introdução

Atualmente, percebe-se de modo mais intenso e explícito uma espécie de normalização dos preconceitos, sejam esses quais forem. Aporofobia, homofobia, sexismo, capacitismo, entre tantos outros, motivam o levantamento de pautas de resistência dentro dos grupos afetados e fora deles. Esses grupos, conhecidos como minorias sociais, conformam uma grande parcela da sociedade relegada às periferias físicas e existenciais.

[1] Mestre em Teologia pela Faculdade Jesuíta de Filosofia e Teologia de Belo Horizonte (FAJE). É especialista em Ciências Humanas: Formação de Formadores e Formadoras para a Vida Consagrada pelo Instituto Santo Tomás de Aquino de Belo Horizonte (ISTA). Graduado em Teologia pela *Pontificia Universidad Javeriana da Colombia* (Bogotá). Graduado em Filosofia pela Faculdade Jesuíta de Filosofia e Teologia de Belo Horizonte (FAJE). É membro pesquisador no grupo de pesquisa "Diversidade e Teologia" da FAJE (CNPq), membro da Sociedade Brasileira de Teologia Moral (SBTM), membro do *Catholic Theological Ethics in the World Church* (CTEWC) e membro do Núcleo de Formadores da Conferência dos Religiosos do Brasil (CRB-BH). Contato: denilsonmathias@gmail.com.

O legado do cenário político que se estabeleceu no Brasil de 2019 a 2022 favoreceu a normalização de diversos tipos de preconceitos, seja de forma consciente ou inconsciente, amplamente internalizados na sociedade e na cultura. Não se trata de algo que ocorreu de uma hora para outra, mas de uma sequela histórica que tem tido o seu momento de erupção no tecido conjuntural da sociedade como um todo. No bojo dessa situação, o racismo estrutural torna-se mais explícito e impacta a vida de milhares de pessoas por ele invisibilizadas. De igual modo, essas pessoas marginalizadas padecem pela falta do reconhecimento da sua cidadania na obtenção dos seus direitos mais básicos em vista de uma vida digna.

O racismo estrutural, tema de que trataremos neste artigo, aniquila a possibilidade de existências e coexistências saudáveis. É um hiato na teia das relações humanas. Particularmente, na sociedade brasileira, aprendemos a conviver com o racismo, ignorando-o. Há uma consciência social coletiva a respeito da força do racismo, ele existe. Igualmente, há um senso comum de negação que o sobrepassa a ponto de ocultar seu real poder destrutivo.

No que concerne à organização da sociedade, cada pessoa ocupa seu lugar e age como se recomenda o *script* herdado do colonialismo. Trata-se de uma teatralização da vida ao redor de convivências/conveniências hierarquizadas, predispostas a manter o ritmo da sociedade a serviço do poder hegemônico que resulta do pacto da branquitude. O país da miscigenação fundou-se sob um tipo de convivência humana na qual cada pessoa aprendeu a compreender seu lugar no conjunto do tecido social segundo a cor de sua pele. Quanto mais branco se é, mais nobreza se exala. O esquema da *"Casa-grande e Senzala"* ainda existe, apenas mudaram as modalidades do seu funcionamento.

No caso específico da presente reflexão, optamos por tratar a questão das negritudes como um dos recortes entre os diversos grupos afetados pelo racismo estrutural. As massas marginalizadas, maiormente pretas, sempre ocuparam um "não lugar" social, isto é, a periferia enquanto lugar da sobrevivência, das lutas e das resistências. As periferias físicas e existenciais constituem os "não lugares" autorizados pela branquitude onde pessoas pretas devem e podem existir.

Periferias físicas e existenciais configuram o espaço negativo da subexistência, do submundo, enfim, da tentativa de sobreviver em meio ao caos e à sensação de abandono. Hoje, por mais que favelas, vilas e vielas sejam poetizadas e romantizadas, a realidade desses locais, de maioria preta e periférica, nada tem a ver com os conceitos de igualdade e equidade entre seres humanos. Pessoas negras vivem em meio às desigualdades estruturais sustentadas pela branquitude.

O "não lugar" que as pessoas pretas ocupam na sociedade é o seu espaço de morte paulatina. Para além das mortes diretas, verificadas e noticiadas constantemente por meio de estatísticas, pessoas pretas morrem um pouco a cada dia, em silêncio e sob o silêncio da insensibilidade que lhes nega seu caráter pessoal. Atualmente, ser preto, *grosso modo*, é ser sub-humano. Ainda caminhamos nas trilhas dos resquícios dos tempos coloniais, quando ser negro ou ser animal não era algo passível de diferenciação.

Tendo presente esse preâmbulo, abordaremos o tema da ressignificação das subjetividades negras, no contexto da práxis eclesial católica, através de três reflexões: a *primeira* diz respeito à gênese do racismo estrutural nos tempos coloniais, a enfatizar a relação da Igreja católica com os colonizadores. A *segunda* reflexão será sobre a recuperação da subjetividade e corporeidade negra a partir do ser imagem e semelhança de Deus, cujo significado extrapola questões fenotípicas, isto é, a manifestação da imagem e semelhança de Deus não está ligada à visibilidade dos fatores genéticos. Na *terceira* reflexão, trataremos da descartabilidade da carne negra, que é carne assumida pelo Verbo de Deus no evento da encarnação. Esses três tópicos nos iluminarão a dar passos que sejam factualmente inclusivos no sentido da superação do racismo estrutural, que, explícita ou implicitamente, afeta a sociedade, a cultura e, de igual modo, a Igreja.

Na dinâmica de um mundo que exclui pessoas devido ao matiz de sua pele, a teologia, no seu múnus profético, deve incitar práxis genuinamente cristãs que corroborem a mensagem inclusiva do Verbo Encarnado. Em consonância com o tema do Evangelho de Jesus Cristo, a teologia deve desenvolver uma agenda que contemple as subjetividades negras como seres humanos de igual dignidade.

1. A gênese do racismo estrutural: a colonização e a fé

Simbiose é o termo utilizado pela biologia e pela ecologia para definir o modo de vida de organismos distintos que convivem reciprocamente numa troca de benefícios. Essa troca pode ou não ser prejudicial para uma das partes. O sentido de simbiose aqui utilizado, em âmbito figurado, está associado a relação íntima, interação, vínculo, influência ou acordo.

De tal modo, abordaremos a relação entre a Igreja católica e o universo colonial enquanto propulsores do racismo estrutural que permeia as relações interpessoais de brancos, negros e não brancos. O fenômeno da colonização brasileira, atrelado ao escravagismo legitimado no cerne da relação simbiótica entre os colonos (Coroa Portuguesa) e missionários (Igreja católica), marca as origens da mentalidade racista no Brasil. Sumariamente, o racismo estrutural é a

> formalização de um conjunto de práticas institucionais, históricas, culturais e interpessoais dentro de uma sociedade que frequentemente coloca um grupo social ou étnico em uma posição melhor para ter sucesso e ao mesmo tempo prejudica outros grupos de modo consistente e constante, causando disparidades que se desenvolvem entre os grupos ao longo de um período de tempo.[2]

O racismo, sedimentado na cultura, a partir das suas raízes coloniais, "é uma forma de racionalidade, é uma forma de normalização e de compreensão das relações".[3] Segundo Almeida, o racismo estrutural constitui ações conscientes ou inconscientes.[4] É um fenômeno naturalizado no nosso *modus vivendi*. No Brasil, pessoas negras vivem sob a opressão do

---

2 SOIFER, Steven D.; McNEELY, Joseph B.; COSTA, Cathy L.; PICERKING-BERNHEIM, Nancy. *Community economic development in social work*. New York (NY): Columbia University Press, 2014. p. 451-452.

3 ALMEIDA, Silvio. *O que é racismo estrutural?* 2017. Disponível em: https://www.youtube.com/watch?v=PD4Ew5DIGrU. Acesso em: 2 jul. 2023. (min. 01:46-01:45, 2017)

4 ALMEIDA, Silvio. *O que é racismo estrutural?* 2017. Disponível em: https://www.youtube.com/watch?v=PD4Ew5DIGrU. Acesso em: 2 jul. 2023. (min. 01:58-02:05, 2017)

racismo estrutural naturalizado no transcurso da história, desde as suas origens coloniais, dado que

> isso aconteceu na relação colonizador-colonizado, onde houve uma construção discursiva de depreciação do "outro" – o colonizado. [...] há uma ideia que identifica uma tendência de sobreposição de uma identidade à outra (diferença), sendo a relação de poder e suas tendências as criadoras das fronteiras que imaginam o sujeito negro como inferior ao branco.[5]

A diáspora africana conta com a prévia depreciação das pessoas negras. O fato de serem caçadas, traficadas e embarcadas a contragosto significa que o seu valor humano nunca foi considerado, inclusive em seu solo original. A imposição do branco sobre o negro acontece, num primeiro momento, quando o branco colonizador se sente no direito de posse e de domínio sobre os corpos negros ainda na África. O princípio da inferioridade do negro em relação ao branco é, antes de tudo, construído a partir de uma relação de poder. Nessa relação, o branco se coloca no lugar de quem pode possuir aqueles corpos inferiorizados por uma "diferença" exteriormente física e, concomitantemente, cultural. Nesse processo, a dignidade e a humanidade das pessoas negras são colocadas sob julgamento, pois,

> ao criar uma cisão no mundo, o racismo separa a humanidade entre humanos e sub-humanos, de maneira que fica impossibilitada a reciprocidade fundamental que pressupõe

[5] AQUINO, Diogo. Teologia negra e representatividade da identidade negra: desconstrução das fronteiras do racismo. *In:* ANTÓNIO JOÃO, Emilio Jamba; BUENO, Rogério Donizetti (orgs.). *Teologia e negritude*: os deslocamentos da Teologia a partir das experiências negras. São Paulo: Recriar, 2019. p. 170.

> a dialética para o reconhecimento de si e do outro como sujeito de igual dignidade.[6]

A escravidão não é um acontecimento particular do mundo novo. É um fato comum no transcurso da história. Esse evento, de modo geral, ora mais, ora menos intenso, independe dos tempos, regiões, cor de pele ou modalidades pelas quais acontece. O termo "escravo" acena que o outro escravizado não pertence a si mesmo nem ao grupo social que o domina, é o estrangeiro/forasteiro/sequestrado sem direitos e privilégios, é aquele que se pode explorar.[7] O escravo é posse de alguém que se coloca num lugar superior, de domínio.

No caso específico da escravidão no continente americano, há uma diferença importante em relação a outras formas de escravidão historicamente constatadas ao redor do mundo, trata-se do "nascimento de uma ideologia racista, que passou a associar a cor da pele à condição de escravo".[8]

> "Negro" foi de algum modo uma construção "branca". Mesmo sabendo que a história dos povos africanos não começou com a chegada dos europeus, tampouco com a dos portugueses, é inegável que, com a chegada destes, criou-se um "outro" a partir da perspectiva branca ao denominar os

[6] No artigo *"Teologia negra e cristianismo decolonial"*, a teóloga Cleusa Caldeira aborda a questão da razão branca eurocentrada em vista do perdão e da reconciliação, em termos de ajustamento, sem levar em consideração o colonialismo como principal fratura histórica na intersubjetividade que expulsou o negro da relação dialética em vista da dominação político-econômica. Para acesso ao artigo, conferir lista de referências. Cf. CALDEIRA, Cleusa. Teologia negra e cristianismo decolonial, p. 21.

[7] GOMES, Laurentino. *Escravidão*: do primeiro leilão de cativos em Portugal até a morte de Zumbi dos Palmares. Rio de Janeiro: Globo, 2019. v. 1, p. 70.

[8] GOMES, Laurentino. *Escravidão*: do primeiro leilão de cativos em Portugal até a morte de Zumbi dos Palmares, p. 73.

> sujeitos africanos por "negros". E passou, então, a vigorar uma uniformização imposta pelos europeus e a diversidade humana que deveria ser vista como algo natural passou a ser vista como "uma monstruosidade ou escândalo".[9]

A colonização, no sentido de tomada de posse, não é um fenômeno meramente territorial. Colonizam-se terras ao mesmo tempo que corpos são objetificados de maneira desumana, tornando-se matéria de posse. No movimento da diáspora negra, o branco, colono e superior, apossa-se de corpos negros, tornando-os escravos, considerando-os inferiores. Dessa forma, o racismo estrutural se forja a partir de relações de poder e subjugação, afetando profundamente o *ser* e o *lugar* das pessoas negras traficadas ao "Novo Mundo".

> O fato contundente de nossa história é que somos um país feito por portugueses brancos e aristocráticos, uma sociedade hierarquizada e que foi formada dentro de um quadro rígido de valores discriminatórios. Os portugueses já tinham uma legislação discriminatória contra judeus, mouros e negros, muito antes de terem chegado ao Brasil; e quando chegaram apenas ampliaram essas formas de preconceito.[10]

As fontes perpetradoras do racismo advêm dos posicionamentos da branquitude colonizadora que, em seu afã de domínio e poder, na sua autocompreensão de superioridade,

[9] BUENO, Rogério Donizete. Continente africano: de protagonista na propagação do evangelho a escravizado em nome de Deus. *In*: ANTÓNIO JOÃO, Emiliano Jamba; BUENO, Rogério Donizetti (org.). *Teologia e negritude*: os deslocamentos da Teologia a partir das experiências negras. Recriar: São Paulo, 2019. p. 19.

[10] DA MATA, Roberto. *O que faz o Brasil, Brasil*. Rio de Janeiro: Rocco, 1986. p. 47.

conseguiu deslegitimar o outro pelo dado da sua diferença, inferiorizando-o.

> O discurso europeu sempre destacou o tom da pele como a base principal para distinguir *status* e valor. As noções de "bárbaros", "pagãos", "selvagens" e "primitivos" evidenciam a cosmologia que orientou a percepção eurocêntrica do outro nos grandes momentos de expansão territorial da Europa. [...] o olhar europeu transformou os não europeus em um diferente, e muitas vezes ameaçador, outro.[11]

São muitos os elementos que corroboraram para a legitimação da escravização dos povos negros. O primeiro deles é o social. Em tempos coloniais, a mão de obra gratuita, à custa do trabalho escravo, é licitamente permitida em vista da obtenção de lucros. Há por trás disso uma intenção puramente econômica. Não obstante, não podemos negar a relação simbiótica entre a Igreja e o Estado, na complementaridade dos poderes "espiritual e temporal"[12] que reforçam a ideologia escravagista. Assim, há uma mentalidade religiosa que perpassa os fundamentos do escravagismo no Mundo Novo e, ao mesmo tempo, lhe dá um *status* de legitimidade.

A escravização das negritudes foi um acontecimento rentável e aceito sem questionamentos em todo o mundo, entre os séculos XV e XVIII.[13] Inicialmente, tendo em vista a relação íntima entre Colônia e Igreja, em um contexto escrava-

---

11 BENTO, Cida. *O pacto da branquitude*. São Paulo: Companhia das Letras, 2022. p. 21.

12 BUENO, Rogério Donizete. Continente africano: de protagonista na propagação do evangelho a escravizado em nome de Deus, p. 25.

13 GOMES, Laurentino. *Escravidão*: do primeiro leilão de cativos em Portugal até a morte de Zumbi dos Palmares, p. 338.

gista, podemos afirmar que há uma contradição entre a práxis cristã e a mensagem do Evangelho. Gomes questiona: "Como combinar uma prática tão devastadora, como a escravidão, e os ensinamentos dos Evangelhos, que pregam amor, bondade, justiça, misericórdia e acolhimento do estrangeiro e do diferente?".[14]

No núcleo do movimento colonizador, no Brasil, irrompe o catolicismo, que se alia a esse processo de conquistas num afã evangelizador-missionário. Ingenuidade seria pensar que as ondas coloniais de evangelização/missão se deram de modo a libertar as pessoas negras. Os estigmas que carregamos, enquanto pessoas pretas, devem-se a esse tempo.

> Para a Igreja Católica, as pessoas negras só passaram a ser reconhecidas como pessoas com alma, portanto, seres humanos, a partir de 1741, quando o papa Bento XIV atestava que negros poderiam ser convertidos, como todas as outras raças, ao catolicismo. Pelo racismo construído no imaginário social, que inclusive negava a condição humana às pessoas negras, a Igreja não cogitava que a fé daqueles povos se fundamentasse em uma religião que se consolidava.[15]

O valor formal dos negros para os colonos era a sua força laboral. O negro era considerado um ser sem alma. O negro animalizado poderia ser domesticado, adestrado, mas nunca um protagonista. No Brasil colônia, a escravidão foi vista como benevolência divina ou motivo de agradecimento, a

[14] GOMES, Laurentino. *Escravidão*: do primeiro leilão de cativos em Portugal até a morte de Zumbi dos Palmares, p. 338-339.

[15] SOARES, Denise Rodrigues; SILVA, Suzete Aparecida Gomes; DIAS, Luciene Oliveira. Decolonização da vivência religiosa como estratégia comunicacional. *Revista Extraprensa*, v. 13, n. 2, 2020, p. 80.

partir de critérios religiosos. Um exemplo desse tipo de visão advém da compreensão que Vieira tinha da escravidão.

> Oh! se a gente preta, tirada das brenhas da sua Etiópia, e passada ao Brasil, conhecera bem quanto deve a Deus e a sua Santíssima Mãe por este que pode parecer desterro, cativeiro e desgraça, e não é senão milagre, e grande milagre? Dizei-me: vossos pais, que nasceram nas trevas da gentilidade, e nela vivem e acabam a vida sem lume da fé nem conhecimento de Deus, aonde vão depois da morte? Todos, como credes e confessais, vão ao inferno, e lá estão ardendo e arderão por toda a eternidade. E que, perecendo todos eles, e sendo sepultados no inferno como Coré, vós, que sois seus filhos, vos salveis, e vades ao céu? Vede se é grande milagre da providência e misericórdia divina: *Factum est miraculum, ut Core pereunte, filii illius non perirent.* - Os filhos de Datã e Abiron pereceram com seus pais, porque seguiram com eles a mesma rebelião e cegueira; e outro tanto vos poderá suceder a vós. Pelo contrário, os filhos de Coré, perecendo ele, salvaram-se, porque reconheceram, veneraram e obedeceram a Deus; e esta é a singular felicidade do vosso estado, verdadeiramente milagroso.[16]

Logicamente, existe uma compreensão contextual de salvação futura em relação às pessoas negras. Igualmente, há uma justificativa positiva para a escravidão acoplada ao discurso religioso vigente naquele momento.

> Escravos, estais sujeitos e obedientes em tudo a vossos senhores, não só aos bons e modestos, senão também aos maus e injustos [...] porque nesse estado em que Deus vos pôs, é

[16] VIEIRA, António. *Sermão XIV*, VI, 1633.

> a vossa vocação semelhante à de seu Filho, o qual padeceu por nós, deixando-vos o exemplo que haveis de imitar.[17]

Nesse ínterim, todo tipo de castigo e abuso é religiosamente justificado. Há um assentimento divino preconizado por aqueles que falavam em nome da fé e da Igreja. A consequência dessas e de outras percepções acerca da pessoa preta tem um papel fundamental na categorização negativa das negritudes de ontem e de hoje. O olhar colonizador, seja o político, seja o religioso, desveste os negros da sua dignidade fundamental de ser humano.

> No século XVI, a vasta maioria dos teólogos e dos autores políticos aceitava o uso dos escravos africanos nas colônias europeias como uma necessidade. Defendiam ainda a legitimidade da escravidão como resultado da guerra, das dívidas e da venda pessoal ou de elementos da família, quando havia a carência absoluta de meios de subsistência.[18]

No decurso da história, o racismo se estruturou como fronteira quase intransponível entre negros e brancos. Como reflexo da sociedade colonial brasileira, as estruturas do catolicismo nascente na colônia irrompem carregadas de racismo. O racismo estrutural é real, naturalizado e radical. Está na raiz da nossa composição enquanto sociedade, afetando a compreensão da negritude de modo geral, até mesmo na Igreja.

Em relação à questão da negritude católica hodierna, ainda há muito para se construir em termos de uma teologia

---

[17] VIEIRA, António. *Sermão XIV*, VI, 1633.

[18] BETHENCOURT, Francisco. *Racismos: das cruzadas ao século XX*. São Paulo: Companhia das Letras, 2018. p. 318.

antirracista que seja capaz de demolir o esquema sólido de opressão e discriminação estruturado a partir do séc. XVI. Houve cumplicidade entre a Igreja e a sociedade colonial na gestação da inferiorização dos negros. Passar de teologias neutras à possibilidade de uma teologia antirracista, no catolicismo católico brasileiro, é urgente. Esse passo já foi dado pela teologia negra Norte-Americana. Assumir o lugar das vítimas é um gesto, é uma atitude compassiva e misericordiosa. Segundo o teólogo protestante Cone,

> a teologia jamais pode ser neutra ou não escolher um lado em questões relacionadas à condição das pessoas oprimidas. Por essa razão, ela não pode se envolver em uma conversa a respeito da natureza de Deus sem confrontar os elementos da existência humana que ameaçam a existência de qualquer um como pessoa.[19]

O racismo é uma arquitetura malévola. É um projeto de morte que endossa a discriminação das subjetividades negras. Por se tratar de uma violência estrutural, consciente ou inconscientemente deliberada na sociedade, torna-se um tema que requer estudo e visibilidade.

Como fator social, desde a gênese do Brasil colônia, o racismo estrutural, enquanto construção sociológica, impregnou as relações entre brancos e negros nos diversos setores da sociedade e, de igual modo, embebeu as estruturas da Igreja católica. Entenda-se que nos referimos à porção humana que compõe as estruturas da Igreja católica. A Igreja é composta por seres sociais que, em grande ou pequeno número, a depender de onde esteja presente,

[19] CONE, James H. *Teologia Negra*. São Paulo: Recriar, 2020. p. 56.

podem ser racistas. O racismo internalizado nas mentalidades brancas que compõem a Igreja se reflete na teia de relações presente em seu interior. O racismo estrutural reverbera na Igreja a modo de relações conscientemente racistas ou não.

Atualmente, com propósitos de resistência e de afirmação, no cerne da luta antirracista, pessoas e grupos têm se posicionado contra o racismo. Diversas áreas do saber, por meio dos seus interlocutores, têm se proposto como veículos da luta antirracista. No caso específico da teologia católica, recuperar a humanidade das subjetividades negras é dar-lhes o seu *status* de imagem e semelhança de Deus, pessoas indistintamente abertas à plenitude do dom da vida.

2. Ser negro(a) é ser imagem e semelhança de Deus (negro?)

A dignidade humana é comum a todas as pessoas. O sentido de dignidade aqui enfatizado diz respeito às qualidades próprias do ser humano, enquanto atributos morais, que incitam respeito. Todo ser humano é digno de respeito. Tendo em vista a antropologia veterotestamentária do Gênesis, é básico afirmar que homens e mulheres foram criados à imagem e semelhança de Deus.

Uma mentalidade genuinamente cristã desconhece diferenças raciais. O olhar de Jesus de Nazaré não vê aparências ou exterioridades. Por conseguinte, esse deve ser o olhar dos que o seguem. Na experiência cristã, à luz da encarnação da Palavra, a dignidade humana reside no fato de que todas as pessoas, independentemente das nuances de diversidade que possam apresentar, em relação aos elementos básicos que as constituem como seres humanos, são indistintamente imagem e semelhança de Deus. O protótipo perfeito de imagem e semelhança de Deus é o próprio Cristo, e nele não há mais judeu ou grego, escravo ou livre, homem ou mulher, pois todos *nós somos* um só, em Cristo Jesus (cf. Gl 3,28).

Afirmar a negritude de Deus assusta muito mais do que afirmar sua feminilidade. Compreender o feminino como imagem e semelhança de Deus, hoje em dia, não causa tanta polêmica quanto a afirmação de que Deus também é negro, de que o rosto de Deus pode ser negro. A mulher branca é imagem e semelhança de Deus. Isso não causa escândalo. Todos compreendem. A mulher negra é descartada na sua feminilidade e tampouco se assemelha a Deus na cor da sua pele. Eis a parcialidade. A feminilidade da mulher negra coaduna com uma cor que não pode ser divina. Essa contenda é apenas um exemplo que nos ajuda a compreender o problema da cor da pele. Ideologicamente, Deus pode ser mulher, só não pode ser negro, muito menos mulher negra.

O ser humano criado é imagem e semelhança de Deus. O racismo estrutural marginaliza seres humanos, fora e, consequentemente, dentro da Igreja. Corpos negros, de diversos modos violentados, configuram uma tarefa para a teologia atual. Pessoas pretas, segregadas de múltiplos ambientes sociais, portam o estigma da deslegitimação do seu caráter de humanidade. Nos ambientes de fé, quando se trata dos pretos, particularmente no cenário eclesial brasileiro, é perceptível que as subjetividades negras nem sempre são vistas como *imagem e semelhança de Deus*. Há uma tendência à dissociação da pessoa negra da sua humanidade e, ao mesmo tempo, da sua filiação divina. Ao não se contar com uma cidadania social, um reconhecimento civil que lhe garanta direitos, não se postula também uma cidadania eclesial. É como se o preto só pudesse ser cristão pela metade.

A construção científica e social de raça subjugou negros e negras à mercê de suas próprias sortes. Falar de salvação numa perspectiva escatológica e de esperança, sob a tutela de uma fé colonial embranquecida, tende apenas a reforçar um imaginário religioso no qual as pessoas negras nasceram para sofrer nesta terra. A salvação seria apenas a recompensa pela conversão mediante o sofrimento, num pós-vida, pois Deus permitiu que houvesse *"senhores"* (brancos) e *"escravos"* (pretos). Essa é a herança da fé colonial que nos foi transmitida e que, com *status* de legitimidade, validou a escravidão e ajudou a solidificar as raízes do racismo estrutural.

Como ressignificar a dignidade humana e o lugar dos corpos negros no cenário da fé? O evangelho que nos foi transmitido foi limitadamente assumido numa perspectiva patriarcal, caucasiana, europeia, e, por meio dele, tentou-se justificar a paixão e o sofrimento dos coletivos negros até hoje massacrados. Daí nasce a necessidade, na Igreja católica, de teologias que insistam que Deus não é indiferente ao sofrimento dos negros.

> Em uma sociedade racista, Deus nunca é indiferente à cor. Dizer que Deus é indiferente à cor é o mesmo que dizer

> que Deus não vê a justiça e a injustiça, o certo e o errado, o bem e o mal. [...] O Deus da tradição bíblica não deixa de se envolver ou fica neutro em relação às questões humanas; Deus, com absoluta certeza, se envolve. O Senhor é ativo na história da humanidade, ficando do lado dos oprimidos na terra. Se Deus não se envolve na história da humanidade, então toda a teologia é inútil, e o cristianismo em si é uma zombaria, uma diversão vazia e sem sentido.[20]

O sangue negro, cotidianamente derramado, irrompe como um pedido de justiça social. Na dimensão da fé, o preconceito e o racismo estrutural se tornam um clamor para a teologia atual. Ainda que a exclusão das negritudes tenha sido naturalizada, a sensibilidade teológica tem forças suficientes para fazer ressoar a contestação do Senhor Adonai: "Que fizeste? A voz do sangue do teu irmão, desde o solo, clama a mim" (Gn 4,10). De modo mais enfático, no contexto da reflexão teológica atual, há de se pensar em práxis que não desvinculem o sofrimento das negritudes da paixão do Senhor.

O empenho em vista de produções teológicas antirracistas que denunciem o derramamento genocida do sangue das negritudes e realoquem as pessoas pretas nos seus lugares de filhos e filhas de Deus é urgente. A necropolítica atrelada à sistematização do racismo estrutural não pode continuar contando com o silêncio religioso.

O sofrimento alheio é ponto de partida para a conscientização da responsabilidade que temos pelo próximo. Há pretos e pretas morrendo e, sobre isso, o que dizer teologicamente? Qual poderia ser o discurso teológico sobre

[20] CONE, James H. *Teologia Negra*, p. 58-59.

os aproximados 338 anos de escravidão que movimentou a máquina assassina colonizadora no Brasil e, muitas vezes, foi amparada pela própria Igreja? O que dizer, teologicamente, dos 135 anos de ilusão abolicionista que nunca incluiu nem integrou o povo preto nas sociedades? Será possível construir uma teologia que parta da memória da diáspora dos pretos? Há espaço para uma teologia tipicamente negra que contemple a escravização, a escravidão, as senzalas, os troncos, as perseguições, os quilombos, os estupros, as diferentes identidades étnicas africanas massacradas e os seus assassinatos? Coletivos negros têm sido dizimados, e as modalidades do assassínio são, na maioria das vezes, justificadas e justificáveis na e pela sociedade. Um(a) preto(a) a menos não faz falta! Essa é a leitura correta das entrelinhas do racismo atual. O sistema continua sendo eugenista.

Ao abordar os conflitos da corporeidade e da subjetividade negra, objetivamos trazer para a reflexão teológica alguns elementos das vidas pretas, cujas lutas reivindicam o seu direito de *ser entre iguais*, imagem e semelhança de Deus. Superar o racismo estrutural, como pecado pessoal e social, é um convite à reconciliação com pessoas que, por séculos, têm sido estigmatizadas. Ser antirracista é compreender que o olhar cristão é capaz de redescobrir no outro aquilo que o preconceito não deixa ver. Uma teologia antirracista possibilita o esforço acadêmico de encarnação na realidade concreta e sofrida das subjetividades negras como meio de denúncia das atrocidades que acontecem e como proposta real de reparação.

3. A carne mais barata do mercado é a carne negra[21]

Jesus Cristo é o ponto nevrálgico que rompe com a discriminação injusta imposta sobre determinados grupos de seu tempo. Sua mensagem atualizada deveria tensionar pessoas que se dizem cristãs e não vivem o mandamento do *amor ao próximo como a si mesmo*. O próximo, na perspectiva do olhar cristão, não tem cor, não tem raça, não possui etnia, é simplesmente o próximo, é outro ser humano que convida a uma relação entre iguais.

A pessoa de Jesus é convite à relação com o próximo, a uma relação realmente amorosa, isto é, agápica, gratuita e recíproca. O amor-ágape inclui, traz para o centro da comunidade aqueles que estão às margens dela. É um tipo de amor que, desde a prática, pode resgatar e vivificar, ao contrário das formas de "amor-seletivo" percebidas em mentalidades tipicamente racistas.

O racismo estrutural, desdobrado em variadas formas de preconceitos, é o "antiamor" cristão. Nas suas formas mais extremas, é o ódio e o desejo de exterminar aqueles que são indesejáveis em determinadas sociedades ou grupos. Sua forma mais tênue advém, de antemão, do olhar estereotipado sobre o outro, que é diminuído e desumanizado pela sua aparência. A exterioridade marcada pela cor da pele mais escura, pelo cabelo crespo, enfim, os traços que definem uma pessoa negra são, *a priori*, o atestado de rejeição diante de um olhar racista.

---

[21] O título deste tópico é uma analogia à música *"A carne"*, composta por Marcelo Fontes do Nascimento Santana (Marcelo Yuca), Seu Jorge e Ulisses Cappelletti, sendo originalmente lançada em 1998. A música alcançou maior repercussão ao ser regravada pela cantora afro-brasileira Elza Soares e relançada em 2002.

Aterrissar o tema do racismo estrutural nos espaços de reflexão eclesial é uma forma de dizer que não basta que a Igreja católica se afirme não racista. É necessário que ela se afirme como antirracista.

Há sistemas discriminatórios ainda vigentes e com muita força de articulação.[22] Atualmente, a segregação é cada vez maior, com muito mais visibilidade e por conta de "diferenças" que não deveriam diminuir pessoa alguma na sua humanidade. Para sermos "todos irmãos", faz-se necessário superar desigualdades advindas de preconceitos estruturados no âmago das culturas. Esses têm como função primordial apenas estereotipar aqueles e aquelas que deveriam ser incluídos na sociedade, na perspectiva de igualdade e equidade globais.

> Muitas vezes, os últimos da sociedade foram ofendidos com generalizações injustas. Se às vezes os mais pobres e os descartados reagem com atitudes que parecem antissociais, é importante compreender que, em muitos casos, tais reações têm a ver com uma história de desprezo e falta de inclusão social.[23]

---

[22] "Atualmente existem quase mil grupos extremistas em atividade nos Estados Unidos, informa a Southern Poverty Law Center [SPLW – Centro de Direito da Pobreza do Sul, em português], organização não governamental (ONG) que monitora movimentos radicais, divididos em categorias como de supremacia branca, de ódio, neonazistas, neoconfederados, skinheads (cabeças rapadas), separatistas negros, antimuçulmanos e milícias antigovernamentais, além de adeptos da Identidade Cristã". Disponível em: https://agenciabrasil.ebc.com.br/internacional/noticia/2017-09/levantamento-mostra-que-ha-917-grupos-radicais-em-acao-nos-estados. Acesso em: 16 mai. 2023. *Nota do autor:* Apesar de a estatística ser atribuída ao território norte-americano, esses movimentos encontram espaço para serem facilmente replicados em solo brasileiro ou em outras localidades, principalmente por causa da velocidade atual da troca de informações.

[23] FRANCISCO, Papa. Carta encíclica *Fratelli Tutti*, n. 234.

A história de desprezo e a falta de inclusão social das negritudes configuram um apelo ao pensar teológico atual. Demanda-se um esforço contínuo da reflexão e da práxis religiosa em reparar os danos causados pelo suporte dado às sociedades escravagistas, em termos de legitimação da inferioridade das pessoas negras.

A carne de Jesus de Nazaré, que revela o entranhar-se compassivo de Deus na história humana, é ponto a partir do qual deveríamos reler e ressignificar as carnes preteridas das nossas sociedades nas suas narrativas mais profundas. Mesmo quando adquirimos consciência de que a carne de Jesus de Nazaré se uniu às carnes sofridas de seu tempo, continuamos a classificar a carne negra como a mais barata do mercado. A carne negra continua sendo coisa, coisa descartável: "a carne mais barata do mercado é a carne negra *(só-só cego não vê), que vai de graça pro presídio, e para debaixo do plástico, e vai de graça pro subemprego, e pros hospitais psiquiátricos [...]" (Trecho da música "A carne").*

Os corpos negros são, há muito tempo, matéria comercial pronta para o uso e para o descarte.

> O corpo negro ainda é a base para as inserções do racismo e discriminação na sociedade e também se figura como lócus da construção da identidade do negro, porém, ele deve negar sua cor e sua identidade para que tenha condições de pertencer à sociedade em que está inserido.[24]

[24] FERREIRA, Geniane Diamante; ALVES, Érica Fernandes. O corpo negro como lócus da negação da identidade. *Graphos*, Universidade Federal da Paraíba, v. 20, n. 2, p. 175-189, 2018. ISSN 1516-1536, e-ISSN 2763-9355. Disponível em: https://periodicos.ufpb.br/index.php/graphos/article/view/44131/22091. Acesso em: 5 mar. 2024. p. 188.

A pessoa inferiorizada deixa de ser vista como imagem e semelhança de Deus e se torna parte da cultura do descarte que

> assume formas abjetas, as quais julgávamos já superadas, como o racismo, que se dissimula, mas não deixa de reaparecer. Novamente nos envergonham as expressões de racismo, demonstrando, assim, que os supostos avanços da sociedade não eram assim tão reais, nem estão garantidos para sempre.[25]

Retomar a centralidade da encarnação de Jesus é perceber que, diante das demais carnes fragilizadas pelos sistemas que matam, deparamo-nos com a sacralidade do outro. Uma vez que o cristianismo colonizador ocidental apresentou um Jesus branco, a imagem da Trindade, cevada na branquitude, tornou-se um paradigma possibilitador da exclusão. Ser branco como Deus torna-se sinônimo de poder e dominação, principalmente se a chave de leitura recai sobre antagonismos: o branco é bom e o seu oposto (negro/preto) é ruim. O que é ruim deve ser excluído. A branquitude da carne de Jesus, estampada nas imagens e quadros europeus, é uma zona de conflito. No imaginário cultural, muitas pessoas associam esse elemento à ideia da "natureza branca" de Deus. Se é possível afirmar um Deus branco, afirmar o oposto indica algo sacrílego. Ao pensar assim, ressalta-se o sofrimento e a exclusão de pretos e pretas devido a um sentir religioso hegemonicamente caucasiano.

---

[25] FRANCISCO, Papa. Carta encíclica *Fratelli Tutti*, n. 20.

A provocação contida no título deste tópico diz que "a carne mais barata do mercado é a carne negra". Se, em termos teológicos, podemos falar de igualdade, de uma mesma dignidade entre os seres humanos, em termos práticos, podemos afirmar que já não vivemos a justiça original, e é lícito matar aqueles que não se encaixam na lógica da branquitude.

O vocábulo "carne" encontra sua força quando associado à dimensão carnal de Deus, manifestada na encarnação da Palavra, associada à exposição do sofrimento dos corpos negros nas suas "vias-crúcis" hodiernas.

"E a Palavra se fez carne e veio morar entre nós" (Jo 1,14). A tenda de Deus, sua morada, é no meio do seu povo. Aprouve a Deus habitar entre nós, como ponto mais alto da Revelação que ele quis fazer de si mesmo, abraçando generosamente a humanidade por meio da encarnação da Palavra. A carne de Jesus antagoniza os desencontros. É por meio dela, da pessoa Jesus de Nazaré, homem-Deus, que se pode afirmar que não há espaço para segregações no cristianismo; "portanto, não há diferença entre judeu e grego" (Rm 9,12).

Jesus Cristo é o ponto de convergência de todos os povos. Infortúnio é o fato pelo qual constatamos que, constantemente, o racismo à baila parte de pessoas ou de conjunturas cristãs. Não há como desarticular, simbolicamente, os sofrimentos das negritudes da paixão do Senhor. Os coletivos negros conformam um corpo vitimado, uma carne injustiçada.

Ressignificar a negritude e superar o racismo estrutural constitui uma tarefa complexa. Num primeiro momento, podemos afirmar que nem toda sociedade está preparada para devolver aos negros o seu *status* de sujeito. Existe um modo de pensar, historicamente arraigado em muitas sociedades do

Ocidente, baseado em que o negro só pode ser considerado pessoa em situação de defasagem. Surpresa e espanto são notoriamente percebidos quando alguma pessoa preta alcança o primeiro lugar em algo. Pretos sempre foram vistos no último lugar.

Num segundo momento, os próprios pretos sofrem de baixa autoestima. Na maior parte do tempo, tudo foi construído para os brancos, inclusive os lugares propriamente habitáveis. Os negros sempre estiveram às margens. Trata-se do feio, do antiestético, do impróprio, do tolo, enfim, daquele que sempre deve estar no final. Resgatar com orgulho a identidade negra, afirmar-se em primeira pessoa, a partir do reconhecimento do valor próprio e do direito de ser quem é, com traços e costumes próprios, é um exercício difícil para as populações negras que quase nunca tiveram a possibilidade de exercer autonomia.

Negros e negras ainda são caçados como animais. A temporada de caça está sempre aberta. Atualmente, o racismo está cada vez mais explícito. Quando não é explícito, torna-se um dos exercícios do anonimato virtual. Destarte, erradicar o racismo estrutural não é uma demanda tranquila. As raízes desse tipo de preconceito são culturalmente profundas e perpassam diversos ambientes da sociedade que tão bem as absorveram e as deixaram expandir-se. A carne mais barata do mercado continua a ser negra.

Considerações finais: ser negro é ser humano

A ideia do "Deus branco", sustentada pelo espírito colonizador branco e eurocêntrico, exclui as filhas e filhos pretos do "testamento da salvação". Ao incluí-los na "família" de fé, por finalidades catequéticas ou por se lhes reconhecer uma alma, não é demasiado dizer que eles e elas não se sentam à mesa, continuam como animais à espera das migalhas que lhes caem ou sobram da mesa do patriarcado branco.

O êxodo negro, da África para o mundo, foi forçado e desumano. O olhar do branco sobre o negro, desde os primórdios da relação colonizadora, sempre se deu na perspectiva do sujeito *vs*. objeto. Por meio dessa lógica, o povo negro é o objeto barato e descartável. Sob a égide da utilidade, o negro é aquele que se usa e se joga fora, pois, se não serve, torna-se insignificante.

Uma séria leitura bíblica, sem pretensões a qualquer tipo de manipulação, jamais suporá a existência de diferença entre indígenas, brancos, pretos, pardos ou demais nuances de pele, no que tange a suas humanidades. O fator humano antecede a qualquer tipo de classificação. Qualquer teologia instrumentalizada que se utilize da tentativa de sustentar a soberania ou a nobreza de uma raça sobre outra, pautando-a pela cor da pele, é legitimamente falsa. Toda a instrumentalização evangélica do passado, em termos de catequese e doutrinação, que ajudou a subjugar *os povos negros* nada tem a ver com o tema do Evangelho de Jesus. Corrigir os resquícios nefastos desse momento e dessa visão hegemonicamente branca, que impossibilitou aos negros o acesso ao sentido ágape da inclusão, é parte inerente da missão evangelizadora da Igreja.

Vimos que, a partir do livro do Gênesis (Gn), se intuem alguns delineamentos básicos da antropologia cristã. Nessa perspectiva, à luz da fé, o dado da criação tem grande importância no que concerne à criação do gênero humano. A iniciativa é do Criador, é Deus quem diz "façamos um ser humano à nossa imagem e segundo nossa semelhança" (Gn 1,26). Logo, o ser humano criado é concebido como imagem e semelhança do Criador, "e Deus criou o ser humano à sua imagem, à imagem de Deus o criou, homem e mulher os criou" (Gn 1,27). Segundo essa compreensão bíblica, não há como justificar, na teologia da criação, que existam seres humanos criados para serem superiores ou inferiores. Não existe a possibilidade de ser mais ou menos imagem e semelhança de Deus como dado direto da criação. Refletir ou não essa imagem e semelhança é questão pessoal. Categorizar uma pessoa, um grupo ou um povo como inferior escapa do que poderíamos considerar teologicamente correto e humanamente digno. A diminuição de qualquer grupo é uma estratégia de poder e de domínio que, além de visar sua subalternização, possibilita sua eliminação, configurando-se, assim, intenções eugenistas.

> A eugenia emergiu no início do século XX como um movimento científico e social fortemente associado às teorias raciais e evolutivas em voga no período, sobretudo aquelas relacionadas ao racismo científico e ao darwinismo social. Em tempos de expansão do imperialismo europeu e das ideologias nacionalistas, as teorias eugênicas consolidavam a crença na existência de raças superiores e inferiores e na possibilidade de empregar a ciência e a técnica para eliminar as imperfeições humanas e apressar o processo de evolução biológica das futuras gerações.[26]

[26] DE SOUZA, Vanderlei. Eugenia, racismo científico e antirracismo no Brasil: debates sobre ciência, raça e imigração no movimento eugênico brasileiro (1920-1930). *Revista Brasileira de História*, v. 42, n. 89, p. 1-23, jan./abr. 2022. DOI: 10.1590/1806-93472022v42n89-06. Disponível em: https://www.researchgate.net/publication/358955732_Eugenia_racismo_cientifico_e_antirracismo_no_Brasil_debates_sobre_ciencia_raca_e_imigracao_no_movimento_eugenico_brasileiro_1920-1930. Acesso em: 16 jan. 2024. p. 2.

O racismo, atrelado a ideias eugenistas, cria movimentos que tendem à eliminação do outro considerado de raça inferior. A segregação em guetos, a exclusão do acesso à educação de qualidade, a supressão de oportunidades, de espaços e lugares de fala, entre outros elementos, é resultado do racismo estrutural e eugenista que persiste ainda hoje. São formas de eliminar o outro. São formas de violência corriqueiras e cotidianas que minam o próximo na sua essência, impossibilitando-o em sua autonomia e liberdade. O ápice dessa violência é o assassinato.

A pergunta pelo lugar da teologia em relação às negritudes, nas suas situações de opressão, remete-nos a Cone, que perguntava:

> Se Deus é aquele que libertou Israel da escravidão do Egito, que apareceu em Jesus como o curador dos doentes e o ajudador dos pobres, aquele que hoje está presente como o Santo Espírito de libertação, então, por que as pessoas negras ainda estão vivendo em condições miseráveis, sem poderes políticos e econômicos que determinem o seu destino histórico?[27]

Assim, não há como discursar sobre igualdade, equidade e dignidade em relação à pessoa negra, *imago Dei*, pela constatada situação de desigualdade e opressão na qual se encontra, dos tempos da escravidão até os dias atuais.

> O sofrimento dos negros durante a escravidão é profundo demais para palavras. Esse sofrimento não terminou com

[27] CONE, James H. *God of oppressed*. New York: Maryknoll, 1997. p. 150.

> emancipação. A violência e a opressão da supremacia branca assumiram formas diferentes e empregaram diferentes meios para atingir o mesmo fim: a subjugação do povo negro.[28]

Muito tempo se passou desde a colonização das Américas. Conhecemos a história do êxodo forçado das massas negras da África rumo à escravidão no Ocidente. Hoje, no que concerne à questão migratória, também observamos um processo exodal cuja narrativa não é sobre liberdade, e sim sobre fuga da fome, da guerra e das doenças, isto é, fuga do que lhes sobrou depois de terem sido colonizados. Nada! Há vidas negras em risco na busca de melhores condições de vida. Ainda há navios negreiros atravessando os mares.

Considerar a questão histórica dos povos negros, numa perspectiva teológica, ajuda-nos a ponderar que Deus perpassa a história das negritudes como fonte de esperança e abertura para um futuro melhor. Abordagens teológicas que tenham como objeto de reflexão a questão das negritudes devem ponderar a historicidade das narrativas negras como processos pontuais de sofrimento, no ontem e no hoje, dando margem à proposição de um horizonte de esperança escatológica para o futuro. "Falar de história em termos escatológicos é falar da promessa que encerra a palavra libertadora de Deus, revelada em seu futuro, e ativa em nosso presente, derrocando os poderes do mal que mantêm o homem cativo".[29]

---

28 CONE, James H. *The cross and the lynching tree*. New York: Maryknoll, 2011. p. 2.

29 CONE, James H. El contexto social de la teología: libertad, historia, y esperanza. *In*: FREIRE, Paulo; BODIPO-MALUMBA, Eduardo I.; CONE, James H.; ASSMANN, Hugo. *Teología negra*: teología de la liberación. Salamanca: Sígueme, 1974. p. 66.

O esforço de passar do descarte ao encontro, isto é, do muro à ponte, no contexto pós-colonial, ainda é pequeno. A mentalidade colonizadora que, todavia, vigora impede que negros vislumbrem portas de acesso ao que é básico para bem viver. Negros e negras brasileiros padecem sob a dúvida do seu próprio porvir.

A redução do outro, o racismo, o preconceito, entre outras formas de opressão, são formas de escravizar. O problema irrompe quando concluímos que, muitas vezes, no contexto brasileiro, essas atitudes vêm de ambientes tipicamente cristãos e de brancos cristãos. De nada adianta um discurso que favoreça o advento de um Deus libertador ao não purificarmos as estruturas das instituições de fé impregnadas pelo racismo estrutural.

> Os negros não precisam de títulos em teologia ou em filosofia para saber que há algo neste mundo que não anda bem. [...] os negros, na América e em outras partes, consideram que o problema da opressão é muito mais complexo. Qualquer análise que omita o estudo do racismo, esse demônio tão profundamente incrustado no ser do branco, resulta, *ipso facto, inadequado.*[30]

Não existe esta ou aquela pessoa ou um determinado grupo que possa afirmar em maior ou menor grau a questão da imagem e semelhança, tampouco diminuir outras pessoas. A pessoa humana é *imago Dei*, é criatura à imagem de Deus, e, "por ser à imagem de Deus, o indivíduo humano tem a dignidade de pessoa: ele não é apenas uma coisa, mas alguém.

[30] CONE, James H. El contexto social de la teología: libertad, historia, y esperanza, p. 76.

É capaz de conhecer-se, de possuir e de doar-se livremente e entrar em comunhão com outras pessoas [...]".[31]

Em relação à dignidade própria de todos os seres humanos, todos possuem uma radical igualdade e não podem ser diferenciados por questões de raça, nação, cultura, sexo ou classe.[32]

A Igreja tem como missão construir espaços para a afirmação das identidades negras preteridas pela sua cor, pela sua corporeidade, pelas suas expressões culturais, enfim, pelas suas subjetividades tipicamente pretas. A cor da pele não pode ser um empecilho para a manifestação das múltiplas identidades negras.

Negros e negras devem afirmar sua cor, suas identidades, e se consolidarem como partes da sociedade com os mesmos direitos dos demais. O corpo negro não pode ser negado nem aniquilado. O seu único modo de afirmação deve ser a partir do que ele é e representa, com toda sua força ancestral.

Quando o Papa Francisco apresentou sua carta encíclica *Fratelli Tutti*, ele enfatizou que "a existência de cada um de nós está ligada à dos outros: a vida não é tempo que passa, mas tempo de encontro".[33] Deste modo, voltar o olhar para a questão do racismo estrutural é perceber que é necessário fomentar a cultura do encontro. Mudar o paradigma da *"casa-grande e senzala"* para o paradigma do espaço onde nos compreendamos como seres interligados, a "casa comum", é o esforço evangélico e teológico requerido para hoje, conscien-

---

[31] COMPÊNDIO DA DOUTRINA SOCIAL DA IGREJA, n. 108.

[32] COMPÊNDIO DA DOUTRINA SOCIAL DA IGREJA, n. 144.

[33] FRANCISCO, Papa. Carta encíclica *Fratelli Tutti*, n. 66.

tes de que "gozamos de um espaço de corresponsabilidade capaz de iniciar e gerar novos processos de transformações".[34]

A Igreja católica no Brasil tem por missão o reconhecimento dos prejuízos que causou ao povo negro ao longo dos tempos coloniais e posteriores. E, por isso, deve ser a primeira promotora da igualdade, da equidade, a partir das periferias existenciais onde abundam o preconceito, o racismo e a discriminação.

Reconstruir o espaço de relações tipicamente humanas, que não comportam a exclusão pela diferença, mas que cooperam para o bem, pode ampliar o nosso alcance pastoral e teológico em vistas de um movimento eclesial antirracista. Assim sendo, como forma de inclusão e de respeito às subjetividades negras estigmatizadas, descobriremos que

> precisamos comunicar, descobrir as riquezas de cada um, valorizar aquilo que nos une e olhar as diferenças como possibilidades de crescimento no respeito por todos. Torna-se necessário um diálogo confiante, para que as pessoas, as famílias e as comunidades possam transmitir os valores da própria cultura e acolher o bem proveniente das experiências alheias.[35]

A teologia nos ajuda a sonhar e a construir um mundo em que a cor da pele não é a marca da diferença e da distância. Um mundo no qual as vítimas são restituídas naquilo que lhes foi tirado. Uma teologia antirracista nos ajuda a sonhar um mundo no qual a maioria dos cristãos possa compreender que vidas negras importam e que isso não é questão de sobrepor

[34] FRANCISCO, Papa. Carta encíclica *Fratelli Tutti*, n. 77.

[35] FRANCISCO, Papa. Carta encíclica *Fratelli Tutti*, n. 134.

as vidas negras a outras vidas e existências vitimadas, mas de afirmar, como resistência, que a dor historicamente infringida ainda não foi reparada.

Referências bibliográficas

ALMEIDA, Silvio. *O que é racismo estrutural? 2017*. Disponível em: https://www.youtube.com/watch?v=PD4Ew5DIGrU. Acesso em: 2 jul. 2023.

ANTÓNIO JOÃO, Emilio Jamba; BUENO, Rogério Donizetti (orgs.). *Teologia e negritude:* os deslocamentos da Teologia a partir das experiências negras. São Paulo: Recriar, 2019.

AQUINO, Diogo. Teologia negra e representatividade da identidade negra: desconstrução das fronteiras do racismo. *In*: ANTÓNIO JOÃO, Emilio Jamba; BUENO, Rogério Donizetti (orgs.). *Teologia e negritude*: os deslocamentos da Teologia a partir das experiências negras. São Paulo: Recriar, 2019.

BENTO, Cida. *O pacto da branquitude.* São Paulo: Companhia das Letras, 2022.

BETHENCOURT, Francisco. *Racismos*: *das cruzadas ao século XX*. São Paulo: Companhia das Letras, 2018.

BUENO, Rogério Donizete. Continente africano: de protagonista na propagação do evangelho a escravizado em nome de Deus. *In*. ANTÓNIO JOÃO, Emiliano Jamba; BUENO, Rogério Donizetti (org.). *Teologia e negritude:* os deslocamentos da Teologia a partir das experiências negras. Recriar: São Paulo, 2019.

CALDEIRA, Cleusa. Teologia negra e cristianismo decolonial. *Interações*, Belo Horizonte, Brasil, v. 17, n. 1, p. 15-32, jan./jun. 2022. ISSN 1983-2478. Disponível em: http://periodicos.pucminas.br/index.php/interacoes/article/view/26471. Acesso em: 18 abr. 2023.

COMPÊNDIO DA DOUTRINA SOCIAL DA IGREJA, 2005.

CONE, James H. El contexto social de la teología: libertad, historia, y esperanza. *In*: FREIRE, Paulo; BODIPO-MALUMBA, Eduardo I.; CONE, James H.; ASSMANN, Hugo. *Teología negra*: teología de la liberación. Salamanca: Sígueme, 1974.

CONE, James H. *God of oppressed*. New York: Maryknoll, 1997.

CONE, James H. *Teologia Negra*. São Paulo: Recriar, 2020.

CONE, James H. *The cross and the lynching tree*. New York: Maryknoll, 2011.

DA MATA, Roberto. *O que faz o Brasil, Brasil*. Rio de Janeiro: Rocco, 1986.

DE SOUZA, Vanderlei. Eugenia, racismo científico e antirracismo no Brasil: debates sobre ciência, raça e imigração no movimento eugênico brasileiro (1920-1930). *Revista Brasileira de História*, v. 42, n. 89, p. 1-23, jan./abr. 2022. DOI: 10.1590/1806-93472022v42n89-06. Disponível em: https://www.researchgate.net/publication/358955732_Eugenia_racismo_cientifico_e_antirracismo_no_Brasil_debates_sobre_ciencia_raca_e_imigracao_no_movimento_eugenico_brasileiro_1920-1930. Acesso em: 16 jan. 2024.

FERREIRA, Geniane Diamante; ALVES, Érica Fernandes. O corpo negro como lócus da negação da identidade. *Graphos*, Universidade Federal da Paraíba, v. 20, n. 2, p. 175-189, 2018. ISSN 1516-1536, e-ISSN 2763-9355. Disponível em: https://periodicos.ufpb.br/index.php/graphos/article/view/44131/22091. Acesso em: 5 mar. 2024.

FRANCISCO, Papa. Carta encíclica *Fratelli Tutti:* sobre a fraternidade e a amizade social. São Paulo: Paulus, 2021.

GOMES, Laurentino. *Escravidão:* do primeiro leilão de cativos em Portugal até a morte de Zumbi dos Palmares. Rio de Janeiro: Globo, 2019. v. 1.

SOARES, Denise Rodrigues; SILVA, Suzete Aparecida Gomes; DIAS, Luciene Oliveira. Decolonização da vivência religiosa como estratégia comunicacional. *Revista Extraprensa*, v. 13, n. 2, 2020.

SOIFER, Steven D.; McNEELY, Joseph B.; COSTA, Cathy L.; PICERKING-BERNHEIM, Nancy. *Community economic development in social work*. New York: Columbia University Press, 2014.

VIEIRA, António. *Sermão XIV*, VI, 1633.

OS ACHADOS DA PESQUISA SOBRE EXU-MULHER: Como narrativas hegemônicas demonizaram e masculinizaram os princípios dinâmicos de Exu

Claudia Alexandre[1]

Introdução

Diversos estudos sobre o processo violento e desumanizante que provocou a diáspora negro-africana para as Américas, por meio da escravização de milhões de corpos negros, e, da mesma maneira, o extermínio de centenas de povos indígenas têm destacado as consequências da supremacia e dominação europeia sobre existências que sofreram o esvaziamento de seus conhecimentos, tecnologias e formas organizacionais de relação com o mundo. A partir do século XVI, quando se inicia, para o Brasil, o mais longo sistema escravista, que durou 300 anos, pelo menos cinco milhões de homens e mulheres de várias partes do continente africano fo-

[1] Jornalista, doutora em Ciência da Religião (PUC-SP); mestra em Ciência da Religião (PUC-SP); pós-doutoranda em Antropologia Social (USP-SP). Autora do livro *Exu-Mulher e o Matriarcado Nagô: sobre masculinização, demonização e tensões de gênero na formação dos candomblés* (Ed. Aruanda, 2023).

ram transportados, vendidos, trocados como mercadoria, para trabalharem forçadamente por aqui, ajudando a construir uma sociedade que, mesmo tendo abolido a escravidão em 1888, não conseguiu reparar ou eliminar suas formas de relações sociais escravistas[2] até os dias de hoje.

É importante lembrar que, durante esse longo período nefasto da história, a supremacia branca foi forjada por um processo social e econômico no qual, inquestionavelmente, a Europa tornou o Ocidente a norma universal à custa dos africanos. Isso significou a "construção da imagem do europeu como o mais civilizado e do africano como seu espelho negativo, isto é, como primitivo, supersticioso, incivilizado, aistórico e assim por diante".[3] Seria aquilo para que a filósofa Sueli Carneiro nos chamou atenção sobre o Eu hegemônico construindo o Outro no mundo, a partir da "noção de dispositivo de racialidade/biopoder apresentando um duplo processo: da produção social e cultural da eleição e subordinação racial e dos processos de produção de vitalismo e morte informados pela filiação racial".[4] É dessa articulação do dispositivo de racialidade ao biopoder, com base foulcautiana, que a autora sugere emergir um mecanismo que compartilha a natureza dessas duas tecnologias de poder, "o epistemicídio", que se constituiu e se constitui num dos instrumentos mais eficazes e duradouros da dominação étnica/racial, pela negação que empreende da legitimidade das

[2] SODRÉ, Muniz. *O fascismo da cor*: uma radiografia do racismo nacional. Petrópolis:Vozes, 2023, p. 45-49.

[3] MANZANA, Ama. A afrocentricidade como um novo paradigma. *In*: NASCIMENTO, Elisa Larkin (org.). *Afrocentricidade*: uma abordagem epistemológica inovadora. São Paulo: Selo Negro, 2009, p. 111-127.

[4] CARNEIRO, Sueli. *A construção do outro como não-ser como fundamento do ser*. Tese apresentada ao Programa de Pós-Graduação em Educação (USP). São Paulo: USP, 2005.

formas de conhecimento, do conhecimento produzido pelos grupos dominados e, consequentemente, de seus membros enquanto sujeitos de conhecimento.

É no esvaziamento do conhecimento do outro que a invasão colonial teria unido o genocídio dos povos subalternizados ao epistemicídio, desconsiderando fazeres, saberes e qualquer tipo de prática social que ameaçasse a expansão capitalista, o que transformou em ameaça povos africanos e indígenas. Para dominá-los, era necessário desumanizá-los e desqualificá-los.

> Isto porque não é possível desqualificar as formas de conhecimento dos povos dominados sem desqualificá-los, também, individual e coletivamente, como sujeitos cognoscentes. E, ao fazê-lo, destitui-lhe a razão, a condição para alcançar o conhecimento "legítimo" ou legitimado. Por isso o epistemicídio fere de morte a racionalidade do subjugado ou a sequestra, mutila a capacidade de aprender etc. É uma forma de sequestro da razão em duplo sentido: pela negação da racionalidade do Outro ou pela assimilação cultural que em outros casos lhe é imposta. Sendo, pois, um processo persistente de produção da inferioridade intelectual ou da negação da possibilidade de realizar as capacidades intelectuais, o epistemicídio nas suas vinculações com as racialidades realiza, sobre seres humanos instituídos como diferentes e inferiores que constitui, uma tecnologia que integra o dispositivo de racialidade/biopoder, e que tem por característica específica compartilhar características tanto do dispositivo quanto do biopoder, a saber, disciplinar/normalizar e matar ou anular. É um elo que não mais se destina ao corpo individual e coletivo, mas ao controle de mentes e corações.[5]

[5] CARNEIRO, *A construção do outro como não-ser como fundamento do ser*, p. 97.

Ao propor, neste artigo, um tema sobre as religiosidades de matrizes africanas, a partir de uma perspectiva que se aproxime de uma nova epistemologia, a afrocentricidade, atravessada pela noção de epistemicídio, chamamos a atenção para a importância de uma revisão crítica de narrativas hegemônicas que distorceram, subalternizaram e demonizaram experiências negro-africanas, impactando duramente essas outras formas de relação com o mundo, provocando transformações e alterações em práticas e cultos às divindades do panteão yorubá, os orixás. Nosso interesse é na forma como o controverso Exu (*Eshu, Legba, Elegbara*) foi atingido por discursos ocidentais que o traduziram como uma espécie de diabo cristão, da mesma forma como demonizaram homens e mulheres negro-africanos.

Em estudo recente sobre masculinização, demonização e tensões de gênero na formação dos candomblés yorubá-nagô[6] na Bahia, demonstrei que, entre as consequências dessas alterações, é possível problematizar sobre um ocultamento ou silenciamento em relação às representações de gênero do próprio orixá, pois, no sistema religioso afro-brasileiro, foi inserido exclusivamente como uma divindade fálica e associada ao diabo judaico-cristão.

Na cosmogonia yorubá, Exu seria um princípio dinâmico, criado pelo Supremo Olodumaré, contendo os princípios masculino e feminino, com o poder de distribuí-los igualmente entre os seres viventes. Na concepção autóctone, Exu seria uma das mais poderosas e indispensáveis divindades.

---

[6] ALEXANDRE, Claudia. *Exu-Mulher* e *o Matriarcado Nagô*: sobre masculinização, demonização e tensões de gênero na formação dos candomblés. Rio de Janeiro: Aruanda, 2023.

O sistema de crenças do povo da África Ocidental, na região de países da iorubalândia, como Nigéria, Togo, Gana, República dos Camarões e Benin (antigo Daomé), entre outros, antes da invasão colonial, não conhecia a hierarquia de gênero, e toda a organização social se baseava na senioridade. A visão de mundo desses povos seguia o princípio da complementariedade e da inseparabilidade das coisas. Para eles, homem-mulher-natureza-deuses estão harmoniosamente interligados.

Assim, Exu fora criado por Olodumaré como uma espécie de guardião dos princípios masculino-feminino, sendo muitas vezes idealizado anatomicamente com ambos os sexos. Em geral, representações antigas eram montículos de terra, com formas humanas, com falos e vaginas proeminentes, onde eram depositadas oferendas. Suas representações simbólicas em casas, festivais e lugares de culto ainda são feitas por meio de figuras, sempre em pares, masculino e feminino, que reafirmam a lógica feminino-masculino, rompida e distorcida a partir de narrativas e do pensamento patriarcal, em especial de missionários cristãos, viajantes, exploradores e comerciantes de escravos que fizeram os primeiros registros[7] sobre existências no continente da África.

1. As narrativas estrangeiras e o imaginário demonizante

Foi a partir do século XV, com o início das expedições portuguesas à África Ocidental, para comércio e conquistas

7 VERGER, Pierre. *Notas sobre o culto aos orixás e voduns na Bahia de Todos os Santos, no Brasil e na Antiga Costa dos Escravos na África.* Tradução de Carlos Eugênio Marcondes de Moura. 2ª ed. São Paulo: EDUSP, 1999, p. 41-80.

de reinos da Costa da Mina e da Guiné, que os relatos de cerimônias se espalharam pela Europa, em histórias mirabolantes, assustadoras e que reforçavam um primitivismo do povo africano, especialmente quando eram assistidos rituais e oferendas aos *fetissos* (fetiches) e, principalmente, ao elemento Exu (*Legbara ou Legba*) e suas representações ambíguas.

O pioneiro Pieter Marees teria escrito um dos primeiros documentos sobre uma viagem à Costa da Mina, em 1605, com o título "Descrição e Narrativa Historial do Rico Reino do Ouro de Guiné".[8] O texto, que foi traduzido e amplamente copiado por outros estrangeiros, mesmo que em visita a outras partes do continente, insere no vocabulário das narrativas o termo fetiche (*fetisso*) para os chamados ídolos e representações rituais dos negro-africanos, assim como intitula o sacerdote dessas reuniões de feticheiro ou feiticeiro (*fetissero*).

Segundo as descrições, os fetiches eram entendidos como representações, objetos, animais, plantas e todas as coisas usadas para representar proteção, mas poderiam retribuir-lhes coisas boas e ruins. Era qualquer material que cada nação ou cada pessoa escolhesse para consagrar por meio de cerimônia, na presença de um sacerdote (feiticeiro), podendo ser "uma árvore, uma montanha, mar, um pedaço de pau, cauda de leão, pedra, concha, sal, peixe, planta, flor, animal de certa espécie, como a vaca, a cabra, o elefante, o carneiro, enfim, tudo o que se possa imaginar de semelhante. São igualmente Deuses, coisas sagradas, e também talismãs para os Negros, que lhes prestam culto fiel e respeitoso"[9]. As cerimônias e

---

8 MAREES, Pieter de. *Descripition et récit historial du royaume d'or de Guinéa.* Amsterdam, MVICV, 1605.

9 MAREES, MVICV, 1605, cap. XVI.

reuniões abertas, na presença do feiticeiro, tinham a intenção de pedir sorte para as comunidades, como também atender pedidos individuais, de cura, prosperidade, fertilidade e apaziguamento:

> Eles têm em seus mercados um estrado quadrado com quatro pés de largura, com quatro pilares, sendo estes de terra, alto de quase dois braços, por cima é maciço e bem apertado com caniços rodeado de montões de palha ou fetissos, lá em cima colocam milho miúdo, vinho de palmeira ou água, dando de comer e de beber a seu fetisso [...] tem também um fulano que consideram um ministro chamado no jargão deles fetissero, é um ministro e servidor de seu ídolo, ele vai sentar-se em um tamborete no dia de festa no meio do mercado, diante daquele altar sobre o qual eles fazem seu sacrifício aos fetissos, e os homens, mulheres e crianças vão sentar-se em redor dele, e ele lhes faz um longa narrativa, que eles escutam entre si, mas o que é e qual o significado, nem eu nem outra pessoa jamais conseguimos compreender...[10]

Os textos, em geral, não se limitavam a descrições de algo particular, mas vinham sempre acrescidos de comentários inferiorizantes e demonizantes: "[...] deveríamos orar ao Senhor todo poderoso que possa esclarecer o entendimento dessa pobre gente e levá-los ao reto caminho, pois lhes falta nada além do conhecimento de Deus e de sua palavra".[11]

O etnólogo francês Pierre Verger (1902-1996) fez um levantamento sobre os principais autores estrangeiros e missionários que visitaram a Costa da Mina e Costa do Ouro, região da África Ocidental. Ele mostrou como estrangeiros

[10] MAREES, MVICV, 1605, cap. XVI.

[11] MAREES, MVICV, 1605, cap. XVI.

deturparam os termos fetiche e fetichismo, narrando diferentes práticas rituais entre os grupos africanos ocidentais. Apesar de copiarem uns aos outros e chegarem a se acusar, em relação à veracidade dos relatos publicados, foram unânimes em construir registros comuns ao chamarem de "religião dos negros" o que viam, dando-lhe o nome único de fetichismo.

Em 1844, um tal De Monléon, capitão de corveta, teria feito a seguinte observação sobre sua visita à cidade de Ouidah, no Benin: "Whydah. Não existe religião no Dahomey. Um fetichismo embrutecedor e supersticioso, que ainda não se pôde extrair de alguns prosélitos, convertidos por dois ou três padres católicos que se sucederam nas feitorias, domina essas populações ignorantes e traduz-se por danças quase obscenas, oferendas de potes e estátuas grosseiras e indecentes, diante das quais até mesmo as mulheres vão fazer libações e orar".[12]

Segundo Verger, é nessa mesma época que começam a aparecer escritos sobre a religião yorubá, nos quais os fetiches são relacionados com deuses chamados de *orisà* (orixá) e *vodun,* de acordo com a localidade. O geógrafo Armand D'Avezac teria tomado conhecimento do culto a divindades do povo *ijebu* e se refere a *Olorun* (Olodumare), completando: "Deuses secundários, em grande número, chamados pelo nome comum de orixá, são espécies de gênios particulares, masculinos e femininos, que eles representam através de imagens de madeira colocadas nas casas consagradas, aonde os

---

[12] DE MONLEÓN *apud* VERGER, *Notas sobre o culto aos orixás e voduns na Bahia de Todos os Santos, no Brasil e na Antiga Costa dos Escravos na África*, p. 65.

fiéis são chamados para orar por meio de sinetas, e a cada uma das quais liga-se um *alasè* (sacerdote)".[13]

Havia sempre um esforço em relacionar as experiências rituais com a presença do diabo cristão de maneira deturpada, conforme publicou Guillaume Bosman sobre um viajante que esteve no Benin, em 1701. Bosman viveu durante 13 anos na Costa do Ouro, era conselheiro e subcomandante do castelo de São Jorge d'Elmina:

> A religião deles é tão ridícula e confusa que não sei por onde começar a descrevê-la. Querem que se acredite que adoram Deus e o Diabo ao mesmo tempo, sob a forma de figuras humanas e até mesmo sob a forma de figuras de animais, como presas de elefantes, patas de animais, caveiras, esqueletos etc. Tomam também por Deus tudo aquilo que a natureza produz de extraordinário, e lhe fazem oferendas: cada pessoa é seu próprio sacerdote e serve a seus deuses conforme lhe apraz. É triste ver que eles se dedicam a coisas que não existem, pois que têm uma ideia bastante boa de Deus.[14]

É interessante notar que as referências sobre Deus e o Diabo são dadas a partir do olhar do estrangeiro, sempre associando a relação dos grupos com os fetiches ou objetos que sacralizam, mesmo quando admitem que é um tipo de religião que, de alguma forma, os leva a ligar-se a um deus.

Uma das publicações mais referenciadas nos estudos sobre o fetichismo é do padre Baudin (1884), que publica *Fétichism et féticheurs*, onde descreve os feiticeiros como seres desprezíveis, "embusteiros, covardes, hipócritas, impudicos e

[13] VERGER, *Notas sobre o culto aos orixás e voduns na Bahia de Todos os Santos, no Brasil e na Antiga Costa dos Escravos na África*, p. 66.

[14] BOSMAN, Guillaume. *Voyage de Guinée*. Utrecht, 1705.

incorrigíveis, ladrões, eles têm em geral, aparência suja, trajes ridículos e andrajosos e aqueles que mergulham as mãos no sangue humano têm um aspecto bestial, feroz e repelente".[15] Sobre as representações simbólicas, ele reforça:

> As estátuas e os símbolos dos deuses são como as divindades que eles representam, monstros, objetos ridículos, figuras de aves, répteis ou outros animais e essas imagens, frequentemente vergonhosas ou escandalosas, encontram-se em todas as mãos, em todos os templos, nas casas, nos lugares públicos e na beira do caminho. O imundo Elegba está na porta de todas as choupanas.[16]

Aqui temos uma relação direta de uma descrição com um desfecho relacionado a Elegba, também chamado de Exu ou Elegbara. Além de descrevê-lo como "imundo", o autor não deixa de observar sua presença obrigatória na porta de todas as residências, apontando para a importância indispensável deste elemento no cotidiano do grupo.

Porém, a relação do mal com Exu, também grafado como Eshu ou Echou, pois muitos escritos seguiam a referência auditiva do autor, era constante nas descrições de missionários, como a que fez o abade Pierre Bouche,[17] quando visitou, no início do século XIX, a região de Abomei, no Daomé (atual Benin):

> Elegbara é o espírito do mal, o Belfegor dos Maobitas, o Priapo dos latinos, Deus Turpitudinis, como disse Orígenes; a estátua que o representa nada tem que não seja grotesco;

[15] BAUDIN, Pe. Noel. *Fétichism et féticheurs*. Lyon, 1884, p. 87.

[16] BAUDIN, *Fétichism et féticheurs*, p. 87.

[17] BOUCHE, Pierre. *La Côte des Esclaves et le Dahomey*. Paris, 1885.

> é um amontoado de terra amassada e grosseiramente moldada, representando mais ou menos a cabeça e o busto de um homem. Dois grandes búzios fazem o papel de olhos, duas fileiras de dentes de cachorro ou de pequenas conchas formam a queixada; penas são implantadas no queixo, à maneira de barba [...] e um porrete, semelhante àquele de que o antigo Líber se serviu para suas infames manobras. É assim que os negros representam o espírito imundo.[18]

Nas estátuas e representações de Exu, o porrete que ele carrega nas mãos, o assobio que ele encosta nos lábios, a forma do penteado e o pênis proeminente, nas referências masculinas, e os seios longos e pontiagudos com as vaginas avantajadas e expostas foram deliberadamente associados à promiscuidade e à sexualidade desregrada dos grupos negros. Mas, na concepção yorubá de Exu, ele seria o elemento responsável pela dinâmica da prosperidade, fertilidade, sexualidade, vitalidade e continuidade da vida. O porrete, chamado de ogó, seria o instrumento mágico que ele usaria para se deslocar no tempo, em espiral. Por essa razão, oferendar bebidas e esfregar óleo de palma por todas as partes das estátuas seria um ato de alimentar e potencializar as funções do orixá no sistema. Exu seria aquele "que matou um pássaro ontem, com a pedra que atirou hoje".[19] Vale retomarmos e percebermos como as descrições de Bouche (1885) reduziram Exu como uma divindade fálica:

> [...] O culto ao falo exibe-se com descaramento. Em todos os lugares vê-se o horrível instrumento que Líber inventou

[18] BOUCHE, *La Côte des Esclaves et le* Dahomey, p. 120-121.

[19] Aforismo africano que explica o poder inquestionável de Exu de romper qualquer limite e os segredos do tempo. (Nota da autora).

> para servir às abomináveis manobras de sua paixão: nas casas, nas ruas, nas praças públicas. Ele é encontrado isolado; os falóforos carregam-no algumas vezes com grande pompa, em certas ocasiões, agitam-no com ostentação e dirigem-no para as jovens, em meio às danças e gargalhadas de uma população despudorada. Os negros são bem inspirados quando fazem desse instrumento o atributo de Elegbara, personificação do demônio.[20]

Foi a partir de descrições como essas e dos primeiros contatos estrangeiros na África que Exu foi transformado em uma espécie de diabo cristão, e seus cultuadores, homens e mulheres negros, em seres sem alma, bárbaros, primitivos, disponíveis para serem arrancados de sua terra natal para serem escravizados no mundo ocidental. Uma boa justificativa seria o salvamento daqueles seres pelo batismo da Igreja Católica e pela escravidão da supremacia branca europeia.

Para os missionários, os negro-africanos desconheciam religião, por isso adoravam fetiches: "Quanto à sua religião, se é que se pode honrar com esse nome um confuso amontoado de superstições ridículas, pode-se dizer, sem fazer-lhes uma injustiça, que eles não têm nenhuma, pois não existe religião sem culto e esses povos, não tendo culto algum, segue-se que eles não têm nenhuma religião. Não possuem Templo ou qualquer lugar que possa substituir".[21] É interessante notar as contradições das narrativas, pois descreveram reuniões, cultos, práticas e espaços rituais e, mesmo assim, desconsideraram outras formas de relações com a dimensão espiritual.

[20] BOUCHE, *La Côte des Esclaves et le* Dahomey, p. 120-121.

[21] ELBÉE, Sieur d'. *In*: DE CLODORÉ. *Relation de ce qui s'est passé dans les isles et terre ferme d'Ámériqué*. Paris, 1671. *In*: LABAT, 1730. t. II, p. 287-364.

De acordo com o antropólogo Vagner Gonçalvez da Silva,[22] a "descoberta" do culto a Exu na África Ocidental pelos europeus e o modo como foi descrito para o resto do mundo são reveladores da própria "encruzilhada" em que vivia o mundo dos colonizadores em um período marcado por transformações sociais, econômicas, políticas e morais. Era época em que a sociedade baseava seu discurso dominante em antagonismos entre o pensamento mágico-religioso e a racionalidade, o comunitarismo e o expansionismo, a tradição e a a modernidade, a religião e a ciência, o que possibilitou associar Exu ao imaginário do mal, da desordem, do desejo sexual antissocial e das forças antagônicas à modernidade: "A condenação católica das divindades pagãs associadas à sexualidade e à fertilidade foi assim estendida a Exu, conforme se vê nas descrições da divindade publicadas a partir do século XVIII por religiosos e exploradores europeus que estiveram na África".

Para o autor, Exu/Legba foi caracterizado em termos e referências provenientes de universos culturais estranhos aos contextos nos quais seus cultos se desenvolveram, com significados completamente distintos. Um exemplo seria a constante comparação da divindade africana com Priapo, o deus da fertilidade na mitologia grega, cujas imagens e estátuas apresentam um pênis ereto de tamanho exagerado.

> Do ponto de vista dos autores dos relatos apresentados, a personalidade "vingativa" de Exu, o falo ereto em seus altares e o culto envolvendo sacrifícios de animais (bodes, cães e porcos) e até humanos eram "evidências" da natureza de-

[22] SILVA, Vagner Gonçalves da. *Exu, um deus afro-atlântico no Brasil*. São Paulo: EDUSP, 2022, p. 41.

> moníaca da entidade. Esses relatos projetam, entretanto, a sombra das ideias preconcebidas de seus autores e ofuscam o que se pretendia descrever. Os animais sacrificiais de Exu, por exemplo, estavam associados na Europa à imagem do diabo, que progressivamente foi sendo caracterizado como um ser antropomórfico (com chifres, rabo e patas de porco ou bode) ou como um cão negro.[23]

Desta forma, Silva chama atenção para mais uma associação, pois Exu receberia na África sacrifício de corpos de animais que simbolizavam o diabo na Europa, contribuindo para o imaginário diabólico do orixá. "Suspeitamos, assim, que a aproximação entre Exu e diabo resultou da busca de possíveis continuidades, equivocadas ou não, entre seus 'conteúdos', realizada quando a imagem do diabo já tinha se consolidado como um ser de chifres e rabo...".[24] Vejamos as consequências dessas alterações após a travessia do Atlântico, quando as práticas negro-africanas se organizam no Brasil.

1.1. A demonização, a masculinização de Exu e as consequências para a formação das religiões afro-brasileiras

Assim como as narrativas hegemônicas provocaram a construção de um imaginário associado ao diabo cristão para Exu-*Elegbara-Legbara-Legba,* também provocaram um importante rompimento com a construção cosmológica do orixá, uma vez que, no sistema de crenças yorubá-oyó,

---

23 SILVA, *Exu, um deus afro-atlântico no* Brasil, p. 44.

24 SILVA, *Exu, um deus afro-atlântico no* Brasil, p. 49.

não há obrigatoriedade de gênero para seus deuses, sendo o próprio Exu um elemento ambíguo, representado frequentemente tanto como feminino quanto como masculino, sendo descrito dessa forma também nos primeiros relatos dos viajantes à região da África Ocidental, onde se localiza a chamada iorubalândia.

Ocorre que, ao observarmos a historiografia sobre a formação do corpo das tradições orais dos candomblés de tradição desse grupo, que se instala na Bahia, a partir do século XVIII, percebe-se que Exu é acomodado no sistema de culto aos orixás como uma divindade controversa, ambígua, mensageira, mas conivente com a leitura judaico-cristã: demonizado e masculinizado.

A acomodação de um elemento tão complicado para o sistema afrorreligioso, que se formou em meio ao período colonial escravista, causou tensões, principalmente devido ao fato de a organização ter como protagonistas mulheres negras, africanas, escravizadas, alforriadas e libertas. Conforme argumentei em estudo anterior,[25] as mulheres que fundaram as primeiras casas de candomblé nagô na cidade de Salvador (Terreiro Casa Branca do Engenho Velho, Terreiro do Alaketu, Terreiro do Gantois e Ilê Opó Afonjá) e no Recôncavo, na Bahia, foram duramente atravessadas por uma matriz de dominação patriarcal e resistiram pelo sagrado, negociando com uma sociedade desigual, com o poderio da Igreja Católica e com o imaginário deturpado do orixá Exu.

Uma das principais críticas sobre alterações e masculinização dos orixás é da filósofa nigeriana Oyeronke

[25] ALEXANDRE, *Exu-Mulher e o Matriarcado Nagô*.

Oyewumí,[26] que aponta para a invasão das missões cristãs na África Ocidental, a partir da segunda metade do século XIX. Para ela, a cristianização também provocou mudanças no campo político de diversas cidades, bem antes de boa parte da região ser dominada pelo imperialismo britânico. A instalação de grupos missionários, principalmente em Abeokutá, Nigéria e Sàrós, visava ainda estabelecer contatos com o comércio europeu e fortalecer alguns grupos africanos no poder. Isso facilitou a entrada de missões como a Sociedade Missionária da Igreja (SMI) da Grã-Bretanha, os Metodistas Wesleyanos, os Batistas do Sul dos Estados Unidos e os católicos. As conversões de alguns grupos africanos foram causando conflitos entre os dogmas e os costumes locais, entre eles o casamento múltiplo, as práticas tradicionais e o poder das mulheres, que passaram a ser tratadas de forma patriarcal. Soma-se o interesse particular de favorecimento aos homens, por parte do cristianismo, que passa a ser seguido pelos iorubás convertidos. As organizações de centralidade matriarcal e matrilinear yorubá foram perdendo força.

Oyewumí aponta para a questão das hierarquias de gênero, afirmando que esse tipo de relação no período pré-colonial era inexistente nas sociedades africanas, que se baseavam tão somente pela senioridade.

> Um resultado da cristianização da sociedade iorubá foi a introdução de noções de gênero na esfera religiosa, inclusive no sistema religioso autóctone. Na religião tradicional ioru-

[26] OYEWUMÍ, Oyeronké. *A invenção das mulheres*: construindo um sentido africano para os discursos ocidentais de gênero. São Paulo: Bazar do Tempo, 2021, p. 204.

> bá, as distinções anassexuais[27] não tiveram nenhum papel, seja no mundo dos humanos ou no das divindades. Como outras religiões africanas, a religião iorubá tinha três pilares. Primeiro, havia Olodumarê (Deus – o Ser Supremo). Olodumarê não tinha uma identidade de gênero e é duvidoso que ela-ele tenha sido percebida ou percebido como um ser humano antes do advento do cristianismo e do islamismo na Iorubalândia. Segundo, os orixás (divindades) eram manifestações dos atributos do Ser Supremo e eram considerados seus mensageiros para os humanos. Eles eram o foco mais óbvio da adoração iorubá. Embora houvesse orixás anamachos e anafêmeas, como em outras instituições, essa distinção tinha consequências; portanto, é melhor descrita como uma distinção sem diferença. [...] Terceiro, havia os ancestrais, machos e fêmeas, venerados por membros de cada linhagem e reconhecidos como consagrados no festival dos Egungún mascarados: um culto à veneração de ancestrais.[28]

Ao adotar os termos anassexo, anamacho e anafêmea, a autora quer mostrar que as distinções corporais eram superficiais, e não hierárquicas, nas relações sociais entre os povos da região da iorubalândia, em especial no período pré-colonial, o que diferenciava da cosmovisão ocidental, onde "as categorias sociais ocidentais derivam essencialmente de um dimorfismo sexual percebido no corpo humano. O gênero simplesmente não era inerente à organização social

[27] "Uso o conceito os conceitos de 'sexo' e 'gênero' como sinônimos. Com relação à sociedade iorubá no período pré-colonial, entretanto, cunhei os termos 'sexo anatômico', 'macho anatômico' e 'fêmea anatômica' para enfatizar a atitude não generificada na relação entre corpo humano e os papéis sociais, posições e hierarquias. Em alguns lugares, encurtei esses termos para 'anassexo', 'anamacho' e 'anafêmea'". OYEWUMÍ, *A invenção das mulheres*, p. 204.

[28] OYEWUMÍ, *A invenção das mulheres*, p. 210.

humana"[29], mas sim, em primeiro lugar, a senioridade, geralmente definida pela idade relativa.

Em relação à religião, era imperativo que "o sacerdócio de várias divindades era aberto a machos e fêmeas. Em geral, o sacerdote singular de quem adorava um determinado orixá era membro da linhagem e de sua cidade de origem. Pelo exposto, fica explícito que a religião iorubá, assim como a vida cívica iorubá, não articulava gênero como categoria"[30]. O que significa que os papéis dos orixás, sacerdotes e ancestrais não dependiam de gênero.

> Um censo dos orixás para determinar sua composição sexual é impossível, uma vez que o número total de orixás é desconhecido e ainda está em expansão. Além disso, nem todos os orixás foram pensados em termos de gênero; alguns foram reconhecidos como masculinos em algumas localidades e femininos em outras. Um exemplo seria as alterações na construção autóctone de Exu, uma das principais vítimas da cristianização e nos dias atuais figura principal dos ataques às religiões afro-brasileiras e dos crimes de racismo religioso. Além de ser transformado em uma divindade fálica, foi associado ao diabo. Muito desse imaginário recai sobre a redução das línguas faladas pelos grupos africanos por parte das missões cristãs, em especial na Nigéria.[31]

Samuel Ajayi Crowther (1809-1891), um ex-escravizado, foi o missionário iorubá responsável por traduzir, em 1861, a Bíblia para o iorubá, codificando costumes, tradições e religião do seu próprio povo. Além de "masculinizar", ele

[29] OYEWUMÍ, *A invenção das mulheres*, p. 210.

[30] OYEWUMÍ, *A invenção das mulheres*, p. 210.

[31] OYEWUMÍ, *A invenção das* mulheres, p. 210.

modificou o sentido das tradições locais e até dos orixás: "Olodumarê começou a ser visto como nosso Pai Celestial; as orixás anafêmeas, quando eram reconhecidas, começaram a parecer, de alguma maneira nebulosa, menos poderosas que os orixás masculinos, e 'nossas e nossos ancestrais' se tornaram nossos antepassados". O pior: a tradução de Exu passa a ser grafada como diabo, o que é reforçado pelo imaginário de uma divindade fálica.

Ainda na Nigéria, Ayodele Ogundipe, uma estudiosa da literatura yorubá, realizou, no final dos anos 1970, um levantamento inédito sobre narrativas poéticas na mitologia de Exu.[32] Ela visitou duas comunidades: uma composta apenas de devotos homens, na cidade de Lagos; e outra apenas de mulheres, na cidade de Ibadan. Ela mostra como a ideia de um "deus fálico" seria consequência do desconhecimento sobre a língua yorubá, apontando erros inconsequentes das traduções, como interpretar *Esú* como *satan*. Sua principal contribuição, neste contexto, é demonstrar que, na construção autóctone, Exu é realmente representado tanto como macho quanto fêmea, portanto, não poderia ser considerado uma divindade fálica. Representações dessa ambiguidade estão por várias partes da iorubalândia.

Nas estatuetas de dança, que os devotos de Exu carregam quando dançam por doações em dinheiro, Exu é representado em estatuetas masculinas e femininas emparelhadas.

> Nas estatuetas femininas, há a representação de uma mulher que mostra seus seios, como se chamasse atenção inconfundível para sua feminilidade, de acordo com Robert Farris

[32] OGUNDIPE, Ayodele. *Seu Elegbara*: The Yoruba God of Chance and Uncertainty. A study in yoruba mythology. Tese de doutorado. Bloomington, Indiana University, 1978.

> Thompson, um iconógrafo de primeira linha (1971, cap. 4). A representação feminina de Exú certamente introduz um elemento de ambiguidade em seu gênero e isso não pode deixar de limitar ou afetar a rigidez com que alguém pode ser tão categórico quanto Wescott sobre seu significado fálico.[33]

Ogundipe conclui que, como divindade, e mais ainda como deus contrário, Exu não se limita aos limites humanos do possível. Por exemplo, ele certamente não está restrito a distinções humanas de gênero ou sexo; ele é, ao mesmo tempo, macho e fêmea. "Embora sua masculinidade seja retratada como visual e graficamente avassaladora, sua feminilidade igualmente expressiva torna sua enorme sexualidade ambígua, contrária e sem gênero".[34]

Essas revisões aconteceram muito depois da formação dos primeiros candomblés de tradições nagô, do grupo yorubá, no Brasil. Exu atravessou o Atlântico com uma imagem bem definida, aqui ele ocupará lugar na dimensão entre o bem e o mal, será anjo ou demônio e, às vezes, o próprio diabo, mas, nas religiões afro-brasileiras, nunca representará o mal absoluto, pois está diretamente ligado a elas, ocupando funções diversas, onde passa a ser lido como Exu-Demônio, como observou Silva:

> Exu não é o diabo e o diabo não é Exu, mas ambos podem estabelecer relações (um está para o outro) que ampliam seus significados com base no contato entre os sistemas

[33] WESCOTT, Joan. The Sculpture and Myths of Eshu-Eçegba, the Yoruba trickster: definition and interpretation in yoruba iconography. *Africa: Journal of the International African Institute*, v. 32, n. 4, p 336-354, out. 1962.

[34] OGUNDIPE, 2012, p. 278.

culturais que os originaram. Por meio da linguagem de demônios, santos e anjos católicos, expandem-se as versões africanas de Exu e vice-versa, como propulsor ou bloqueador dos caminhos.[35]

1.2. O princípio feminino de Exu ou Exu-Mulher

Na construção de uma epistemologia de Exu-Mulher, temos revelado uma das muitas formas de traduzir o orixá Exu livre das sujeições das narrativas hegemônicas, das ideologias patriarcais e das hierarquias de gênero. A Exu-Mulher, na sua complexidade, deve ser lida como parte de um poder complementar, de uma organização social cuja visão de mundo não separa deuses de pessoas, na qual homens e mulheres têm direito à plena existência, sem opressões.

Na cosmopercepção negro-africana dos povos e descendentes que cultuam orixás vale a ordem do Supremo *Olodumaré* descrita em um dos *odù*[36] sobre o poder feminino: "o homem não poderá fazer nada sozinho na ausência da mulher".[37] É uma sociedade que nunca deixou de valorizar a presença da mulher em toda a sua função geradora e dos cuidados com os bens simbólicos e materiais dos grupos. "Ajoelhem-se para as

[35] SILVA, *Exu, um deus afro-atlântico no Brasil*, p. 57.

[36] Os *odú* são signos do sistema de conhecimento Ifá, representam o corpo de relatos conectados com o culto de uma divindade denominada Orunmilá e são tidos como forma de resposta concedida pelo oráculo aos sacerdotes e sacerdotisas. É o modo sistemático de constituição da filosofia religiosa do povo yorubá.

[37] Faz parte do odú Osá Mejí, que revela a conversa entre Olodumaré e Odú Logboje (a mulher primordial), quando entrega os poderes a ela. "Ela recebe o poder da fertilidade para a sustentação do mundo recém-criado. Recebe os títulos de Iyá nlá – a grande mãe – e Iyá on – a mãe de todos. Olodumarê lhe entrega uma cabaça, simbolizando o mundo contendo o poder dos pássaros, eléiye".

mulheres/ a mulher nos colocou no mundo, nós somos seres humanos/ a mulher é a inteligência da Terra...".[38]

Por esse motivo, Exu, criado com os poderes sobre os princípios feminino e masculino de todos os seres viventes, teria em suas estatutárias as representações de pares com figuras inseparáveis. São estatuetas que não se popularizaram na formação dos candomblés da Bahia, no final do século XIX, mas sempre fizeram parte da tradição yorubá-oyó; são expostas em museus e acervos de colecionadores pelo mundo e, recentemente, começam a ser vistas no Brasil. Sabe-se que os primeiros viajantes que chegaram à África Ocidental tiveram contato e chegaram a fazer alguns registros deturpados sobre as figuras femininas de Exu-Legba, mas fizeram um esforço deliberado para ocultá-las ou ainda deram ênfase de maneira a inferiorizá-las, quando presenciavam cerimônias, com oferendas a essas divindades ou em que mulheres eram vistas participando como sacerdotisas.

O teólogo Richard Burton, quando esteve, em 1864, em Ouidah, descrevendo Legba como um "espetáculo medonho", confirma ter sabido que a divindade não era apenas masculina:[39]

> Legba é dos dois sexos, mas raramente pertence ao feminino. Desse último vi poucos e são ainda mais horríveis que o masculino. Os seios projetando-se como metades de salsichas alemãs e o resto guarda a mesma proporção. Nesse ponto Legba diferencia-se do clássico Pã e do deus Lampsa-

[38] BENISTE, José. *Orún Ayê*: o encontro de dois mundos, o sistema de relacionamento nagô-yorubá entre o céu e a terra. Bertrand Brasil: Rio de Janeiro, 2014, p. 60-63.

[39] BURTON, Richard. *A mission to glele, king Dahomey*. 2ª ed. London, 1893, p. 195.

> can, mas a ideia implicada é a mesma. [...] A adoração particular de Legba consiste em limpar sua coisa característica, nela esfregando azeite-de-dendê.[40]

Esse é um exemplo de como a figura feminina foi sendo deliberadamente apagada dos registros, até sumir totalmente das narrativas dos viajantes ocidentais. Nota-se, também, que a representação dos órgãos genitais causava estranheza e rejeição aos visitantes, quando ele descreve a proporção do "resto" ou como era a limpeza da "sua coisa característica", omitindo a vagina e o pênis representados na figura.

Entre o povo fon há também representações de Legba com atributos femininos.

> Nos casos em que ele aparece como mulher, sua genitália assume dimensões desproporcionais, como acontece com o falo de sua versão masculina. Maupoil afirmou ter encontrado "Legbas fêmeas" apenas ao redor de Porto Novo (Benin), onde seus detratores europeus fazem questão de fotografá-las muito de perto, para melhor criar futuros escândalos (2017, p. 102, nota 87). Wande Abimbola apontou que, em alguns mitos, é a mulher de Exu, chamada de Agberu, quem tem a obrigação de coletar os sacrifícios e os entregar ao marido.[41]

Desde o início da diáspora africana para o Brasil, principalmente com a chegada dos negros da Costa da Mina, os sudaneses ou yorubas, a imposição patriarcal-colonial que se impôs sobre os escravizados, aliada ao poder da Igreja, causou tensões para a resistência pelo sagrado, em especial das

[40] BURTON, *A mission to gelele, king Dahomey*, p. 195.

[41] SILVA, *Exu, um deus afro-atlântico no Brasil*, p. 144.

mulheres negras. Por outro lado, nada desafiou mais a hegemonia patriarcal e os domínios da Igreja Católica no Brasil colônia do que as práticas rituais negras e a ressignificação das famílias de escravizados e seus descendentes em uma organização na qual mulheres negras foram, reconhecidamente, as protagonistas.

As primeiras mulheres de terreiro já eram vistas, pela sua condição social, como mercadorias, cujos comportamentos de liderança e atitudes dentro do grupo eram percebidos como ameaçadores. Despidas de feminilidade, apesar da objetificação das constantes violências e opressões, foram as primeiras a conquistar suas cartas de alforria e sustentar, durante o sistema escravista e no pós-abolição, um regime econômico de trocas de bens e serviços pelas ruas das cidades, experimentadas anteriormente na condição de escrava de ganho.

> A rua, domínio de Exu, também era lugar de trocas e negociações importantes para a manutenção da continuidade dos candomblés e da relação com os patronos e protetores da cultura tradicional africana. As negras mais bem-sucedidas em suas atividades eram as ganhadeiras, mulheres do tabuleiro, das curas, patrocinadas em nome de seus donos, mas também as libertas, geralmente ligadas a uma irmandade negra.[42]

O mercado, a cozinha, a senzala, o cuidado e a magia e os tabuleiros fizeram de muitas delas um esteio para a formação das irmandades negras, dos ajuntamentos e dos candomblés, como redes potentes de sociabilidade, solidariedade e cumplicidade. Não à toa, as primeiras casas de cultos foram

[42] ALEXANDRE, *Exu-Mulher e o Matriarcado Nagô*, p. 364.

fundadas por elas. Mulheres negras de terreiro, a começar pelas africanas, ajudaram a elaborar os mais complexos códigos que fundam as tradições angola-congo e nagô (ketu, jejê, ijexá, fon e tedô) na Bahia.

Porém, nos espaços de terreiro e nos candomblés por elas liderados, havia um problema, que as estigmatizava para toda a sociedade: Exu-demônio. A divindade indispensável teve de ser a todo momento negociada, dentro e fora do terreiro, pois Exu, ao ser demonizado, também era demonizante. Por essa razão, convencionaram que ele era um elemento autônomo, a ser amansado, e deveria ser despachado, sempre antes das cerimônias, para não causar problemas, desordem ou mortes antecipadas. Caso aparecesse um filho de santo que fosse filho de Exu, era imediatamente transformado em filho de outro orixá, geralmente Ogum, o dono dos metais. Além disso, havia uma preocupação com a reputação, pois a iniciação para Exu, por muito tempo, desqualificava o iniciador.

Roger Bastide,[43] ao fazer seus levantamentos sobre Exu, foi desencorajado a prosseguir com sua investigação por seu próprio informante:

> O senhor escolheu um dos deuses mais difíceis para estudar, pois os negros transformaram Exu e os eguns em sua arma mais poderosa, eis que seu culto era celebrado no maior segredo, não sendo revelado nem mesmo aos amigos fiéis o mistério desse deus. [...] Exu presidia a magia, na grande revolta dos escravos contra o regime da opressão a que estavam submetidos, tornando-se o protetor dos negros (magia branca), ao mesmo tempo que dirigia cerimônias contra os

43 BASTIDE, Roger. *O Candomblé da Bahia*: Rito Nagô. Tradução de Maria Isaura Pereira Queiroz. São Paulo: Cia. Editora Nacional, 2001 [1961].

> brancos para enlouquecê-los, matá-los, arruinar as plantações (magia negra). (BASTIDE, 1961, p. 209).

Apesar de muitas vezes parecer que os próprios negros ajudaram a manter as transformações do culto a Exu para reforçar a associação com um diabo cristão, com total silenciamento sobre sua parte feminina, trabalho a tese da resistência pelo sagrado das primeiras mulheres de terreiro e do jogo de sedução simbólica em que atuaram para que as religiões dos negros permanecessem em uma sociedade desigual e aniquiladora. Era o jogo do revela-esconde, pois sabe-se que o primeiro grupo do ciclo escravista, o bantu, que funda os candomblés conhecidos como candomblé de caboclo e congo-angola, já fazia cultos para o feminino, relacionado ao inquice Mpambu Njila, que, nesta tradição, significa caminho e encruzilhada, onde estariam a força assemelhada de Exu do grupo nagô.

Bastide[44] reproduziu informações de que Exu era associado ao demônio, mas não deixou de reconhecer que tinha conhecimento de pessoas iniciadas para o orixá, como: "[...] Maria do Candomblé Mar Grande; Júlia do Candomblé Língua de Vaca, chamada Exu Biiyi, e o irmão de Pulquéria do Gantois". Ele também testemunhou a manifestação de Exu no Candomblé banto (angola-congo) de Pai Bernardinho, no Bate Folha. Ele ainda observou que, ao contrário de outros filhos e filhas de santo tão orgulhosos de pertencer aos seus patronos, os filhos de Exu não se orgulhavam de sua sorte.

Também entra nessa lista o caso de Sofia de Mavambu (ou Sofia de Exu), iniciada, em 1936, no terreiro Tumba Juns-

[44] BASTIDE, *O Candomblé da Bahia*, p. 29.

sara, por Pai Ciriáco, um dos fundadores da casa em 1919. Apesar de ter sido iniciada na tradição angola, que foi subestimada pelos estudiosos do século XIX, Sofia tem uma história que narra contradições e angústias.

> Pouco se sabe sobre a subjetividade de Sofia. Apesar de constituir um caso particular, nenhum dos pesquisadores se preocupou em abordar a biografia da mulher, para além do espanto e dos "sofrimentos" que ela demonstrava, por ter sido iniciada como filha de um orixá tão desprezado. Bastide (1961) mencionou um babalorixá que lhe confidenciou ter conhecimento, por meio dos búzios, de uma "quantidade enorme" de filhos e filhas de Exu: "[...], mas tinha 'vergonha' de lhes contar; escondia cuidadosamente a verdade, guardando-a para si, e como todo Exú pertence ao séquito de uma divindade, dava como Orixá da cabeça o nome daquele ligado ao Exú em questão [...]", pois nos candomblés todo orixá estaria ligado a um Exu particular.[45]

Segundo Verger, Sofia de Exu cultuava uma variedade de Exu, entre eles, um Exu Feminino:

> No fundo de seu jardim, em uma casinha, havia um ferro em forma de tridente, assentamento de *Esù Baba Buya* e uma corrente de ferro de *Esù Sete Facadas*. Eles estavam na companhia de *Esù Elegbara* e de *Esù Mulambinho*. Atrás da porta da casa alojava-se *Esù Pavena*. Debaixo da porta de entrada estava *Esù Vira* (um Esù feminino) e no chão da casa, *Esù Intoto*. Além disso, ela ainda podia dispor de *Esù Tibiriri Come Fogo*, que, não sendo assentado, passeava por aqui e por ali, bem como *Esù Tamanquinho* e *Esù Ligeiri-*

[45] BASTIDE, *O Candomblé da Bahia*, p. 322.

> *nho*. Esse último levava um arco. Ela mesma era feita para *Esù Mavambo*, que era de Angola.[46]

O caso de Sofia de Mavambu é um modelo interessante para pensarmos o lugar das mulheres, a relação com Exu e como a sociedade, a Igreja e o próprio grupo se relacionavam com o imaginário da divindade, transformada em diabo cristão.

Considerações finais

Observamos que as narrativas e registros hegemônicos de um longo período, produzidos por viajantes euro-ocidentais ao continente africano, também foram capazes de produzir um processo de tensões e negociações, que permanece atravessando a "encruzilhada" ou os domínios de Exu masculino, ao mesmo tempo que causa estranheza no desvelamento do Exu feminino.

Trabalhar a revisão crítica dessas narrativas deturpadas sobre as tradições de matrizes africanas ratifica a forma como a dominação patriarcal e a hegemonia ocidental estruturaram as visões sobre o povo negro na diáspora, afetando duramente uma visão de mundo impensada no Ocidente.

A resistência pelo sagrado, que caracteriza as lutas e resistências de um feminismo de terreiro, soube negociar com o sistema e com uma construção de Exu que foi necessária, para que a própria organização do candomblé sobrevivesse.

A reescrita de Exu, despido de estigmas e como um princípio dinâmico de todos os valores materiais e simbólicos do

[46] VERGER, 1999, p. 132. (Itálico da autora).

sistema de práticas negro-africanas, tem aos poucos emancipado a ideia de Exu Mulher, duramente atingida pelos ideais patriarcais-coloniais, empoderando, assim, o campo religioso afro-brasileiro diante dos desafios que ainda não foram superados e permanecem na forma do racismo estrutural e do racismo religioso, muitas vezes adicionando dados ao mapa da violência contra patrimônios culturais e imateriais afrorreligiosos e seguidores dos Candomblés, Umbandas e outras tradições de heranças negras no Brasil.

Referências bibliográficas

ALEXANDRE, Claudia. *Exu-Mulher e o Matriarcado Nagô*: sobre masculinização, demonização e tensões de gênero na formação dos candomblés. Rio de Janeiro: Aruanda, 2023.

BASTIDE, Roger. *O Candomblé da Bahia*: Rito Nagô. Tradução de Maria Isaura Pereira Queiroz. São Paulo: Cia. Editora Nacional, 2001 [1961].

BAUDIN, Pe. Noel. *Fétichism et féticheurs*. Lyon, 1884.

BENISTE, José. *Orún Ayê*: o encontro de dois mundos. O sistema de relacionamento nagô-yorubá entre o céu e a terra. Bertrand Brasil: Rio de Janeiro, 2014.

BOSMAN, Guillaume. *Voyage de Guinée*. Utrecht, 1705.

BOUCHE, Pierre. *La Côte des Esclaves et le Dahomey*. Paris, 1885.

BURTON, Richard. *A mission to glele, king Dahomey*. 2ª ed. London, 1893.

CARNEIRO, Sueli. *A construção do outro como não-ser como fundamento do ser*. Tese apresentada ao Programa de Pós-Graduação em Educação (USP). São Paulo: USP, 2005.

ELBÉE, Sieur d'. *In*. DE CLODORÉ. *Relation de ce qui s'est passé dans les isles et terre ferme d'Ámériqué*. Paris, 1671. *In*: LABAT, 1730. t. II, p. 287-364.

MANZANA, Ama. A afrocentricidade como um novo paradigma. *In*: NASCIMENTO, Elisa Larkin (org.). *Afrocentricidade*: uma abordagem epistemológica inovadora. São Paulo: Selo Negro, 2009. p. 111-127.

MAREES, Pieter de. *Descripition et récit historial du royaume d'or de Guinéa*. Amsterdam, 1605.

OGUNDIPE, Ayodele. *Èsú Elegbara*: The Yoruba God of Chance and Uncertainty: a study in yoruba mythology. Tese de doutorado, Bloomington, Indiana University, 1978.

___________________. *Èsú Elégbára: Change, chance,uncertainly in yorubá mithology. Introd. Jacob Olupona.* Kwara State University Press, Ilorin Kwara State, 2012.

OYEWUMÍ, Oyeronké. *A invenção das mulheres*: construindo um sentido africano para os discursos ocidentais de gênero. São Paulo: Bazar do Tempo, 2021.

SILVA, Vagner Gonçalves da. *Exu, um deus afro-atlântico no Brasil*. São Paulo: EDUSP, 2022.

SODRÉ, Muniz. *O fascismo da cor*: uma radiografia do racismo nacional. Petrópolis: Vozes, 2023.

VERGER, Pierre. *Notas sobre o culto aos orixás e voduns na Bahia de Todos os Santos, no Brasil e na Antiga Costa dos Escravos na África*. Tradução de Carlos Eugênio Marcondes de Moura. 2ª ed. São Paulo: EDUSP, 1999.

WESCOTT, Joan. The Sculpture and Myths of Eshu-Eçegba, the Yoruba trickster: definition and interpretation in yoruba iconography. *Africa: Journal of the International African Institute*, v. 32, n. 4, p 336-354, out. 1962.

12

UMA MÍSTICA DA VISIBILIDADE

Fábio Eduardo de Lima Santos[1]

Introdução

O cristianismo, desde a sua origem, sempre se deparou com o desafio de dialogar com a realidade, buscando manter-se firme no propósito do Reino proposto por Jesus, mas também na superação constante da tentação de se transformar numa elite religiosa, esquecendo-se de suas origens e, consequentemente, abandonando os mais pobres e os mais sofridos.

Ao longo da história, poucos não foram os momentos, como atualmente, nos quais se fez necessário propor um caminho teológico que estivesse em consonância com os desafios do tempo e em plena conexão com a sociedade e todas as suas implicações.

José Tolentino Mendonça, ao citar Jean Daniélou, afirma:

> Uma fé desligada da cultura rapidamente se torna acantonada a uma elite espiritual, e perde a condição de acessibilidade e universalidade que é chamada a ter. Uma cultura

[1] Mestre em Teologia na área de Ética Teológica – Faje (Faculdade Jesuíta de Filosofia e Teologia), bacharel em Serviço Social – UniSales (Centro Universitário Salesiano), teólogo – ISTA (Instituto Santo Tomás de Aquino), presbítero, poeta. Membro dos grupos de pesquisa: GREPEP – Grupo de Pesquisa Religião, Política e Espaço Público – PUC Minas; GP Mundos do Trabalho – FAJE (Faculdade Jesuíta de Filosofia e Teologia). Professor de Teologia Moral no curso de Teologia Santo Estevão – Diocese de Cachoeiro de Itapemirim – ES.

> separada da fé fica incompleta e, nesse sentido, deixa de representar dimensões e necessidades fundamentais da pessoa humana. Por isso, Daniélou considerava que uma reflexão sobre a oração e as suas práticas era não só um argumento interno dos crentes, mas também um assunto de cidade e cidadania.[2]

Tal afastamento tem gerado um radicalismo fundamentalista e, ao mesmo tempo, uma crescente insensibilidade na vivência cristã e, consequentemente, uma cegueira na fé, por sua vez teológica e eclesial.

Seria realmente possível falar do Evangelho de Jesus Cristo, da proposta do seu Reino, sem percebermos os sofridos, os caídos, todos os insignificantes e invisibilizados, seja pela economia ou pela política, seja pela religião?

Ou ainda: como ser discípulos e seguir o Senhor pelo caminho se perdemos a visão? Como encontrar uma mística que devolva à teologia e a toda a vivência da fé a capacidade de ver com olhos abertos e trazer à luz tantos que permanecem na escuridão, fazendo-os visíveis?

De imediato, já uma clareza do que se trata a mística cristã.

> Sua mística não é uma mística natural, sem face. Ela é muito mais uma mística que busca essa face, que leva esses místicos ao encontro do outro, sofredor, ao encontro da face dos infelizes deste mundo. Ela obedece, em primeiro lugar, à autoridade dos sofredores. Para essa mística da justiça que busca uma face, a experiência que desabrocha dessa obediência e se define nela torna-se um modelo terreno da proximidade de Deus com o seu Cristo [...] Essa mística

2 MENDONÇA, José Tolentino. *Rezar de olhos abertos*. Lisboa: Quetzal, 2020, p. 13.

> [...] não tem como objetivo exclusivo uma experiência sem olhos, direcionada ao interior, mas aquela experiência da "interrupção", introduzida pela situação "face a face", na relação com o outro.[3]

Diante desse cenário, apresenta-se aqui uma direção para que se construa uma *Mística da Visibilidade*.

1. Ver a si mesmo

Talvez um dos maiores desafios da sociedade hodierna seja falar de identidade, particularidade, aceitabilidade, sem serem confundidas com egocentrismo, individualismo, para além de todos os desafios sociopolíticos, econômicos e religiosos que nos acompanham, de forma que é possível afirmar que não há encontro com o outro, com o diferente, se não há em primeiro lugar, ou em paralelo, um reconhecimento de si mesmo.

Vitorino, Fermino e Caliman afirmam que, "para entender quem se é, que lugar se ocupa, qual papel se realiza na sociedade, é necessária uma contínua procura de reconhecimento da diferença dos outros. É no relacionamento com os outros que cada um reflete a si mesmo, encontra a afirmação do 'quem sou'".[4] Encontro sobre o qual falaremos no tópico seguinte.

Contudo, uma das grandes adversidades é que esse "outro" que não é um "algum de nós" pode apresentar-se como um ser perigosamente suspeito, a partir das nossas concep-

---

3 METZ, Johann Baptist. *Mística de olhos abertos*. São Paulo: Paulus, 2013, p. 21.

4 PIERONI, Vittorio; FERMINO, Antonia; CALIMAN, Geraldo. *Pedagogia da alteridade*: para viajar a Cosmópolis. Brasília: Liber Livro, 2014, p. 99.

ções.[5] Porque, na verdade, "será que em nós também não se esconde um medo elementar de ser visto, ser olhado?".[6]

Afirma-se que uma identidade é construída a partir de um sentimento de pertença a grupos, comunidades, com um passado a ser revisitado, um presente que é reajustado, em busca de um futuro numa constante reinvenção.[7] Todavia, deparamo-nos aqui, entre tantos, com dois grandes problemas da atualidade: a globalização das redes sociais, que nos faz sentir pertencentes por conta dos seguidores e do que é determinado pelos algoritmos; e a não pertença, seja devido às guerras, à fome, à violência e à miséria, que criam milhares de despatriados, transeuntes e não reconhecidos, seja pelas exigências do sistema capitalista, da sociedade do consumo.

O fato é que, em ambas as situações, há um comprometimento do encontro consigo mesmo. O primeiro caso passivamente aceito e iludido em suas múltiplas identidades, e o segundo violentamente imposto e silenciado.

Contudo, a construção da identidade, para ter a possibilidade de ver a si mesmo, também não pode ser compreendida como algo estático, fechado, monolítico. Ela é dinâmica e diversa.

> Todos nós construímos, de fato, um "complexo identitário". Cada identificação constrói-se dentro de um sistema de relações, em que se identifica em uma rede de pertenças (família, cultura, religião, sexo, idade, *status*, profissão). Daí que a identidade é, antes de tudo, plural e multidimensional e, ao

[5] *Ibid.*, p. 98.

[6] METZ, Johann Baptist. *Mística de olhos abertos*. São Paulo: Paulus, 2013, p. 60.

[7] PIERONI, Vittorio; FERMINO, Antonia; CALIMAN, Geraldo. *Pedagogia da alteridade*: para viajar a Cosmópolis, p. 102.

> mesmo tempo, variável no tempo e no espaço, exatamente porque é um fenômeno relacional e dinâmico.[8]

Como ilustração dessa afirmação, recorramos à verdade bíblica do Evangelho de João 4,5-42.

O diálogo de Jesus com a Samaritana é permeado da visibilidade do Cristo e da invisibilidade da mulher. Entre os diversos aspectos, fiquemos com aqueles que dizem respeito a esta abordagem.

Trata-se de um encontro entre supostamente dois estranhos; "supostamente" porque Jesus conhece a todos, por ser Senhor e Deus e também por viver a plenitude do humano, que se unem por meio de suas necessidades básicas, neste caso representadas pela sede física, que supera todas as diferenças.

O curioso do relato bíblico é que o Cristo se apresenta de imediato naquilo que Ele deseja, necessita, naquilo que Ele é. Por outro lado, a samaritana não entende, e, como sempre acontece nos diálogos com Jesus, Ele precisa explicar, pois as pessoas não conseguem livrar-se de suas cegueiras ou sequer as reconhecem.[9]

Ao longo do diálogo, tudo vai se tornando claro para aquela mulher. É óbvio que houve um encontro, uma visibilidade por parte do Cristo. Contudo, a samaritana, como todos nós, só consegue ver o Outro e os outros, a quem ela foi anunciar a alegria do ocorrido, pelo fato de ver a si mesma, aceitando e abraçando sua própria história. Da boca dela sai uma afirmação: "Venham ver um homem que me disse tudo o que

[8] *Ibid.*, p. 116.

[9] FABRIS, Rinaldo; MAGGIONI, Bruno. *Os Evangelhos (II)*: Lucas e João. 3ª ed. São Paulo: Loyola, 1998, p. 316.

eu sou" (cf. Jo 4,29). Na verdade, Jesus apenas a estimulou, ajudando-a a encontrar-se com seu eu. Quem disse o que ela é foi ela mesma. Com isso, a partir de Jesus, ela assumiu para si mesma os seus vazios, os seus amores não correspondidos, as suas sedes, e, ao deparar com sua verdadeira identidade, já não precisa do cântaro que acreditava ser-lhe útil. Esse fica para trás (cf. Jo 4,28).

"Entre Jesus e a mulher criou-se um clima novo, mais humano e real. [...] Quando ela ouve Jesus falar [...] desperta [...] o anseio de vida plena que habita em todos nós".[10] Ao se ver, abriu-se a visão para suas belezas, para o desejo sincero de busca, para o horizonte que estava sempre à sua frente e que até então era escondido pelas cegueiras criadas por si e impostas pela sociedade.

Por outro lado, o que é oferecido pelo Cristo também só é possível porque Ele sempre soube quem era. Na mais profunda clareza de sua identidade, em sua plena humanidade, Ele sempre se viu amado, aceitando a complexidade do seu ser, conhecendo-se a cada movimento de sua missão. Jesus revela que só em nossa inteireza, quando nos aceitamos, identificamo-nos com nós mesmos, vendo-nos, podemos ver o outro, criando em nós uma identidade de "ponte" para a vida.

> [...] O que se faz de "ponte" na construção da identidade são os processos relacionais, comunicativos, a partir do momento em que podem transformá-la no quadro de um processo contínuo de aprendizagem. Para prosseguir na procura da identidade, faz-se necessário, portanto, entrar num "espaço" de diálogo [...]. Abrindo-se ao outro, o sujeito expõe

[10] PAGOLA, José Antonio. *O caminho aberto por Jesus*: João. Petrópolis: Vozes, 2013, p. 75.

> sua identidade em confronto com o outro. Toda afirmação de identidade pode, pois, existir somente no interior de um complexo jogo de *reconhecimentos recíprocos*. Trata-se não tanto de "misturar" a própria identidade, mas de inserir-se num contexto de comunicação e de diálogo no qual, pela troca, haja um enriquecimento e uma transformação recíprocos, em que *ninguém permanece mais o mesmo*, em que a estranheza e o localismo se entrecortam numa identidade construída com a contribuição que está na "outra margem".[11]

Ao se ver verdadeiramente, vê-se o outro.

2. Ver o outro

Se a busca da mística da visibilidade passa por uma necessidade de cada indivíduo se ver, se reconhecer como ser humano, autor de sua história, portador de virtudes, juntamente a isso, há um imenso desafio de que a humanidade consiga perceber que o outro é portador de direito de tudo aquilo que está em nós ou que buscamos tornar concreto em nossa própria história.

Diante de uma sociedade com políticas globalizadas, não basta discutir a globalização da economia, da tecnologia etc., se não houver uma atenção especial aos excluídos, àqueles que são vítimas sociais e culturais da globalização.[12]

A sociedade atual é movida por uma mentalidade racionalista, que se pauta na lógica do mercado, da competência, da meritocracia, não alcança os verdadeiros valores que de-

[11] PIERONI, Vittorio; FERMINO, Antonia; CALIMAN, Geraldo. *Pedagogia da alteridade*: para viajar a Cosmópolis, p. 118.

[12] METZ, Johann Baptist. *Memoria passionis*: una evocación provocadora en una sociedad pluralista. Maliãno: Sal Terrae, 2007, p. 171.

veriam sustentar as relações humanas. A economia e a técnica se tornaram a síntese da política mundial. Com isso, aquilo que está relacionado à defesa da vida, tudo o que diz respeito às questões éticas e morais, tem sido confinado cada vez mais ao esquecimento.[13]

> [...] O que ocorreria se um dia os seres humanos não puderem se defender da desgraça existente no mundo mais que com a arma do esquecimento; se somente puderem construir sua felicidade sobre o desapiedado esquecimento das vítimas, sobre uma cultura da amnésia segundo a qual o tempo supostamente cura todas as feridas? [...] O discurso sobre Deus [...] não significa de modo algum um estéril "adiamento" [...] das experiências humanas de paixão que clamam ao céu. Pois esse discurso somente pode ser formulado como pergunta elucidativa dirigida a Deus desde a práxis solidária da *memoria passionis*, que resiste ao desaparecimento no esquecimento coletivo do sofrimento imerecido e injusto existente no mundo.[14]

Quando nos esquecemos disso, ou nos deixamos, enquanto experiência de fé e vida, ser movidos pela mentalidade capitalista, privatista e burguesa, fugimos da dimensão perigosa do seguimento ao Cristo. Burlamos a vivência coerente da crença cristã. Negamos o aspecto público da teologia, fugindo da religião messiânica que promove o encontro e a libertação.

Há uma constante tentação em fazer com que o religioso silencie diante do secular, privando-se da esfera pública. Agir assim seria irracional para a concepção do cristianismo.

---

[13] *Ibid.*, p. 171.

[14] *Ibid.*, p. 221.

A consequência de uma religião reduzida ao campo do privado é fazê-la se tornar apenas um bem de consumo que se adequa ao querer pessoal. Tornando-se um item de consumo para a exclusiva autonomia do indivíduo, a religião trai dois aspectos centrais de sua natureza: a dimensão relacional e comunitária; bem como a responsabilidade e a obrigação para com o outro, de maneira particular, os marginalizados, pobres e oprimidos.[15]

Fazer teologia, pautada numa mística da visibilidade, é permitir falar de Deus "para pessoas cujas imagens de esperança não estão incólumes ou que já há muito tempo lhes foram quebradas".[16] É indispensável a existência de uma teologia que fale diante do sofrimento e da opressão dos rostos desfigurados dos povos pobres desta terra.[17]

É fundamental que se permita ir além dos espaços e das reflexões costumeiras, buscando, por um lado, atender as demandas da sociedade contemporânea e, por outro, manter-se fiel ao verdadeiro fazer teológico. Ir além do território preestabelecido ou daquilo que seria a zona de conforto. Para exercitar o acolhimento ao outro, é indispensável transitar por lugares diferentes. Só compreenderemos o universo do outro, de maneira particular os subalternizados, se os acolhermos na tangibilidade da vida.[18]

---

[15] TRACY, David. A teologia na esfera pública: três tipos de discurso público. *Perspectiva Teológica*, Belo Horizonte, ano 44, n. 122, p. 29-51, jan./abr. 2012, p. 32; 35; 45.

[16] METZ, Johann Baptist. *Memoria passionis*: una evocación provocadora en una sociedad pluralista, p. 45.

[17] *Id.*, *Dios y tempo*: nueva teología política. Trotta, Madrid, 2002, p. 111.

[18] CUNHA, Carlos Alberto Motta. *Provocações Decoloniais à teologia cristã*. São Paulo: Terceira Via, 2017, p. 25.

Para o teólogo Johann Baptist Metz, essa é a forma verdadeira da Compaixão. Isto é, diante da história da humanidade, marcada por tantas pessoas sofridas, vidas apagadas porque não foram vistas ou ouvidas, é urgente uma teologia cristã que se proponha a pensar a partir do reconhecimento dos excluídos, permitindo que esses sejam vistos e, assim, seja possível contribuir para a legitimidade de todos esses indivíduos.[19]

> Presenciamos atitudes de homofobia, xenofobia, racismo e intolerância religiosa (só para ficar nas mais comuns) todos os dias. [...] Seria a tolerância então uma resposta ideal para a intolerância? Sim e não, isto é, a tolerância não seria uma boa resposta para a intransigência quando ela se limita a uma tendência a admitir, nos outros, modos de pensar e agir "diferentes". Aí seria uma resposta fraca a perguntas fortes da contemporaneidade. A tolerância é uma resposta forte quando, para além da tendência da aceitação, acolhe efetivamente as diferenças, quer dizer, quando provoca o reconhecimento. [...] Reconhecer é dar sentido e legitimidade ao outro. É um ato libertador.[20]

O reconhecimento do outro é, resumidamente, conseguir vê-lo. Para o cristianismo, seria fazer uma ligação da sua mensagem universal com uma cultura da sensibilidade, o que não pode ser confundido com um certo romantismo, mas pode ser visto como a superação da tentação da lógica de poder e domínio.[21]

---

19 *Ibid.*, p. 130-134.

20 *Ibid.*

21 METZ, Johann Baptist. *Mística de olhos abertos*, p. 56.

> No legado do cristianismo também existem afirmações e estímulos para a cultura da sensibilidade tão em falta hoje em dia. Os "próximos", citados no mandamento bíblico mais importante que fala do amor ao próximo, não apenas os próximos, mas também os outros, os estranhos. E a metáfora de Jesus sobre o Juízo Final (Mt 25,31-46) contém um critério inquietante: "O que determina a salvação ou a desgraça, o céu ou o inferno, não é o que pensamos de Deus, mas como nos comportamos em relação aos outros, aos estranhos". [...] Contrariamente ao discurso corrente da "fé cega", as tradições bíblicas, e, sobretudo, o próprio Jesus, mantêm a sua visibilidade, estão sempre visíveis, e possuem uma disposição e sentido de obrigação maiores em relação à percepção. Não é a fé que nos deixa cegos, o que nos cega é o ódio, que não enxerga o outro e não permite que enxerguemos a nós mesmos.[22]

Assim, é possível afirmar que, quando nos vemos e vemos o outro, nasce uma mística da visibilidade.

3. Mística da visibilidade

Metz, em sua Teologia Política, propõe uma Teologia Prática perpassando seu discurso sobre um Deus sensível ao sofrimento.[23] Um Deus que se revela plenamente em Jesus. Fazendo surgir perguntas importantes como: para onde Jesus primeiramente dirigia o seu olhar? A mística apresentada pelo Cristo continua sendo a mesma para os cristãos?

---

22 *Ibid.*, p. 57.59.

23 *Id.*, *Memoria passionis*: una evocación provocadora en una sociedad pluralista, p. 163.

Faz-se necessário basicamente recordar que um dos nomes atribuídos a Deus é que Ele é justiça.[24] Tal consciência desse nome se faz necessária para construirmos a espiritualidade, a mística que aqui é proposta.

> Para a fé cristã, a justiça não é apenas um tema político nem ético-social, mas estritamente teológico: uma mensagem de fé em Deus e seu Cristo. A justiça como um dos nomes de Deus [...] é imprescindível para o Deus da história, biblicamente testemunhado nos dois testamentos da fé cristã. Esse Deus histórico expõe a afirmação de fé "Deus é amor" à visibilidade das nossas experiências históricas e à responsabilidade concreta de nossa fé, que surge delas. Por isso o discurso cristão sobre Deus precisa ser um discurso sensível ao tempo, que não só explica e ensina, mas também experimenta e aprende.[25]

Ao conceber Deus dessa maneira, entra-se em profunda sintonia com Aquele que a todos vê e que leva em conta o sofrimento dos outros, dos inimigos e daqueles que são estranhos.[26]

Diante disso, não é possível conceber o Deus da bíblia, que não seja aquele que ressuscitou Jesus, o que se revela como aquele que levanta o pobre, o que tira da zona da morte todos os condenados e derrotados. Esse Deus chama à existência todos os ignorados, toma partido pelas vítimas do esquecimento e oferece vida e salvação.[27]

---

[24] Cf. Dt 32,4; Jr 23,6.

[25] METZ, Johann Baptist. *Mística de olhos abertos*, p. 15.

[26] *Id.*, *Dios y tempo*: nueva teología política, p. 227.

[27] TRIGO, Pedro. *Jesús nuestro Hermano*: acercamientos orgánicos y situados a Jesús de Nazaret. 3ª ed. Maliaño: Sal Terrae, 2018. p. 486-487.

José Tolentino Mendonça, ao discorrer sobre a arte de rezar de olhos abertos, afirma que o que cria uma experiência de oração não é tanto a palavra dita, mas o que se é e o que se vê. Diz ele:

> Lembro-me de uma definição de oração dada pelo filósofo judeu Martin Buber. Ele compara o orante a um mendigo que não come nada há três dias e cujas vestes são mais miseráveis que se possa imaginar. Mas, por uma graça inesperada, ele é conduzido diante do rei, assim como está: com a sua miséria e com sua fome extrema. Nessa ocasião, o importante não é o que ele dirá. O rei saberá interpretar imediatamente tudo. Aquele mendigo é, só por si, um grito por socorro. Aquele mendigo é a oração.[28]

Assim, é preciso afirmar que se cria uma mística não pelo que se diz, mas pelo que se vê.

Compreendendo assim, fundamentemo-nos mais uma vez no pensamento de Metz para evidenciar a compreensão de "espiritualidade" e "mística".

Para o teólogo, a "'espiritualidade' se tornou uma palavra da moda, com muitos sentidos",[29] caracterizando-se como um movimento em busca de uma "nova religiosidade", sendo indefinida numa dimensão semântica. E, ao mesmo tempo, com uma característica de "função substituta" em uma época que se define como pós-religiosa. Tal realidade nos leva a perguntar: qual a essência da espiritualidade cristã?[30]

---

28 MENDONÇA, José Tolentino. *Rezar de olhos abertos*, p. 18.

29 METZ, Johann Baptist. *Mística de olhos abertos*, p. 13.

30 *Ibid.*, p. 13.

> A meu ver, nos mundos religiosos deveríamos, por um lado, fazer a distinção entre mística e espiritualidade religiosa, e restringir o uso da palavra "mística" às religiões monoteístas, pois sua espiritualidade trata expressamente da experiência de uma proximidade especial com Deus. Por outro lado, [...] os cristãos são sempre lembrados da característica messiânica fundamental do cristianismo e sua espiritualidade, por meio da mencionada relação indissolúvel da questão de Deus com a da justiça. [...] por isso os cristãos também são místicos, mas não exclusivamente místicos no sentido de uma experiência espiritual pessoal, porém no sentido de uma experiência espiritual de solidariedade. Eles são, sobretudo, "místicos de olhos abertos".[31]

Uma vez que a mística cristã possui essa particularidade, sendo uma mística de olhos abertos, faz-se imprescindível o seguinte questionamento: para onde o olhar de Jesus se dirige primeiramente? E não há dúvida de que o olhar de Jesus se dirige essencialmente para o sofrimento dos outros.[32]

Apesar das pregações equivocadas tão propagadas ao longo da história e, infelizmente, tão presentes atualmente, o primeiro olhar de Jesus não é para o pecado que está em nós, mas sim para as dores, para os vazios de cada pessoa. Pois, para ele, o "pecado" se configura, sobretudo, quando nos recusamos a participar do sofrimento alheio. O que importa para Jesus é o sofrimento da criatura, e não a culpa. Isso não significa desconsiderar o pecado e os erros cometidos.[33] Dessa forma, o que precisa ser compreendido é aquilo que

---

[31] *Ibid.*, p. 18-19, 21.

[32] *Id.*, *Memoria passionis*: una evocación provocadora en una sociedad pluralista, p. 164.

[33] *Ibid.*, p. 164-166.

fundamenta a vida de Jesus e que deveria fundamentar a de todos os cristãos: a capacidade de ter o olhar voltado ao sofrimento dos outros.

A sensibilidade que marca a mística da visibilidade, ou de olhos abertos, como discorre Metz, está fundamentada no estilo de vida de Jesus, caracterizado absolutamente por um amor profundo e infinito. Amor anunciado e de indissolúvel unidade entre o amor a Deus e o amor ao próximo.[34]

> Esta elementar sensibilidade pelo sofrimento dos demais caracteriza o novo estilo de vida de Jesus. Esta sensibilidade pelo sofrimento não tem nada a ver com a lamentação, com o murcho culto ao sofrimento. Na verdade, é a expressão, em absoluto afetada, daquele ao qual Jesus se referia quando falava [...] da extrínseca unidade entre o amor de Deus e o amor ao próximo [...].[35]

Ao falar da fidelidade dos cristãos ao Cristo na *Gaudete et exsultate*, o Papa Francisco[36] nos exorta lembrando que ser santo não é virar os olhos em êxtase, mas ter a capacidade de olhar os pobres e atribulados, aqueles com quem Jesus se identificou.

> Quando encontro uma pessoa a dormir ao relento, em uma noite fria, posso sentir que este vulto seja um imprevisto que me detém, um delinquente ocioso, um obstáculo no meu caminho, um aguilhão molesto para a minha consciência, um problema que os políticos devem resolver e talvez até

---

34 *Ibid.*, p. 165.

35 *Ibid.*

36 FRANCISCO, Papa. *Exortação Apostólica Gaudete et exsultate*: sobre o chamado à santidade no mundo atual, n. 96.

> um monte de lixo que suja o espaço público. Ou então posso reagir a partir da fé e da caridade e reconhecer nele um ser humano com a mesma dignidade que eu, uma criatura infinitamente amada pelo Pai, uma imagem de Deus, um irmão redimido por Jesus Cristo. Isto é ser cristão![37]

Entre as crises que vivemos, podemos afirmar que existe uma crise antropológica que, por sua vez, gera uma crise de oração. E um dos fatores dessas crises advém do progresso tecnológico que acelerou o ser humano. E, nessa velocidade em que se vive, não há espaço para o encontro consigo, com Deus e com o outro.[38] Não existindo encontro nem, por sua vez, oração, não há mística, não existe visibilidade, o que nos aponta a urgência de mudança em nosso comportamento, se quisermos recuperar ou adquirir uma mística que nos devolva ao centro de nossa fé.

> A enorme velocidade em que vivemos, as trocas precipitadas nos relacionamentos e no consumo não garantem mais uma visão confiável. Nossas percepções vão ficando cada vez mais sem face, sem visibilidade, porque muitas vezes só conseguimos vislumbrar tudo ligeiramente, de certa forma só olhar para as costas das pessoas e das coisas que encontramos. O "ver", o "olhar" precisa de um tempo só seu, ele se fundamenta num outro ritmo, ele retira a pressa da nossa vida.[39]

Considerações finais

Diante do que foi discorrido, é preciso que se compreenda que ver é sinônimo de escutar, fazendo-nos perceber que

---

[37] *Ibid.*, n. 98.

[38] MENDONÇA, José Tolentino. *Rezar de olhos abertos*, p. 16.

[39] METZ, Johann Baptist. *Mística de olhos abertos*, p. 59.

muitos dos desafios encontrados no agir pastoral, bem como nos vazios que criamos em nossas relações, se dão pelo fato de não sabermos ou não querermos ouvir as pessoas. Não temos tempo para perceber suas angústias, suas decepções, seus sonhos e seus projetos. Na maioria das vezes, não damos conta da necessidade do outro,[40] porque sequer ele é visto. Consequentemente, alimenta-se uma frieza e estabelece-se um distanciamento, pois até aquilo que é anunciado em nome de Cristo, em prol da "verdade", não chega a nenhum coração e tampouco é capaz de tocar as feridas de tantas vidas sofridas. Na permanente superficialidade, parte-se do vazio e nele se permanece.

Indiscutivelmente, faz-se urgente o cristianismo reconhecer suas cegueiras, desejar se reencontrar com seu Mestre e se pôr a caminho. Permitir-se uma entrega apaixonada a Deus que nos lance numa experiência de sermos afetados pelo sofrimento do outro, vivendo, assim, uma mística que nos faça abrir os olhos e contemplar a grandiosidade de nossa existência.[41]

Para melhor elucidar o que aqui foi exposto, usemos como referência o encontro de Jesus com o cego Bartimeu (cf. Mc 10,46-52).

Segundo o relato do evangelista, à beira do caminho está Bartimeu, o cego, que grita a Jesus pedindo compaixão; ao mesmo tempo, muitas pessoas o repreendem.

---

[40] GRIEU, Étienne. ¿La Iglesia en la escuela de los creyentes más humildes? La importancia de los relatos de vida. *In*: AZCUY, Virgina Raquel *et al* (ed.). *Teología de los signos de los tiempos latino-americanos*: horizontes, criterios y métodos. Centro Teológico Manuel Larraín. Santiago de Chile: Ediciones Universidad Alberto Hurtado, 2013, p. 368.

[41] METZ, Johann Baptist. *Memoria passionis*: una evocación provocadora en una sociedad pluralista, p. 111.

É possível afirmar que há duas cegueiras presentes nesse texto: a do homem e a da multidão e dos discípulos, que nunca o viram e que, ao perceberem a manifestação daquele que sempre lhes foi invisível, querem deixá-lo na permanente invisibilidade. São indiferentes diante da dor do outro. A insensibilidade lhes endureceu o coração. São cegos. Não o veem como semelhante. Jesus é o único que o enxerga.

A cegueira daqueles discípulos continua sendo a de muitos cristãos na atualidade. É possível dizer que um dos erros do ser humano "é recolher-se em si mesmo e fechar-se nos próprios problemas. Só vive intensamente quem sabe interessar-se pela vida dos outros. Quem permanece indiferente a tudo aquilo que não sejam suas coisas corre o risco de matar sua vida. O amor renova as pessoas, o egoísmo as faz murchar".[42]

Por sua vez, Jesus, ao encontrar Bartimeu, questiona: "O que queres que eu faça?". E Bartimeu diz: "Mestre, quero ver novamente" (cf. Mc 10,51). A pergunta de Jesus é determinante, pois revela sua sensibilidade. Porém, representa muito mais: o invisível foi visto. Jesus será sempre incapaz de seguir adiante sem olhar para os seus, de maneira particular para os que estão prostrados à beira do caminho.

Já a afirmação daquele homem revela que, em algum momento da sua história, algo lhe roubou a visão.

Por vezes, muitos cristãos também se apresentam como Bartimeu.

As diversas circunstâncias da nossa história pessoal, como as exclusões, as decepções, os equívocos, a falta de fé, vão nos deixando prostrados, sentados à beira do caminho e,

[42] PAGOLA, José Antonio. *O caminho aberto por Jesus*: Marcos. Petrópolis: Vozes, 2013, p. 221-222.

por fim, cegos. Perde-se o encanto pela vida, já não se vê o horizonte. Não se sabe mais para qual direção ir, desconecta-se de si mesmo, até não se enxergar mais.

> Não é difícil reconhecer-nos na figura de Bartimeu. Vivemos às vezes como "cegos, sem luz para olhar a vida como Jesus a olhava". "Sentados", instalados numa religião convencional, sem força para seguir seus passos. Desencaminhados, "à beira do caminho" que Jesus percorre, sem aceitá-lo como guia de nossa vida. [...] Estamos cegos e não vemos onde está o essencial da fé cristã. O episódio da cura do cego de Jericó é um convite a sair de nossa cegueira. No início do relato, Bartimeu "está sentado à beira do caminho". É um homem cego e desorientado, fora do caminho, sem capacidade de seguir a Jesus. Curado da cegueira por Jesus, o cego não só recupera a luz, mas se converte num verdadeiro "seguidor" de seu Mestre, porque, desde aquele dia, "o seguia pelo caminho". É esta a cura de que precisamos.[43]

A experiência desse homem nos revela algo sublime: antes de ver, ele queria ser visto. E, ao ser visto, ele tem condições de ver.

Como última ilustração sobre a beleza e a importância de se ver, recorramos à poesia imortalizada na canção "Quando Te Vi", interpretada por Bete Guedes.

> Nem o sol, nem o mar
> Nem o brilho das estrelas
> Tudo isso não tem valor sem ter você...
> Sem você nem o som
> Da mais linda melodia
> Nem os versos dessa canção irão valer...
> Nem o perfume de todas as rosas

[43] *Ibid.*, p. 218-220.

É igual à doce presença
Do seu amor...
O amor estava aqui
Mas eu nunca saberia
Do que um dia se revelou
Quando te vi...[44]

A canção, numa ode ao amor e à vida, revela que as obras mais grandiosas da criação, a imponência e a delicadeza da arte e as mais belas melodias não são percebidas, não possuem significado, são invisíveis quando não se tem o amor. E esse só pode ser encontrado quando o amado, o outro, é visto.[45] Assim, quando vemos Aquele e aqueles que cruzam nossa história, ou estão caídos em nosso caminho, descobrimos que o amor está ali, e tudo o que então estava escondido pela escuridão da cegueira é revelado pela luz que nos devolve a visão.

Quando a visão é devolvida e a visibilidade é garantida, todas as formas de justiça e dignidade são restituídas, manifestando em meio a nós o Reino anunciado por Jesus, o que nos torna possível assegurar que a unidade entre religião e civilização, fé e cidadania, promovendo o face a face, conforme dito no início desta reflexão, garante a mística proposta pelo Cristo e confiada aos seus discípulos.

Por tudo isso, podemos afirmar que uma mística da visibilidade é não só possível, como também necessária, fundamental

[44] Disponível em: https://www.letras.mus.br/beto-guedes/44546/. Acesso em: 10 jul. 2024.

[45] Significado da canção "Quando Te Vi", versão para o português de Ronaldo Barros. Original "Till There Was You" – Composição de Meredith Wilson. Disponível em: https://www.letras.mus.br/beto-guedes/quando-te-vi/significado.html#:~:text=A%20m%C3%BAsica%20'Quando%20te%20Vi,presen%C3%A7a%20de%20uma%20pessoa%20especial. Acesso em: 10 jul. 2024.

para que nos vejamos, vejamos os outros e o Outro. E, assim, nesse belo encontro dos visíveis, no compasso do amor, apenas tenhamos a coragem de perguntar: o que queres que eu faça?

Referências bibliográficas

A BÍBLIA de Jerusalém. Nova ed. rev. Paulus, São Paulo, [2002].

AGOSTINI, Nilo. *Ética e evangelização*: a dinâmica da alteridade na recriação moral. Petrópolis: Vozes, 1993.

CUNHA, Carlos Alberto Motta. *Provocações decoloniais à teologia cristã*. São Paulo: Terceira Via, 2017.

FABRIS, Rinaldo; MAGGIONI, Bruno. *Os Evangelhos (II)*: Lucas e João. 3ª ed. São Paulo: Loyola, 1998. (Bíblica Loyola, 2).

FRANCISCO, Papa. *Carta Encíclica Fratelli Tutti*: sobre a fraternidade social. São Paulo: Paulus, 2020.

FRANCISCO, Papa. *Exortação Apostólica Gaudete et exsultate*: sobre o chamado à santidade no mundo atual. São Paulo: Paulinas, 2018.

GRIEU, Étienne. ¿La Iglesia en la escuela de los creyentes más humildes? La importancia de los relatos de vida. *In*: AZCUY, Virgina Raquel *et al* (ed.). *Teología de los signos de los tiempos latino-americanos*: horizontes, criterios y métodos. Centro Teológico Manuel Larraín. Santiago de Chile: Ediciones Universidad Alberto Hurtado, 2013. p. 355-387.

LEVINAS, Emmanuel. *Totalidade e infinito*: ensaio sobre a exterioridade. 3ª ed. Lisboa: Edições 70, 2019.

MENDONÇA, José Tolentino. *Rezar de olhos abertos*. Lisboa: Quetzal, 2020.

METZ, Johann Baptist. La pugna de la teología para la integración de la historia y de la sociedade. *Selecciones de Teologia*, Barcelona, v. 29, n. 116, p. 268-272, oct./dic. 1990.

METZ, Johann Baptist. *Dios y tempo*: nueva teología política. Madrid: Trotta, 2002.

METZ, Johann Baptist. *Memoria passionis*: una evocación provocadora en una sociedad pluralista. Maliãno: Sal Terrae, 2007. (Presencia Teológica, 154).

METZ, Johann Baptist. *Mística de olhos abertos*. São Paulo: Paulus, 2013.

PAGOLA, José Antonio. *O Caminho aberto por Jesus*: João. Petrópolis: Vozes, 2013.

PAGOLA, José Antonio. *O Caminho aberto por Jesus*: Marcos. Petrópolis: Vozes, 2013.

PIERONI, Vittorio; FERMINO, Antonia; CALIMAN, Geraldo. *Pedagogia da alteridade*: para viajar a Cosmópolis. Brasília: Liber Livro, 2014.

ROSA, Luís Carlos Dalla. *Educar para a sabedoria do amor*: a alteridade como paradigma educativo. São Paulo: Paulinas, 2012.

TRACY, David. A teologia na esfera pública: três tipos de discurso público. *Perspectiva Teológica*, Belo Horizonte, ano 44, n. 122, p. 29-51, jan./abr. 2012.

TRIGO, Pedro. *Jesús nuestro Hermano*: acercamientos orgánicos y situados a Jesús de Nazaret. 3ª ed. Maliaño: Sal Terrae, 2018. (Presencia teológica, 261).

SANTOS, Fábio Eduardo de Lima. *A fé cristã no mundo atual*: análise teológico-pastoral à luz da Teologia Política de Johann Baptist Metz. São Paulo: Pluralidades, 2024.

ÉTICA TEOLÓGICA E NOVAS EPISTEMOLOGIAS: UM APELO À LIBERTAÇÃO DA MENTE A PARTIR DO CONTEXTO E DO DIÁLOGO CRIATIVO

Alexandre Andrade Martins[1]

Introdução

No ambiente cristão, particularmente na tradição católica, a teologia é marcada pela síntese entre a tradição semítica veterotestamentária e a filosofia helenística.[2] Dentro dessa tradição, não é possível fugir da influência do pensamento ocidental no desenvolvimento da teologia. Contudo, não é necessário limitá-la a essa epistemologia, restringindo a teologia católica a uma constante releitura circular para que no-

[1] Pós-doutorado em Ética Biomédica (Albert Gnaegi Center for Health Care Ethics – Saint Louis University – Estados Unidos) e pós-doutorado em Democracia e Direitos Humanos (Ius Gentium Conimbrigae – Universidade de Coimbra – Portugal). É doutor em Ética Teológica (Marquette University – Milwaukee, WI – EUA), mestre em Ciências da Religião (PUC – SP) e especialista em Bioética e Pastoral da Saúde (Centro Universitário São Camilo). Atualmente, é professor no Departamento de Teologia e na Escola de Enfermagem da Marquette University e presidente da Sociedade Brasileira de Teologia Moral (2024–2027).

[2] LIMA VAZ, Henrique. Transcendência: experiência histórica e interpretação filosófico-teológica. *Síntese*, Belo Horizonte, v. 19, n. 59, p. 443-460, 1992.

vas realidades, desafios e culturas sejam adequados à síntese ocidental do pensamento cristão.

Por mais que haja um movimento de fazer teologia a partir de baixo, considerando a história, a experiência particular de cada povo e o seu contexto – movimento esse que iniciou e se desenvolveu no Sul global, para então se expandir –, há uma tensão muito grande entre a busca de novas epistemologias e as perspectivas restritas ao modo de fazer teologia de base helenística, dentro daquilo que muitos chamam de teologia clássica. Alguns chegam a sugerir que essa perspectiva é “A” teologia cristã. Essa tensão é vista, por exemplo, na rígida distinção entre teologia e pastoral, ao afirmar que pastoral ou teologia pastoral não é, de fato, teologia.[3] Outro exemplo é a rejeição, por parte de alguns teólogos do Norte global, do pensamento do Papa Francisco como um pensamento teológico, sendo considerado apenas um pensamento pastoral. O teólogo italiano Massimo Borghesi apresenta de forma clara essa leitura equivocada feita por muitos de seus colegas europeus, respondendo-lhes com uma análise das fontes teológicas do Papa Francisco e mostrando como ele vai além de formulações teológicas abstratas para criar uma relação profunda entre a realidade, a experiência dos fiéis e a tradição teológica.[4] Em uma Carta Apostólica destinada aos teólogos, na qual aprova o novo estatuto da Pontifícia Academia de Teologia, o Papa Francisco destaca:

---

[3] GUARDADO, Leo. Theologians in the Field: ‘Dices Que Eres Un Teólogo, ¿cuál Es Tu Practica? *In:* WEISS, J.; BLOCK, J.; LYSAUGHT, M. T.; MARTINS, A. A. (orgs.). *A Prophet to the Peoples: Paul Farmer’s Witness and Theological Ethics*. Eugene, OR: Pickwick Publications by Wipf & Stock, 2023. p. 135-151. Disponível em: https://doi.org/10.55476/001c.71375.

[4] BORGHESI, Massimo. *The mind of Pope Francis*: Jorge Mario Bergoglio’s Intellectual Journey. Collegeville: Liturgical Press Academic, 2017, p. xv–xx.

> A reflexão teológica é, portanto, chamada a uma transformação, a uma mudança de paradigma, a uma revolução cultural corajosa que a compromete, antes de mais nada, a ser uma teologia fundamentalmente contextual, capaz de ler e interpretar o Evangelho nas condições em que vivem diariamente os homens e as mulheres, nos diferentes ambientes geográficos, sociais e culturais, e tendo como arquétipo a Encarnação do *Logos* eterno, a sua inserção na cultura, na cosmovisão e na tradição religiosa de um povo. A partir daqui, a teologia não pode deixar de evoluir para uma cultura de diálogo e de encontro entre diferentes tradições e formas de conhecimento, entre diferentes denominações cristãs e diferentes religiões, confrontando abertamente todos, crentes e não crentes.[5]

Mesmo com essa afirmação da importância do contexto e do diálogo com a realidade para o fazer teologia, a relação entre essa teologia de caráter universalizante, baseada na filosofia helenística, apoiada na força dominante da cultura ocidental, e a teologia desenvolvida a partir da realidade, que permite à cultural local, à sua visão de mundo e aos desafios históricos questionar a tradição, até o ponto de criar algo completamente novo, é muito tensa. Contudo, não é uma tensão saudável, pois não há uma relação de poder entre iguais. O modelo ocidental de poder e dominação socioeconômica e cultural do Norte global perpassa o fazer teologia e a relação entre essas duas perspectivas. O termo *teologias contextuais*, muito utilizado em universidades e em centros teológicos nos EUA e na Europa, se refere às reflexões teológicas de-

[5] FRANCISCO, Papa. *Lettera Apostolica in forma di Motu Proprio Ad Theologiam Promovendam*, 1° de novembro de 2023, n. 1. Disponível em: https://www.vatican.va/content/francesco/it/motu_proprio/documents/20231101-motu-proprio-ad-theologiam-promovendam.html. Acesso em: 18 set. 2024.

senvolvidas a partir de baixo. Contudo, frequentemente, essa expressão é utilizada de forma pejorativa para distinguir as "teologias" que não seriam, de fato, teologia, entendida como disciplina acadêmica, como a teologia pastoral, a teologia da libertação e a teologia africana.

Neste capítulo, vou aprofundar um pouco mais essa tensão e as fontes da resistência contra as perspectivas teológicas contextuais, geralmente desenvolvidas a partir do Sul global e de grupos historicamente marginalizados, como negros, imigrantes, indígenas e mulheres em todo o globo. Ao mesmo tempo, vou argumentar pela legitimidade dessas teologias contextuais como verdadeiras teologias. Elas são portadoras de um pensamento original, que não se limita a uma única epistemologia, mas, de modo dialógico, se abre a outros universos, permitindo que até mesmo o universo filosófico helenístico, que fundamenta a teologia clássica cristã, seja questionado, se necessário reformulado e, em alguns casos, rejeitado. Para isso, este texto constitui-se de duas partes. A primeira apresenta alguns fundamentos que sustentam a visão de dominação da epistemologia ocidental sobre a teologia, o que leva os promotores dessa visão a classificarem as teologias contextuais como algo inferior. A segunda parte desenvolve o argumento da importância dessas teologias contextuais, que oferecem perspectivas novas por meio de um diálogo criativo e narrativas a partir da realidade local.

1. Um apelo à libertação da mente

De forma bem clara, gostaria de afirmar que o apelo pela libertação da mente da dominação da epistemologia ocidental não se trata de substituir uma perspectiva dominante por outra, mas sim de expandir a mesa, onde outros possam se sentar para dialogar a partir da sua própria identidade e visão de mundo, sem a necessidade de rejeitar a identidade não ocidental para se adequar a outro universo sociocultural e epistêmico, em vista de conquistar um lugarzinho à mesa. Da mesma forma, não há uma rejeição da perspectiva ocidental nem negação de suas contribuições. A perspectiva é de expansão e inclusão, rejeitando qualquer modelo de dominação uniformizante.

Em abril deste ano, a Universidade Marquette teve como conferencista da sua anual *Père Marquette Lecture* o teólogo católico inglês Lewis Ayres. O título da sua conferência foi *Christological Hellenism: a Melancholy Proposal*, posteriormente publicada como livro, ao qual me refiro.[6] Eu estava na conferência, e me chocou a defesa de Ayres do helenismo como essencial ao cristianismo, algo como parte da própria revelação, e a rejeição de perspectivas teológicas que não fossem fundamentadas na filosofia helênica. Saí dessa conferência com um sentimento de marginalização, pois, para ele, o que faço não poderia ser considerado teologia, ou seria um pensamento teológico inferior. Talvez eu o tenha compreendido errado. Então, fui ler o livro. Lá, encontrei Ayres argumentando que as "tradições filosóficas helênicas [...] tornaram possível a grande complexidade da doutrina cristã e [foram] providenciais para ajudar a extrair a profundidade das Escrituras".[7] Para ele, o helenismo "se tornou intrínseco à fé

[6] AYRES, Lewis. *Christological Hellenism*: A Melancholy Proposal. Milwaukee: Marquette University Press, 2024.

[7] *Ibid.*, p. 50.

cristã",[8] sendo o helenismo cristológico uma fonte de "análise para os pensadores modernos no julgamento dos seus tempos e nos debates que caracterizam esses tempos".[9] A tarefa central da teologia seria tornar o helenismo cristológico relevante para os dias de hoje, em qualquer lugar. Ayres conclui seu argumento afirmando que "a Igreja ocidental [...] deve nos pressionar e exigir que consideremos a melhor forma de como crescer na fidelidade à herança do helenismo cristológico".[10]

Após ler o livro, percebi que não tinha compreendido errado sua conferência na Universidade Marquette nos EUA. A perspectiva de Lewis Ayres representa muito bem aqueles teólogos católicos que não aceitam a possibilidade de uma teologia desenvolvida fora da dependência da epistemologia ocidental. A síntese teológica ocidental não seria apenas uma referência que permitiria um diálogo com outras perspectivas, visões de mundo, contextos e realidades históricas, mas sim uma síntese para ser aceita e abraçada por si mesma, de tal forma que todo o trabalho teológico de quem vem de outro universo cultural e epistêmico se resumiria a se adequar à epistemologia e ao *ethos* ocidental helênico.

O helenismo filosófico, que fundamenta a síntese teológica desenvolvida pela tradição católica ocidental, não seria apenas uma mediação hermenêutica que permitiu um fazer teológico, mas parte da revelação, e, como tal, não haveria espaço para outras mediações provenientes de diferentes realidades. Essa concepção reflete a visão dominante presente no nosso mundo capitalista globalizado, que começou a ser

8 *Ibid.*, p. 60.

9 *Ibid.*, p. 70.

10 *Ibid.*, p. 71.

desenvolvido com a colonização de outros povos pelos europeus a partir do final do século XV.

O romancista queniano Ngũgĩ wa Thiong'o sugere que o maior feito da colonização foi a dominação da mente dos colonizados:

> O verdadeiro objetivo do colonialismo era controlar a riqueza do povo: o que eles produzem, como eles produzem e como ela é distribuída; controlar, em outras palavras, todo o reino da linguagem da vida real. O colonialismo impôs o controle da produção social de riqueza por meio da conquista militar e da subsequente ditadura política. *Mas a área mais importante de dominação foi o universo mental do colonizado, o controle, por meio da cultura, de como as pessoas se percebiam e sua relação com o mundo. O controle econômico e político nunca pode ser completo ou eficaz sem controle mental.* Controlar a cultura de um povo é controlar suas ferramentas de autodefinição em relação aos outros.[11]

Essa dominação da mente, ou seja, o controle do modo de pensar por meio da suposta supremacia epistemológica da cultura ocidental, é o que está por trás da visão de que não é possível uma verdadeira teologia que seja realizada a partir de perspectivas e mediações hermenêuticas que não sejam as de matriz helênica. Até o próprio Jesus – homem histórico, judeu de cultura semita, não grego – e sua mensagem precisaram do helenismo para se mostrar como revelação, sendo o helenismo parte da revelação de Deus. A concepção do helenismo como uma mediação histórica, que, por circunstâncias contextuais, fez com que a primeira expressão teológica da

[11] THIONG'O, Ngũgĩ wa. *Decolonizing the Mind*: The Politics of Language in African Literature. Nairobi: James Currey, 1986, p. 17.

revelação cristã fosse apresentada com categorias gregas, e de que, sendo assim, outras mediações históricas também podem ser utilizadas para o desdobramento da compreensão da revelação ao longo da história e em outros contextos, passa por uma transformação, na qual o helenismo passa de uma mediação histórica para uma verdade epistemológica constituinte da revelação de Deus. Como consequência, tudo que foge do helenismo seria inferior, devendo se adequar a ele para chegar à maturidade teológica.

O que fundamenta essa perspectiva de controle é a chamada epistemologia ocidental moderna, moldada pela combinação entre colonialismo, patriarcalismo e capitalismo, com o seu centro na Europa, de onde, a partir do século XV, o homem começou a viajar à África e ao "novo mundo" – nomeado "América" para homenagear um europeu – para dominá-los. Olhemos para o Brasil como um estudo de caso, particularmente para a região onde hoje está o estado da Bahia, com população predominantemente afro-brasileira (ou negra). Os primeiros portugueses chegaram à sua costa em abril de 1500 e foram recebidos com alegria pelos povos nativos que viviam lá. Esses povos originais admiraram esses novos visitantes, que, apesar de uma pequena diferença no tom da cor da pele, pareciam com eles, falavam uma língua diferente e usavam algo cobrindo seus corpos, enquanto os povos originais estavam nus sob o sol tropical. O primeiro encontro foi amigável. Com os exploradores, veio um padre católico. Como católicos, os portugueses construíram um altar e celebraram uma missa, com a participação dos nativos. Pode-se imaginar que os nativos não entenderam o que estava acontecendo, mas eles apreciaram os novos visitantes. Do lado dos visitantes, as coisas mudaram rapidamente. Ansiosos por conquistar essa nova terra, os portugueses logo rotularam os nativos como pessoas sem "Deus, sem rei, sem lei". Eles não tinham alma. Portanto, pessoas sem valores europeus modernos – como religião, política, leis e vida interior – não eram humanos completos, sendo seres inferiores. Assim, poderiam ser dominados, explorados e até mortos pela conquista da terra e pelo progresso.[12]

O historiador búlgaro Tzvetan Todorov afirma que, quando os europeus chegaram ao "novo mundo" (novo apenas para eles, porque havia populações e sociedades de nativos espalhadas por todo o continente), eles não queriam encontrar o outro, mas a si mesmos. Diferentemente dos povos originais, que encontraram e acolheram o outro, os europeus não tinham o desejo de acolher os povos nativos ou aprender com eles. Não encontrando um povo como eles mesmos, os europeus começaram a dominação e o massacre de nativos, a fim de implementar sua ideia de progresso e o enriquecimento da Europa com base na exploração máxima dos recursos naturais e dos humanos (inferiores).[13] Essa exploração também foi a base do encontro com os povos da África e ainda é a base

[12] MILANEZ, Felipe; SANTOS, Fabrício L. *Guerras da conquista*: da invasão dos portugueses até os dias de hoje. São Paulo: HarperCollins, 2021.

[13] TODOROV, Tzvetan. *La Conquista de América*: El Problema del Outro. Madrid: Siglo Ventiuno Editores, 1998. Na tentativa de recontar a história latino-americana a partir da perspectiva dos oprimidos, o historiador e filósofo argentino Enrique Dussel também apresenta o significado do encontro entre europeus e povos nativos, considerando a perspectiva filosófica da alteridade: DUSSEL, Enrique. *The Invention of the Americas*: Eclipse of "The Other" and the Myth of Modernity. New York: Continuum, 1995.

contemporânea das relações internacionais entre o Norte e o Sul globais.[14]

A atual globalização econômica é guiada pela Europa e sua extensão direta, os EUA, fundamentada em um modelo de progresso infinito por meio da exploração máxima de recursos naturais e humanos. Para a consolidação desse modelo, foram necessárias não apenas a colonização e a dominação militar e econômica, mas também a dominação cultural e intelectual. Todos devem acreditar que qualquer coisa fora do modo europeu de entender o mundo é inferior, gerando a alienação colonial.[15] A crença nesse modelo está presente não apenas na mente das pessoas do Norte global, moldadas por seu excepcionalismo e superioridade,[16] mas também na mente das pessoas do Sul global, forçadas a acreditar que são inferiores e que, portanto, tudo o que criam – cultura, organização, valores, crenças, ideias etc. – é menor em relação ao que é desenvolvido no centro do mundo: o chamado Ocidente – na verdade, alguns países da Europa Ocidental e os Estados Unidos.

O filósofo camaronês Achille Mbembe sugere que, no imaginário europeu, a colônia é onde o poder pode ser exercido a partir das leis que protegem os cidadãos europeus, pois as pessoas colonizadas são percebidas como animais.[17] Esse

[14] Isso cria o que Achille Mbembe chama de "proximidade sem reciprocidade" numa lógica de fronteira, estabelecida pelo Ocidente, que determina espaços onde os não ocidentais podem estar e o que podem fazer. MBEMBE, Achille. *Out of the Dark Night*: Essays in Decolonization. New York: Columbia University Press, 2021, p. 90-111.

[15] *Ibid.*, p. 44.

[16] SOUSA SANTOS, Boaventura de. *Epistemologies of the South*: Justice Against Epistemicide. New York: Routledge, 2014. p. 92.

[17] MBEMBE, Achille. *Necropolitics*. Durhan and London: Duke University Press, 2019, p. 76-77.

imaginário moldou a concepção sobre a qual se apoiam as estruturas sociais ocidentais: uma divisão de pessoas entre "aquelas que importam" e "aquelas que não importam",[18] definida por Estados soberanos como uma forma de *necropolítica,* da qual o racismo é o condutor.[19] Uma manifestação dessa divisão é o que Mbembe chama de *borderização*: "O processo pelo qual as potências mundiais transformam permanentemente certos espaços em lugares impossíveis para certas classes de populações".[20]

Populações cercadas por uma fronteira – seja uma fronteira geográfica real, seja uma linha de segregação interna ou uma fronteira abstrata, como epistemologias não ocidentais marginalizadas – são manipuladas e controladas por potências mundiais brancas, racistas, patriarcais e capitalistas. Sem dizer explicitamente, elas acreditam na superioridade da raça branca, operando com base em tal crença, apresentando (ou impondo) seu desenvolvimento cultural e tecnológico como prova de sua superioridade.[21] Qualquer coisa ou pessoa fora da raça branca é considerada algo à parte, povos e lugares a serem controlados. Essa superioridade é a fonte do racismo, que torna certas pessoas, aquelas que não importam, como negros, latinos e muçulmanos, "humanos à parte",[22] a serem

[18] *Ibid.*, p. 80

[19] *Ibid.*, p. 38.

[20] *Ibid.*, p. 99.

[21] *Ibid.*, p. 121.

[22] *Ibid.*, p. 132.

controlados, matando suas mentes[23] – sua capacidade de pensar de forma diferente e de questionar o Ocidente – e transformando seus corpos em objetos a serem usados para promover o crescimento do capital, tornando o Norte global mais rico e o Sul mais pobre.

Essa realidade de racismo e exploração – que alimenta o desenvolvimento tecnológico ocidental com base no progresso infinito – promove um verdadeiro *epistemicídio*, ou seja, um genocídio das epistemologias não ocidentais, privilegiando a ciência ocidental moderna como a única forma aceitável de conhecimento. Boaventura de Sousa Santos não acredita que as soluções para os problemas de hoje possam se materializar a partir do paradigma ocidental moderno. Para ele, esse paradigma é mais parte do problema do que da solução.[24] Mbembe diz: "A Europa não é mais aquele lugar para onde devemos ir para encontrar soluções para as questões que colocamos aqui [na África]".[25] Portanto, é necessário olhar para outras epistemologias, aquelas que não são parte do problema que o paradigma ocidental moderno de progresso infinito – baseado no colonialismo, no patriarcalismo e no capitalismo – criou e sustenta por meio da reciclagem contínua de velhos problemas, como o racismo.

O modo de ler o mundo deve ser expandido para incluir novas epistemologias que olhem, por exemplo, para a história

---

[23] *Descerebração* é um conceito criado por Mbembe para se referir ao poder colonial e ao racismo que "visa tornar o sujeito estrangeiro ao seu próprio ambiente [referindo-se ao europeu branco]". Isso funciona para apoiar a mentira colonial da superioridade europeia, uma mentira "para nutrir o silêncio e induzir condutas de cumplicidade sob o pretexto de que 'nada mais deve ser feito'". MBEMBE, *Necropolitics*, p. 146.

[24] SOUSA SANTOS, *Epistemologies of the South*, p. 72.

[25] *Ibid.*, p. 188.

da África não como uma história de escravidão, mas como a jornada de povos resilientes e criativos;[26] epistemologias que mostrem as práticas de resistência das comunidades latino-americanas em sua luta pela emancipação social.[27] Para fazer isso, o Norte global precisa reaprender a se relacionar com o outro, com vista a superar os encontros colonialistas. Em vez de procurar a si mesmo no Sul e ver o Sul como um trunfo para dominar e enriquecer algumas nações ocidentais poderosas, o Norte global deve superar o preconceito epistemológico e a opressão; ir "para o Sul e aprender com o Sul, embora não com o Sul imperial (que reproduz no Sul a lógica do Norte tida como universal), mas sim com o Sul anti-imperial".[28]

Narrativas e práticas de resistência estão entre as melhores maneiras de aprender epistemologias não ocidentais, especialmente aquelas de grupos oprimidos, como os povos nativos e os pobres da América Latina. As narrativas oferecem um conhecimento experiencial por meio de seus símbolos, valores, crenças, memória, resistência, resiliência, criatividade e luta pela sobrevivência. Por meio de histórias e práticas, as pessoas podem oferecer o conhecimento de suas comunidades e visões de mundo para contribuir para o crescimento global. Além disso, narrativas e práticas oferecem perspectivas que desafiam a maneira ocidental de se relacionar com o mundo e sua ideia de progresso.

[26] *Ibid.*, p. 190

[27] *Ibid.*, p. 42.

[28] *Ibid.*, p. 42. O Sul imperial são aquelas elites no Sul global que foram corrompidas pelo Ocidente e suas promessas. Elas vivem com a mente no Norte global, em uma mentalidade oprimida que contribui para a opressão de seu próprio povo em troca de algumas migalhas caindo da mesa do Norte.

Vejamos, por exemplo, o conceito de autonomia tão enfatizado no Norte global, particularmente nos EUA. Compreende-se a autonomia a partir de uma visão de pessoa fundamentada em uma dignidade que depende exclusivamente da autodeterminação individual. Em sociedades como a estadunidense, a autodeterminação é cada vez mais vinculada ao individualismo, desvinculando a autonomia de qualquer relação ou responsabilidade comunitária. Sem essa responsabilidade, a autonomia se atrela à capacidade de tomar decisões que dependem do privilégio individual de possuir opções advindas da sociedade de consumo. Dessa forma, não é necessário o envolvimento da comunidade, que olharia para os marginalizados, limitando a autonomia a uma responsabilidade e escolha individual. O fato é que todos os indivíduos têm necessidades básicas fundamentais para o seu florescimento. Contudo, aqueles que não têm condições socioeconômicas de acessar as opções ficam excluídos da equação da autonomia individual, pois há fatores externos que impedem seu pleno exercício.

Servindo em uma comunidade guarani, aprendi um conceito diferente de autonomia, baseado em um modo de pensar e agir em que todos são responsáveis pelas escolhas individuais. Por exemplo, quando alguém fica doente, a comunidade inteira se sente enferma. Toda a comunidade se sente responsável por buscar cuidados para essa pessoa doente, criando uma atmosfera de responsabilidade social e solidariedade, traduzidas em prática. Esse é o *ñandereko,* ou seja, o modo de ser guarani, que impacta qualquer decisão individual. A pessoa doente não verá sua autonomia como um exercício isolado individual de autodeterminação, mas sim como uma oportunidade de crescimento comunitário, por meio de sua personificação da responsabilidade social comunitária e da solidariedade, traduzida em ações para ajudar a pessoa doente a acessar os cuidados de que precisa e no discernimento coletivo sobre o que é melhor para o indivíduo dentro da comunidade. *Ñandereko* é essencial para atingir *tekove,* ou seja, a vida, apenas entendida individualmente a partir do *ñee* (palavra), a visão de mundo da comunidade sustentando sua responsabilidade social e a solidariedade. Não há *tekove* fora do *ñee*, nem *katu* (saúde e saudável) fora do *ñandereko*. Portanto, autonomia é *ñandereko*, uma autocompreensão comunitária da determinação individual.[29]

Se nos fechamos na epistemologia moderna ocidental como uma verdade superior, a única válida para produzir conhecimento a partir do qual se promove o desenvolvimento humano, não percebemos outras perspectivas, pois elas serão vistas como inferiores, incapazes de produzir conhecimento e algo a ser superado. Nessa perspectiva, encontros com comunidades e culturas como a guarani serão sempre coloniais, porque se buscará encontrar o mundo ocidental no mundo do outro, chegando à mesma conclusão dos primeiros europeus nesta terra, ao conceber os povos originários das Américas como inferiores e sem alma, ou seja, povos primitivos sem vida interior racional, sobrevivendo em sua pobreza existencial e epistêmica.

Na visão teológica de Lewis Ayres, formas de conhecimento que não sejam de matriz helenística não têm nada

[29] Relato isso a partir da minha experiência de aprendizado *in loco* com uma comunidade guarani do sul da Bolívia e no centro-oeste do Brasil, onde aprendi o significado do *ñandereko garanni*.

para oferecer à teologia cristã. Portanto, a expansão do cristianismo em outras culturas seria um movimento de encontro não com a mensagem evangélica pregada por Jesus, mas com o helenismo cristológico. Fazer teologia, mesmo fora do mundo ocidental, é destrinchar tal helenismo para que ele seja aceito e promovido. Dessa forma, o que vem de baixo, moldado por experiências e desafios locais, que são lidos a partir de outras antropologias e modos de produzir conhecimento, não seria capaz de atingir o nível teológico ao qual só o helenismo cristológico pode levar. Aqui, então, estariam as teologias contextuais, formas de fazer teológico inferiores. O *ñandereko* guarani é um modo de ser e pensar que resiste a todas as tentativas do Ocidente moderno de destruí-lo. Da mesma fora, outras antropologias e epistemologias não ocidentais resistem ao redor do mundo. As teologias contextuais fazem parte de uma experiência de dialogar criativamente com a pluralidade das perspectivas humanas a partir do contexto em que as pessoas vivem, sofrem, resistem e criam.

2. Teologia contextual: diálogo criativo a partir do contexto

Simone Weil argumenta que a base da opressão é a separação entre a *contemplação* e a *ação*, isto é, a capacidade de pensar e refletir criticamente sobre a realidade não é desenvolvida entre pessoas da classe trabalhadora, que são condicionadas a agir para produzir sob o controle de uma elite. Em seu contexto, Weil se referia aos operários que trabalhavam de tal forma que não conseguiam refletir criticamente sobre a própria realidade e as estruturas que os mantinham como trabalhadores oprimidos. Dessa forma, o primeiro passo para a libertação é o desenvolvimento de um processo capaz de unir contemplação e ação, para que os oprimidos possam refletir criticamente sobre a realidade e a sua ação.[30] Na obra de Paulo Freire, o primeiro passo com vista à justiça é uma educação que liberte a mente, de modo que a ação do oprimido seja em prol da justiça, e não de uma acessão social individualista, que o tornaria um novo opressor.[31] O diálogo criativo e libertador – capaz de unir a contemplação e a ação, a partir do contexto da realidade particular dos oprimidos e grupos historicamente marginalizados pela epistemologia moderna ocidental – é um caminho que busca alternativas a partir da resistência e da criatividade de comunidades tidas como inferiores por não operarem a partir do universo ocidental. Esse é o movimento das teologias contextuais, realizadas a partir da realidade, interpretando a tradição e livre para apontar caminhos de inovação teológica e transformação de paradigmas. Isso é libertar o fazer teológico da uniformização dominadora da epistemologia ocidental. Como sugere o Papa Francisco:

> A promoção da teologia no futuro não pode se limitar a propor abstratamente fórmulas e esquemas do passado. Chamada a interpretar profeticamente o presente e a vislumbrar novos itinerários para o futuro à luz da Revelação, a teologia terá de enfrentar profundas transformações culturais, consciente de que "o que vivemos não é simplesmente uma era de mudança, mas uma mudança de época".[32]

30 WEIL, Simone. Œuvres. Paris: Quarto Gallimard, 1999, p. 292-297.

31 FREIRE, Paulo. *Pedagogia do oprimido.* 59ª ed. Rio de Janeiro: Paz & Terra, 2015, p. 43.

32 FRANCISCO, *Ad Theologiam Promovendam*, n. 1.

Um dos elementos centrais de qualquer teologia é que ela opera a partir de narrativas que constituem o texto bíblico, lido por comunidades e ressignificado por meio de um encontro entre o texto e a realidade histórica das comunidades de fé. A teologia não é estática, mas se movimenta dentro desse dinamismo vivo e criativo. As narrativas estão no centro das experiências históricas das pessoas com realidades transcendentes. Elas não apenas dão expressão a essas experiências com grande variedade de estilos e linguagens, muitas vezes cheias de metáforas e mistérios, mas também ajudam outras pessoas e comunidades que entram em contato com elas a terem suas próprias experiências do transcendente. Percebe-se esse movimento nos textos bíblicos, que são narrativas de pessoas que experimentaram Deus dentro de seus próprios contextos históricos. Ao longo da história, indivíduos e comunidades, em seus contextos particulares, leram essas narrativas para encontrar Deus e ter seus próprios encontros pessoais e comunitários com o transcendente, com um Deus encarnado dentro da história humana. O estudioso bíblico argentino Joaquim Severino Croatto diz que essas narrativas possuem uma "reserva de significados", porque estão sempre adquirindo novos sentidos através da leitura de indivíduos e comunidades. A cada novo contato, esses textos se tornam relevantes dentro de novos contextos e lutas.[33]

As narrativas revelam uma experiência de fé de uma comunidade com Deus, vivo e presente em sua história. O Transcendente – que a tradição cristã nomeia Deus, como diz Tomás

[33] CROATTO, J. Severino. La Contribución de la Hermenéutica Bíblica a la Teología de la Liberación. *Cuadernos de Teología*, Buenos Aires, v. 6, n. 4, p. 50, 1985. Veja também CAVALCANTI, Tereza. Social Location and Biblical Interpretation: A Tropical Reading. *In*: SEGOVIA, F. F.; TOLBERT, M. A. (orgs.). *Reading from This Place*. Volume 2: Social Location and Biblical Interpretation. Minneapolis, MN: Fortress Press, 1995, p. 201-218.

de Aquino (ST I, q. 13, a. 1), ou Trindade, Pai, Jesus Cristo e Espírito Santo – está presente na realidade imanente. A teologia é um esforço, sempre imperfeito, para entender essa experiência da revelação de Deus, como ela é "aceita pela fé", uma convicção que carrega o selo de grandes mestres da teologia, como São Tomás:

> Embora aquelas coisas que estão além do conhecimento do homem não possam ser buscadas pelo homem por meio de sua razão, no entanto, uma vez reveladas por Deus, elas devem ser aceitas pela fé. Por isso o texto sagrado continua: "Pois muitas coisas te são mostradas acima da compreensão do homem" (Eclesiástico 3:25). E nisso consiste a ciência sagrada (ST I, q. 1, a. 1).

Como um esforço intelectual sistemático para entender a experiência de Deus, relatos abstratos e discussões sobre o mistério de Deus se tornaram uma característica dominante no desenvolvimento da teologia cristã e em sua consolidação como uma área do saber, isto é, como uma disciplina. A Escolástica foi o apogeu dessa maneira de fazer teologia, marcadamente filosófica. Como resultado, muitas reflexões e estudos teológicos se distanciaram das experiências históricas das comunidades, levando muitos teólogos a considerar que as únicas teologias autênticas eram aquelas que lidavam com universais. Nos séculos XX e XXI, teologias contextuais, como a teologia da libertação, foram rejeitadas por alguns defensores apaixonados dessa maneira abstrata de fazer teologia.[34] Uma das razões para essa marginalização foi a crítica de que as reflexões e estudos teológicos de matriz contextual falhavam em desenvolver a universalidade da teologia. Contudo, os críticos contemporâneos das teologias contextuais esquecem, ou ignoram intencionalmente, que essa suposta universalidade de reflexões teológicas "não contextuais" foi criada na Europa por europeus que possuíam uma visão de mundo europeia baseada na filosofia e na cultura helenísticas. Elas não eram universais. Na verdade, expressavam uma compreensão contextual da experiência de Deus.

Existe uma mentalidade colonizadora na teologia cristã. Esse fato nos ajuda a entender por que qualquer tentativa de promover novas formas de fazer teologia – a maioria surgida fora do contexto europeu – é julgada como secundária, inferior ou sequer considerada teologia. Como vimos na primeira parte do texto, a dominação epistemológica promovida pela modernidade europeia não isentou a teologia produzida nessa região e exportada para o Sul global.[35] É importante destacar

[34] MILBANK, John. *Theology & Social Theory*: Beyond Secular Reason. 2nd ed. Oxford: Blackwell Publishing, 2006, p. 206-254. COSTADOAT, Jorge. La Hermenéutica en las Teologías Contextuales de la Liberación. *Teología y Vida*, Santiago, Chile, v. 46, n. 1-2, p. 56-74, 2005. Disponível em: http://dx.doi.org/10.4067/S0049-34492005000100003.

[35] Para aprofundamento sobre essa dominação ocidental da teologia e o desenvolvimento de uma crítica decolonial, veja a revista internacional de teologia *Concilium*, que publicou dois volumes sobre esse assunto: KAKER, H.; SUSIN, L. C.; METOGO, L. M. (orgs.). Postcolonial Theology. *Concilium* 2, London: SCM Press, 2013; MENDOZA-ÁVAREZ, C.; COURAU, T.-M. (orgs.). Decolonial Theology: Violence, Resistance and Spiritualities. *Concilium* 1. London: SCM Press, 2020. Veja também: KUZMA, Cesar; ANDRADE, Paulo F. C. de (orgs.). *Decolonialidade e práticas emancipatórias*: novas perspectivas para a área de Ciência da Religião e Teologia. São Paulo: Paulinas, 2019; DREXLER-DREIS, J. Latin American Liberation Theology as a Decolonial Project? Considering the Theological Approaches of Clodovis Boff and Ignacio Ellacuría. *Louvain Studies*, Louvain, Bélgica, v. 39, n. 3, p. 218-239, 2016. Disponível em: http://dx.doi.org/10.2143/LS.39.3.3170047.

que uma mentalidade colonizadora descarta qualquer coisa que não venha do chamado “topo” ou “centro”, onde o *status quo* teológico é preservado com sua suposta universalidade. Estranhamente, as próprias narrativas bíblicas que servem como recursos fundamentais para a criação desse *status quo* teológico lidam diretamente com a experiência de um Deus que liberta um povo oprimido fugindo da escravidão (Êxodo) e de um Deus encarnado que se torna humano para compartilhar a realidade histórica dos pobres e marginalizados, morrendo em uma cruz como um *ninguém*. Além disso, aqueles que desfrutam desse *status quo* teológico não desenvolveram sua compreensão do mistério de Deus com base em uma realidade a-histórica, protegida de qualquer particularidade criada por circunstâncias locais, fora de uma localização geográfica específica ou de uma linguagem peculiar. Até onde eu sei, eles não desenvolveram uma sistematização da teologia vindo do céu, usando uma linguagem angélica universal.

É importante reconhecer que o *status quo* teológico também é contextual. Ele existe por causa de poderes políticos, econômicos e coloniais, entre outros. Esse *status quo* tem pouco a ver com teologia ou com a experiência de Deus. Para ser claro, não estou descartando essa teologia, nem a diminuindo. Ela faz parte da tradição teológica cristã e, como tal, tem valor e oferece uma base fundacional para qualquer nova maneira de fazer teologia. Por exemplo: um dos fatores que tornaram a teologia da libertação possível foi seu fundamento na tradição teológica desde os primeiros séculos do cristianismo. Mas outra base foi o encontro entre essa tradição e a realidade do povo, particularmente os pobres e oprimidos que experimentam Deus em suas lutas históricas. Por causa desse encontro, novos significados e novas reflexões teológicas surgiram, expandindo a compreensão de sua experiência de Deus, uma realidade transcendente na prática imanente de uma comunidade de fé. Portanto, essas experiências geram narrativas originadas nos estratos mais baixos das sociedades e muitas vezes às margens do *status quo* teológico, indo muito além de uma reinterpretação da teologia de base filosófica helenística.

Considerações finais

Interpretando a perspectiva do Papa Francisco sobre a necessidade de uma Igreja nas "fronteiras" do mundo, que alcance as periferias, Francisco de Aquino Júnior, que tem um capítulo neste livro, afirma:

> Quando insiste nas "fronteiras" como "lugar de reflexões", Francisco se refere à "necessidade de estar inserido no contexto em que opera e sobre o qual reflete", diante do "período de viver em um laboratório" e "domesticar" e "envernizar" os problemas. Isso vale para a reflexão como um todo, vale, de modelo particular, para a reflexão teológica, uma vez que "nossa fé não é uma fé-laboratório, mas uma fé-caminho, uma fé histórica", pois "Deus revelou-se como história, não como um compêndio de verdades abstratas".[36]

A ética teológica deveria ser, por si só, compreendida como uma reflexão teológica de fronteiras, a partir do contexto em que se insere. Tendo como base a tradição teológica,

[36] AQUINO JUNIOR, Francisco de. *Teologia em debate*: sobre o estatuto epistemológico da teologia. São Paulo: Paulus, 2024, p. 176.

o fazer ético-teológico é profundamente histórico, e há nele um dinamismo contextual que constantemente apresenta novas questões que impactam a vida pessoal, social e eclesial das pessoas. A partir desse dinamismo histórico e à luz da fé, busca-se crescer na compreensão da revelação de Deus no contexto presente das comunidades de fé inseridas em sociedades plurais. Aqui ocorre um encontro que gera o novo, um novo teológico com relevância para a vida presente e concreta das pessoas, onde Deus se encarna e se deixa conhecer. No cristianismo primitivo, a expressão teológica desse encontro foi mediada pelo helenismo, que ofereceu os instrumentos teóricos para a compreensão da revelação de Deus, algo originado e enraizado em um contexto específico, que tem um valor universal dentro da teologia católica. Porém, esse universal deve ser entendido como uma contribuição para a formação dessa tradição teológica que se permite banhar pelas águas dinâmicas das histórias e dos desafios do presente, onde pessoas concretas, com suas identidades culturais, epistêmicas e etnográficas próprias, se fazem presentes. É a partir dessas identidades que novas formas de mediações, para além do helenismo, são apresentadas no desenvolvimento da compreensão do mistério de Deus e de sua relevância ética na história. Nesse sentido, uma das missões da ética teológica é compreender que é possível não só fazer teologia a partir de novas epistemologias, mas também reconhecer o resistir criativo e libertador de comunidades historicamente marginalizadas, que sofreram um processo de controle das suas mentes para que seu agir fosse domesticado. É aqui, inserido nos desafios éticos do presente, que o fazer ético-teológico se torna livre, novo e relevante para as comunidades de fé e sua presença em sociedades plurais e dinâmicas.

Referências bibliográficas

AQUINO JUNIOR, Francisco de. *Teologia em debate*: sobre o estatuto epistemológico da teologia. São Paulo: Paulus, 2024.

AQUINO, TOMAS, *The Summa Theologica*, Diponível em: https://dhspriory.org/kenny/CDtexts/summa/index.html. Acesso em: 04. out. 2024.

AYRES, Lewis. *Christological Hellenism*: A Melancholy Proposal. Milwaukee: Marquette University Press, 2024.

BORGHESI, Massimo. *The mind of Pope Francis*: Jorge Mario Bergoglio's Intellectual Journey. Collegeville: Liturgical Press Academic, 2017.

CAVALCANTI, Tereza. Social Location and Biblical Interpretation: A Tropical Reading. *In*: SEGOVIA, F. F.; TOLBERT, M. A. (orgs.). *Reading from This Place*. Volume 2: Social Location and Biblical Interpretation. Minneapolis, MN: Fortress Press, 1995. p. 201-218.

COSTADOAT, Jorge. La Hermenéutica en las Teologías Contextuales de la Liberación. *Teología y Vida*, Santiago, Chile, v. 46, n. 1-2, p. 56-74, 2005. Disponível em: http://dx.doi.org/10.4067/S0049-34492005000100003.

CROATTO, J. Severino. La Contribución de la Hermenéutica Bíblica a la Teología de la Liberación. *Cuadernos de Teología*, Buenos Aires, v. 6, n. 4, p. 45-69, 1985.

DREXLER-DREIS, J. Latin American Liberation Theology as a Decolonial Project? Considering the Theological Approaches of Clodovis Boff and Ignacio Ellacuría. *Louvain Studies*, Louvain, Bélgica, v. 39, n. 3, p. 218-239, 2016. Disponível em: http://dx.doi.org/10.2143/LS.39.3.3170047.

DUSSEL, Enrique. *The Invention of the Americas*: Eclipse of "The Other" and the Myth of Modernity. New York: Continuum, 1995.

FRANCISCO, Papa. *Lettera Apostolica in forma di Motu Proprio Ad Theologiam Promovendam*, 1º de novembro de 2023, n. 1. Disponível em: https://www.vatican.va/content/francesco/it/motu_proprio/documents/20231101-motu-proprio-ad-theologiam-promovendam.html. Acesso em: 18 set. 2024.

FREIRE, Paulo. *Pedagogia do oprimido*. 59ª ed. Rio de Janeiro: Paz & Terra, 2015.

GUARDADO, Leo. Theologians in the Field: Dices Que Eres Un Teólogo, ¿cuál Es Tu Practica? *In*: WEISS, J.; BLOCK, J.; LYSAUGHT, M. T.; MARTINS, A. A. (orgs.). *A Prophet to the Peoples*: Paul Farmer's Witness and Theological Ethics. Eugene, OR: Pickwick Publications by Wipf & Stock, 2023. p. 135-51. Disponível em: https://doi.org/10.55476/001c.71375.

KAKER, H.; SUSIN, L. C.; METOGO, L. M. (orgs.). Postcolonial Theology. *Concilium* 2. London: SCM Press, 2013.

KUZMA, Cesar; ANDRADE, Paulo F. C. de (orgs.). *Decolonialidade e práticas emancipatórias*: novas perspectivas para a área de Ciência da Religião e Teologia. São Paulo: Paulinas, 2019.

LIMA VAZ, Henrique. Transcendência: experiência histórica e interpretação filosófico-teológica. *Síntese*, Belo Horizonte, v. 19, n. 59, p. 443-460, 1992.

MBEMBE, Achille. *Necropolitics*. Durhan and London: Duke University Press, 2019.

MBEMBE, Achille. *Out of the Dark Night*: Essays in Decolonization. New York: Columbia University Press, 2021.

MENDOZA-ÁVAREZ, C.; COURAU, T.-M. (orgs.). Decolonial Theology: Violence, Resistance and Spiritualities. *Concilium* 1. London: SCM Press, 2020.

MILANEZ, Felipe; SANTOS, Fabrício L. *Guerras da conquista*: da invasão dos portugueses até os dias de hoje. São Paulo: HarperCollins, 2021.

MILBANK, John. *Theology & Social Theory*: Beyond Secular Reason. 2nd ed. Oxford: Blackwell Publishing, 2006.

SOUSA SANTOS, Boaventura de. *Epistemologies of the South*: Justice Against Epistemicide. New York: Routledge, 2014.

THIONG'O, Ngũgĩ wa. *Decolonizing the Mind*: The Politics of Language in African Literature. Nairobi: James Currey, 1986.

TODOROV, Tzvetan. *La Conquista de América*: El Problema del Outro. Madrid: Siglo Ventiuno Editores, 1998.

WEIL, Simone. Œuvres. Paris: Quarto Gallimard, 1999.

14

ÉTICA CRISTÃ EM DIÁLOGO COM A CULTURA MODERNA[1]

Mário Marcelo Coelho[2]

Introdução

A ética teológica tem hoje a incumbência de infundir coragem e esperança no ser humano em meio ao mundo tornado complicado e, às vezes, incontrolável. Muitos têm medo das catástrofes ambientais, do aumento da violência, sobretudo contra as minorias, dos problemas econômicos, da disseminação das guerras, do retorno de sistemas políticos opressores, da explosão da inteligência artificial e dos problemas sociais provocados pela estrutura mundial em um mundo globalizado. Também, diante da possibilidade do uso de armas químicas, da manipulação da vida humana por parte das ciências biológicas e das novas tecnologias, coloca-se em debate qual

---

[1] Este texto é uma versão ampliada e atualizada do artigo: COELHO, Mário Marcelo. Ética cristã na sociedade moderna. *Revista Teologia em Questão* (TQ), n. 27, 2015, p. 29-52.

[2] Mário Marcelo Coelho tem pós-doutorado em Teologia (PUC-SP), é doutor em Teologia Moral (Accademia Alfonsiana de Roma/Itália) e mestre em Teologia Prática (PUC-SP) e em Zootecnia (UFLA-MG); é membro da Sociedade Brasileira de Teologia Moral (SBTM) e do Grupo de Pesquisa PHAES - Pessoa Humana - Antropologia, Ética e Sexualidade (PUC-SP); é professor e coordenador do Curso de Teologia da Faculdade Dehoniana de Taubaté/SP.

o sentido, hoje em dia, da civilização biotecnológica. As incertezas, inseguranças e muitas vezes o medo têm se tornado o distintivo da sociedade atual. As inseguranças que brotam do modo de vida da sociedade atual aumentam a preocupação com a qual não poucas pessoas olham para o futuro.

Os bispos em Aparecida afirmam que a publicidade conduz ilusoriamente a mundos distantes e maravilhosos, onde todo desejo pode ser satisfeito pelos produtos que têm caráter eficaz, efêmero e até messiânico. Legitima-se que os desejos se tornem felicidade. Como só se necessita do imediato, pretende-se alcançar felicidade através do bem-estar econômico e da satisfação hedonista.[3]

As novas gerações são as mais afetadas pela cultura do consumo e pela civilização tecnológica em suas aspirações pessoais e profundas. Crescem na lógica do individualismo pragmático e narcisista, que desperta nelas mundos imaginários especiais de liberdade e igualdade. Afirmam o presente porque o passado perdeu relevância diante de tantas exclusões sociais, políticas, tecnológicas e econômicas. Para elas, o futuro é incerto. Assim mesmo, participam da lógica da vida como espetáculo, considerando o corpo como ponto de referência de sua realidade presente. Têm nova atração pelas sensações e crescem, na grande maioria, sem referência aos valores e instâncias religiosas.[4]

O Papa Francisco, na sua encíclica *Laudato si'*, denuncia as várias formas de governar que promovem a injustiça em favor do benefício de alguns: "Vários países são governados

[3] Cf.V CONFERÊNCIA GERAL DO EPISCOPADO LATINO-AMERICANO E DO CARIBE. *Documento de Aparecida*, 2011, n. 49-50. Daqui em diante = DAp.

[4] Cf. DAp 51.

por um sistema institucional precário, à custa do sofrimento do povo e para benefício daqueles que lucram com este estado de coisas. Tanto dentro da administração do Estado como nas diferentes expressões da sociedade civil, ou nas relações dos habitantes entre si, registram-se, com demasiada frequência, comportamentos ilegais".[5]

Diante dessas questões, a teologia moral não pode limitar-se a assumir um comportamento crítico no confronto diante dos conflitos que a cultura moderna se encarrega de levantar, mas deve estabelecer um discurso moral que detecta, desmascara e examina as realizações não autênticas da prática humana; deve também colaborar na tentativa exaustiva de definir a responsabilidade do homem a respeito da distribuição dos bens naturais ou do bem comum de forma igual, ou seja, tem a função utópica, propor um ideal formativo para a construção da história humana. Somente assim os homens podem sentir que a Igreja participa das inseguranças de suas vidas e que também colabora para encontrar soluções para os conflitos de hoje em dia. Para isso, são importantes as palavras do Concílio Vaticano II que revelam a "íntima união da Igreja com toda a família humana":

> As alegrias e as esperanças, as tristezas e as angústias dos homens de hoje, sobretudo dos pobres e de todos aqueles que sofrem, são também as alegrias e as esperanças, as tristezas e as angústias dos discípulos de Cristo; e não há realidade alguma verdadeiramente humana que não encontre eco no seu coração. Porque a sua comunidade é formada por homens, que, reunidos em Cristo, são guiados pelo Espírito Santo na sua peregrinação em demanda do reino do Pai, e

[5] FRANCISCO. Carta Encíclica *Laudato Si'*, 2015, n. 142. Daqui em diante = LS.

> receberam a mensagem da salvação para a comunicar a todos. Por este motivo, a Igreja sente-se real e intimamente ligada ao gênero humano e à sua história.[6]

Percebemos que o próprio magistério assume que, para a realização de sua missão, tem que acompanhar o ser humano em suas situações concretas, no dia a dia das pessoas, valorizando a sua dimensão moral e social. Não se trata do homem abstrato, mas do homem concreto, histórico, inserido no meio. Esse homem concreto, situado, é o caminho que a teologia moral deve percorrer no cumprimento de sua missão. Inclusive, o fenômeno da sociedade tecnológica é o sinal dos tempos, o pressuposto para a realização da missão da teologia.

Em nossos tempos, a face mais difundida e de êxito da globalização é sua dimensão tecnológica/econômica, que se sobrepõe e condiciona as outras dimensões da vida humana. Na globalização, a dinâmica do mercado absolutiza com facilidade a eficácia, a produtividade e o consumo como valores reguladores de todas as relações humanas. Esse caráter peculiar faz da globalização e das tecnologias um processo promotor de iniquidades e injustiças múltiplas. A cultura tecnológica, tal como está configurada atualmente, não é capaz de interpretar e reagir em função de valores objetivos que se encontram além do mercado e que constituem o mais importante da vida humana: a verdade, a justiça, o amor e, muito especialmente, a dignidade e os direitos de todos, inclusive daqueles que vivem à margem do próprio mercado.[7]

6 CONCÍLIO ECUMÊNICO VATICANO II. Constituição pastoral *Gaudium et Spes*, 2004, n. 1. Daqui em diante = GS.

7 DAp 61.

A partir do século XIX, a ética cristã procura aproximar-se cada vez mais das formas pessoais de pensamento que se encontram na Bíblia e nas suas descrições da relação entre Deus e o homem. Novas vias se abriram para uma ética fundamentada na Palavra de Deus, expressa em uma linguagem muito próxima àquela de Jesus e com o método definido na maneira mais absoluta que o da jurisprudência. Assim, surge a teologia moral que reflete sobre a integridade da pessoa humana derivante da sua relação com o meio ambiente, com os outros e com Deus. A existência é agora adequadamente discernida e definida como "ser em Cristo", isto é, Cristo deve tomar forma em mim pelo fato de eu construir minha vida através dos seus ideais.

Alguns critérios costumam ser enunciados com a finalidade de não ficar apenas no teórico, mas chegar à prática. Para isso, tornam-se indispensáveis o conhecimento da realidade, a capacidade de julgar objetivamente as diversas situações, estruturas, sistemas econômicos, sociais, tecnológicos e influxos ideológicos, e a formação da consciência para um discernimento constante diante das opções provindas das dinâmicas sociais.

A teologia moral tem desempenhado um papel fundamental na formação e no desenvolvimento das sociedades ao longo da história. No entanto, sua contribuição para a sociedade moderna vai além das tradições religiosas e espirituais, influenciando áreas como a ética, a política, as mídias sociais, a cultura e a ciência. Este texto explora a influência contínua da teologia em várias esferas da sociedade moderna, destacando como ela pode fornecer orientação moral, promover a justiça social, defender os direitos humanos, enriquecer a vida cultural e oferecer perspectivas únicas sobre questões existenciais.

1. A pessoa humana, critério de discernimento

Entendemos que a ética cristã que se fundamenta na pessoa humana coloca-nos uma antropologia de referência, e essa antropologia, esse personalismo ontológico, que é a base para a avaliação ético-teológica das diversas situações, busca entender o ser humano em sua essência, em sua natureza, em sua verdade, em sua totalidade e em sua unidade. Por isso, afirmamos que a ética cristã é ética da pessoa em sentido forte, a pessoa é realmente critério de discernimento e ponto de referência do bem e do mal moral. Assim como afirma Paul Ricoeur: "A pessoa continua o melhor candidato para afrontar as batalhas jurídicas, políticas, econômicas e sociais".[8] Mas qual pessoa? A pessoa considerada em sua unidade psicofísica; em sua individualidade e relacionalidade, em sua finalização transcendental.

Diante de todo o debate ético acerca do ser humano, somos chamados a descobrir o que nele é mais misterioso em sua dimensão ontológica e fundamentar todo um princípio de respeito à dignidade da pessoa em sua totalidade e no que se refere aos seus direitos humanos. Em uma sociedade como a nossa, em que estamos comprometidos com a igualdade humana e seus direitos, não podemos deixar de nos preocupar com as diversas concepções de dignidade humana, com os direitos humanos, e não podemos desviar nosso olhar de nos-

[8] RICOUER, Paul. Meurt le personnalisme, revient la personne... *Esprit* 1 (1983), p. 115.

sos compromissos e responsabilidades de pessoas com capacidades racionais.

A vida cristã requer responsabilidade no agir em relação à própria vida e à vida de outros. O critério de liceidade das ações sobre a pessoa ou na comunidade é oriundo do cuidado e da responsabilidade ao bem humano, que é o bem integral da pessoa considerada como totalidade, em todas as suas dimensões e em todas as suas relações. Os seres humanos são mais do que apenas seres naturais, eles desejam ser vistos, em seu particular, distintos, significativos e respeitados em seus direitos.

A reflexão sobre a pessoa humana, sobre seu desenvolvimento, torna-se, para a ética cristã, uma chave que lhe abre uma multiplicidade de bases objetivas da sociedade atual. A ética cristã está atenta à base objetiva da vida moderna e reflete sobre ela no horizonte da fé. Afirmamos com certeza, de modo pacífico e dialogal, que hoje a ética cristã procura aproximação com o saber da cultura tecnicamente e liberalmente diferenciada e estar aberta aos seus horizontes com senso crítico.

O respeito à pessoa humana implica o dos direitos que derivam de sua dignidade de pessoa e sua promoção. Tais direitos são anteriores à sociedade. O Estado não pode, arbitrariamente, promulgar leis que ferem esse princípio. Os bens de consumo devem ser utilizados com moderação; e os de produção devem ter em vista, em primeiro lugar, o bem comum, ainda que seja legítimo tirar deles justo proveito para quem os explora. Afirma o Papa Francisco:

> O bem comum pressupõe o respeito pela pessoa humana enquanto tal, com direitos fundamentais e inalienáveis orientados para o seu desenvolvimento integral. Exige também os dispositivos de bem-estar e segurança social e o desenvolvimento dos vários grupos intermédios, aplicando o princípio da subsidiariedade. Entre tais grupos, destaca-se de forma especial a família enquanto célula basilar da sociedade. Por fim, o bem comum requer a paz social, isto é, a estabilidade e a segurança de uma certa ordem, que não se realiza sem uma atenção particular à justiça distributiva, cuja violação gera sempre violência. Toda a sociedade – e, nela, especialmente o Estado – tem obrigação de defender e promover o bem comum.[9]

Essa nova sensibilidade pela pessoa e o desenvolvimento objetivo da ética cristã desenvolvem também uma reflexão crítica a propósito da sociedade moderna e da inteligência artificial; não se trata de suspeitar em linha de princípio da liberdade humana, não se trata de refutar a cultura moderna e depreciar o homem e sua aspiração à criatividade e a uma vida bem-sucedida. Ao contrário, é para proteger a vida humana e uma cultura da liberdade e da pessoa que a teologia moral toma consciência dos muitos riscos e muitas tensões que afligem a sociedade liberal e tecnológica. Tais riscos e tais tensões podem ameaçar ou mesmo destruir uma vida vivida com senso de humanidade e com dignidade. É a preocupação pela integridade e pelo desenvolvimento do homem como pessoa que motiva esta crítica sensível e empenhada, que atualmente se torna a base em primeiro plano.

[9] LS 157.

2. A caridade, princípio de discernimento e guia interior da consciência cristã

A caridade é a fonte de unidade e de coerência de toda a vida cristã, possui uma força transformadora que age sobre os indivíduos e sobre a sociedade, tornando-se aquela que "informa", que dá sentido à prática cristã.

A caridade exige a prática da justiça, da solidariedade como garantia da promoção do bem do outro. A caridade contém a força transformadora da sociedade, como convém a essa virtude, resgatando a dignidade da pessoa, a promoção do bem como forma de perfeição. O amor ilumina e informa nossas ações e valores. A exigência primordial da caridade foi proclamada como a urgência de se criar uma forma autêntica de sociedade, baseada na liberdade, na justiça e na solidariedade para todos, a começar pelos mais pobres. É assim que construiremos a "civilização do amor"! Conforme Fumagalli,

> no exercício do discernimento moral, que visa identificar a ação que melhor corresponde à caridade cristã, o sujeito agente pode contar com o juízo avaliativo da consciência. Se o discernimento pode ser comparado ao olhar, que distingue o passo adequado a dar para que o caminho prossiga em direção à meta, a consciência pode ser comparada à voz, que o aprova ou desaprova, instruindo a pessoa sobre a correspondência da ação escolhida em relação ao mandamento do amor de Cristo.[10]

[10] FUMAGALLI, Aristide. Discernimento e consciência. *In: TRASFERETTI, José Antonio; ZACHARIAS, Ronaldo (orgs.). Ética teológica e discernimento: entre a razão e a educação solidária. São Paulo: Paulus, 2023, p. 80-81.*

Os cristãos que se tornam ativos dentro da sociedade econômico-social-tecnológica de nosso tempo e lutam pela justiça e pelos direitos humanos convençam-se de que podem contribuir muito para o bem-estar da humanidade, para a defesa da autonomia responsável e para a paz do mundo. Cada um adquira a competência profissional e a experiência que são absolutamente necessárias, respeite, na ação temporal, a justa hierarquia de valores, a fim de que toda ação moral, tanto a individual como a social, fique repleta do espírito das bem-aventuranças, e particularmente com o espírito de solidariedade, em especial para com os pobres.

Nesse processo de abertura ao bem-estar da sociedade, a pessoa deverá responder do modo mais perfeito possível à vontade de Deus (verdade e caridade), como afirma o Papa Francisco:

> Uma vez que na própria lei não há gradualidade (*Familiaris Consortio*, n. 34), este discernimento não poderá jamais prescindir das exigências evangélicas de verdade e caridade propostas pela Igreja. Para que isso aconteça, devem garantir-se as necessárias condições de humildade, privacidade, amor à Igreja e à sua doutrina, na busca sincera da vontade de Deus e no desejo de chegar a uma resposta mais perfeita a ela.[11]

A prospecção da dinâmica do discernimento moral, mais do que obedecer a uma norma estática, concebe como caminho gradual a conversão na caridade, como afirma Fumagalli:

[11] FRANCISCO. Constituição Pós-Sinodal *Amoris Laetitia*, 2016, 300. Daqui em diante = AL.

> Só que ela (lei divina) não aparece como exterior, posta à distância do sujeito agente, ela deve ser gradualmente cumprida, mas como o dinamismo interior que promove o caminho gradual do sujeito agente no amor. Este caminho, certamente subjetivo, não é, porém, subjetivista, porque corresponde objetivamente ao amor de Cristo. Para o sujeito em caminho, porém, o "objetivo" não é imediatamente a totalidade do percurso, mas o grau amoroso que *hic et nunc* pode e deve ser praticado. Isto é, existe um "objetivo objetivo" que, embora não coincida com a objetividade absoluta, nem sequer se resolve no arbítrio subjetivo e, portanto, no relativismo moral.[12]

O decreto *Optatam Totius* ressalta a necessidade de aperfeiçoar a teologia moral, cuja exposição científica, mais alimentada pela Sagrada Escritura, deve revelar a grandeza da vocação dos fiéis em Cristo e a sua obrigação de dar frutos na caridade para a vida do mundo.[13] É na caridade que cada cristão deve produzir frutos para o mundo. Conforme Coelho,

> num mundo fragmentado, a consciência moral de cada indivíduo deve ser educada, iluminada, formada, até que possa discernir com segurança e com convicção o bem a ser praticado. É na caridade que cada cristão deve produzir frutos para o mundo. Neste intuito, entendemos que o verdadeiro

[12] FUMAGALLI, Aristide. *Caminhar no amor: a teologia moral do Papa Francisco. Brasília: Edições CNBB, 2019. v. 7.*

[13] Cf. CONCÍLIO ECUMÊNICO VATICANO II. Decreto *Optatam totius, 2002, 16.*

> discernimento na reconstrução de um mundo fragmentado se dará de forma autêntica à luz da fraternidade cristã.[14]

Remeter-se à caridade, ao projetar o comportamento das pessoas, é remeter-se à raiz da ética cristã, que temos que compreender e viver desde sua profunda dimensão social e política, que afeta todo o dinamismo da vida cristã. Inspirados na caridade, poderemos realizar a obra da justiça.[15]

Afirma Santo Tomás de Aquino: "A perfeição da caridade não é a perfeição dos bem-aventurados na 'pátria celeste', mas a 'perfeição dos peregrinos' na 'condição terrena'".[16] Portanto, a vida do cristão tem de se fundamentar na responsabilidade da pessoa de discernir as exigências, que derivam de um processo de humanização, com frutos na caridade. A formação da consciência deve ajudar a encontrar os caminhos possíveis de resposta a Deus e de crescimento na vida cristã na construção da "civilização do amor".

3. Evidências racionais *versus* convicções religiosas

O grande desafio da ética cristã é a articulação entre a ética cristã formulada e a ética vivida, ou seja, a teologia iluminar a práxis como caminho para a humanização e realização do homem. A resposta a esse desafio é formulada por Vidal:

[14] COELHO, Mário Marcelo; ALMEIDA, André. L. Boccato. Discernimento ético no magistério do Papa Francisco: uma reflexão teológica para o contexto atual. *Horizonte: Revista de Estudos de Teologia e Ciências da Religião*, v. 19, p. 843, 2022. Disponível em: http://periodicos.pucminas.br/index.php/horizonte/article/view/26348/19636. Acesso em: 3 jun. 2024.

[15] ALBURQUERQUE, Eugenio. *Moral social cristiana: camino de liberación y de justicia. Madri: San Pablo Editorial, 2006, p. 60.*

[16] TOMÁS DE AQUINO. *Suma contra os gentios*. Porto Alegre: Sulina, 1990. II-II, 24, 8, c.

"[...] minha opinião é que o paradigma para integrar essas duas perspectivas (conteúdos da fé e os conteúdos da razão na moral da vida humana) deve ser o utilizado na teologia pós-conciliar: articular a 'razão autônoma' (com suas próprias leis e sua peculiar epistemologia) dentro dos significados das 'referências teônomas'".[17] A fé cristã fornece a forma para a ética; o agente moral racional fornece a matéria da ética.

Portanto, a ética cristã integra "evidências" racionais e "convicções" crentes. As primeiras constituem o dinamismo da autonomia, que se concentra na aceitação da racionalidade humana e na opção pela causa axiológica do humano; as segundas orientam o dinamismo da teonomia, que pode ser expresso através da categoria do absoluto que se faz presente em Cristo e que, dentro do contexto histórico-real da comunidade crente, questiona radicalmente o humano com a esperança ativamente escatológica.[18]

A ética vivida pelos cristãos é, por conseguinte, uma ética que se desenrola num contexto decisivo, irrenunciável e interiorizado de fé, que se expressa em conteúdos transformadores concretos da realidade humana. A fé é "fonte" de uma ética específica, que deve ser entendida e vivida como uma ética própria da vida. Ética a partir do específico de Jesus Cristo, com suas Palavras e seus feitos, com sua práxis libertadora fundamental, com a opção preferencial pelos po-

[17] VIDAL, Marciano. *Evangelium vitae: uma encíclica de traços fortes e chocantes. Perguntas de um teólogo católico diante da encíclica. Concilium, 259/3 (1995), p. 598.*

[18] Cf. VIDAL, Marciano. Fundamentação da ética teológica. *In*: *Ética teológica: conceitos fundamentais*. Petrópolis: Vozes, 1992, p. 222-223.

bres "como sujeitos sociais" na construção do Reino de Deus, reino de fiéis livres em Cristo.[19]

Portanto, a ética teológica, se corretamente desenvolvida a partir de fontes teológicas com fundamentação racional, é capaz de dar contribuições seguras aos questionamentos éticos que surgem em nossos dias: distinguindo entre o que é moralmente praticável e o que não é moralmente praticável e no que se refere à vida em sociedade.

Quanto à contribuição das Sagradas Escrituras para a moral, podemos citar como exemplo de orientações fundamentais: a "posição central" do Decálogo tanto no Antigo como no Novo Testamento;[20] a moral evangélica, cuja "carta magna" é o Sermão da Montanha, enfatizando as Bem-aventuranças;[21] "*Sequela Christi*" = seguimento de Cristo, norma suprema da moral cristã;[22] a lei do Espírito ou "lei nova";[23] a ênfase no amor ao próximo (Lv 19,18; Mt 22,39; Jo 13,34) como tema central para a vida cristã na promoção da justiça, da misericórdia e da solidariedade; a catequese moral da comunidade primitiva cristã, tal como é refletida nos diversos escritos do Novo Testamento.[24]

A estrutura da responsabilidade cristã tem uma dimensão de revelação (cf. Jo 15,22; Jo 9,41), por isso, a ética cristã atual propõe à sociedade moderna, para que possa orientar-se

---

19 Cf. HÄRING, Bernard. *Livres e fiéis em Cristo*. São Paulo: Paulinas, 1980, p. 100.

20 Cf. JOÃO PAULO II. Carta encíclica *Veritatis splendor*, 1994, n. 10-14. Daqui em diante = VS.

21 VS 15-18.

22 VS 19-21.

23 VS 22-24.

24 VS 25-27.

em seus princípios, a pessoa livre, numa relação com Deus e por Ele orientada, inserida no contexto da sociedade e da cultura. A ética cristã procura integrar a sociedade moderna colocando-a a serviço do homem como *persona*, uma pessoa, que tem a coragem de caminhar em direção à liberdade e à responsabilidade. É importante saber reconhecer a importância do mundo como criação, da dignidade do homem vivente imagem de Deus, das relações comunitárias e da fraternidade. Fé cristã e comportamento cristão são realidades pessoais, eclesiais e comunitárias.

A lei nova significa a interiorização da norma e da vivência moral pelo Espírito. Sendo assim, nenhuma lei exterior se impõe ao cristão como obrigação moral. O cristão é livre de qualquer imposição heterônoma, mas ele se guia por um dever moral a partir de sua consciência bem formada. Para não sucumbir à tentação do subjetivismo, seu dever ético consiste em viver de modo coerente com a condição de "homem novo em Cristo", segundo a expressão de São Paulo, no diálogo constante com a sua consciência compreendida como a voz de Deus.

O Concílio Vaticano II explicitou, na Constituição pastoral *Gaudium et spes*, o compromisso do cristão na vida da sociedade, com as seguintes palavras:

> Os indivíduos, famílias, agrupamentos diversos, todos o que constituem a comunidade civil, têm consciência da própria insuficiência para instaurar plenamente a vida humana e percebem a necessidade de uma comunidade mais vasta, na qual todos empenhem diariamente as próprias forças para alcançar sempre melhor o bem comum. Por esse motivo organizam a comunidade política segundo várias formas.

> Pois a comunidade política existe por causa daquele bem comum: nela obtém sua plena justificação e sentido, de onde deriva o seu direito primordial e próprio.[25]

Enfocar uma ética teológica que se fundamenta na racionalidade, na fé e na caridade a serviço do homem é entendê-la segundo o Concílio Vaticano II: "É a pessoa humana que deve ser salva. É a sociedade humana que deve ser renovada. É, portanto, o homem considerado em sua unidade e totalidade, corpo e alma, coração e consciência, inteligência e vontade".[26] Portanto, na ética teológica, há duas intuições centrais que se tornam a coluna vertebral, ou seja, seus fundamentos e tema principal: a razão dialógica, iluminada pela fé. Com isso, entendemos, portanto, a Teologia Moral como aquela parte da teologia que tem como objeto próprio a inteligência da vida dos fiéis em Cristo.[27] E ainda: é a parte da Teologia que, à luz da fé em Deus e da fé vivida e celebrada nas comunidades cristãs (Igreja), busca apontar o caminho prático de amor e felicidade para o ser humano.[28]

4. A moral cristã diante da cultura moderna

A ética diz respeito à identidade das pessoas e das culturas, enquanto a religião desenvolve e sistematiza a ética mostrando um vínculo profundo entre ética e religião. Esse estreito vínculo é apresentado por São Paulo na carta aos Ro-

[25] GS 74.

[26] GS 3

[27] Cf.VS 29.

[28] Cf. PONTIFÍCIA COMISSÃO BÍBLICA. *Bíblia e moral: raízes bíblicas do agir cristão. São Paulo: Paulinas, 2009, p. 151.*

manos 2,14s: "Se, pois, os pagãos, que não têm Lei, cumprem naturalmente os preceitos da Lei, eles mesmos, não tendo Lei, são para si a Lei. Com isto mostram que os preceitos da Lei estão escritos em seus corações, sendo testemunha sua consciência". Nessa linha, o profeta Jeremias (31,31-34), no período antes de Cristo, anuncia que Javé propõe-se intervir no sentido de mudar o coração do homem, tornando-o apto para fazer as escolhas mais corretas.

A ética teológica tem sido uma fonte vital de orientação moral em muitas sociedades. Através de suas escrituras, doutrinas e tradições, a teologia moral fornece princípios que ajudam a definir o que é certo e errado, justo e injusto. No contexto da sociedade moderna, esses princípios continuam a influenciar a legislação, a educação, o comportamento individual e a vida em sociedade.

Os Dez Mandamentos, o Sermão da Montanha, a regra de ouro, o seguimento de Cristo, o Mandamento do Amor são exemplos de ensinamentos bíblicos que moldam a moralidade. Esses princípios éticos são frequentemente invocados em debates sobre direitos humanos, justiça social e ética profissional, fornecendo um quadro para avaliar ações e políticas que buscam promover o bem comum.

Questões como a justiça econômica, a dignidade humana, a paz e a reconciliação são frequentemente abordadas a partir de perspectivas teológicas, influenciando sociedades. No entanto, a teologia moral tem desempenhado um papel crucial na cultura moderna e na promoção da justiça social. Movimentos como a Teologia da Libertação na América Latina exemplificam como a teologia pode ser uma força poderosa para a mudança social, defendendo os pobres e oprimidos e desafiando sistemas de injustiça.

A visão teológica da dignidade humana, baseada na crença de que todos são criados à imagem de Deus, tem sido fundamental na formação das ideias modernas sobre dignidade e direitos humanos. Essa visão sustenta que todas as pessoas merecem respeito e tratamento justo, independentemente de sua condição social, raça ou religião.

No entanto, compreender a moral cristã diante da cultura moderna é um desafio em uma época de profunda mudança. Em Aparecida, os bispos afirmam que

> vivemos uma profunda mudança de época em seus diversos níveis, cultural, econômico, tecnológico etc. As variações sociais, econômicas e tecnológicas estão na base da profunda vivência do tempo, trazendo concepções de inconsistência, insegurança e instabilidade. Deixa-se de lado a preocupação pelo bem comum para dar lugar à realização imediata dos desejos dos indivíduos, à criação de novos e muitas vezes arbitrários direitos individuais, aos problemas da sexualidade, da família, das enfermidades e da morte. A utilização dos meios de comunicação de massa está introduzindo na sociedade um sentido estético, uma visão de respeito da felicidade, uma percepção da realidade e até uma linguagem que querem impor-se como autêntica cultura. Desse modo, termina-se por destruir o que de verdadeiramente humano há nos processos de construção cultural, que nascem do intercâmbio pessoal e coletivo.[29]

Essa cultura se caracteriza pela autorreferência do indivíduo, que conduz à indiferença pelo outro, de quem não neces-

[29] Cf. DAp 44-45.

sita e por quem não se sente responsável. Prefere-se viver o dia a dia, sem programas a longo prazo nem apegos pessoais, familiares e comunitários. As relações humanas estão sendo consideradas objetos de consumo, conduzindo as relações afetivas sem compromisso responsável.[30]

A ética cristã insere os princípios teológicos no conhecimento objetivo e no diálogo pluralista da cultura democrática moderna. Mas principalmente ajuda a mostrar como o homem deve agir iluminado pela fé cristã, como a sociedade moderna pode colher e utilizar concretamente as oportunidades e possibilidades da vida livremente e tecnicamente desenvolvida. A ética cristã busca abranger a vida humana vivida de maneira pessoal e livre, caracterizada pela relação de respeito para com o meio ambiente, com o outro, e por um humilde reconhecimento dos limites do poder humano. Somente o homem pode influenciar, com o seu comportamento, o desenvolvimento futuro, de modo tal que a sua atividade não se torne a causa de uma destruição ecológica, técnica e social. Ele deve assumir pessoalmente essa responsabilidade na consciência de todos os seus limites. Como afirmam os Bispos em Aparecida:

> A destruição do ambiente humano é um fato muito grave, porque, por um lado, Deus confiou o mundo ao ser humano e, por outro, a própria vida humana é um dom que deve ser protegido de várias formas de degradação. Toda a pretensão de cuidar e melhorar o mundo requer mudanças profundas nos estilos de vida, nos modelos de produção e de consumo,

[30] Cf. DAp 46.

> nas estruturas consolidadas de poder, que hoje regem as sociedades.[31]

Para orientar-se nesse campo, o homem dispõe de ajuda, e precisamente do diálogo sincero, científico, objetivo e intercultural, ao longo da tradição da ética cristã, e, sobretudo, da confiança na solicitude amorosa de Deus.

Papa Francisco alerta sobre a política de exclusão:

> Gostaria de assinalar que muitas vezes falta uma consciência clara dos problemas que afetam particularmente os excluídos. Estes são a maioria do planeta, milhares de milhões de pessoas. Hoje são mencionados nos debates políticos e econômicos internacionais, mas com frequência parece que os seus problemas são colocados como um apêndice, como uma questão que se acrescenta quase por obrigação ou perifericamente, quando não são considerados meros danos colaterais.[32]

O Papa Paulo VI, dirigindo-se à FAO, falou que "os progressos científicos mais extraordinários, as invenções técnicas mais assombrosas, o desenvolvimento econômico mais prodigioso, se não estiverem unidos a um progresso social e moral, voltam-se necessariamente contra o homem".[33] Percebemos, a cada dia, quais os efeitos que a ausência de uma moral verdadeira produz em nossa vida, seja privada ou pública. Sem uma educação para a vida ética, não garantimos nem

[31] DAp 5.

[32] DAp 49.

[33] PAULO VI. Discurso à FAO, no seu XXV aniversário (16 de novembro de 1970). *L'Osservatore Romano* (ed. Portuguesa), 22/11/1970, p. 6.

mesmo uma tranquila viagem por uma rodovia ou um passeio pelos nossos bosques.

Considerações finais

O conhecimento de uma ética cristã coloca-nos diante da sociedade e chama nossa atenção para o papel do ser humano na atividade social. Em nossos dias, ouvimos e lemos estatísticas que revelam o desempenho dramático da economia e do mundo tecnológico e do trabalho, gerando desequilíbrio social e ambiental, crises sociais e econômicas. Vivemos na dependência da crise econômica global e, ao mesmo tempo, da consequência de raízes de nossas estruturas econômicas e social, obrigando-nos a repensar o modelo de desenvolvimento vigente.

Junto com a ênfase na responsabilidade individual em meio à sociedade que promove o acesso aos bens através dos meios, paradoxalmente, se nega às grandes maiorias o acesso aos mesmos bens que constituem elementos básicos e essenciais para viverem como pessoas e serem respeitadas em seus direitos.[34]

Um dos instrumentos de atividade da ética cristã para a leitura social atual e para a formação da consciência é a Doutrina Social da Igreja (DSI). É preciso alertar que a DSI não pretende propor um modelo preciso de sociedade, mesmo porque ela não tem soluções técnicas para oferecer. A DSI propõe princípios orientadores para o bem social. São princípios fundamentados na racionalidade, na fé e na moral cristã em favor da dignidade humana, em vista do

[34] Cf. DAp 54.

desenvolvimento social, a partir do próprio homem. A DSI não prioriza a riqueza produzida nem o desempenho econômico, mas a pessoa humana, à qual todos os bens são dirigidos. A aceitação desse princípio básico fornece uma chave essencial para criar um autêntico caminho de progresso, impedindo que o homem seja tratado como meio ou como peça da engrenagem comercial. A DSI não esquece o bem-estar social e pessoal, mas valoriza a dignidade da vida humana como caminho do bem-estar social, pessoal e meio para um desenvolvimento que favoreça a todos, e não somente a alguns. Afirmamos que "o homem é o protagonista, o centro e o fim de toda a vida econômico-social".[35]

Essas são convicções do Concílio Vaticano II, que ainda afirma que, "pela fidelidade à esta voz que ressoa na consciência, os cristãos estão unidos aos demais homens, no dever de buscar a verdade e de nela resolver tantos problemas morais que surgem na vida individual e social".[36] A experiência do apelo do bem e da resposta a ele é, portanto, natural ao homem e sempre se refere a Deus, mesmo que isso não lhe seja consciente.

O conceito da transformação social por meio da ética cristã vem ao encontro do pensamento da *Gaudium et spes* quando descreve que os desequilíbrios sociais "estão ligados com aquele desequilíbrio fundamental que se radica no coração do homem".[37] Nessa linha de pensamento, a *Gaudium et spes* professa a necessidade de transformar a sociedade a partir da fé, "porque a fé ilumina todas as coisas com uma luz

[35] GS 63.

[36] GS 16.

[37] GS 10.

nova",[38] possível quando se valoriza a pessoa humana em sua dignidade e em sua totalidade.[39]

A teologia moral tem como missão buscar "os princípios luminosos derivados de Cristo que guiem os fiéis cristãos e iluminem todos os homens na busca da solução de tantos problemas intricados".[40] A teologia moral nos oferece uma visão cristã do homem e do mundo que ajudará a encontrar soluções integralmente humanas e cristãs para os problemas morais.

Por isso, diante dessa forma de vida social, sentimos forte chamado para formar e promover uma sociedade diferente, que esteja marcada pela caridade, pela defesa da dignidade, pela justiça e pelo respeito aos direitos humanos.

Referências bibliográficas

AGOSTINI, Nilo. *Teologia moral*: o que você precisa viver e saber. 7ª ed. Petrópolis: Vozes, 2003.

ALBURQUERQUE, Eugenio. *Moral social cristiana*: camino de liberación y de justicia. Madri: San Pablo Editorial, 2006.

CARRASCO DE PAULA, I. Il concetto di persona e la sua rilevanza assiologica: i principi della bioetica personalista. *Medicina e Morale* 54/2 (2004), p. 265-278.

CATECISMO da Igreja Católica. Petrópolis: Vozes; São Paulo: Loyola, 1993.

V CONFERÊNCIA GERAL DO EPISCOPADO LATINO-AMERICANO E DO CARIBE. *Documento de Aparecida*:

[38] GS 11.

[39] GS 12.

[40] GS 46.

texto conclusivo da V Conferência Geral do Episcopado Latino-Americano e do Caribe. São Paulo: Paulus, 2011.

COELHO, Mário Marcelo; ALMEIDA, André. L. Boccato. Discernimento ético no magistério do Papa Francisco: uma reflexão teológica para o contexto atual. *Horizonte: Revista de Estudos de Teologia e Ciências da Religião*, v. 19, p. 833-851, 2022. Disponível em: http://periodicos.pucminas.br/index.php/horizonte/article/view/26348/19636. Acesso em: 3 jun. 2024.

COMPAGNONI, F. La persona umana e la legge morale naturale. Problematica bioetica. *In*: SANNA, I. (ed.). *Dignità umana e dibattito bioetico*. Roma: Edizioni Studium, 2009.

CONCÍLIO ECUMÊNICO VATICANO II. Constituição pastoral *Gaudium et Spes* sobre a Igreja no mundo atual. São Paulo: Paulinas, 2004.

CONCÍLIO ECUMÊNICO VATICANO II. Decreto *Optatam totius* sobre a formação sacerdotal. São Paulo: Paulinas, 2002.

CONGREGAÇÃO PARA A EDUCAÇÃO CATÓLICA. *Doutrina social da Igreja na formação sacerdotal*. Petrópolis: Vozes, 1989.

FRANCISCO. Carta Encíclica *Laudato si'*, sobre o cuidado da casa comum. Disponível em: http://w2.vatican.va/content/francesco/pt/encyclicals/documents/papafrancesco_20150524_enciclica-laudatosi.pdf. Acesso em: 3 jun. 2024.

FRANCISCO. *Mensagem para a Quaresma de 2014 – Fez-Se pobre, para nos enriquecer com a sua pobreza* (cf. 2Cor 8,9). Disponível em: https://www.vatican.va/content/francesco/pt/messages/lent/documents/papa-francesco_20131226_messaggio-quaresima2014.html. Acesso em: 5 jun. 2024.

FRANCISCO. Constituição Pós-Sinodal *Amoris Laetitia*, sobre o amor na família. São Paulo: Paulinas, 2016.

FUMAGALLI, Aristide. *Caminhar no amor*: a teologia moral do Papa Francisco. Brasília: Edições CNBB, 2019. v. 7.

HÄRING, Bernard. *Livres e fiéis em Cristo.* São Paulo: Paulinas, 1980.

JOÃO PAULO II. Carta encíclica *Veritatis splendor* sobre algumas questões fundamentais do ensinamento moral da Igreja. 3ª ed. São Paulo: Loyola, 1994.

JOÃO PAULO II. *Discurso do Papa João Paulo II aos Superiores Maiores Religiosos*, 24/11/1978.

LEE, P.; GEORGE, R. P. The Nature and Basis of Human Dignity. *In*: *The President's Council* on *Bioethics*, *Human Dignity and Bioethics*: Essays Commissioned by the President's Council on Bioethics. Washington D.C., 2008.

PAULO VI. Discurso à FAO, no seu XXV aniversário (16 de novembro de 1970). *L'Osservatore Romano* (Ed. Portuguesa), 22/11/1970, p. 6.

PONTIFÍCIA COMISSÃO BÍBLICA. *Bíblia e moral*: Raízes bíblicas do agir cristão. São Paulo: Paulinas, 2009.

RICOUER, Paul. Meurt le personnalisme, revient la personne... *Esprit* 1 (1983), p. 113-119.

ROSELLÓ, F. T. *¿Qué es la dignidad humana?* Ensayo sobre Peter Singer, Hugo Tristram Engelhardt y John Harris. Barcelona: Herder, Institut Borja de Bioètica, 2005.

TOMÁS DE AQUINO. *Suma contra os gentios.* Porto Alegre: Sulina, 1990.

TRASFERETTI, José Antonio; ZACHARIAS, Ronaldo (orgs.). *Ética teológica e discernimento*: entre a razão e a educação solidária. São Paulo: Paulus, 2023.

VALLE, A. B. F. del. *Meditación sobre la pena de muerte*. México: FCE, 1997.

VIDAL, Marciano. *Evangelium vitae*: uma encíclica de traços fortes e chocantes. Perguntas de um teólogo católico diante da encíclica. *Concilium*, 259/3 (1995), p. 590-612.

VIDAL, Marciano. Fundamentação da ética teológica. *In*: *Ética teológica*: conceitos fundamentais. Petrópolis: Vozes, 1992.

VIDAL, Marciano. *Nova moral fundamental*: o lar teológico da ética. Aparecida: Santuário, 2003.

DO PENSAMENTO UTÓPICO À RECONSTRUÇÃO DE UTOPIAS: INTERFACES ENTRE PROCESSOS EDUCATIVOS E COMPLEXIDADE HISTÓRICA

Thales Martins dos Santos[1]

Introdução

Pensar o processo de construção do conhecimento é uma tarefa árdua, necessária e permanente. Num momento de ataques à ciência, em que diferentes segmentos da sociedade colocam-se avessos às novas descobertas e até mesmo retrocedem em relação às já existentes, como o uso das vacinas, faz-se importante considerar se os processos educativos existentes têm sido capazes de comunicar algo à sociedade atual. Ao negacionismo científico soma-se o fundamentalismo no campo político, econômico, cultural e religioso. Tais atitudes não permitem quaisquer aberturas ao diálogo e, portanto, aprisionam o ser humano em fundamentos absolutos,

---

[1] Doutorando em Ciências da Religião (UMESP). Licenciado em Filosofia (FAERPI) e Pedagogia (UMESP). Bacharel em Teologia (PIO-XI). Psicanalista. Membro da Sociedade Brasileira de Teologia Moral (SBTM).

reduzindo a sua capacidade de aprender à repetição de anacronismos.

Desta maneira, pretendemos elaborar um percurso que considere, num primeiro momento, os caminhos possíveis para aprender a partir de um processo no qual o sujeito aprende a aprender para que possa comunicar algo que faça diferença de sentido na existência humana. Em seguida, consideramos a complexidade do real que não pode ser anulada em detrimento de reducionismos e antagonismos, haja vista que a vida humana se constitui por um emaranhado de experiências e sensações complementares. Por fim, propomos a reconstrução de utopias que, considerando a complexidade do real e, consequentemente, os limites da condição humana, sejam capazes de oferecer projetos de esperança.

1. Caminhos para uma sociedade aprendente

A aprendizagem é uma construção permanente e inacabada. Considerar tal premissa é essencial para que o processo de construção do conhecimento seja autêntico e eficaz para o sujeito. De acordo com Paulo Freire, a quem, por razões óbvias, não podemos omitir ao pensar sobre processos educativos, "[...] os homens se sabem inacabados. [...] Daí que seja a educação um quefazer permanente. Permanentemente, na razão da inconclusão dos homens e do devenir da realidade".[2] Ter *consciência*[3] de seres inconclusos e, portanto, estar em

[2] FREIRE, P. *Pedagogia do oprimido*. 75ª ed. Rio de Janeiro/São Paulo: Paz e Terra, 2020, p. 102.

[3] Em outras palavras, é justamente o processo de conscientização que possibilita ao sujeito inserir-se no processo histórico, reconhecendo conscientemente a situação concreta de opressão, e inscrever-se na busca de sua afirmação e liberdade (FREIRE, P. *Pedagogia do oprimido*, p. 32).

construção requer abertura e disposição para constantemente aprender, isto é, descobrir, explorar e sentir novas realidades até então desconhecidas ou incompreendidas pelo sujeito.

Disso resulta um posicionamento de projeção ao devir da realidade, isto é, a percepção de "seres que caminham para frente, que olham para frente; como seres a quem o imobilismo ameaça de morte; para quem o olhar para trás não deve ser uma forma nostálgica de querer voltar, mas um modo de melhor conhecer o que está sendo, para melhor construir o futuro".[4] Sem negar a consciência da historicidade na qual o humano está inserido, sendo, ao mesmo tempo, construtor e resultado da construção, Freire indica o sujeito histórico como um ser que se projeta para além do já posto historicamente, logo, um construtor de utopias. Ao considerarmos o contexto de sua obra, Paulo Freire refere-se a um projeto de libertação, capaz de engajar os sujeitos cada vez mais no esforço de transformação concreta e objetiva de uma realidade de opressão.

A partir deste breve esboço introdutório, que, por sua vez, é parte do processo de aprendizagem, proponho um diálogo com outros dois autores que oferecem importantes reflexões sob uma perspectiva crítica, tanto da teologia quanto da educação: Hugo Assmann e Juan Luis Segundo. Sendo contemporâneos e pensadores da Teologia da Libertação Latino-americana, suas reflexões possibilitam uma leitura acurada da realidade sócio-histórica e dos processos educativos que possibilitam o rompimento com uma situação de opressão.

---

[4] FREIRE, P. *Pedagogia do oprimido*, p. 103.

1.1. Educar é reencantar

Não sem intenção, pretendemos elucidar, ao considerar o título desta seção, um imperativo pedagógico, mas, sobretudo, ético. Tal imperativo constitui o subtítulo de uma das obras mais importantes de Hugo Assmann na área da educação, intitulada *Reencantar a Educação* (1998). Afirmamos ser um imperativo pedagógico pois implica o processo de construção do conhecimento num constante movimento de aprender, todavia, desdobra-se, igualmente, num imperativo ético, ao passo que a educação, segundo Assmann, constitui a mais avançada tarefa emancipatória.[5]

É importante destacar alguns elementos da vida de Hugo Assmann, tendo em vista que uma pesquisa mais aprofundada não seria possível neste momento.[6] Nascido no ano de 1933, Assmann desenvolve uma longa trajetória nos estudos, realizando uma pesquisa de doutorado na Pontifícia Universidade Gregoriana de Roma, sob orientação de Joseph Fuchs, importante Padre Conciliar e responsável pela renovação da Teologia Moral. Em seguida, inicia seus estudos de pós-doutorado na Universidade de Frankfurt (Alemanha), tendo Theodor Adorno como seu orientador. Após esse período intenso de estudos, Assmann inicia uma jornada de reflexões, mas também de mudanças territoriais, haja vista a instabilidade na qual os países latino-americanos se encontravam nessas décadas de vários e cruéis regimes militares.

---

[5] ASSMANN, H. *Reencantar a educação*: rumo à sociedade aprendente. 4ª ed. Petrópolis: Vozes, 1998, p. 14.

[6] Para uma introdução ao pensamento e às obras do autor, sugerimos a leitura do primeiro capítulo da obra: SANTOS, T. M. *Hugo Assmann e o conceito de idolatria do mercado*. São Paulo: Pluralidades, 2024, p. 25-59.

Dito isso, pretendemos elucidar as suas reflexões, apenas para fins didáticos, uma vez que a complexidade de seu pensamento jamais poderia ser vista em divisões estanques, em três fases distintas, porém complementares: teológica, crítica teológica à economia e pedagógica. Entretanto, há um ponto de convergência em toda a sua vida e, por conseguinte, em seu pensamento: a luta contra todos os mecanismos de opressão que impedem uma vida digna e prazerosa do ser humano. Por isso, ele afirma:

> Se a situação histórica de dependência e dominação de dois terços da humanidade, com seus 30 milhões anuais de mortos de fome e desnutrição, não se converte no ponto de partida de qualquer teologia cristã hoje, mesmo nos países ricos e dominadores, a teologia não poderá situar e concretizar historicamente seus temas fundamentais.[7]

Essa citação é retirada da obra de Assmann que, para Enrique Dussel, marca a formulação da Teologia da Libertação Latino-americana, e, consequentemente, faz referência à fase teológica de pensamento do autor. Contudo, tal preocupação e implicação nesse projeto percorreu todas as fases, reflexões e obras de Hugo Assmann, culminando em suas produções no campo da educação.[8] O fundamento e o início dos

[7] ASSMANN, H. *Teología desde la práxis de la liberación*: ensaio teológico desde la América dependiente. 2ª ed. Salamanca: Sígueme, 1976, p. 40.

[8] Afirmamos com Assmann que "a lógica da exclusão se enraizou nas instituições do mundo de hoje. E quando se repudia qualquer recaída em ilusões estatizantes ou adesão a vanguardas iluminadas, sobre o árduo desafio de criar instâncias públicas que amparem e incentivem conversões individuais e consensos solidários. Nessa direção, a criação de linguagens campos teórico-práticos de sensibilidade solidária, enfim, a educação para a solidariedade persistente se perspectiva como a mais avançada tarefa social emancipatória" (ASSMANN, H. *Reencantar a educação*, p. 21).

processos educativos devem surgir a partir da *com-ciência* da situação histórica de dependência e dominação em que diferentes povos e comunidades se encontram. E, neste sentido, deter-nos-emos nas perspectivas que ele desenvolve a partir da educação para os processos de libertação.

Com razão, Assmann afirma que "a educação terá um papel determinante na criação da sensibilidade social necessária para reorientar a humanidade".[9] Ao considerar esse pensamento, poderão surgir incômodos no que tange à criação da sensibilidade social, haja vista que se tem por pressuposto que a sensibilidade social não é natural ao ser humano. Do ponto de vista antropológico, será necessário superar um reducionismo do humano ao estado de bem-estar do paraíso enquanto saudade de algo perdido, para propor, à luz de uma reflexão já feita por Carlos Mesters, como um projeto de esperança.[10] Não valeria discutir, ao menos naquilo que nos cabe no momento, se a sensibilidade social é algo perdido ou desconhecido para o humano, mas sim quais são os processos eficazes para a sua criação. Em outras palavras, é fundamental que o ser humano aprenda a experiência da solidariedade.

Numa análise crítica, Assmann, de maneira profética, já se posicionava ante os desmontes sociais, políticos e ambientais, afirmando:

> A humanidade chegou numa encruzilhada ético-política, e ao que tudo indica não encontrará saídas para a sua própria sobrevivência, como espécie ameaçada por si mesmo, enquanto não construir consensos sobre como incentivar

[9] ASSMANN, H. *Reencantar a educação*, p. 26.

[10] MESTERS, C. *Paraíso terrestre*: saudade ou esperança? 20ª ed. Petrópolis: Vozes, 2012.

> conjuntamente nosso potencial de iniciativas e nossas frágeis predisposições à solidariedade. Esse potencial para criar e essa abertura para compartir não se equacionam bem sob comandos e imposições. Por velha que possa parecer a ideia, sem profundas conversões antropológicas, traduzidas em consensos políticos democraticamente construídos, não surgirá uma convivialidade humana na qual não falte nem a riqueza de bens disponíveis, nem a fruição da sabedoria de saber conviver nas diferenças.[11]

É válido considerar que o processo de libertação não se realiza historicamente senão a partir de processos educativos convergentes a uma sociedade capaz de integrar as diferenças, não de maneira homogeneizante, mas sim nas diversidades de experiências. A proposta de uma conversão antropológica, como indica Assmann, exige um reposicionamento do humano na humanidade. Uma ousada e diferente postura ante os desafios e impasses que se apresentam na contemporaneidade e, justamente, tendo em vista os novos cenários e dilemas ético-sociais, reclamam novas configurações e reflexões. Para tanto, haverá de ser insuficiente o conhecimento anteriormente descoberto e, portanto, exigirá o constante e permanente ato de aprender, o que faz do humano um *sujeito aprendente*.[12]

O *sujeito aprendente* precisa estar interligado a uma construção coletiva dos saberes, na qual a criatividade é condição indispensável para o processo educativo. Interessa-nos

[11] ASSMANN, H. *Reencantar a educação*, p. 28.

[12] De acordo com Hugo Assmann, em um valioso glossário que faz parte de sua obra, o conceito aprendente constitui um "agente cognitivo (indivíduo, grupo, organização, instituição, sistema) que se encontra em processo ativo de estar aprendendo. Que/quem realiza *experiências de aprendizagem (learning experiences)*" (ASSMANN, H. *Reencantar a educação*, p. 129).

salientar que Assmann, desde seus textos teológicos, apresenta a categoria do prazer como condição indispensável da vida humana. Por isso, sempre defendeu o direito de todos os seres humanos a uma vida digna e prazerosa. Do mesmo modo, ao pensar processos educativos, Assmann insistirá em reintroduzir, em todos os processos educativos, "o princípio de que toda a morfogênese do conhecimento tem algo a ver com a experiência do prazer. Qual esta dimensão está ausente, a aprendizagem vira um processo meramente instrucional".[13] Todavia, a experiência do prazer é dependente do processo de aprendizagem, no qual haja espaços personalizados de reinvenção e construção do conhecimento, uma vez que "reencantar a educação coloca a ênfase numa visão da ação educativa como ensejamento e produção de experiências de aprendizagem".[14]

No entanto, o que é aprender? Essa é uma pergunta crucial e basilar. Sem considerá-la, todo o processo de construção do conhecimento se esvai. Para responder a essa questão, propomos o diálogo com o teólogo Juan Luis Segundo.

1.2. O sujeito que aprende a aprender

Diferentes abordagens são veiculadas e partilhadas acerca do ato de aprender. De maneira breve, sublinhamos alguns apontamentos trazidos à reflexão por Assmann e que acreditamos dialogar com perspectivas elucidadas por Segundo em textos anteriores. Ainda que tratando de cenários diferen-

---

[13] ASSMANN, H. *Reencantar a educação*, p. 29

[14] ASSMANN, H. *Reencantar a educação*, p. 29.

tes, há uma convergência principal no que concerne ao ato de aprender.

O teólogo latino-americano Juan Luis Segundo nasceu em 31 de outubro de 1925, na cidade de Montevidéu, capital do Uruguai, e ingressou na Companhia de Jesus em 12 de março de 1941. Defendeu a sua tese doutoral na Universidade Paris-Sorbonne com o título *Berdiaeff. Une conception chrétienne de la Personne*, sob orientação do filósofo francês Maurice de Gandillac (1906-2006), no ano de 1963. Escreveu ainda na faculdade da capital francesa a tese complementar orientada pelo filósofo francês Paul Ricoeur (1913-2005), com o título *La chrétieentè, une utopie?*. Suas reflexões são fruto de encontros com leigos para partilha e aprendizado, a fim de que a reflexão teológica pudesse se encarnar nas realidades concretas da existência humana.[15]

Dentre as suas obras, destacamos aquela à qual Juan Luis Segundo se refere como *obra póstuma*, não por ser uma publicação após a sua morte, mas porque, segundo o autor, "constituiria um perigo para as demais [obras], sobretudo se não fosse a última".[16] Nesse texto, cujo título é "O dogma que liberta", Segundo propõe a superação de uma teologia dogmática de sentenças prontas e definitivas. Para tanto, indica um caminho, a partir da Revelação que Deus faz de si próprio à humanidade, de comunicação e aprendizagem capaz de afetar positivamente o ser humano.

[15] BARROSO, N. A. Graça e Cristologia em Juan Luis Segundo: o acontecido com Jesus Cristo como estrutura da existência humana. (Tese de Doutorado). Belo Horizonte: FAJE, 2016. Disponível em: https://faculdadejesuita.edu.br/wp-content/uploads/2022/05/TESE-DE-DOUTORADO-REVISAO-FINAL.pdf. Acesso em: 12 jun. 2024.

[16] SEGUNDO, J. L. *O dogma que liberta*: fé, revelação e magistério dogmático. São Paulo: Paulinas, 1991. p. 20.

Para que seja capaz de afetar, o autor compreende que "a mensagem comunicada deve cair dentro de um marco compreensível e interessante para o homem". Isto é, comunicar é enviar uma diferença que faça diferença, haja vista que, se não há compreensão da mensagem, essa diferença não chegará a ser percebida.[17] Neste sentido, comunicar não implica simplesmente transmitir uma mensagem. Durante todo o tempo estamos sendo informados e recebemos inúmeras mensagens, mas, entre tantas, ainda mais no exame da hiperconectividade em que vivemos, é mínimo o percentual daquelas que realmente são comunicadas a nós. Logo, "a diferença transmitida começa a significar – a comunicação começa a se estabelecer – quando o receptor percebe o que aquela deve afetar ou mudar em sua própria existência ou conduta. Isto é, quando a diferença percebida se relaciona com outra diferença correlativa (não idêntica) que deve afetar a existência do receptor".[18]

Em um adágio, encontramos: "*entrou por um ouvido, e saiu pelo outro*". Na realidade, a sabedoria popular está se referindo justamente a essa comunicação não existente entre interlocutor, mensagem e receptor. A mensagem não afetou a existência daquele que a recebeu e, por isso, não foi percebida. Se não foi percebida, também não pôde ser apreendida pela consciência do sujeito e não gerou uma diferença. Para Juan Luis Segundo, o processo pedagógico verdadeiro não consiste num mero acúmulo de informações, mas "é um 'processo', um crescimento em humanidade, e nele o homem não aprende 'coisas'. Aprende a aprender".[19] Neste sentido,

[17] SEGUNDO, J. L. *O dogma que liberta*, p. 20.

[18] SEGUNDO, J. L. *O dogma que liberta*, p. 412.

[19] SEGUNDO, J. L. *O dogma que liberta*, p. 419.

podemos pensar processos educativos que fomentem construções de aprendizados significativos e, acima de tudo, capazes de comunicar uma diferença à existência humana. O ato de aprender não pode ser simplesmente uma repetição de conhecimento já adquirido, senão um constante aprender a aprender coletivamente no caminho para a verdade.

Logo, a partir da pedagogia divina na Revelação, Segundo afirma:

> A memória e a pedagogia coletiva têm uma decisiva função no próprio processo de revelação: fazem com que cada nova geração não tenha que começar a partir do zero sua aprendizagem (de segundo grau). Recordando e reassumindo, de um modo vivido e assimilado, a própria identidade coletiva, as experiências passadas de um processo onde a busca, as soluções, os desafios da história e as certezas convergem, cada geração é lançada a uma maturidade mais plena e a uma nova, mais profunda e mais rica verdade.[20]

O processo de aprender a aprender não é terminável, mas, justamente, é o caminho permanente indicado pelo autor a uma maturidade mais plena, donde nos aproximamos da verdade. Um caminho que, retornando a Assmann, deve ser prazeroso para o ser humano. Entretanto, a mensagem comunicada deve fazer diferença naquele que a recebe e, acima de tudo, percebe-a.

Para Jung Mo Sung,

> o agir pedagógico e o próprio conceito de aprendizagem e de construção do conhecimento supõem que se trata de um empreendimento humano que faz sentido para os seres hu-

[20] SEGUNDO, J. L. *O dogma que liberta*, p. 422.

> manos. Numa frase: educar, aprender, conhecer implicam numa aposta positiva na perfectibilidade e educabilidade "humanizante" do ser humano. Ao pressupormos que o ser humano é "melhorável", estamos afirmando implicitamente que ele sempre se encontra ainda num processo de "vir-a-ser", que admite avanços, mas jamais se estagna numa plenificação totalmente alcançada. Sem esse pressuposto, não teria sentido a afirmação de que educar, aprender e conhecer valem a pena e são processos humanizadores.[21]

Vale considerar que isso não constitui um percurso simples, haja vista que lidamos com sujeitos e sociedades complexas. A complexidade expande o espaço de compreensão e percepção das múltiplas realidades e insiste na abertura do ser humano ao desconhecido que está por vir, tornando-o um sujeito aprendente. Desta maneira, é imprescindível considerarmos os territórios pelos quais transitamos enquanto sujeitos sociais e históricos e que, concomitantemente, afetamos e pelos quais somos afetados.

2. A teia da vida na complexidade do real

A teoria da complexidade tem se tornado frequente nos debates e círculos acadêmicos, sobretudo por meio do pensamento de Edgar Morin, um dos nomes mais conhecidos dessa corrente de pensamento. Certamente, num cenário de globalização, é preciso, cada vez mais, abrir-se às diferentes interações dos saberes que contribuem na construção de processos educativos significativos para o sujeito. Caso contrário, corre-

[21] ASSMANN, H.; SUNG, J. M. *Competência e sensibilidade solidária*: educar para a esperança. Petrópolis: Vozes, 2000, p. 244-245.

-se o risco de cair na simplificação por meio de uma visão unidimensional e abstrata, destruindo conjuntos e totalidades, isolando cada substância e objeto do seu meio ambiente. De outro modo, a complexidade "se apresenta com os traços inquietantes do emaranhado, do inextricável, da desordem, da ambiguidade, da incerteza".[22] Antes de trabalhar com certezas e reducionismos, "a complexidade é efetivamente o tecido de acontecimentos, ações, interações, retroações, determinações, acasos, que constituem nosso mundo fenomênico".[23]

O pensamento complexo se caracteriza pelo conhecimento multidimensional, de tal forma que todos os campos devem ser considerados, a partir de uma intrínseca interligação entre os fatos que, embora distintos, não podem ser isolados uns dos outros. Neste sentido, este pensamento "é animado por uma tensão permanente entre a aspiração a um saber não fragmentado, não compartimentado, não redutor, e o reconhecimento do inacabado e da incompletude de qualquer conhecimento".[24] O reconhecimento de um princípio de incompletude e de incerteza é fundamental para constituir a complexidade, pois possibilita que o conhecimento fique

---

22 MORIN, E. *Introdução ao pensamento complexo*. 5ª ed. Porto Alegre: Sulina, 2015, p. 13.

23 MORIN, E. *Introdução ao pensamento complexo*, p. 13. Por conseguinte, o princípio de complexidade "se esforça por abrir e desenvolver amplamente o diálogo entre ordem, desordem e organização, para conceber, na sua especificidade, em cada um dos seus níveis, os fenômenos físicos, biológicos e humanos. Esforça-se por obter a visão poliocular ou poliscópia, em que, por exemplo, as dimensões físicas, biológicas, espirituais, culturais, sociológicas, históricas daquilo que é humano deixem de ser incomunicáveis. O princípio de explicação da ciência clássica tendia a reduzir o conhecível ao manipulável. Hoje, há que insistir fortemente na utilidade de um conhecimento que possa servir à reflexão, meditação, discussão, incorporação por todos, cada um no seu saber, na sua experiência, na sua vida..." (MORIN, E. *Ciência com consciência*. 19ª ed. Rio de Janeiro: Bertrand Brasil, 2019, p. 30).

24 MORIN, E. *Introdução ao pensamento complexo*, p. 7.

sempre em aberto, evitando o seu fechamento em verdades absolutas responsáveis por tantos tipos de fundamentalismos e fanatismos. Neste sentido, podemos pensar numa permanente proposição de problemas, e não de soluções. Concordamos com a afirmação de que "nossas ideias deveriam permanecer abertas à parceria com o mundo do sentido em constante transformação. Nosso mundo do conhecimento deve ser um mundo no qual caibam muitos outros mundos de conhecimentos diferentes. Nosso desejo de conhecer não ser cabresteado para tornar-se unidirecional no que se refere aos mundos do sentido".[25]

Retornar ao princípio do aprender a aprender, citado anteriormente, será a tarefa primordial da ciência no sentido de reflexão sobre si mesma, enquanto caminho de reconhecimento dos seus limites na construção do conhecimento. Embora Juan Luis Segundo fizesse referência à compreensão da revelação divina, o ser humano realiza o mesmo processo de aprendizagem e consciência em todos os campos dos saberes. Percebe uma mensagem que comunica uma diferença que faça diferença em sua existência e, por meio dessa percepção, é capaz de aprender. Disso resulta a necessidade de uma *meta-aprendizagem*, isto é, uma aprendizagem sobre o processo de aprender.

Entretanto, este sujeito capaz de aprender está inserido na complexidade e, por isso, faz-se mister propor processos que considerem as contradições inerentes à condição humana que, por sua vez, fazem parte de um todo complexo. Aqui, é importante frisar outro elemento antropossocial do paradigma

[25] ASSMANN, H.; SUNG, J. M. *Competência e sensibilidade solidária*, p. 254.

da complexidade: "o todo está na parte, que está no todo".[26] Retornando ao conceito de sujeito, Edgar Morin considera que "ser sujeito não quer dizer ser consciente: também não quer dizer ter afetividade, sentimentos, ainda que evidentemente a subjetividade humana se desenvolva com a afetividade, com sentimentos".[27] Interessa o fato da distinção entre consciência e ser consciente. De acordo com António Damásio, importante neurocientista contemporâneo, o ser consciente implica alguns elementos obrigatórios: "primeiro, *conhecimento sobre as operações correntes do meu corpo*; segundo, *conhecimento, recuperado da memória, sobre quem sou no momento e quem fui recentemente e no passado remoto*".[28]

O paradigma da complexidade, ao propor ordem e desordem, não como excludentes, mas como complementares, oferece uma reflexão importante para tratar da consciência no sujeito. Isto é, o ser consciente exige o não-ser consciente. Em outras palavras, precisamos lidar com os conceitos de consciente e inconsciente no ser humano. Esta hipótese constitui a grande aposta de Freud a partir de sua metapsicologia. O reconhecimento de que o ser humano é regido por mecanismos dos quais não possui conhecimento. Aliás, o fundador da psicanálise dirá que a humanidade, ao longo da história, passou por três importantes feridas narcísicas, a saber: 1) o homem não é o centro do universo (Copérnico); 2) o homem não é diferente dos animais, e sim está inserido na evolução das espécies (Darwin); 3) e, por fim, "*o Eu não é senhor em*

[26] MORIN, E. *Introdução ao pensamento complexo*, p. 75.

[27] MORIN, E. *Introdução ao pensamento complexo*, p. 65.

[28] DAMÁSIO, A. *Sentir e saber*: as origens da consciência. São Paulo: Companhia das Letras, 2022, p. 107.

sua própria casa".[29] Neste sentido, "o que é mental, em você, não coincide com o que lhe é consciente; algo suceder em sua mente e você ter notícia dele são coisas diferentes".[30]

Há, na constituição humana, elementos que não são cognoscíveis, mas que precisam ser considerados enquanto parte de um todo que impulsiona a ação humana. Todo ato empreendido pelo ser humano não se dá unicamente por vias racionais, ou seja, conscientes, se não também por elementos inconscientes que o habitam. Essa premissa instala, além de um marco na compreensão do próprio sujeito, uma responsabilidade e um desafio para pensar processos educativos que atinjam o ser humano integralmente. A partir disso, uma dimensão humana que não pode ser desconsiderada é a questão do desejo, afinal, todo ser humano é um ser desejante.

Por conseguinte, "desejar, *desiderare* (*de-sidus-eris*), significa etimologicamente contemplar o 'astro', ser 'siderado' por ele sem jamais poder possuí-lo... Assim caminha a vida, voltada para o que não temos, animada pelo que falta, buscando adiante o que, atrás, perdeu".[31] O desejo, para Freud, é inconsciente e permanece como um movimento em direção à marca psíquica deixada pela vivência de satisfação primeira que acalmou uma necessidade no bebê. No entanto, o desejo difere da necessidade, uma vez que esta se satisfaz a partir um objeto, enquanto o desejo permanece insatisfeito, já que está

---

[29] FREUD, S. *Uma dificuldade da psicanálise* (1917). São Paulo: Companhia das Letras, 2010, p. 240-251. (Obras completas – volume 14).

[30] FREUD, S. *Uma dificuldade da psicanálise* (1917), p. 250.

[31] ANDRÉ, J. *Vocabulário básico da psicanálise*. São Paulo: Martins Fontes, 2015, p. 49.

no campo da fantasia.[32] Na mesma esteira, Lacan localizará o desejo entre a necessidade e a demanda, distinguindo-o de ambas. Assim,

> a necessidade visa a um objeto específico e satisfaz-se com ele. A demanda é formada e dirige-se a outrem. [...] O desejo nasce da defasagem entre a necessidade e a demanda; é irredutível à necessidade, porque não é no seu fundamento relação com um objeto real, independentemente do sujeito, mas com a fantasia; é irredutível à demanda na medida em que procura impor-se sem levar em conta a linguagem e o inconsciente do outro, e exige absolutamente ser reconhecido por ele.[33]

Essa compreensão instaura algumas observações importantes para pensar processos educativos na sociedade atual, haja vista que, como dito anteriormente, não bastará considerar os aspectos conscientes do sujeito. Ao pensar a formação da consciência, será que os elementos conscientes e inconscientes são considerados? Recorrendo ao paradigma da complexidade, ponderamos que a integralidade do ser humano não deve ser desfeita, tampouco reduzida a partes isoladas do todo. Por isso, trabalhamos com a defesa de que, por vezes, faz-se necessária uma *de-formação* da consciência reducionista para que uma visão integral e, portanto, pluridimensional do ser humano seja assumida.

---

[32] Podemos afirmar que "Freud não identifica a necessidade com o desejo; a necessidade, nascida de um estado de tensão interna, encontra a sua satisfação (*Befriedigung*) pela ação específica que fornece o objeto adequado (alimentação, por exemplo); o desejo está indissoluvelmente ligado a 'traços mnésicos' e encontra a sua realização (*Erfüllung*) na reprodução alucinatória das percepções que se tornaram sinais dessa satisfação" (LAPLANCHE, J.; PONTALIS, J.-B. *Vocabulário da psicanálise*. 5ª ed. São Paulo: Martins Fontes, 2022, p. 114).

[33] LAPLANCHE, J.; PONTALIS, J.-B., *Vocabulário da psicanálise*, p. 114.

Na sociedade neoliberal, repensar e reconstruir processos e projetos é urgente. Desde seu início, o neoliberalismo já tinha, por intenção primeira, ser mais do que um simples sistema econômico. A primeira-ministra do Reino Unido entre os anos de 1979-1990, Margaret Thatcher, figura importante na consolidação do neoliberalismo em âmbito global, afirmou que a economia era apenas o método, mas o verdadeiro objetivo consistia em *mudar o coração* das pessoas.[34] Podemos considerar que Thatcher não estava se referindo às necessidades das pessoas, uma vez que estas são tratadas no campo físico-biológico. Ninguém é capaz de converter a necessidade de uma pessoa, já que o próprio corpo é responsável por acusar tais necessidades: fome, sede, frio, calor, sono etc. Ao utilizar a expressão *mudar o coração*, a primeira-ministra faz referência ao desejo que, numa linguagem religiosa, podemos entender como conversão. Ou seja, o neoliberalismo busca converter e direcionar o desejo das pessoas, a fim de que aquilo que a pessoa supostamente deseja – considerando a teoria lacaniana do desejo – torne-se uma necessidade. No entanto, tal atitude gera uma busca infinita, pois, como dito anteriormente, o desejo está no campo da fantasia e, por isso, não pode ser satisfeito via algum objeto, ao contrário da necessidade. Mas a ideologia neoliberal, por meio de seu projeto de conversão, faz crer que os desejos serão satisfeitos mediante o consumo de objetos. O neoliberalismo quer transformar o desejo em necessidade.

Friedrich Hayek, o papa do neoliberalismo, afirma:

---

[34] THATCHER, Margaret. *Interview for Sunday Times*. Margaret Thatcher, London, 1981 (May, 1st). Disponível em: https://www.margaretthatcher.org/document/104475. Acesso em: 12 jun. 2024.

> Em princípio, um novo bem ou nova mercadoria, antes de chegar a ser uma *necessidade pública* e formar parte das necessidades da vida, 'constituem geralmente o capricho de uns poucos escolhidos'. 'Os luxos de hoje são as necessidades de amanhã'. Mais ainda: as novas coisas ou novos bens [...] chegam a constituir o patrimônio da maioria da gente só *porque* durante algum tempo foram luxo da minoria.[35]

O desejo, ao qual Hayek se refere, realiza-se por alienação do próprio desejo do sujeito e imitação de um modelo, no qual o desejo do sujeito é o desejo do Outro, algo muito discutido por Lacan, mas também por René Girard, a partir de sua teoria mimética. Hayek afirma que o *desejo mimético*[36] é o responsável pelo progresso, uma vez que gera consumo. Por conseguinte, "o incentivo ao desejo mimético por parte das sociedades capitalistas não é um incentivo abstrato e generalizado. Pelo contrário, a sociedade só aceita desejos que o próprio mercado cria como acicate para entrar na 'guerra' do mercado. O mercado é o critério para desejos aceitáveis ou não".[37]

Deste modo, a questão se trava entre desejo e consumo. O consumo não é capaz de satisfazer os desejos, apenas as

---

[35] HAYEK, F. *Los fundamentos de la libertad*. 5ª ed. Madri: Editora Unión, 1991, p. 64.

[36] Para Jung Mo Sung, a partir da leitura de René Girard, "a estrutura básica do desejo mimético consiste em que eu desejo um objeto não pelo objeto em si, mas pelo fato de que outro deseja. Sendo assim, o objeto desejado por ambos é sempre escasso em relação aos sujeitos de desejo. E porque é escasso que é objeto de desejo. Cria-se assim uma rivalidade entre os dois que desejam o mesmo objeto. Esta rivalidade ou conflito tem o nome moderno de concorrência. Concorrência essa que economistas liberais chamam de propulsora do progresso. Rivalidade, concorrência são conceitos que se opõem à solidariedade, à comunidade" (SUNG, J. M. *Desejo, mercado e religião*. 4ª ed. São Paulo: Fonte Editorial, 2010, p. 61-62).

[37] SUNG, J. M. *Desejo, mercado e religião*, p. 61.

necessidades. Todavia, o capitalismo neoliberal insiste no consumo enquanto estabelecimento do paraíso no horizonte do futuro histórico, no qual todos os desejos das pessoas inseridas no mercado e, portanto, consumidoras serão satisfeitos. Se o consumo é condição para o progresso, é necessário consumir cada vez mais para que a promessa de plena realização se concretize. Para o neoliberalismo, "a propriedade e o contrato – ou seja, as relações capitalistas de produção – constituem a garantia do progresso futuro; quanto mais total for o mercado, maior será o progresso; [...] Tudo pode ser sacrificado por esse futuro que nunca virá",[38] inclusive, vidas humanas. Entrementes,

> uma cosmovisão e ações fundadas em um determinado sagrado constituem o que tradicionalmente chamamos de religião. Assim, poderíamos dizer que o que ocorre com a sensibilidade ética na cultura neoliberal – a inversão moral que leva as pessoas boas a defender um sistema econômico que exclui uma massa grande de pessoas e que coloca em perigo o meio ambiente que possibilita a vida da humanidade – é causado pela sacralização do mercado. É o mercado sagrado que gera e legitima essa inversão, e é, ao mesmo tempo, o fundamento último da ordem social vigente. Em outras palavras, por uma religião – o capitalismo como religião.[39]

Estamos diante de um dilema ético fundamental. É imperativo, diante da ideologia neoliberal, propor utopias alternativas que defendam vidas humanas em detrimento do mercado total. Acreditamos que "a única forma de superar

[38] HINKELAMMERT, F. *Crítica à razão utópica*. São Paulo: Paulinas, 1988, p. 89.

[39] SUNG, J. M. *Idolatria do dinheiro e direitos humanos*: uma crítica teológica do novo mito do capitalismo. São Paulo: Paulus, 2018, p. 142-143.

essa concepção trágica do desejo humano é o reconhecimento do/a outro/a no desejo solitário, desejo de cooperação e de inclusão dos/as excluídos/as, dos/as 'perdedores/as'".[40] Assim, cabe-nos a tarefa de reconstruir utopias capazes de comunicar alguma diferença que faça diferença no ser humano e que, portanto, viabilize sociedades onde caibam todos.

3. Reconstruir utopias para reencantar a humanidade

Consideramos válido nos questionar a respeito de quais são os discursos capazes de fornecer sentido na atualidade. Propor horizontes utópicos somente é possível quando, primeiro, identificamos quais são as utopias ainda portadoras de sentido, e, por segundo, quais são os mundos de sentido capazes de comunicar algo às gerações futuras. Para Jung Mo Sung, "nesta tarefa de criticar o mito neoliberal, não podemos perder de vista o fato de que uma das características fundamentais da idolatria e seu mito é a sua capacidade de fascinar seus seguidores e de lhes oferecer um sentido de vida dentro do qual as discussões ideológicas e teóricas assumem sentido favorável ou conflitante".[41]

Parece-nos que o sistema neoliberal, embora permaneça exercendo domínio globalmente, tem enfrentado diversas críticas e resistências oriundas de movimentos e instituições de toda parte do mundo. As mudanças climáticas atuais têm gerado novos posicionamentos, ainda que de maneira insuficiente, de importantes lideranças políticas. Diferentes cien-

---

[40] ASSMANN, H.; SUNG, J. M. *Competência e sensibilidade solidária*, p. 183.

[41] SUNG, J. M. *Idolatria do dinheiro e direitos humanos*, p. 207.

tistas já alertam para um futuro próximo de destruição, caso nada seja feito para conter e reverter as ações humanas na natureza. A teologia, do mesmo modo, apresenta-se no debate científico, colaborando a partir de suas intensas narrativas éticas, em defesa da vida humana e contrária a todo sistema de manipulação e opressão sociopolítica e econômica.[42] No entanto, diante do atual cenário, no qual a vida humana é sacrificada em benefício do mercado, qual sociedade alternativa é possível?

Em princípio, importa considerar que "a melhor sociedade possível sempre se apresenta como aproximação ou antecipação da melhor sociedade concebível, mas, necessariamente, a melhor sociedade possível sempre é inferior à melhor sociedade concebível".[43] Neste sentido, a plenitude impossível estabelece relação com o possível quando se torna referência para este. Para Hinkelammert, a ilusão de poder construir sociedades perfeitas é ilusão transcendental, pois escapa da realidade do possível, negando os limites da condição humana. Assim, a utopia deve ser como um horizonte que nos fornece sentido e possibilita critérios de discernimentos nas ações e nas avaliações dos projetos empreendidos a partir da realidade histórica.

Concordamos com a necessidade de desmascarar a desumanidade do mito neoliberal e sua idolatria, ao passo que sa-

[42] Entretanto, é importante considerar que "não basta mais repetirmos afirmações bíblicas e teológicas tradicionais do cristianismo, pois os que entendem e aceitam esse discurso já estão convencidos. [...] Na medida em que a teologia quer ter um papel público e ser relevante para toda a sociedade, ela precisa oferecer um discurso e uma argumentação que sejam entendidos e aceitos também por aqueles que não pertencem à Igreja ou que não compartilham a fé bíblica" (SUNG, J. M. *Idolatria do dinheiro e direitos humanos*, p. 207).

[43] HINKELAMMERT, F. *Crítica à razão utópica*, p. 18.

craliza o mercado, tornando-o um deus cruel e necrófilo que exige sacrifícios de vidas humanas para a sua conservação e manutenção da ordem social. Pensar mitos alternativos possíveis ante esse sistema idolátrico constitui uma das tarefas primordiais da teologia. Entretanto, o teólogo Jung Mo Sung, a respeito disso, afirma:

> Esse mito alternativo não pode repetir alguns dos erros do mito moderno do progresso: a) o não reconhecimento dos limites da condição humana, que leva a prometer a realização de todos os desejos, seja de toda a humanidade (na versão otimista do liberalismo e do comunismo), seja da minoria vitoriosa no mercado (na versão neoliberal); b) a justificativa do sacrifício de vidas humanas em nome da realização dessa promessa; c) a lógica da culpabilização e a busca do bode expiatório sobre qual descarregar toda a violência e a frustração que surgem da impossibilidade de realizar plenamente os desejos prometidos.[44]

Diante de uma estarrecedora lógica da exclusão, os mitos alternativos devem favorecer decisões políticas para uma efetiva dignificação das vidas humanas. Contudo, tendo clareza de que, numa sociedade ampla e complexa, toda mudança exige processos lentos e graduais. Acontece que, por vezes, tais mudanças são mascaradas, segundo Hugo Assmann, pela ideologia do possível, na qual o horizonte utópico tende a ficar fechado no *tópos* das estruturas do *status quo* imperante, obstaculizando mudanças significativas e ousadas no que concerne aos mecanismos sociopolíticos e econômicos.[45]

---

44 SUNG, J. M. *Idolatria do dinheiro e direitos humanos*, p. 211.

45 ASSMANN, H. *Metáforas novas para reencantar a educação*: epistemologia e didática. 2ª ed. Piracicaba: UNIMEP, 1998, p. 224.

Ao propor uma sociedade alternativa, Assmann é consciente de que não se pode trabalhar com uma antropologia de seres humanos ideais, dispostos naturalmente à solidariedade, mas assume a conversão à fraternidade enquanto "um processo exigente e sempre inconcluso de conversão".[46] Além disto, defende a hipótese de articulação de uma ética solidária junto com a aceitação positiva de uma economia-com-mercado. Todavia, para Assmann, "quem diz 'sim' ao mercado, não por isso precisa abdicar do postulado de que haja intervenções corretivas e direcionadas da dinâmica do mercado, rumo à priorização de metas sociais".[47] A economia deve garantir que todo ser humano tenha direito ao consumo em níveis satisfatórios e direito ao prazer de viver.

Reconstruir as utopias exige fugir de idealismos salvacionistas, bem como de imediatismos messiânicos. De acordo com Jung Mo Sung, uma das saídas possíveis de enfrentamento à ideologia do neoliberalismo, por meio de um mito alternativo capaz de despertar o ser humano à sensibilidade solidária, está na educação com a sabedoria e o amor. Sem dúvida, esta consideração retorna ao processo de aprendizagem – comunicar é alcançar positivamente a existência de uma pessoa por meio de uma diferença que faça diferença. Logo, "umas das principais contribuições que as religiões po-

---

[46] ASSMANN, H. *Metáforas novas para reencantar a educação*, p. 228. Em outras palavras, é preciso "reconhecer que os seres humanos são seres marcados pelo egoísmo e possibilidade de solidariedade, de interesses e paixões, e de necessidades e desejos. Desejos esses que nem sempre são compatíveis com as necessidades e as vontades da coletividade e/ou com as condições objetivas do meio ambiente ou da sociedade" (MÍGUEZ, N.; RIEGER, J.; SUNG, J. M. *Para além do espírito do Império*: novas perspectivas em política e religião. São Paulo: Paulinas, 2012, p. 151).

[47] ASSMANN, H. *Metáforas novas para reencantar a educação*, p. 232.

dem oferecer à humanidade hoje é a sua longa experiência de educar para a sabedoria".[48]

Disso resultam alguns questionamentos acerca da teologia moral atualmente. É preciso pensar se os seus ensinamentos são capazes de comunicar uma mensagem ao ser humano no hoje da história. Há a tentativa de alguns setores, políticos e eclesiais, de reduzir a complexidade da vida humana a leis e moralismos idealistas que nada comunicam ao ser humano, justamente porque não consideram a própria condição humana, provocando reducionismos fundamentalistas e covardes. Decerto, "a busca da segurança não nos liberta da nossa condição humana; só nos conduz à insensibilidade, à intolerância e ao autoengano. Onde está o Espírito não está a segurança, mas sim a liberdade e o amor".[49] Assim, a teologia moral necessita dialogar com os demais campos dos saberes, percebendo-se como parte de um todo complexo e, por isso, necessariamente aberta às mudanças, caso contrário, poderá elaborar diferentes discursos, mas será incapaz de comunicar positivamente uma mensagem que faça diferença na existência humana.

Considerações finais

A formação da consciência não pode caracterizar-se pela normatização dos indivíduos a partir de reflexões já estabelecidas e dogmatizadas, mas, ao contrário, formar a consciência, enquanto processo educativo emancipatório, implica a construção dessas reflexões pelo próprio sujeito. Logo, este

[48] SUNG, J. M. *Sujeito e sociedades complexas*, p. 172.

[49] SUNG, J. M. *Sujeito e sociedades complexas*, p. 174.

sujeito se coloca em condição *aprendente*, e, sobretudo, é capaz de propor diferentes diálogos para novos sujeitos, comunicando diferenças que façam sentido para a existência humana. Em razão disso, o ser humano poderá reconstruir utopias que, partindo da realidade histórica, forneçam um horizonte de sentido às ações humanas.

Na tarefa de construir e propor utopias mais humanizantes que sejam alternativas ante o sistema neoliberal dominante, violento e opressor, não podemos cair na ilusão transcendental de buscar uma sociedade de plenitude humana, sem contradições ou limites.[50] Precisamos de uma utopia que possa humanizar-nos, em vez de pretender nos livrar da nossa condição humana. O imperativo ético da teologia é oferecer processos de reflexão para as práticas de solidariedade e de libertação da vida humana.

Referências bibliográficas

ANDRÉ, J. *Vocabulário básico da psicanálise*. São Paulo: Martins Fontes, 2015.

ASSMANN, H. *Reencantar a educação*: rumo à sociedade aprendente. 4ª ed. Petrópolis: Vozes, 1998.

ASSMANN, H. *Metáforas novas para reencantar a educação*: epistemologia e didática. 2ª ed. Piracicaba: UNIMEP, 1998.

ASSMANN, H. *Teología desde la práxis de la Liberación*: ensaio teológico desde la América dependiente. 2ª ed. Salamanca: Sígueme, 1976.

50 MÍGUEZ, N.; RIEGER, J.; SUNG, J. M. *Para além do espírito do Império*, p. 145-190.

ASSMANN, H.; SUNG, J. M. *Competência e sensibilidade solidária*: educar para a esperança. Petrópolis: Vozes, 2000.

BARROSO, N. A. *Graça e Cristologia em Juan Luis Segundo*. O acontecido com Jesus Cristo como estrutura da existência humana. (Tese de Doutorado). Belo Horizonte: FAJE, 2016. Disponível em: https://faculdadejesuita.edu.br/wp-content/uploads/2022/05/TESE-DE-DOUTORADO-REVISAO-FINAL.pdf. Acesso em: 12 jun. 2024.

DAMÁSIO, A. *Sentir e saber*: as origens da consciência. São Paulo: Companhia das Letras, 2022.

FREIRE, P. *Pedagogia do oprimido*. 75ª ed. Rio de Janeiro/São Paulo: Paz e Terra, 2020.

FREUD, S. *Uma dificuldade da psicanálise* (1917). São Paulo: Companhia das Letras, 2010. p. 240-251. (Obras completas – volume 14).

HAYEK, F. *Los fundamentos de la libertad*. 5ª ed. Madri: Editora Unión, 1991.

HINKELAMMERT, F. *Crítica à razão utópica*. São Paulo: Paulinas, 1988.

MESTERS, C. *Paraíso terrestre*: saudade ou esperança? 20ª ed. Petrópolis: Vozes, 2012.

MÍGUEZ, N.; RIEGER, J.; SUNG, J. M. *Para além do espírito do Império*: novas perspectivas em política e religião. São Paulo: Paulinas, 2012.

MORIN, E. *Ciência com consciência*. 19ª ed. Rio de Janeiro: Bertrand Brasil, 2019.

MORIN, E. *Introdução ao pensamento complexo*. 5ª ed. Porto Alegre: Sulina, 2015.

LAPLANCHE, J.; PONTALIS, J-B. *Vocabulário da psicanálise*. 5ª ed. São Paulo: Martins Fontes, 2022.

SANTOS, T. M. *Hugo Assmann e o conceito de idolatria do mercado*. São Paulo: Pluralidades, 2024.

SEGUNDO, J. L. *O dogma que liberta*: fé, revelação e magistério dogmático. São Paulo: Paulinas, 1991.

SUNG, J. M. *Desejo, mercado e religião*. 4ª ed. São Paulo: Fonte Editorial, 2010.

SUNG, J. M. *Idolatria do dinheiro e direitos humanos*: uma crítica teológica do novo mito do capitalismo. São Paulo: Paulus, 2018.

SUNG, J. M. *Sujeito e sociedades complexas*. Para repensar os horizontes utópicos. São Paulo: Vozes, 2002.

THATCHER, Margaret. *Interview for Sunday Times*. Margaret Thatcher, London, 1981 (May, 1st). Disponível em: https://www.margaretthatcher.org/document/104475. Acesso em: 12 jun. 2024.

PENSAMENTO CRÍTICO E RECONSTRUÇÃO DA UTOPIA

Francisco de Aquino Júnior[1]

A característica mais fundamental e determinante do animal humano consiste em ser uma *realidade aberta*, uma realidade que tem que se fazer a si mesma, mediante *apropriação e criação de possibilidades*.[2] Diferentemente dos outros animais, tem que se fazer a si mesmo. Mas só pode se fazer a si mesmo mediante apropriação e criação de possibilidades. Esse é o paradoxo fundamental da vida humana: ter que se fazer a si mesma (abertura) com as possibilidades disponíveis em cada tempo e lugar (limite). Na medida em que se apropria de uma possibilidade em vez de outra (escolhe/opta), faz a vida de uma determinada forma. E nisso reside a moralidade fundamental do ser humano: enquanto responsável pela forma de vida *ad-optada*, responde por ela. Isso vale tanto para a vida de cada pessoa quanto para a sociedade como um todo.

---

1 Doutor em teologia pela Westfälischen Wilhelms-Universität Münster – Alemanha; professor de teologia da Faculdade Católica de Fortaleza (FCF) e do PPG-TEO da Universidade Católica de Pernambuco (UNICAP); presbítero da Diocese de Limoeiro do Norte – CE.

2 ZUBIRI, Xavier. *Sobre el hombre*. Madrid: Alianza Editorial, 1988; ZUBIRI, Xavier, *El hombre y Dios*. Madrid: Alianza Editorial, 2003, p. 15-112.

Essa tensão entre *abertura* (fazer a si mesmo) e *limite* (possibilidades disponíveis) confere um *dinamismo práxico* à vida humana (apropriação e criação de possibilidades) e constitui a base antropológica da *crítica* e da *utopia*. O fazer-se a si mesmo de uma determinada forma implica tanto superação (dado) quanto projeção (não dado). Isso faz do ser humano um ser de *transcendência*, no duplo sentido de transcendência "de" (limite) e transcendência "para" (abertura). E faz da crítica e da utopia expressão e exercício históricos, mais ou menos legítimos, dessa transcendência.

A reflexão ético-filosófica se pergunta pelas consequências e pela razoabilidade e legitimidade das opções e dos modos de vida *ad-optados*. E a reflexão ético-teológica aborda essa mesma problemática a partir e em função da realização histórica da salvação ou do reinado de Deus, que tem na práxis de Jesus de Nazaré seu fundamento, seu critério e sua medida. Isso supõe uma pluralidade de opções e modos de vida, mas supõe também a pergunta pela legitimidade ético-espiritual dessas opções e desses modos de vida. E isso, que vale para a práxis humana como um todo, vale para o pensamento crítico-utópico.

O tema é amplo e complexo. Pode ser abordado sob diferentes perspectivas. Exige um tratamento intertransdisciplinar e sapiencial. E, pela própria natureza da questão, deve manter-se como uma reflexão inacabada, aberta a novos enfoques e tratamentos. Mais que retomar os debates e as teorias sobre pensamento crítico e utopia, mesmo que pressupondo-os e até dialogando com eles, nossa reflexão aqui se restringe a destacar alguns aspectos dessa problemática, indicar alguns desafios e tarefas para o seu desenvolvimento no contexto atual e fazer algumas considerações teológicas acerca de uma postura e um pensamento crítico-utópicos.

1. Problemática de um pensamento crítico-utópico

Enquanto expressão e exercício históricos de transcendência, crítica e utopia são uma constante na vida humana. Mas irrompem e se impõem com muito mais força e intensidade em situações-limite (individuais, sociais e históricas) que põem em crise o dado e impelem à busca e construção do novo. Não por acaso, e por mais paradoxal que seja, as vítimas de um sistema, sociedade ou projeto são o lugar mais fecundo de uma postura e de um pensamento crítico-utópicos. Se os setores dominantes da sociedade e seus aliados tendem a justificar e defender com todas as forças o *status quo*, os setores oprimidos e marginalizados tensionam, com sua mera existência e muito mais quando se constituem como força social e sujeitos políticos, uma transformação da sociedade: denunciam o *status quo* (crítica) e buscam sua transformação (utopia). Por mais que a situação-limite de carência e opressão a que são submetidos reduza as possibilidades de ação e encurte o horizonte utópico, tensiona, paradoxalmente, sua superação. E nisso reside o potencial crítico-utópico dos pobres e marginalizados. Mas, como a correlação de forças na sociedade é extremamente desigual, não é nada fácil um exercício crítico-utópico: nem no nível das ideias, nem, muito menos, em sua realização histórica. Isso ajuda a compreender por que, embora vivendo em um contexto generalizado de crise ou em uma crise sistêmica que põe em risco a própria vida no planeta, é tão difícil suscitar e desenvolver uma postura e um pensamento crítico-utópicos. Para explicitar melhor essa problemática e seu enfrentamento, chamaremos atenção para o contexto generalizado de crise que vivemos, para a dificuldade de uma postura crítico-utópica nesse contexto e para o lugar mais adequado, mais fecundo e mais eficaz de seu exercício.

1.1 Contexto generalizado de crise

Não é preciso fazer muito esforço para reconhecer a gravidade dos problemas e dos conflitos do mundo atual. Não se trata apenas de problemas e conflitos pontuais num sistema saudável e sustentável. A intensidade, a magnitude e a complexidade dos problemas e conflitos põem em crise o sistema global ou o modelo de civilização que se desenvolveu e se impôs no mundo nos últimos séculos. Não por acaso recorre-se tanto à expressão "crise" para descrever ou caracterizar nosso momento histórico.

O historiador Paulo Fagundes Visentini, por exemplo, refere-se ao início do século XXI como "caótica era das incertezas":[3] seja no que se refere aos conflitos bélicos (antigos e novos), seja no que se refere a projetos políticos (direita X esquerda), seja no que se refere à geopolíti-

[3] VISENTINI, Paulo Fagundes. *O caótico século XXI*. Rio de Janeiro: Alta Books, 2015.

ca mundial (antigos e novos atores), seja no que se refere a outros grandes problemas da sociedade (desemprego, concentração de renda, crise ambiental). Aos poucos, diz ele, foram caindo por terra as "previsões ufanistas que assinalavam o início de uma Nova Ordem Mundial, fundada na paz, prosperidade e democracia": a) "em lugar da paz, seguiram-se anos de guerras, conflitos civis e padrões de violência de novo tipo"; b) "a prosperidade não ocorreu, ao menos para a grande maioria das pessoas e países"; c) "a globalização, ainda que lançando bases para um crescimento ulterior, gerou desemprego estrutural, recessão em vários países (com retrocesso da produção industrial) e instabilidade financeira mundial, em meio à concentração de renda"; d) embora a "democracia liberal" tenha sido adotada pela maioria dos países, "o que se observa é o maior grau de despolitização e descrédito nas instituições políticas desde o advento da democracia";[4] e) sem falar numa série de problemas que, se não são absolutamente novos, ganharam, em todo caso, dimensões e proporções muito maiores, como os "problemas ambientais", as "caóticas megacidades", o "narcotráfico" etc.[5] Tudo isso aponta para a "crise de um modelo que foi proposto como o 'fim da história'".[6]

O economista Ladislau Dowbor fala do contexto atual como a "era do capital improdutivo", caracterizada por uma "nova arquitetura do poder, sob dominação finan-

---

[4] VISENTINI, Paulo Fagundes. *O caótico século XXI*, p. 141s.

[5] VISENTINI, Paulo Fagundes. *O caótico século XXI*, p. 146-148.

[6] VISENTINI, Paulo Fagundes, *O caótico século XXI*, p. 142.

ceira, sequestro da democracia e destruição do planeta".[7] Não se trata apenas de uma crise pontual ou regional, mas "de uma convergência impressionante de tendências críticas, da sinergia de um conjunto de comportamentos até compreensíveis, mas profundamente irresponsáveis e frequentemente criminosos, que assolam nossa pequena espaçonave".[8] Dowbor fala, aqui, da articulação de "três dinâmicas que desequilibram de maneira estrutural o desenvolvimento e a qualidade de vida no mundo":[9] a "dinâmica ambiental", a "desigualdade crescente" e a "esterilização dos recursos financeiros".[10] Trata-se, portanto, de uma crise ambiental, social, econômica e política. Ela se manifesta no "drama ambiental", na "tragédia social" e no "caos financeiro".[11] E põe como desafio central e urgente a superação da "disritmia sistêmica" ou do "hiato profundo" entre nossos "avanços tecnológicos" (economia global) e nossa "capacidade de convívio civilizado" (política nacional).[12] Trata-se da "geração de uma nova governança"[13] que possa "reorientar os recursos para financiar as políticas sociais destinadas a gerar uma economia inclusiva e, também, financiar a reconversão de pro-

---

[7] Cf. DOWBOR, Ladislau. *A era do capital improdutivo*: a nova arquitetura do poder, sob dominação financeira, sequestro da democracia e destruição do planeta. São Paulo: Autonomia Literária, 2017.

[8] DOWBOR, Ladislau. *A era do capital improdutivo*, p. 9.

[9] DOWBOR, Ladislau. *A era do capital improdutivo*, p. 17.

[10] DOWBOR, Ladislau. *A era do capital improdutivo*, p. 17-37.

[11] DOWBOR, Ladislau. *A era do capital improdutivo*, p. 36.

[12] DOWBOR, Ladislau. *A era do capital improdutivo*, p. 9s.

[13] DOWBOR, Ladislau. *A era do capital improdutivo*, p. 37.

cessos de produção e de consumo que permitam reverter a destruição do meio ambiente".[14]

E o Papa Francisco não se cansa de denunciar o atual sistema como um sistema de morte. Não se restringe a indicar os efeitos ou sintomas da crise socioambiental e da crise sociopolítica, mas chama atenção para sua raiz ou suas causas estruturais. Nesse sentido, podemos falar da superação de uma postura meramente reformista por uma postura radical e sistêmica no magistério social de Francisco.[15] Essa postura já aparece, em tom profético, em sua programática Exortação *Evangelii Gaudium*: "Não a uma economia da exclusão"! "Não à nova idolatria do dinheiro"! "Não a um dinheiro que governa em vez de servir"! "Não à desigualdade social que gera violência" (EG 53-60). E é desenvolvida de modo mais amplo e sistemático em seus documentos e discursos sociais: Encíclica *Laudato Si'*: sobre o cuidado da casa comum (LS); Encíclica *Fratelli Tutti*: sobre a fraternidade e a amizade social (FT); Exortação *Laudate Deum*: sobre a crise climática (LD); Catequeses sobre "A cura do mundo",[16] durante a pandemia da Covid-19; Encontros Internacionais com os Movimentos Populares.[17] Francisco não só afirma que "esse sistema é insuportável" e o qualifica como "sistema

[14] DOWBOR, Ladislau. *A era do capital improdutivo*, p. 36.

[15] BENTO, Fábio Régio. Adeus reformismo: Papa Francisco e a Doutrina Social da Igreja. *Perspectiva Teológica* 50 (2018), p. 509-523.

[16] FRANCISCO. A cura do mundo. *In*: *Catequeses do Papa Francisco*. São Paulo: Paulus, 2022, p. 197-247.

[17] FRANCISCO. *Discurso aos participantes no Encontro Mundial dos Movimentos Populares* (28/10/2014); FRANCISCO. *Discurso no II Encontro Mundial dos Movimentos Populares* (9/7/2015); FRANCISCO. *Discurso no III Encontro Mundial dos Movimentos Populares* (5/11/2016); FRANCISCO. *Mensagem em vídeo para os Movimentos Populares* (16/11/2021).

idólatra que exclui, degrada e mata",[18] mas também destaca Leonardo Boff, "ataca diretamente as *quatro pilastras* que sustentam o atual sistema mundial: o *mercado*, em termos de economia; o *neoliberalismo* em termos de política; o *individualismo* em termos de cultura; e a *devastação da natureza* em termos de ecologia".[19]

Poderíamos seguir com outras referências e análises,[20] mas essas são suficientes para indicar o contexto generalizado ou pandêmico de crise que caracteriza o mundo atual. Trata-se de uma crise sistêmico-civilizacional que diz respeito ao sistema global, isto é, ao padrão civilizatório e ao modelo de sociedade que se impôs no mundo; uma crise que envolve aspectos econômicos, técnico-científicos, socioambientais, políticos, psíquicos, culturais, religiosos, éticos etc.; uma crise que põe em risco até mesmo a possibilidade de vida na terra; uma crise que

---

[18] FRANCISCO. *Discurso no II Encontro Mundial dos Movimentos Populares*.

[19] BOFF, Leonardo. *Habitar a terra*: qual o caminho para a fraternidade universal? Petrópolis: Vozes, 2022, p. 33.

[20] BOFF, Leonardo. *Ecologia: grito da terra, grito dos pobres*. Dignidade e direitos da mãe terra. Petrópolis: Vozes, 2015; SANTOS, Milton. *Por uma outra globalização*: do pensamento único à consciência universal. Rio de Janeiro: Record, 2000; MBEMBE, Achille. *Necropolítica*: biopoder, soberania, estado de exceção, política de morte. São Paulo: N-1 Edições, 2018; CORTINA, Adela. *Aporofobia, a aversão ao pobre*: um desafio para a democracia. São Paulo: Contracorrente, 2020; HAN, Byung-Chul. *Sociedade do cansaço*. Petrópolis: Vozes, 2015; HAN, Byung-Chul. *A expulsão do outro*: sociedade, percepção e comunicação hoje. Petrópolis: Vozes, 2022; EMPOLI, Guiuliano da. *Os engenheiros do caos*. São Paulo: Vestígio, 2022; ROCHA, João César de Castro. *Guerra cultural e retórica do ódio*: crônicas de um Brasil pós-político. Goiânia: Caminhos, 2021; CESARINO, Letícia. *O mundo do avesso*: verdade política na era digital. São Paulo: Ubu, 2022; FISHER, Max. *A máquina do caos*: como as redes sociais reprogramaram nossa mente e nosso mundo. São Paulo: Todavia, 2023; PASSOS, João Décio. *No lugar de Deus*: ensaios (neo)teocráticos. São Paulo: Paulinas, 2021; PASSOS, João Décio; SANCHEZ, Wagner Lopez (org.). *A salvação da pátria amada*: religião e extrema direita no Brasil. São Paulo: Paulus, 2024.

se mostra sobretudo nas vítimas da sociedade e ecoa em seu grito, tantas vezes silencioso e/ou silenciado...

1.2 Desafio e dificuldades de um pensamento crítico-utópico

Não é difícil reconhecer que vivemos em um contexto generalizado de crise. Os sintomas ou efeitos dessa crise são de proporção e intensidade tão grandes que não se podem negar facilmente: desigualdade social, pobreza e miséria, catástrofes ambientais, guerras, violências, aporofobia, racismo, xenofobia, feminicídio, LGBTQIAP+fobia etc. Mas entre reconhecer ou não poder negar esses fatos (dados) e tomá-los como resultados ou expressões do sistema dominante (causa) há uma distância muito grande.

E isso não se deve simplesmente à dificuldade de perceber a conexão entre essas diversas realidades nem ao fato de que a relação causa-efeito não seja uma evidência imediata, mas fruto de análises. Certamente, não é a mesma coisa reconhecer um fato e tomá-lo como sintoma ou efeito de algo mais amplo e profundo. Nem no corpo humano, nem, muito menos, na sociedade. Se a relação causa-efeito, em geral, já é muito complexa, tanto no que se refere ao vínculo ou nexo quanto, sobretudo, no que se refere à determinação da causa, torna-se ainda mais complexa quando se refere ao sistema que estrutura, domina e rege a sociedade. É que o sistema não é algo visível e palpável como as coisas ou os fatos nem é uma coisa ou um fato entre outros. Falando de sistema, falamos do dinamismo e das estruturas que ordenam, regulam e regem a sociedade. Não é uma coisa entre outras, mas tampouco é uma mera abstração. Ele se materializa nas estruturas e relações econômicas, sociopolíticas e cultural-religiosas que são, ao mesmo tempo, locais e globais. Tem suas especificidades locais (atores, dinâmica, configuração), mas está estruturado e dinamizado por mecanismos globais (atores, lógica, instituições).

O sistema não é uma coisa separada e distante de nossa realidade concreta, mas a forma como a sociedade está ordenada, dinamizada, regulada e regida. E isso não é um dado natural, fruto do acaso, destino ou determinação divina. É obra humana, resultado de relações sociais desiguais que favorecem os setores dominantes da sociedade em detrimento das maiorias dominadas, exploradas e violentadas e da natureza. E aqui aparece outra dificuldade, talvez mais determinante e decisiva, para um pensamento crítico-utópico, mesmo num contexto generalizado de crise como o que vivemos.

Além da dificuldade de perceber e explicitar o vínculo ou nexo causal, sobretudo em se tratando do sistema dominante na sociedade, não se pode prescindir nem minorar o fato de haver pessoas e grupos poderosos que se beneficiam com o sistema dominante e o defendem com toda a força e com todos os meios disponíveis. Esses grupos dominam e controlam a atividade econômica, a organização e gestão política do Estado, a produção e difusão do conhecimento e das informações e até mesmo os ideais e padrões estéticos, eróticos, morais, éticos e religiosos da sociedade, exercendo domínio e controle, inclusive sobre as vítimas dessa forma de organização social. Trata-se, portanto, de uma dificuldade produzida e difundida que leva a internalizar, naturalizar, suavizar e até mesmo idealizar o sistema dominante, dificultando a irrupção, o desenvolvimento e a eficácia da crítica ao sistema e da utopia de uma nova sociedade.

Marx e Engels já advertiam que "as ideias da classe dominante são, em cada época, as ideias dominantes, isto é, a classe que é a força *material* dominante da sociedade é, ao mesmo tempo, sua força *espiritual* dominante", de modo que "as ideias dominantes não são nada mais do que a expressão ideal das relações materiais dominantes, são as relações materiais dominantes apreendidas como ideias".[21] E não há nada de determinismo nem reducionismo nessa afirmação. Trata-se, simplesmente, de uma constatação: "A classe que tem à sua disposição os meios de produção material dispõe também dos meios de produção espiritual".[22] Eles falam de "ideias dominantes" (não únicas nem absolutas!), produzidas e difundidas pelos que dispõem dos "meios de produção" material e espiritual. Isso explica, em boa medida, a dificuldade de um pensamento crítico-utópico, mesmo num contexto generalizado de crise.

Ao se perguntar por que é tão fácil a comunicação da classe dominante e por que é tão difícil para a esquerda uma comunicação rápida, direta e persuasiva com a sociedade, Marilena Chaui afirma que, "enquanto

---

[21] MARX, Karl; ENGELS, Friedrich. *A ideologia alemã*: crítica da mais recente filosofia alemã em seus representantes Feuerbach, Bauer e Stirner e do socialismo alemão em seus diferentes profetas. São Paulo: Boitempo, 2007, p. 47.

[22] MARX, Karl; ENGELS, Friedrich. *A ideologia alemã*, p. 47.

para a direita basta repetir o senso comum produzido por ela mesma, para a esquerda cabe o trabalho da prática e do pensamento críticos, da reflexão sobre o sentido das ações sociais e a abertura do campo histórico das transformações do existente".[23] De fato, diz ela, "o pensamento e o discurso da direita, apenas variando, alterando e atualizando o estoque de imagens, reiteram o senso comum que permeia toda a sociedade e que constitui o código imediato de explicação e interpretação da realidade".[24] Já o pensamento e o discurso da esquerda precisam 1) "desmontar o senso comum social", 2) "desmontar a aparência de realidade e verdade que as condições sociais e as práticas existentes parecem possuir", 3) "reinterpretar a realidade, revelar seus fundamentos secretos e suas operações invisíveis para que se possa compreender e explicar o surgimento, as formas e mudanças da sociedade e da política" e 4) "criar uma fala nova, capaz de exprimir a crítica das ideias e práticas existentes, capaz de mostrar aos interlocutores as ilusões do senso comum e, sobretudo, transformar o interlocutor em parceiro e companheiro para a mudança daquilo que foi criticado".[25]

E isso, que vale para o âmbito político em termos de direita e esquerda, vale, *mutatis mutandis*, para o âmbito social mais amplo. Os setores dominantes controlam os meios de produção material e espiritual e usam esses meios para difundir, naturalizar e idealizar seus interes-

---

[23] CHAUI, Marilena. *Cidadania cultural*: o direito à cultura. São Paulo: Fundação Perseu Abramo, 2021, p. 9.

[24] CHAUI, Marilena. *Cidadania cultural*, p. 8.

[25] CHAUI, Marilena. *Cidadania cultural*, p. 8.

ses no conjunto da sociedade, dificultando o surgimento, o desenvolvimento e a eficácia de uma postura e um pensamento crítico-utópicos.

1.3. Lugar mais fecundo e eficaz para um pensamento crítico-utópico

Falar das dificuldades de um pensamento crítico-utópico não é falar de sua impossibilidade, mas advertir contra idealismos ingênuos e ineficazes. Não se constrói e se difunde crítica e utopia a toque de mágica nem simplesmente com boa vontade. O exercício consequente de um pensamento crítico-utópico não pode desconsiderar o poder material e espiritual das elites, as resistências e lutas populares, a correlação de forças na sociedade, as mediações teóricas e práticas necessárias para sua produção, consolidação, difusão e eficácia e as reais possibilidades disponíveis em cada contexto. E exige, como condição fundamental e decisiva, situar-se no lugar mais adequado, fecundo e eficaz da crítica e da utopia, que são os pobres e marginalizados.[26]

O exercício de uma postura e de um pensamento crítico-utópico se dá sempre em relação a uma situação histórica determinada, e não de modo genérico e abstrato. E, nessa situação ou realidade histórica determinada, o lugar mais fecundo e eficaz de crítica e de utopia são as vítimas da sociedade, os setores explorados, discri-

[26] ALIER, Joan Martínez. *O ecologismo dos pobres*; SANTOS, Milton. *Por uma outra globalização*, p. 141-174; SILVA, Carlúcia Maria. *Mulheres e Economia Popular Solidária*: trabalho, inclusão socioprodutiva e cidadania. Curitiba: Appris, 2019.

minados, marginalizados, excluídos. Sua mera existência revela os resultados e as consequências do sistema dominante e denuncia o processo de ideologização que desresponsabiliza o sistema pelos grandes problemas da sociedade e sempre o transforma em "salvador da pátria". Nisso reside seu potencial crítico fundamental. Enquanto tais, eles se constituem também como exigência de transformação da realidade. Mesmo quando não sabem dizer positivamente em que consiste nem como se constrói um mundo novo, dizem negativamente em que não consiste. E, em sua luta cotidiana por sobreviver, abrem e indicam caminhos para sua construção. Nisso reside seu potencial utópico fundamental.

Falando da *função libertadora da filosofia*, em seu aspecto "crítico" e "criativo", Ignacio Ellacuría insiste em sua constitutiva referência a uma "práxis libertadora" e ao "sujeito da libertação".[27] E afirma que situar-se no "terreno da contradição principal" da sociedade é "situar-se no lugar da verdade histórica e no lugar da verdadeira libertação".[28] Do ponto de vista cristão, "esse lugar é, em geral, a cruz como categoria geral e, historicamente, a crucifixão do povo sob toda forma de dominação e exploração".[29] Os pobres e marginalizados ou os povos crucificados revelam a verdade de uma situação histórica, ao mesmo tempo que tensionam e fundamentam sua su-

[27] ELLACURÍA, Ignacio. Función liberadora de la filosofía. *In*: *Escritos políticos I*: veinte años de história en El Salvador (1969-1989). San Salvador: UCA, 1993, p. 93-121.

[28] ELLACURÍA, Ignacio. Función liberadora de la filosofia, p. 115.

[29] ELLACURÍA, Ignacio. Función liberadora de la filosofia, p. 116.

peração dialética. Nesse sentido, eles se constituem como "lugar da verdade" e como "lugar da libertação".

E o Papa Francisco tem insistido muito na convicção de que as "periferias" são o lugar mais adequado para "ver o mundo como ele é" e para "encontrar um futuro novo".[30] Por um lado, afirma que "o mundo pode ser visto mais claramente a partir das periferias" ou que "compreende-se melhor o sofrimento do mundo justamente com aqueles que sofrem".[31] Por outro lado, afirma que "pessoas que sofreram na própria carne injustiça, desigualdade, abuso de poder, privação, xenofobia [...] compreendem melhor o que os outros estão experimentando e são capazes de os ajudar a abrir, realisticamente, caminhos de esperança".[32] Daí a importância e necessidade de "ouvir as periferias", de ouvir a "voz" das vítimas para conhecer a realidade e para "abrir caminhos de esperança".[33] Daí a advertência de que, "sem ir às periferias, as boas propostas e os projetos que muitas vezes ouvimos nas conferências internacionais permanecem no reino da ideia".[34]

É nesse sentido que insistimos na tese dos pobres e marginalizados como lugar e sujeito fundamentais da crítica e da utopia. Por mais que sua condição de carência e dominação limite as possibilidades de ação e encurte

---

30 FRANCISCO. *Vamos sonhar juntos*: o caminho para um futuro melhor. Rio de Janeiro: Intrínseca, 2020, p. 17.

31 FRANCISCO. *Mensagem em vídeo para os Movimentos Populares*.

32 FRANCISCO. *Mensagem em vídeo para os Movimentos Populares*.

33 FRANCISCO. *Mensagem em vídeo para os Movimentos Populares*.

34 FRANCISCO. *Discurso aos participantes no Encontro Mundial dos Movimentos Populares*.

os horizontes utópicos, vale insistir, constitui-se por si mesma como crítica da situação e tensiona sua superação.

Os pobres e marginalizados revelam, com sua mera existência, a verdade mais profunda e radical do sistema dominante, ao mesmo tempo que fundamentam e possibilitam seu processo de desideologização. A partir das vítimas se pode conhecer e verificar melhor a verdade do sistema. Nisso reside sua condição de lugar e sujeito fundamentais de um pensamento crítico. Com uma imagem bem impactante, Ellacuría chega a falar da necessidade de uma "análise copro-histórica" da sociedade: "O estudo das fezes de nossa civilização parece mostrar que esta civilização está gravemente enferma e que para evitar um desenlace fatídico e fatal é necessário intentar mudá-la a partir de dentro".[35] E insiste na importância da "historicização dos conceitos" como método de "desideologização" dos discursos e das teorias dominantes na sociedade.[36] Trata-se de "mostrar o que certos conceitos vão dando de si em uma determinada realidade",[37] isto é, "dizer o que significam e ocultam aqui e agora".[38] Essa historicização dos conceitos a partir dos povos oprimidos e das maiorias populares

---

[35] ELLACURÍA, Ignacio. El desafío de las maiorías pobres. *In*: *Escritos Teológicos I*. San Salvador: UCA, 2000, p. 359-360.

[36] ELLACURÍA, Ignacio. La historicización del concepto de propriedad como princípio de desideologización. *In*: *Escritos políticos I*: veinte años de história en El Salvador (1969-1989). San Salvador: UCA, 1993, p. 587-627; ELLACURÍA, Ignacio. La historicización del bien común y de los derechos humanos en una socidad dividida. *In*: *Escritos Filosóficos III*. San Salvador: UCA, 2001. p. 207-225; ELLACURÍA, Ignacio. Historicización de los derechos humanos desde los pueblos oprimidos y las mayorias populares. *In*: *Escritos Filosóficos III*. San Salvador: UCA, 2001, p. 433-445.

[37] ELLACURÍA, Ignacio. La historicización del concepto de propriedad como princípio de desideologización, p. 591.

[38] ELLACURÍA, Ignacio. La historicización del concepto de propriedad como princípio de desideologización, p. 592.

revela o que eles têm de "verdadeiro e falso" (aspecto epistemológico), de "justo e injusto" (aspecto ético) e de "ajustado ou desajustado" (aspecto práxico ou político).[39]

Além de lugar e sujeito fundamentais da crítica, os pobres e marginalizados são também o lugar e o sujeito mais adequados e mais fecundos da utopia. Sua mera condição de vítimas do sistema exige e tensiona sua transformação, mesmo quando não se sabe exatamente como nem sequer em que consiste essa mudança. É verdade que no mundo dos pobres há mais problemas que soluções e as possibilidade de ação são bem limitadas. Mas os problemas, além de suscitarem crítica, podem ser ocasião de criatividade e ousadia. E, em todo caso, "por mais doloroso que seja, é melhor ter problemas que ter uma má solução para o futuro da história".[40] Mas é verdade também, por mais paradoxal que pareça, que, no mundo dos pobres, há muita resistência e criatividade. Francisco não se cansa de falar da resiliência dos pobres e marginalizados, sobretudo quando organizados em movimentos populares.[41] São verdadeiros "poetas sociais" que constroem alternativas cotidianas de sobrevivência, revitalizam a democracia, abrem perspectivas capazes de oferecer um novo começo e, enquanto tais, são uma fonte de esperança para a humanidade. E nisso reside seu potencial utópico-criativo: não apenas ten-

39 ELLACURÍA, Ignacio. Historicización de los derechos humanos desde los pueblos oprimidos y las mayorias populares, p. 434.

40 ELLACURÍA, Ignacio. Quinto Centenário de América Latina, descubrimiento o encubrimiento? *In Escritos Teológicos II*. San Salvador: UCA, 2000. p. 533.

41 FRANCISCO. *Discurso aos participantes no Encontro Mundial dos Movimentos Populares*; FRANCISCO. *Discurso no II Encontro Mundial dos Movimentos Populares*; FRANCISCO. *Discurso no III Encontro Mundial dos Movimentos Populares*; FRANCISCO. *Mensagem em vídeo para os Movimentos Populares*; FRANCISCO. *Vamos sonhar juntos*, p. 17, 130-131.

sionam um futuro diferente, mas buscam construí-lo realisticamente no presente.

Importa, pois, situar-se no mundo dos pobres e marginalizados e, a partir daí, enfrentar criticamente os mais diversos problemas/situações/desafios e seus processos de ideologização (crítica), buscando e construindo mediações – reais, possíveis e eficazes! – de transformação da realidade e construção de alternativas (utopia).

2. Tarefas de um pensamento crítico-utópico

Uma forma de abordar o tema desta nossa reflexão seria retomar os debates sobre "pensamento crítico" e sobre "utopia", formulados atualmente, sobretudo, em termos de decolonialidade[42] e de Bem Viver.[43] Esse tipo de abordagem tem o mérito de explicitar e nomear a problemática, mas corre o risco de centrar-se em ideias e conceitos e não avançar muito

[42] CASTRO-GÓMEZ, Santiago; GROSFOGUEL, Ramón; *El giro decolonial*: reflexiones para una diversidade epistémica más allá del capitalismo global. Bogotá: Siglo del hombre, 2007; MIGNOLO, Walter. *Desobediencia epistémica*: retórica de la modernidad, lógica de la colonialidad y gramática de la decolonialidad. Buenos Aires: Ediciones del Signo, 2010; ALMEIDA, Júlia; MIGLIVICH-RIBEIRO, Adelia; GOMES, Heloiza Tolla. *Crítica pós-colonial*: panorama de leituras contemporâneas. Rio de Janeiro: 7Letras, 2013; SANTOS, Boaventura de Sousa; MENEZES, Maria Paula. *Epistemologias do Sul*. São Paulo: Cortez, 2017; SEGATO, Rita. *Crítica da colonialidade em oito ensaios*: e uma antropologia por demanda. Rio de Janeiro: Bazar do Tempo, 2021; TAVARES, Sinivaldo, *Ecologia e decolonialidade*: implicações mútuas. São Paulo: Paulinas, 2022.

[43] ACOSTA, Alberto. *O Bem Viver*: uma oportunidade para imaginar outros mundos. São Paulo: Autonomia Literária: Elefante, 2016; ACOSTA, Alberto; BRAND, Ulrich. *Pós-extrativismo e decrescimento*: saídas do labirinto capitalista. São Paulo: Elefante, 2018; SOLÓN, Pablo. *Alternativas sistêmicas*: Bem Viver, decrescimento, comuns, ecofeminismo, direitos da mãe terra e desglobalização. São Paulo: Elefante, 2019; AQUINO JÚNIOR, Francisco. Bem Viver: esperança, resistência, profecia. *In*: GUIMARÃES, Joaquim Giovani Mol; SOUZA, Robson Sávio Reis; ALVES, Claudemir Francisco; PENZIN, Adriana Maria Brandão (orgs.). *O novo humanismo*: paradigmas civilizatórios para o século XXI a partir do papa Francisco. São Paulo: Paulus, 2022, p. 417-436; KRENAK, Ailton. *Futuro ancestral*. São Paulo: Companhia das Letras, 2022.

em termos de historicização, particularmente no que se refere às mediações e reais possibilidades de sua efetivação. Para ser eficaz, um pensamento crítico-utópico precisa enfrentar a problemática de sua real efetivação. E, aqui, nem tudo é possível. Querer não é poder. Não basta boa vontade. É preciso ser realista e até pragmático – coisa muito distinta do chamado "pragmatismo político" que mais parece "conchavo político" para manter-se no poder. É preciso passar de um discurso genérico e abstrato, por mais importante e necessário que seja, para um discurso histórico que enfrenta o problema das mediações necessárias e possíveis para sua efetivação em um determinado contexto. E isso exige um tipo de abordagem mais específica e concreta. Nesse sentido, mais que retomar os debates atuais sobre crítica e utopia ou sobre decolonialidade e Bem Viver, mesmo que pressupondo-os, preferimos indicar algumas tarefas para um pensamento crítico-utópico no contexto atual – uma espécie de *agenda crítico-utópica*. Ao mesmo tempo que isso concretiza os debates sobre crítica e utopia, fortalece os processos históricos de transformação da sociedade.

Trata-se apenas de indicar algumas tarefas para um pensamento crítico-utópico ou indicar alguns problemas e situações que necessitam de uma abordagem crítica e utópica. Nem temos a possibilidade e as condições de desenvolver essas tarefas nem temos a pretensão de apresentar uma agenda completa e acabada. Queremos simplesmente insistir na importância e necessidade de historicização da crítica e da utopia, destacando alguns temas que exigem uma abordagem crítico-utópica e indicando o lugar mais fecundo e eficaz para o seu exercício: os pobres e marginalizados da sociedade.

a) A *economia* é certamente um dos temas mais fundamentais e urgentes de uma agenda crítico-utópica. Primeiro, porque diz respeito às condições de reprodução material da vida. Segundo, porque impede a grande parte da humanidade o acesso aos bens necessários à sobrevivência. Terceiro, pelo processo de ideologização que naturaliza e absolutiza o modelo econômico dominante, como se fosse algo intocável e que está acima do bem e do mal e, portanto, imune de toda moralidade e eticidade. Do ponto de vista da *crítica*, trata-se de mostrar as consequências de um modelo que produz superconcentração econômica e destruição ambiental, dominado pelo capital financeiro especulativo, regido pela lógica do mercado, que transforma tudo em mercadoria e submete tudo aos interesses do capital, e desprovido de instâncias e mecanismos políticos de controle. Do ponto de vista da *utopia*, trata-se de ver como os pobres se movimentam para garantir os meios necessários à reprodução material da vida, recuperar saberes e práticas dos povos tradicionais, projetar e potencializar práticas, técnicas, modos e relações de produção, capazes de reorientar e reestruturar a atividade econômica em harmonia com a natureza e em função da satisfação das necessidades materiais da humanidade.

b) Profundamente ligada ao modelo econômico dominante está a problemática da *crise ambiental*. Trata-se de um dos problemas mais dramáticos e urgentes do nosso tempo, cujo enfrentamento exige um exercício crítico-utópico, capaz de ir à raiz do problema e projetar e ensaiar padrões e caminhos sustentáveis alternativos. Do ponto de vista da *crítica*, o desafio maior é explicitar a raiz da crise, mostrar que não se trata de algo meramente natural, mas, em boa medida, resultado do modo de produção e do padrão de consumo das classes dominantes. É importante também analisar os limites e as ambiguidades das propostas de enfrentamento da crise na linha de um capitalismo verde que transforma a própria crise em mercado. Do ponto de vista da *utopia*, importa recuperar e potencializar os saberes e as práticas dos povos tradicionais, particularmente no que se refere à relação e interação com a natureza; dar visibilidade aos conflitos socioambientais, fortalecendo e projetando as lutas em defesa dos territórios; desenvolver, difundir e potencializar politicamente tecnologias socioambientais alternativas; construir mecanismos políticos e jurídicos de proteção ambiental e de limite e controle de atividades econômicas de grande impacto socioambiental.

c) Outro tema central aqui é a *política*. E não apenas por se tratar do modo de organização e gestão da vida coletiva e ser a forma de enfrentar e resolver os mais diversos problemas da sociedade. Mas, sobretudo, pela atual demonização da política e pela necessidade de construir mecanismos e instituições capazes de regular e gerir de modo eficaz a vida coletiva num mundo globalizado. Do ponto de vista da *crítica*, é preciso enfrentar a subordinação da política à economia e a estratégia de demonização da política que facilita o controle e a gestão do Estado pelas classes dominantes; é preciso desmascarar a falsa moralização da política pela extrema direita, bem como sua instrumentalização política da religião ou instrumentalização religiosa da política; e é preciso também analisar criticamente até que ponto os governos "progressistas" representam mesmo alguma alternativa política. Do ponto de vista da *utopia*, há que fortalecer os processos locais de participação política nas lutas por direitos no campo e na cidade; recuperar a rua como lugar e espaço de denúncia e reivindicação; articular lutas e movimentos na construção de força social; construir mecanismos de controle e gestão públicos em nível local, regional, nacional e global; enfim, reencantar a política.

d) O contexto generalizado de crise que põe em risco a própria vida no planeta e a ascensão da extrema direita e sua "guerra cultural" impõem como desafio central para um pensamento crítico-utópico o tema da *cultura*. Está em jogo o padrão de civilização e o modelo de sociedade com os valores e princípios que orientam e regulam a vida coletiva em suas várias dimensões. Na formulação de Francisco, trata-se do desafio de passar de um "mundo fechado" (individualismo) para um "mundo aberto" (fraternidade). Do ponto de vista da *crítica*, o desafio é mostrar a insustentabilidade de uma civilização regida pela lógica do capital, mostrar como isso se traduz em ideais e padrões estéticos, eróticos e até religiosos, com enorme poder de fascínio e sedução, e como isso é produzido e difundido pelas elites para internalizar, naturalizar e universalizar seus interesses. Do ponto de vista *utópico*, importa cultivar e difundir práticas e valores de fraternidade e amizade social, capazes de gestar um horizonte utópico e dinamizar as relações interpessoais e a organização da sociedade; promover uma cultura do encontro, do respeito à diversidade, da tolerância e da cooperação no bem comum; valorizar e promover uma estética do bem viver: padrões de beleza, expressões artísticas, espaço e rito litúrgico etc.

e) Temas como *sexualidade, família e relações de gênero* ocupam o centro das tensões e dos debates em nossa sociedade. Além de serem questões complexas que envolvem muita violência psíquica, sociocultural, religiosa e física, têm sido manipulados e instrumentalizados pela extrema direita como estratégia política de conquista de poder. A excessiva polarização e politização desses temas exige uma abordagem serena, capaz de desmascarar sua instrumentalização ideológica e abrir espaço para um diálogo pautado no respeito e na garantia de diretos. Do ponto de vista da *crítica*, é preciso reconhecer a diversidade sexual e familiar que caracteriza nossa sociedade e as diversas formas de violência de que são vítimas as mulheres e a população LGBTQIAP+; é preciso enfrentar criticamente as questões e teorias de gênero, bem como a chamada "ideologia de gênero" e sua instrumentalização política na sociedade. Do ponto de vista da *utopia*, o desafio é cultivar e promover uma moralidade centrada na dignidade e nos direitos fundamentais de todas as pessoas, no respeito à diversidade sexual e familiar, na busca de formas sociopolíticas e jurídicas de convivência fraterna e garantia de direitos, na valorização da diversidade e da pluralidade que nos caracterizam.

f) O *racismo* é uma das maiores violências e injustiças de nossa sociedade. Não se deve esquecer que a "escravidão sadomasoquista", e não o "congraçamento de raças e culturas", é ponto principal para compreender a sociedade brasileira.[44] Ela tem tanto uma função simbólica de "provocar o prazer da 'superioridade' e do mando" quanto a função material e pragmática de "criar uma classe sem futuro que pode ser explorada a preço vil".[45] E isso é tão determinante de nossa história que não se pode desenvolver um pensamento crítico-utópico sem considerar o racismo como fator estruturante de nossa vida coletiva. Do ponto de vista da *crítica*, é preciso desmascarar a falsa "democracia racial", mostrando como o racismo se materializa em termos econômicos, políticos, socioculturais e religiosos, como está entranhado em nosso imaginário e em nossa linguagem, chegando mesmo a constituir uma "dimensão não refletida do comportamento social".[46] Do ponto de vista da *utopia*, importa manter viva a memória de luta e resistência do povo negro nas senzalas e nos quilombos de ontem e de hoje; fortalecer os movimentos negros na conquista e defesa de seus territórios, na afirmação de sua identidade cultural e religiosa e nas lutas por direitos; cultivar e difundir a beleza e a arte negras.

g) Por seu impacto e novidade, as *tecnologias de informação e comunicação* (TICs) e a chamada *inteligência*

---

[44] SOUZA, Jossé. *A elite do atraso*: da escravidão à Lava Jato. Rio de Janeiro: Leya, 2017, p. 41s.

[45] SOUZA, Jossé. *A elite do atraso*, p. 67.

[46] SOUZA, Jossé. *A elite do atraso*, p. 19.

artificial (IA) impõem-se como desafio para um pensamento crítico-utópico que, sem demonização antimodernista, explicite seus impactos e consequências, bem como as tramas de poder em que elas se inserem e seu controle e manipulação pelas elites do planeta. Do ponto de vista da *crítica*, há que considerar o "risco de dependência, isolamento e perda de contato com a realidade concreta", os "movimentos digitais de ódio e destruição", os "enormes interesses econômicos" que estão em jogo no mundo digital e sua capacidade de controle e manipulação psíquicos e políticos (FT 42-50); há que considerar os impactos socioambientais da IA, seu controle e manipulação pelos donos do capital e o risco de absolutização da técnica.[47] Do ponto de vista da *utopia*, é preciso fortalecer o encontro e a comunicação entre as pessoas, a articulação de redes sociais em defesa dos direitos humanos e do cuidado da casa comum; é preciso insistir no caráter ético da técnica e em sua sustentabilidade socioambiental; e é preciso criar mecanismos políticos e jurídicos de regulamentação e controle das TICs e da IA em âmbito nacional e global.

h) A perversão religiosa pela extrema direita, usando a religião como fonte e justificação de preconceito, ódio e violência, de ataque a direitos humanos e a instituições do Estado de Direito, de tensão e polarização políticas, põe a *religião* no centro dos debates e exige uma abordagem crítico-utópica. Do ponto de vista da *crítica*, é preciso denunciar a falsa moralização e a manipulação política da religião como instrumento de ódio, violência

47 FRANCISCO. *Discurso na Sessão do G7 sobre Inteligência Artificial* (14/6/2024).

e disputa de poder; é preciso desmascarar os interesses políticos e econômicos e os conchavos políticos da chamada bancada religiosa que manipula a linguagem e o imaginário religiosos em função de seu projeto de poder, transformando a religião em instrumento de morte – uma espécie de "necrorreligião". Do ponto de vista da *utopia*, é preciso recuperar o potencial humanizador e libertador das religiões: fonte e reserva ético-espiritual da humanidade; lugar e meio de fraternidade, reconciliação, compaixão, consolo e esperança; é preciso fortalecer o encontro, o diálogo e a interação entre as religiões a partir e em função dos direitos dos pobres e marginalizados, da justiça socioambiental e do cuidado da casa comum – um macroecumenismo ético-espiritual, que supere a aliança maldita entre uma "necropolítica" e uma "necrorreligião".

Poderíamos prolongar a lista de temas que exigem um pensamento crítico-utópico (fome, guerra, segurança, migração, aborto etc.), bem como a indicação de elementos ou aspectos críticos e utópicos a serem considerados nessa abordagem. Mas nem temos a pretensão de propor uma agenda exaustiva nem, muito menos, condição e possibilidade de desenvolvê-la. Queremos apenas insistir na importância e urgência de sua historicização, a partir dos pobres e marginalizados, indicando alguns temas a serem refletidos e alguns aspectos a serem considerados nessa reflexão. Não basta falar de pensamento crítico-utópico em termos genéricos. É preciso historicizá-lo em contextos bem concretos.

3. Considerações teológicas sobre um pensamento crítico-utópico

Tendo destacado alguns aspectos da problemática de um pensamento crítico-utópico e insistido na importância e necessidade de sua historicização, indicando uma espécie de agenda crítico-utópica em nosso contexto atual, faremos, por fim, algumas considerações de ordem teológica, chamando atenção para a densidade teologal de um pensamento crítico-utópico, bem como para a especificidade e relevância do aporte da fé e da teologia cristãs no desenvolvimento de um pensamento crítico-utópico.

Antes de tudo, é preciso insistir na dimensão antropológico-espiritual de uma postura e de um pensamento crítico-utópicos. Só uma realidade espiritual é capaz de transcendência, isto é, capaz de superar criticamente o dado e projetar e construir utopicamente o novo. Nisso reside a moralidade fundamental do ser humano: expressão de sua condição espiritual (contra todo reducionismo materialista) e modo humano de transcendência (contra toda tentação espiritualista). Falamos, aqui, de uma dimensão constitutiva e fundamental do animal humano, e não de algo próprio e específico de pessoas religiosas. A fé é um modo de viver essa condição antropológico-espiritual; uma possibilidade entre outras. Ela supõe essa condição espiritual (universal) e se concretiza como um modo (particular) de configurar e dinamizar a vida.

Enquanto expressão e exercício da moralidade fundamental que nos caracteriza, crítica e utopia têm densidade e relevância ético-espiritual: seja no que se refere à *condição* moral da vida humana, seja no que se refere a um *dinamismo* ético-espiritual da vida humana. Se é tarefa de uma antropologia filosófico-teológica explicitar a condição moral fundamental da vida humana, é tarefa de uma ética filosófico-teológica refletir sobre seu dinamismo ético-espiritual, perguntando pela razoabilidade e legitimidade das opções feitas e/ou propostas e buscando caminhos e mediações possíveis e eficazes de um dinamismo ético-espiritual da vida em um contexto histórico determinado. E, aqui, precisamente, o exercício da crítica e da utopia são fundamentais. Ele possibilita superar o dado e projetar e construir realisticamente o novo. A crítica ajuda a vencer o fatalismo e a utopia desbloqueia e estimula uma imaginação criadora. Crítica sem utopia leva a pessimismo trágico e fatalista. Utopia sem crítica leva a otimismo ingênuo e alienação histórica. Se nem tudo que se quer é possível, nem tudo que se tem vale a pena. Entre a crítica e a utopia, há um caminho a ser percorrido e/ou construído.

Na perspectiva cristã, trata-se de situar a moralidade e, nela, o exercício da crítica e da utopia no contexto mais amplo da realização histórica da salvação ou do reinado de Deus, que tem na vida/práxis de Jesus de Nazaré seu critério e sua medida. A salvação ou o reinado de Deus constitui a *Utopia* (com maiúscula!), a partir de onde se exercita a *crítica* e se busca *caminhos e meios* para dinamizar a vida nas circunstâncias em que se vive e com as possibilidades disponíveis. O reinado de Deus é, portanto, critério e medida tanto da crítica quanto das possibilidades a serem apropriadas e construídas.

A referência fundamental aqui é a vida/práxis de Jesus de Nazaré. Ele é o critério e a medida da vida cristã. É a "pedra angular" (base/fundamento), a "pedra de toque" (meio de aferir/medir) e a "pedra de tropeço" (escândalo) da vida cristã como um todo e, portanto, também da moralidade cristã. E nunca é demais insistir nesse ponto, por mais evidente que possa parecer. Nem tudo que se diz "cristão" tem a ver com Jesus e seu Evangelho. Por isso, como insiste Antonio Pagola, "é preciso voltar a Jesus",[48] é preciso "recuperar o projeto de Jesus".[49] Nas palavras de Francisco, é preciso "voltar à fonte e recuperar o frescor original do Evangelho" (EG 11) – fonte de misericórdia, vida e esperança... Se isso é uma necessidade e uma exigência constantes na vida cristã, em tempos de falsos moralismos, legalismos impiedosos e necrorreligião, como o que vivemos atualmente, é questão de vida ou morte para o cristianismo.

No coração do Evangelho, sobressai "a beleza do amor salvífico de Deus manifestado em Jesus Cristo morto e ressuscitado" (EG 36). O Evangelho não é um catecismo que apresenta uma doutrina a ser aprendida e confessada, mas uma catequese sobre a ação salvadora de Deus a ser acolhida e vivida. Para isso, recorre a imagens do dia a dia das pessoas. Fala de Deus como *Pastor* que apascenta suas ovelhas e as protege dos lobos, como *Pai* que cuida de seus filhos e os socorre em suas necessidades, como *Rei* que faz justiça aos pobres e oprimidos. Narrando a

---

[48] PAGOLA, José Antonio. *Voltar a Jesus*: para a renovação das paróquias e comunidades. Petrópolis: Vozes, 2015.

[49] PAGOLA, José Antonio. *Recuperar o projeto de Jesus*. Petrópolis: Vozes, 2019.

ação salvadora de Deus, propõe um caminho que é fonte de vida, alegria e esperança e chama à conversão. Esse caminho envolve todas as dimensões da vida: pessoal, familiar, eclesial, social, econômica, política, cultural etc. E vai se concretizando, no dia a dia, na tensão escatológica do "já" (por mais limitado e ambíguo que seja) e do "ainda não" (de sua plena realização).

Trata-se de um modo de vida centrado na vivência do amor fraterno e que tem nos pobres e marginalizados seu critério e sua medida escatológicos. Quando Deus reina, sua vontade se concretiza na vida de seu povo. O jeito de ser de Deus determina o jeito de ser de seu povo: "Deus é amor" e "todo aquele que ama nasceu de Deus e conhece a Deus", pois "o amor vem de Deus" (1Jo 4,8-16). Daí a centralidade do amor na vida cristã. Ele nos torna afins com Deus e nos faz participar da vida divina. Não há nada mais santo, mais espiritual, mais definitivo e mais escatológico que o amor. E isso, que vale para a vida cristã, vale também para a doutrina cristã (EG 36-37). O amor cristão é, ao mesmo tempo, universal e parcial. Estende-se a todas as pessoas, inclusive aos inimigos (Rm 12,14; Mt 5,44; Lc 6,27). Mas tem nos caídos à beira do caminho (Lc 10,25-37) ou nos pobres e marginalizados (Mt 25,31-46) seu critério e sua medida escatológicos.

A referência a Jesus de Nazaré e seu Evangelho do reinado de Deus, centrado na bondade e misericórdia de Deus e na vivência do amor fraterno, que tem nos pobres e marginalizados seu critério e sua medida, constitui o cerne do aporte cristão ao exercício de uma postura e de um pensamento crítico-utópico. Tudo se faz a partir e em função da realização histórica do reinado de Deus, que tem, vale repetir e insistir, nos pobres e marginalizados seu critério e sua medida escatológicos: eles são, no Juiz e Senhor, juízes e senhores de nossas vidas, teologias, críticas e utopias.

Em um ensaio de soteriologia histórica, Ignacio Ellacuría formula teologicamente a problemática que estamos tratando aqui, pensamento crítico e reconstrução da utopia, em termos de "utopia e profetismo a partir da América Latina".[50] Insiste na unidade entre utopia e profetismo. Fala da América Latina como lugar histórico adequado de utopia e profetismo. E, a partir da fé cristã, desenvolve uma *crítica* contundente à "civilização da riqueza" ou "civilização do capital" e convoca à construção de uma *alternativa* que, por contraste, chama "civilização da pobreza" ou "civilização do trabalho".

Ele começa recordando que "a utopia cristã só pode ser construída a partir do profetismo e o profetismo cristão deve ter em conta a necessidade e as características da utopia cristã".[51] Falando de *utopia cristã*, fala do reino ou reinado de Deus; uma realidade que, por mais transcendente e escatológica que seja, deve se realizar na história – na tensão permanente do "já" (presente) e "ainda não" (plenamente). E, falando de *profetismo cristão*, fala do "contraste crítico do anúncio da plenitude do Reino de Deus com uma situação histórica determinada".[52] Esse

[50] ELLACURÍA, Ignacio. Utopia y profetismo desde América Latina: un ensayo concreto de soteriología histórica. *In*: *Escritos Teológicos II*. San Salvador: UCA, 2000, p. 233-293.

[51] ELLACURÍA, Ignacio. Utopia y profetismo desde América Latina, p. 235.

[52] ELLACURÍA, Ignácio. Utopia y profetismo desde América Latina, p. 237.

contraste "manifesta os limites e, sobretudo, os males de uma determinada situação histórica", vai "desenhando o futuro desejado, cada vez mais de acordo com as exigências e os dinamismos do Reino" e evita que a utopia "se converta em uma evasão abstrata do compromisso histórico".[53]

Ellacuría fala da "utopia como horizonte" e do "profetismo como método",[54] inistindo em sua radical unidade como condição "para que a utopia não se converta em uma evasão abstrata do compromisso histórico".[55] Está em jogo, aqui, portanto, a efetividade e eficácia históricas da Utopia: "Pela via do profetismo, embora a utopia não seja plenamente realizável na história, como é o caso da utopia cristã, não por isso deixa de ser efetiva".[56] Aliás, "uma utopia que não seja de algum modo animadora e mesmo efetora de realizações históricas não é uma utopia cristã, nem sequer uma visão ideal do reino, mas é uma visão idealista e ideologizada do mesmo".[57] A unidade utopia e profetismo é fundamental para a historicização da utopia. Trata-se, certamente, de uma historicização sempre limitada e ambígua, mas real e eficaz; uma historicização que mantém abertas nossa vida e nossa história, tensionando-as para sua plenitude escatológica.

E aqui aparece a especificidade cristã da crítica e da utopia ou o aporte cristão para o exercício de uma pos-

[53] ELLACURÍA, Ignácio. Utopia y profetismo desde América Latina, p. 237s.

[54] ELLACURÍA, Ignácio. Utopia y profetismo desde América Latina, p. 235.

[55] ELLACURÍA, Ignácio. Utopia y profetismo desde América Latina, p. 238.

[56] ELLACURÍA, Ignácio. Utopia y profetismo desde América Latina, p. 238.

[57] ELLACURÍA, Ignácio. Utopia y profetismo desde América Latina, p. 238s.

tura ou de um pensamento crítico-utópico. Tudo se faz a partir e em função da realização histórica do reinado de Deus, anunciado e realizado por Jesus de Nazaré, centrado na vivência do amor fraterno e que tem nos pobres e marginalizados seu critério e sua medida escatológicos. É a partir e em função de sua realização histórica que se exercita a *crítica* e se buscam e/ou constroem *alternativas*. E isso vale para todos os âmbitos da vida: pessoal, familiar, socioambiental, político, econômico, cultural, religioso, de gênero, étnico-racial etc. Nada é indiferente ao reinado de Deus: ou se constitui como expressão e mediação (salvação) ou como negação e obstáculo (pecado) de sua realização histórica. É a dimensão salvífica e/ou pecaminosa dos acontecimentos históricos, para além de qualquer vínculo ou verniz religioso. É sempre bom recordar com Jesus que "nem todo aquele que me diz 'Senhor, Senhor' entrará no Reino dos Céus, mas sim aquele que pratica a vontade de meu Pai que está nos céus" (Mt 7,21).

A teologia cristã, além de radicalizar a crítica e a utopia, abordando as mais diversas realidades e situações a partir e em função da realização histórica do reinado de Deus, portanto, como expressão e mediação de pecado e/ou salvação, oferece um critério e uma medida de sua realização e verificação históricas: os pobres e marginalizados ou os povos crucificados, com quem o Senhor se identifica e a quem constituiu como juízes e senhores de nossas vidas e de nossos pensamentos crítico-utópicos (Mt 25,31-46). A partir daqui, *critica-se* toda e qualquer realidade/situação que negue ou obstaculize o reinado de Deus, e, a partir daqui, buscam-se e constroem-se *alternativas* que sejam expressão e mediação do reinado de Deus em um determinado contexto histórico.

A modo de conclusão

Nossa pretensão, aqui, era situar a problemática de um pensamento crítico-utópico no contexto mais amplo da moralidade que caracteriza a vida humana e no contexto mais específico da fé e da teologia cristãs. Procuramos mostrar como crítica e utopia são um exercício histórico de transcendência, estão ligadas ao dinamismo práxico da vida humana ou à tarefa de fazer a si mesma e, enquanto tal, são realidades morais: expressão e mediação históricas da moralidade fundamental da vida humana. Chamamos atenção para a dificuldade de um pensamento crítico-utópico, mesmo num contexto generalizado de crise como o que vivemos atualmente. Insistimos na importância e necessidade de historicização da crítica e da utopia, indicando uma espécie de agenda crítico-utópica em nossos dias. E situamos esse exercício no contexto mais amplo da realização histórica da salvação ou do reinado de Deus, que tem nos pobres e marginalizados seu critério e sua medida escatológicos de realização e verificação históricas.

Mais que fazer especulações sobre teorias e conceitos crítico-utópicos, mesmo que pressupondo-os, insistimos na importância, necessidade e urgência de historicização da crítica e da utopia em nosso contexto, indicando a especificidade e o aporte da fé e da teologia cristãs para sua realização. Nesse sentido, não oferecemos tanto uma teoria sobre crítica e utopia, mas lançamos o desafio e apontamos para a tarefa de sua realização; desafio e tarefa que só podem ser assumidos e efetivados de modo sinodal: coletivo, processual e sempre aberto ao mais da história e de Deus. Os pobres e marginalizados deste mundo são nossos juízes nessa tarefa...

Referências bibliográficas

ACOSTA, Alberto. *O bem viver*: uma oportunidade para imaginar outros mundos. São Paulo: Autonomia Literária: Elefante, 2016.

ACOSTA, Alberto; BRAND, Ulrich. *Pós-extrativismo e decrescimento*: saídas do labirinto capitalista. São Paulo: Elefante, 2018.

ALIER, Joan Martínez. O ecologismo dos pobres. São Paulo: Contexto, 2018.

ALMEIDA, Júlia; MIGLIEVICH-RIBEIRO, Adelia; GOMES, Heloisa Toller (orgs.). *Crítica pós-colonial*: panorama de leituras contemporâneas. Rio de Janeiro: 7Letras, 2013.

AQUINO JÚNIOR, Francisco. Bem Viver: esperança, resistência, profecia. *In*: GUIMARÂES, Joaquim Giovani Mol; SOUZA, Robson Sávio Reis; ALVES, Claudemir Francisco; PENZIN, Adriana Maria Brandão (orgs.). *O novo humanismo*: paradigmas civilizatórios para o século XXI a partir do papa Francisco. São Paulo: Paulus, 2022. p. 417-436.

BENTO, Fábio Régio. Adeus reformismo: Papa Francisco e a Doutrina Social da Igreja. *Perspectiva Teológica* 50 (2018), p. 509-523.

BOFF, Leonardo. *Ecologia: grito da terra, grito dos pobres*. Dignidade e direitos da mãe terra. Petrópolis: Vozes, 2015.

BOFF, Leonardo. *Habitar a terra*: qual o caminho para a fraternidade universal? Petrópolis: Vozes, 2022.

CASTRO-GÓMEZ, Santiago; GROSFOGUEL, Ramón (comp.). *El giro decolonial*: reflexiones para una diversidade epistémica más allá del capitalismo global. Bogotá: Siglo del hombre, 2007.

CESARINO, Letícia. *O mundo do avesso*: verdade política na era digital. São Paulo: Ubu, 2022.

CHAUI, Marilena. *Cidadania cultural*: o direito à cultura. São Paulo: Fundação Perseu Abramo, 2021.

CORTINA, Adela. *Aporofobia, a aversão ao pobre*: um desafio para a democracia. São Paulo: Contracorrente, 2020.

DOWBOR, Ladislau. *A era do capital improdutivo*: a nova arquitetura do poder, sob dominação financeira, sequestro da democracia e destruição do planeta. São Paulo: Autonomia Literária, 2017.

ELLACURÍA, Ignacio. Función liberadora de la filosofía. *In*: *Escritos políticos I*: veinte años de história en El Salvador (1969-1989). San Salvador: UCA, 1993. p. 93-121.

ELLACURÍA, Ignacio. La historización del concepto de propriedad como princípio de desideologización. *In*: *Escritos políticos I*: veinte años de história en El Salvador (1969-1989). San Salvador: UCA, 1993. p. 587-627.

ELLACURÍA, Ignacio. El desafío de las mayorías pobres. *In*: *Escritos teológicos I*. San Salvador: UCA, 2000. p. 355-364.

ELLACURÍA, Ignacio. Utopía y profetismo desde América Latina: un ensayo concreto de soteriología histórica. *In*: *Escritos teológicos II*. San Salvador: UCA, 2000. p. 233-293.

ELLACURÍA, Ignacio. Quinto Centenário de América Latina, descubrimiento o encubrimiento? *In*: *Escritos teológicos II*. San Salvador: UCA, 2000, p. 525-539.

ELLACURÍA, Ignacio. La historicización del bien común y de los derechos humanos en una sociedad dividida. *In*: *Escritos filosóficos III*. San Salvador: UCA, 2001. p. 207-225.

ELLACURÍA, Ignacio. Historización de los derechos humanos desde los pueblos oprimidos y las mayorias populares. *In*: *Escritos filosóficos III*. San Salvador: UCA, 2001. p. 433-445.

EMPOLI, Guiuliano da. *Os engenheiros do caos*. São Paulo: Vestígio, 2022.

FISHER, Max. *A máquina do caos*: como as redes sociais reprogramaram nossa mente e nosso mundo. São Paulo: Todavia, 2023.

FRANCISCO. *Exortação Apostólica Evangelii Gaudium*: sobre o anúncio do Evangelho no mundo atual. São Paulo: Paulinas, 2013.

FRANCISCO. *Discurso aos participantes no Encontro Mundial dos Movimentos Populares* (28/10/2014). Disponível em: https://www.vatican.va/content/francesco/pt/speeches/2014/october/documents/papa-francesco_20141028_incontro-mondiale-movimenti-popolari.html.

FRANCISCO. *Discurso no II Encontro Mundial do Movimentos Populares* (9/7/2015). Disponível em: https://www.vatican.va/content/francesco/pt/speeches/2015/july/documents/papa-francesco_20150709_bolivia-movimenti-popolari.html.

FRANCISCO. *Carta Encíclica Laudato Si'*: sobre o cuidado da casa comum. São Paulo: Paulinas, 2015.

FRANCISCO. *Discurso no III Encontro Mundial dos Movimentos Populares* (5/11/2016). Disponível em: https://www.vatican.va/content/francesco/pt/speeches/2016/november/documents/papa-francesco_20161105_movimenti-popolari.html.

FRANCISCO. *Carta Encíclica Fratelli Tutti*: sobre a fraternidade e a amizade social. São Paulo: Paulinas, 2020.

FRANCISCO. *Vamos sonhar juntos*: o caminho para um futuro melhor. Rio de Janeiro: Intrínseca, 2020.

FRANCISCO. *Mensagem em vídeo para os Movimentos Populares* (16/11/2021). Disponível em: https://www.vatican.va/content/francesco/pt/messages/pont-messages/2021/documents/20211016-videomessaggio-movimentipopolari.html.

FRANCISCO. A cura do mundo. *In*: *Catequeses do Papa Francisco*. São Paulo: Paulus, 2022. p. 197-247.

FRANCISCO. *Exortação Apostólica Laudate Deum*: a todas as pessoas de boa vontade sobre a crise climática. São Paulo: Paulinas, 2023.

FRANCISCO. *Discurso na Sessão do G7 sobre Inteligência artificial* (14/6/2024). Disponível em: https://www.vatican.va/content/francesco/pt/speeches/2024/june/documents/20240614-g7-intelligenza-artificiale.html.

HAN, Byung-Chul. *Sociedade do cansaço*. Petrópolis: Vozes, 2015.

HAN, Byung-Chul. *A expulsão do outro*: sociedade, percepção e comunicação hoje. Petrópolis: Vozes, 2022.

KRENAK, Ailton. *Futuro ancestral*. São Paulo: Companhia das Letras, 2022.

MARX, Karl; ENGELS, Friedrich. *A ideologia alemã*: crítica da mais recente filosofia alemã em seus representantes Feuerbach, Bauer e Stirner e do socialismo alemão em seus diferentes profetas. São Paulo: Boitempo, 2007.

MBEMBE, Achille. *Necropolítica*: biopoder, soberania, estado de exceção, política de morte. São Paulo: N-1 Edições, 2018.

MIGNOLO, Walter. *Desobediencia epistémica*: retórica de la modernidad, lógica de la colonialidad y gramática de la decolonialidad. Buenos Aires: Ediciones del Signo, 2010.

PAGOLA, José Antonio. *Voltar a Jesus*: para a renovação das paróquias e comunidades. Petrópolis: Vozes, 2015.

PAGOLA, José Antonio. *Recuperar o projeto de Jesus*. Petrópolis: Vozes, 2019.

PASSOS, João Décio. *No lugar de Deus*: ensaios (neo)teocráticos. São Paulo: Paulinas, 2021.

PASSOS, João Décio; SANCHEZ, Wagner Lopez (orgs.). *A salvação da pátria amada*: religião e extrema direita no Brasil. São Paulo: Paulus, 2024.

ROCHA, João César de Castro. *Guerra cultural e retórica do ódio*: crônicas de um Brasil pós-político. Goiânia: Caminhos, 2021.

SANTOS, Boaventura de Sousa; MENEZES, Maria Paula (orgs.). *Epistemologias do Sul*. São Paulo: Cortez, 2017.

SANTOS, Milton. *Por uma outra globalização*: do pensamento único à consciência universal. Rio de Janeiro: Record, 2000.

SEGATO, Rita. *Crítica da colonialidade em oito ensaios*: e uma antropologia por demanda. Rio de Janeiro: Bazar do Tempo, 2021.

SILVA, Carlúcia Maria. *Mulheres e Economia Popular Solidária*: trabalho, inclusão socioprodutiva e cidadania. Curitiba: Appris, 2019.

SOLÓN, Pablo (org.). *Alternativas sistêmicas*: Bem Viver, decrescimento, comuns, ecofeminismo, direitos da mãe terra e desglobalização. São Paulo: Elefante, 2019.

SOUZA, Jessé. *A elite do atraso*: da escravidão à Lava Jato. Rio de Janeiro: Leya, 2017.

TAVARES, Sinivaldo. *Ecologia e decolonialidade*: implicações mútuas. São Paulo: Paulinas, 2022.

VISENTINI, Paulo Fagundes. *O caótico século XXI*. Rio de Janeiro: Alta Books, 2015.

ZUBIRI, Xavier. *Sobre el hombre*. Madrid: Alianza Editorial, 1988.

ZUBIRI, Xavier. *El hombre y Dios*. Madrid: Alianza Editorial, 2003.

Este livro foi composto com as famílias tipográficas Times New Roman e Source Sans Pro e impresso em papel offset 63g/m² pela **Gráfica Santuário.**